2019年国家社科基金一般项目
"以国家公园为主体的自然保护地体系立法研究"
（项目编号：19BFX196）
结题成果

以国家公园为主体的自然保护地体系立法研究

刘超◎著

Research on the Legislation of a Protected Areas
System with National Parks as the Mainstay

中国社会科学出版社

图书在版编目(CIP)数据

以国家公园为主体的自然保护地体系立法研究 / 刘超著 . —北京：中国社会科学出版社，2023.9

ISBN 978-7-5227-2376-1

Ⅰ.①以… Ⅱ.①刘… Ⅲ.①自然保护区—立法—研究—中国 Ⅳ.①D922.684

中国国家版本馆 CIP 数据核字(2023)第 143851 号

出 版 人	赵剑英
责任编辑	梁剑琴
责任校对	闫 萃
责任印制	郝美娜

出　　版	中国社会科学出版社
社　　址	北京鼓楼西大街甲 158 号
邮　　编	100720
网　　址	http://www.csspw.cn
发 行 部	010-84083685
门 市 部	010-84029450
经　　销	新华书店及其他书店

印刷装订	北京市十月印刷有限公司
版　　次	2023 年 9 月第 1 版
印　　次	2023 年 9 月第 1 次印刷

开　　本	710×1000　1/16
印　　张	21
字　　数	345 千字
定　　价	118.00 元

凡购买中国社会科学出版社图书，如有质量问题请与本社营销中心联系调换
电话：010-84083683
版权所有　侵权必究

打通自然保护地法治建设的"事理"和"法理"
（序一）

这是我第三次为刘超的专著作序。读到这部书稿，不禁想起他的前面两本专著及我前两次写的序言。虽然看起来三本专著在选题、研究内容及路径方法上各有侧重，但细究起来便不难发现其共同之处：均有较强的问题意识，以我们正在做的事情为研究对象；均选择求真务实的方法路径，立足于构建中国理论、提出中国方案。回顾40年的教学经历，在刘超他们攻读研究生阶段，我强调得最多的是：中国的环境法学研究刚刚开始，遍地富矿，但满足于做"搬运工"和"复印机"，难成学问；只有用法律思维、法言法语研究环境法，实现环境保护从事理向法理的转换，才是高质量的研究。令人欣慰的是，刘超的相关研究坚定地延循此路径，为将论文写在中国大地上不懈努力，这本著作是这种研究的又一次尝试。

建立自然保护地是世界上公认的保护自然生态系统、维护生物多样性的最重要和最有效的途径之一。一般认为，1872年经美国政府批准建立第一个国家公园——黄石公园，是最早的现代意义上的自然保护地。二次大战后，成立"国际自然及自然资源保护联盟"（亦称"世界自然保护联盟"，简称IUCN），联合国教科文组织推出"人与生物圈计划"等，全世界自然保护地的数量和面积不断增加，成为一个国家文明与进步的标志。反观我国，中国传统生态文化与法律文化中，虽然有保护自然的观念与制度，但没有现代意义上的"自然保护地"的概念。梳理政策体系，我国在2017年9月印发的《建立国家公园体制总体方案》中首次使用"自然保护地"概念，并明确提出建立"自然保护地体系"。随后，党的十九大报告、《关于建立以国家公园为主体的自然保护地体系的指导意见》（以下简称《指导意见》）等文件都对建设自然保护地体系进行了部署。

就此而言，很难不说"自然保护地"在外观上是"舶来品"。实际上，我国近年来密集出台的相关政策措施，也呈现出"环球同此凉热"的明显特征，IUCN历久探索、渐趋完善的规律性认识已成为普遍共识，也是我国自然保护地体系建设的国际背景与时代背景。但是，"自然保护地"概念并非"天外来客"，而是作为统摄我国多年来建设的自然保护区、风景名胜区、国家公园、森林公园、海洋保护区等多类型自然保护特殊区域的上位概念。这更需要在探明建设"自然保护地"事理基础上，说明建设"自然保护地"的道理、哲理、法理，实现"自然保护地"概念的中国化。如果我们的研究过于注重甚至只聚焦于新引入的"自然保护地"这一概念以及形式创新，不利于真实还原"自然保护地"在我国的"前世今生"，也不利于构建有效的自然保护地法律体系。因此，研究中国的自然保护地法律问题，必须扎根中华优秀传统文化、聚焦美丽中国建设时代需求、胸怀人类命运共同体。从历史上看，虽然我国长期以来没有使用"自然保护地"的概念，但中华民族自古就有"天人合一""道法自然"世界观和"仁民爱物"自然观，有"取之有时、用之有度"的整体观，"禁苑"的设置也在客观上起到了区域性生态保护的功能，这是我们的根脉。从时代需求看，自1956年建立鼎湖山自然保护区，到现在，我国已经建立了首批国家公园，建成了约占全国陆域国土面积的18%的各类自然保护地，300多种珍稀濒危野生动植物野外种群数量得到恢复与增长，但立法层级低且分散，这是我们的国情。从国际上看，联合国教科文组织和IUCN经过多年探索，形成了自然保护地分类指南、管理类别与治理类型等规律性认识，可以为我们理性吸收和借鉴，这是我们的态度。加强自然保护地体系建设的法治保障，既是"确保重大改革于法有据"的必然要求，也是提升自然保护地治理体系与治理能力现代化的内在需求。

从刘超的《以国家公园为主体的自然保护地体系立法研究》中，能够感受到作者从事理提炼法理、以法理评价事理、实现自然保护地法治建设的事理与法理融会贯通的巨大努力。既绕开了"问题应对"型立法论的表浅分析，也跳脱了简单线性的政策法律化路径，选择了洞幽烛微、勾连事理与法理的研究进路，从三个方面递进展开：

首先，从自然保护地建设的事理中提炼自然保护地法治建设的法理。

本书选择从自然保护地体系之具体概念群解析以及概念体系结构内在关系的角度，辨析并阐明中国的自然保护地体系建设的事理，进而在此基础上，提炼中国的自然保护地法治建设的法理，归纳"以国家公园为主体的自然保护地体系"的立法需求，论证应从实质而非形式视角界定自然保护地体系中国家公园的"主体"地位、自然保护区的"基础"地位、自然公园的"补充"地位，自然保护地法律体系应贯彻法律融贯理论，以实现自然保护地法律体系内在价值统一性和外在规范的协调性。

其次，以自然保护地法治建设的法理评价与明晰自然保护地体系建设的事理。本书对自然保护地私人治理机制之逻辑机理的辨析、从法理角度对《指导意见》提出"探索公益治理、社区治理、共同治理等保护方式"的逐一解析，有助于明晰在IUCN推荐的治理机制体系、中国的环境法治语境、现实的制度环境约束中，更好地理解和适用《指导意见》仅仅概括提出需要探索的公益治理、社区治理、共同治理等新型保护方式。

最后，实现从自然保护地建设事理向自然保护地立法法理的转换。本书分析了如何将《指导意见》等政策文件提出的自然保护地建设、保护与管理的要求，通过构建自然保护地省际协作保护制度、国家公园分区管控制度、自然保护地特许经营制度予以具体贯彻。

本书的很多内容的分析较有见地、富有启发性，相信对于我国正在系统启动的《国家公园法》《自然保护地法》立法具有积极的参考价值。同时，中国的自然保护地立法是一个体系庞大、内容丰富的系统工程，这不是一本专著的内容可以完成论证的。本书的研究尚处于在自然保护地立法的事理与法理交叉论证基础上提出框架性立法方案阶段，对如何将其理论观点与具体建议表达为体系化的制度设计、如何更精细地处理与我国既有的《自然保护区条例》等现行立法的关系、如何在环境法典编纂研究中处理与放置自然保护地立法等问题，还有待更为具体深入的拓展性研究，这些也是环境法学界在为我国的自然保护地法治建设、生态文明法治建设贡献智慧时，共同面临的问题与挑战。

吕忠梅

中国法学会副会长、中国法学会环境资源法学研究会会长

2023年7月20日于前门西大街1号院

夯实自然保护地法治建设的理论基础
（序二）

一

自然保护地的概念是世界自然保护联盟提出的，一般指通过法律或其他手段管理，专门用于保护和维持生物多样性、自然及其相关文化资源的土地和海洋等地域。中国与自然保护地相关的实践很早就有供人们观光游览、避暑度假和休养疗养的公园园林、风景区、名胜古迹等。20世纪50年代我国开始建立以保持生态系统原生状态、建立实验基地和保护动植物种类为主要目的的自然保护区。1979年我国《环境保护法（试行）》首次将自然保护区、名胜古迹、风景游览区和疗养区一并纳入"环境"的范畴。20世纪80年代以后，伴随着城市化的进程和自然地域的减少，不同的主管部门和地方政府又以自然资源和生态保护的名义，通过制定部门规章或者地方性法规规章等方式，将本部门和政府职权范围内某个地域和某个区域的自然地带命名为各种风景名胜区和其他类型的自然公园，初步形成了自然保护区、风景名胜区、文物保护和其他类型的自然公园并存、多部门主管的自然保护地体制和与之相适应的管理格局。

鉴于此，20世纪90年代以来，国内生态学者开始建议使用"自然保护地"的概念概括各种不同的自然保护区域。进入21世纪，全国人大代表多次提出制定《自然保护地法》的议案。全国人大环资委还启动了《自然保护地法》草案的起草立法工作，拟将自然保护区、风景名胜区和森林公园、地质公园等不同类型自然保护区域统一纳入综合性法律的调整范围。然而，在不同类型自然保护区域多头管理的体制下因存在保护目标不一致、认识不一致等分歧给立法工作带来较大麻烦。

自党的十八届三中全会首次提出"建立国家公园体制"以来，我国的国家公园体制试点工作全面开展，十三届全国人大常委会也在2018年将制定《国家公园法》纳入立法规划。

按照中共中央办公厅、国务院办公厅印发的《建立国家公园体制总体方案》提出的制定国家公园法的要求，国家林业和草原局（国家公园管理局）于2018年委托武汉大学、昆明理工大学和北京林业大学分别承担研究起草《国家公园法草案（专家建议稿初稿）》的工作，2019年初委托北京大学将三份专家建议稿三合一形成《国家公园法草案（专家建议稿）》。

2019年7月，国家林业和草原局（国家公园管理局）邀请全国人大环资委、司法部立法局等国务院有关部门官员和专家学者在北京大学举行了《国家公园法（草案初稿）》专家咨询会。在听取了立法工作组的汇报后，与会专家学者一致认为《国家公园法（草案初稿）》对国家公园的定位、管理体制、国家公园内全民所有自然资源资产管理、国家公园监管机制、基本农田退出等重大事项作出了规定，内容基本成熟。

2019年6月，中共中央办公厅、国务院办公厅印发的《关于建立以国家公园为主体的自然保护地体系的指导意见》，明确了自然保护地"以国家公园为主体、自然保护区为基础、各类自然公园为补充的自然保护地分类系统"的建设内容，和加快推进自然保护地相关法律法规和制度建设，突出以国家公园保护为主要内容，推动制定出台自然保护地法等完善法律法规体系的要求。制定《自然保护地法》的工作也提上了议事日程。对此，学术界和国家林草局提出了"三法（《自然保护地法》《国家公园法》和《湿地保护法》）+两条例+N办法"的自然保护地法律体系的立法框架模式，得到了业界的广泛认同。

2019年下半年，国家林业和草原局（国家公园管理局）委托清华大学承担研究起草《自然保护地法草案（专家建议稿）》。之后国家林业和草原局（国家公园管理局）将该专家建议稿和其自行起草的《自然保护地法草案（初稿）》合并形成《自然保护地法草案（第二稿）》并发送省级林业和草原主管部门与部分国务院相关部门征求意见。

如何看待《自然保护地法》和《国家公园法》的关系呢？主流观点认为，《自然保护地法》是自然保护地体系的基本法，应当主要建立一套普遍适合于各类自然保护地的重大基础性制度，如自然保护地的公益性质定位、管理职责分工、规划及建设投资保障、功能分区及管控规则、特许经营制度、生态效益补偿制度、占用补偿制度、损害赔偿制度、执法监管制度、违法情形设定及罚则、管理评估考核制度等，不涉及各类自然保护地的设立、调整、规划、审批和其他具体管理等事项。而《国家公园法》则需要突出体现中央事权原则，侧重于国家公园的定义、设立标准、建立程序、管理体制、投入机制、保护与利用、科研及宣传教育等内容。

然而，主流观点提出的这个模式并未得到国家林业和草原局（国家公园管理局）上级部门自然资源部的认同。自然资源部的主要意见是搁置《国家公园法》，尽快制定《自然保护地法》。

2021年10月，习近平总书记在以视频方式出席《生物多样性公约》第十五次缔约方大会领导人峰会并发表的主旨讲话中宣布：中国正式设立三江源、大熊猫、东北虎豹、海南热带雨林、武夷山等第一批国家公园；2022年4月，习近平总书记赴海南热带雨林国家公园考察。在此背景下，2022年北京大学再次接受国家林业和草原局（国家公园管理局）委托承担了《国家公园法（草案）》的专题论证研究。2022年8月，国家林业和草原局（国家公园管理局）重新公布了《国家公园法（草案）》（征求意见稿）及其说明，征求社会各界意见，在进一步修改和论证后提交国务院审议。

二

本书的前稿是刘超教授承担的2019年国家社科基金项目"以国家公园为主体的自然保护地体系立法研究"的结项报告，研究内容主要聚焦于以国家公园为主体的自然保护地体系建设的法治问题。

诚如刘超所言，我国的自然保护地体系建设，既是对我国自然生态系统现状在当前特定时期提出的保护方式与手段需求的回应，和对国际通行的自然生态系统保护方式的参考，也是对深嵌在我国多年的生态文明建设实践演进与制度更迭的历史脉络中的自然保护地建设经验与规律的总结，其具有鲜明的政策驱动性特征。因此，自然保护地法治建设的过程同时也是政策转换为法律的过程。

为此,本书的研究路径是从自然保护地体系之概念研究出发,分别对以国家公园为主体的自然保护地体系之立法需求、自然保护地私人治理机制之逻辑机理、自然保护地之保护机制创新、自然保护地之治理制度构造等重大制度构建问题做了全面系统的论证和研究。本书除了厘清与界定《自然保护地法》涉及的若干基本概念外,还在总结我国自然保护地的立法规律并归纳自然保护地的立法需求的基础上,系统阐释了自然保护地治理体制,具体论述了自然保护地治理的制度体系。

系统研读本书,我认为有如下五个方面的创新:第一,为从立法层面甄别"以国家公园为主体、自然保护区为基础、各类自然公园为补充的自然保护地体系",本书对"自然保护地""国家公园""自然保护区""自然公园"等核心法律概念的内涵与外延进行系统阐释,分析论证了各类自然保护地具有的内在结构层次和逻辑关联。第二,为将现有自然保护地的宏观政策转换为自然保护地法的法律规范,本书从法律定义、目标和地理空间范围等角度明晰了"以国家公园为主体的自然保护地体系"的内涵与外延,从实质而非形式视角界定自然保护地体系中国家公园的"主体"地位、自然保护区的"基础"地位、自然公园的"补充"地位,论证如何在《自然保护地法》《国家公园法》《自然保护区条例》等自然保护地法律体系中贯彻法律融贯理论,以实现自然保护地法律体系内在价值的统一性和外在规范的协调性,提出了在国家生态安全目标诉求下应当从主体、时间、空间这三个维度系统展开自然保护地法律制度设计的主张。第三,为构建自然保护地建设、保护与管理的多元治理机制,本书对自然保护地私人治理机制进行了体系化分析,以国家公园私人治理机制为重点个案,阐释了自然保护地私人治理机制的法理及具体制度构成。第四,为探究自然保护地治理创新机制,本书特别对"分级行使管理职责"和"公益治理、社区治理、共同治理等保护方式"的内涵与体系展开了研究,预期具体分析这些保护新方式的机制构造。第五,为达成研讨内容的目的核心,本书还系统论述了自然保护地省际协作保护机制体系,对国家公园立法中分区管控制度展开系统研究,并对自然保护地特许经营制度的逻辑和优化构造提出了基本设想。

结合主持承担国家公园法草案起草研究和参与自然保护地法草案起草研究的经验,我认为本书为构建以国家公园为主体的自然保护地体系法律制度奠定了具有基础性和指导性意义的理论基石。

三

我与刘超教授的第一次合作是在 2012 年。当时我承担了教育部人文社会科学重点研究基地的重大项目""环境法中的权利类型研究"。在申报这个重大项目时，我就考虑邀请国内环境法学领域的菁英们一起共同研究。在充分考察国内青年环境法学者的研究能力和学术表现之后，我确定将刘超作为重点邀请的对象人选，并安排他就自然资源国家所有权问题开展研究。

在我接触并深入交流讨论的学者中，刘超是一位总能通过他聪明睿智的思考、协调组织的能力、严谨求实的精神和认真负责的态度而给人留下深刻影响的学者，也是一位真诚的、能容忍共苦且有大局观的合作者。我在 2018 年分工主持中国法学会环境资源法学研究会教研委的工作时，主动邀请他担任教研委副主任协助我处理繁杂的事务。我在 2019 年牵头负责研究会环境法典专家建议稿的编纂研究工作时，又邀请他担任污染控制编负责人，和其他分编负责人一道共同做好并完成这一任务更加繁重且意义更加重大的国家法治系统工程的研究。

在我看来，像刘超这样的学者，当其关注某个论题并认真开展研究的话，怎能会不产出高质量的成果呢！

在刘超教授的力作出版之际，我欣然应允作序贺之。

汪劲
北京大学法学院教授、博士生导师
中国法学会环境资源法学研究会副会长
2023 年 6 月暑日于
北大燕秀园

目 录

导 论 ……………………………………………………………… (1)
  一 选题背景 …………………………………………………… (1)
  二 研究综述 …………………………………………………… (5)
  三 研究的重点问题与框架体系 ……………………………… (13)
第一章 自然保护地体系之概念解析 ……………………………… (18)
  第一节 "自然保护地"法律概念析义 ……………………… (20)
    一 能指与所指:"自然保护地"的"名"与"实" ………… (21)
    二 通用抑或专用:"自然保护地"的包容性与排他性 …… (27)
    三 构成与要素:"自然保护地"的概念结构 ……………… (35)
    四 结语 ……………………………………………………… (42)
  第二节 自然保护地体系的概念结构 ………………………… (43)
    一 自然保护地体系的核心概念内涵有待明确 …………… (44)
    二 自然保护地体系核心概念之内涵与关联 ……………… (47)
    三 结语 ……………………………………………………… (53)
第二章 以国家公园为主体的自然保护地体系之立法需求 …… (55)
  第一节 以国家公园为主体的自然保护地体系的立法要点 … (56)
    一 "以国家公园为主体的自然保护地体系"之语义阐释 …… (57)
    二 法律体系理论下的《国家公园法》立法之体系要义 …… (63)
    三 "以国家公园为主体的自然保护地体系"的立法映射 …… (66)
    四 结语 ……………………………………………………… (76)
  第二节 自然保护地体系结构化的法治进路 ………………… (76)
    一 自然保护地体系结构定位之迷思 ……………………… (78)
    二 法律融贯论下自然保护地体系结构化的法治进路 …… (82)
    三 自然保护地体系结构定位的规范要点 ………………… (84)

四　结语……………………………………………………（90）
　第三节　国家生态安全目标下自然保护地立法的机制构造……（91）
　　　一　自然保护地立法维护国家生态安全的内在逻辑………（92）
　　　二　国家生态安全的法理结构………………………………（95）
　　　三　国家生态安全目标诉求下自然保护地立法重点………（103）
　　　四　结语………………………………………………………（113）

第三章　自然保护地私人治理机制之逻辑机理…………………（114）
　第一节　环境私人治理的机制构造与核心要素…………………（115）
　　　一　体系结构中的环境私人治理机制意蕴…………………（118）
　　　二　环境私人治理机制的核心要素…………………………（125）
　　　三　当前环境私人治理机制之检讨与完善…………………（129）
　　　四　结语………………………………………………………（135）
　第二节　国家公园环境私人治理机制的证成与构造……………（137）
　　　一　国家公园建设对环境私人治理的机制需求……………（138）
　　　二　国家公园体制建设中环境私人治理机制的框架展开…（144）
　　　三　结语………………………………………………………（150）

第四章　自然保护地之保护机制创新……………………………（151）
　第一节　自然保护地公益治理机制梳辨…………………………（152）
　　　一　"公益治理"的体系定位与概念溯源……………………（153）
　　　二　公益治理模式中国化的内生桎梏与适用空间…………（158）
　　　三　我国自然保护地公益治理的机制构造…………………（165）
　　　四　结语………………………………………………………（172）
　第二节　自然保护地社区治理机制的逻辑与构造………………（172）
　　　一　自然保护地"社区治理"的实践进展及其内生困境……（174）
　　　二　《指导意见》中社区治理机制的内涵阐释与机制需求……（182）
　　　三　我国自然保护地"社区治理"机制的体系构造…………（190）
　　　四　结语………………………………………………………（195）
　第三节　自然保护地共同治理机制的定位及构建路径…………（196）
　　　一　环境共同治理的内涵与要义……………………………（197）
　　　二　自然保护地共同治理的体系定位及其适用范围………（202）
　　　三　我国自然保护地共同治理的机制构造…………………（207）

  四 结语……………………………………………………（215）
第五章 自然保护地之治理制度构造……………………………（216）
 第一节 自然保护地省际协作保护制度之证成与构造…………（217）
  一 我国现行自然保护地管理体制的制度逻辑与内生不足……（217）
  二 空间视域下自然保护地省际协作保护制度之证成………（223）
  三 自然保护地省际协作保护制度的具体构成………………（228）
  四 结语……………………………………………………（234）
 第二节 国家公园分区管控制度的选择及展开…………………（235）
  一 作为自然保护地体制改革核心的分区管控………………（236）
  二 当前我国国家公园分区管控制度建设的梳理与检讨……（238）
  三 《国家公园法》立法中分区管控制度建构的考量因素……（243）
  四 国家公园立法中分区管控制度的具体展开………………（254）
  五 结语……………………………………………………（260）
 第三节 自然保护地特许经营制度的逻辑与构造………………（261）
  一 自然保护地特许经营制度的应然逻辑……………………（263）
  二 我国现行自然保护地特许经营制度的现状及问题………（267）
  三 自然保护地特许经营制度的体系构造……………………（278）
结 论……………………………………………………………（289）
参考文献……………………………………………………………（295）
后 记……………………………………………………………（316）

导　论

自2013年《中共中央关于全面深化改革若干重大问题的决定》明确将"建立国家公园体制"作为一项重点改革任务以来，我国以建立国家公园体制为起点和重心的自然保护地体制改革驶入快车道。2015年印发的《建立国家公园体制试点方案》提出，开展"国家公园体制试点"，我国开始启动国家公园体制试点工作；2017年印发的《建立国家公园体制总体方案》在总结体制试点经验的基础上对建立国家公园体制进行了宏观规划和系统部署。2018年的国家机构改革，组建国家林业和草原局，并加挂国家公园管理局牌子，为国家公园体制建设提供了组织保障。在我国国家公园体制建设渐趋深入的基础上，2017年10月，党的十九大报告明确提出，"建立以国家公园为主体的自然保护地体系"；中共中央办公厅、国务院办公厅2019年6月印发《关于建立以国家公园为主体的自然保护地体系的指导意见》（以下简称《指导意见》），标志着我国从聚焦于国家公园体制改革迈入全面推进建设"以国家公园为主体的自然保护地体系"的全新阶段。我国"以国家公园为主体的自然保护地体系"建设是内嵌于我国生态文明建设系统工程中的重点领域，是我国生态文明体制改革的内在组分。作为我国生态文明体制改革的重要领域之一，建设"以国家公园为主体的自然保护地体系"亟待体系完善的法治保障措施，《指导意见》明确将自然保护地相关法律法规和制度建设作为自然保护地体系建设的保障措施。基于此，本书拟聚焦于以国家公园为主体的自然保护地体系建设的法治问题。

一　选题背景

生态环境是人类生存之基，也是财富之源，"绿水青山就是金山银山"。如何处理好生态环境保护与经济社会发展的关系，是人类社会的永恒主题，必须在特定历史发展阶段、根据具体情势作出选择。我国于2012年站在历史和全局的战略高度，做出大力推进生态文明建设的战略决策，将生态文明置于"五位一体"的战略布局中，协调推进经济建设、政治建设、文化建设、社会建设、生态文明建设五位一体建设，并将生态文明建设确立为"五位一体"总体布局中的物质基础的重要地位。我国建设的"五位一体"总体布局创新了人类文明新形态，引领了人类文明发展的新潮流，创造出中国式现代化新道路；将生态文明纳入"五位一体"的总体布局，彰显了生态文明在人类整体文明中的应有地位，也开启了生态文明体制改革和生态环境法治建设的新时代。

我国的生态文明体制改革是一个涵摄内容广泛、重点任务明确的具有整体性和协同性的系统工程，以最终推动形成人与自然和谐发展的现代化建设新格局。在生态文明建设中，自然保护地是生态建设的核心载体，建设自然保护地体系是保护自然生态系统的新模式，自然保护地体制改革是我国生态文明体制改革的重要组成部分和重要任务之一。我国既有的自然保护地建设实践、分布格局、制度体系需要被纳入我国生态文明体制改革总体要求内予以系统审视，以我国新时代生态文明建设与体制改革的理念精神为指引，建设自然保护地体系、重构自然保护地保护与管理机制、完善自然保护地体系建设的法治保障。

生态环境保护源于人类在处理保护与发展这一永恒矛盾时的自发选择，根据现实社会需求，随着认识的不断深化，我国在不同历史时期开展了形式多样、领域广泛的生态文明建设实践。我国从20世纪50年代开始即开展了多种形式的自然保护地建设及对应的法制建设，也属于这一阶段的生态文明建设实践的组成部分。随着中国经济社会的迅猛发展、生态环境保护与经济增长的矛盾日益突出，生态文明建设的理念不断深入、理论不断深化、体系日趋成熟。2012年，党的十八大将中国特色社会主义事业总体布局从"四位一体"扩展为"五位一体"，将生态文明建设纳入新时代"五位一体"的总体布局，我国对生态文明建设的重要性和体系性的重视与认识达到前所未有的高度，并启动了体系丰富完整的生态文明体制改革。在此阶段后，作为生态文明建设组成部分的自然保护地体系建设也受到前所未有的高度重视，国家开始系统启动自然保护地体系与体制改革，既重申了自然保护地在保护生物多样性、保存自然遗产、改善生态环境质量中的地位与功能，又赋予了自然保护地建设在维护国家生态安全、建设美丽中国、为实现中华民族永续发展提供生态支撑的时代新使命。这是研究自然保护地法治问题必须高度重视的社会背景。

在2012年作出"大力推进生态文明建设"的战略决策之后，我国的自然保护地体系建设与体制改革也驶入快车道。2013年，党的十八届三中全会《中共中央关于全面深化改革若干重大问题的决定》在"十四、加快生态文明制度建设"部分首次正式地提出了"建立国家公园体制"。2015年5月，国务院批转的《发展改革委关于2015年深化经济体制改革重点工作的意见》提出，"在9个省份开展国家公园体制试点"。2015年5月，国家发展和改革委员会同十三个部门联合印发的《建立国家公园体制试点方案》提出试点国家公园体制的试点目标。2015年9月，中共中央、国务院印发的《生态文明体制改革总体方案》在"三、建立国土空间开发保护制度"部分，专题部署"建立国家公园体制"工作，要求"加强对重要生态系统的保护和永续利用，改革各部门分头设置自然保护区、风景名胜区、文化自然遗产、地质公园、森林公园等的体制，对上述保护地进行功能重组，合理界定国家公园范围"。"国家公园实行更严格保护……""加强对国家公园试点的指导，在试点基础上研究制定建立国家公园体制总体方案。"2017年9月，中共中央办公厅、国务院办公厅印发的《建立国家公园体制总体方案》，是首次颁布的正式的关于国家公园体制建设的权威文件，同时，其在总体要求部分提出，"建立分类科学、保护有力的自然保护地体系"，这也是在我国权威政策文件中首次明确提出建立"自然保护地体系"。2017年10月，党的十九大报告明确提出，"建立以国家公园为主体的自然保护地体系"。为加快建立以国家公园为主体的自然保护地体系、提供高质量生态产品、推进美丽中国建设，中共中央办公厅、国务院办公厅于2019年6月印发《指导意见》，对我国如何建立以国家公园为主体的自然保护地体系提出了具体的指导意见。

在实践层面，我国2015年启动了国家公园体制改革试点。至2017年，我国已进行三江源、东北虎豹、大熊猫、祁连山、湖北神农架、福建武夷山、浙江钱江源、湖南南山、北京长城和云南普达措这10个国家公园体制试点。在此基础上，2019年1月，中央全面深化改革委员会第六次会议审议通过了《海南热带雨林国家公园体制试点方案》；2019年7

月,国家林业和草原局(国家公园管理局)印发《海南热带雨林国家公园体制试点方案》,全面启动海南热带雨林国家公园体制试点工作。从2015年到2020年的国家公园体制改革试点期间,我国的国家公园体制试点在顶层设计、管理体制、机制创新、资源保护、保障措施等方面进行了有益探索,取得了卓有成效的体制试点效果。2020年,国家公园体制试点阶段性收官,完成试点任务。2021年10月12日,国家主席习近平在云南省昆明市举行的《生物多样性公约》第十五次缔约方大会领导人峰会上宣布,中国正式设立三江源、大熊猫、东北虎豹、海南热带雨林、武夷山等第一批国家公园。我国第一批正式设立的五个国家公园的保护面积达23万平方千米,涉及青海、西藏、四川、陕西、甘肃、吉林、黑龙江、海南、福建、江西10个处于我国生态安全战略关键区域的省份,涵盖了我国陆域近30%的国家重点保护野生动植物种类。第二批国家公园也正处于建设的关键时期,呼之欲出。

从以上的政策演进与建设实践梳理可知,从2012年至今,我国以国家公园为主体的自然保护地体系建设稳步推进,以国家公园体制改革试点与国家公园的设立为重心和抓手的自然保护地体系建设陆续取得阶段性成效,自然保护地体制改革也渐趋深入。尤其值得重视的是,我国在国家公园体制建设与自然保护地体制改革进程中,高度重视法制建设与法治保障,甚至是每个阶段的宏观政策体系也都包括了法治建设的内容,将法律机制构建与完善界定为国家公园体制建设与自然保护地体制改革的有机组成部分。这集中体现于中共中央办公厅、国务院办公厅2019年6月印发的《指导意见》中,《指导意见》将完善自然保护地法律法规作为自然保护地体系建设的保障措施,并系统部署了完善法律法规的重点领域。我国自然保护地体系建设与体制改革之所以高度重视法治建设,基于以下原因:(1)基于"凡属重大改革都要于法有据"的要求,国家公园体制建设与自然保护地体制改革均属于我国生态文明体制改革的重点任务之一,自然保护地体制改革与建设实践亟待体系化的法律依据。(2)法治建设是自然保护地体制建设的题中应有之义。以国家公园为主体的自然保护地体系建设是一个包括实施方案、实践操作、创新机制、管理体制和保障措施等多个领域与环节的系统工程,以多元主体权利义务、职权职责、管理体制、责任制度等为核心内容的法治建设,本身属于自然保护地体系建设与体制改革的重要组成部分。(3) 法治完善是整合优化既有自然保护地的内在需求。在我国当前推进的以国家公园为主体的自然保护地体系建设进程中，虽然国家公园是新型自然保护地，但是，自然保护地体系并非从无到有的凭空创新，而是根据自然保护地新型分类标准，糅合了创设新型自然保护地和整合优化既有保护地的复合性工程。我国在系统启动自然保护地体系建设之前，已经设立了数量多达1.18万个类型多样的自然保护地，覆盖我国陆域面积的18%与领海面积的4.6%。这些自然保护地并未经统一规划，而是分散设立、分头管理，并且，在几十年的自然保护地建设实践中，为了保护与管理这些类型众多的自然保护地，制定了数量众多、层次不一、目的多样的国家与地方立法，既有的这些分散立法既以不同时期分散设立、分头管理的现状为基础，同时又进一步固化了既有的自然保护地体系在建设与管理过程中的弊端，成为我国当前建设"以国家公园为主体的自然保护地体系"的制度障碍，亟待通过完善法律法规、重构自然保护地法律体系予以系统矫正与完善。根据《指导意见》的部署，作为自然保护地体系建设的保障措施的自然保护地法治建设，以完善法律法规体系为主线，其主体内容是"修改完善自然保护区条例，突出以国家公园保护为主要内容，推动制定出台自然保护地法，研究提出各类自然公园的相关管理规定"。这是研究以国家公园为主体的自然保护地体系的法治建设的机制背景。

二　研究综述

(一) 国内研究文献梳理

从20世纪50年代开始，我国一些省市出于保护环境和资源的现实需要，依据特定目的，划定特定区域，开展类型众多、命名各异的自然保护地的建设实践与制度建构。这一阶段，地方人民政府或者国务院有关行政主管部门出于多样性目标分散设立各类自然保护地，其建设未经统一规划，由多个职能部门分别管理，多个有立法权的主体针对多种类型的自然保护地展开分别立法，自然保护地的保护与管理没有统一制度安排。这些类型繁复、数量众多的自然保护地，是实质意义上的自然保护地，并未统摄于政策术语或法律概念的"自然保护地"之下。因此，这一阶段多学科的关于自然保护地的研究，是分散展开的关于自然保护区、风景名胜区等多种具体类型的自然保护地的研究。

2013年正式提出建立国家公园体制之后，我国陆续颁布实施《建立国家公园体制试点方案》《建立国家公园体制总体方案》，推动国家公园体制试点，自此，学界与实务界开始展开国家公园体制改革的相关研究。2017年，党的十九大报告明确提出，"建立以国家公园为主体的自然保护地体系"。2019年，中共中央办公厅、国务院办公厅印发《指导意见》，这是全面提出并系统部署"以国家公园为主体的自然保护地体系"建设的专门的权威性文件。该文件在顶层设计层面正式确立并系统部署自然保护地体系建设、保护与管理的总体要求、价值目标、创新设计、管理体制和保障措施，其中，更新与升级自然保护地法律保障机制是自然保护地体系建设的内在需求和《指导意见》的明确规定，学界和实务界系统展开了对自然保护地体系建设实践与机制创新的研究。由于我国"以国家公园为主体的自然保护地体系"建设是一个系统工程，从试点建设到正式设立国家公园这一新型的、被赋予"主体"地位的自然保护地开始起步，因此，2013年之后，我国学界逐渐更多地关注与重视国家公园体制建设中的相关法律机制问题。国家公园体制改革试点数年后，我国正式提出、全面规划了建设"以国家公园为主体的自然保护地体系"，自此之后，自然保护地体系建设法治保障的法理与制度问题开始引起各界高度关注和针对性研究。现对既有研究文献进行简要的梳理和评述。

作为政策术语和专业概念，"自然保护地"以及"以国家公园为主体的自然保护地体系"是我国于2017年在《建立国家公园体制总体方案》及党的十九大报告中才正式提及的，"以国家公园为主体的自然保护地体系"的体系构成由2019年颁布的《指导意见》系统部署。因此，总体而言，当前国内学界对于"以国家公园为主体的自然保护地体系"这一全新命题的相关研究在2017年之后才陆续展开。在投入关注与研究之初，学界和实务界的研究重点尚处于政策解读与关系阐释的宏观研究阶段，针对性的法律问题研究的展开则更为滞后。与该命题相关的法律问题研究文献集中于以下几个领域：

1. 研究国家公园的立法相关问题

自我国2013年提出建立国家公园体制后，国家公园建设中涉及的相关法律问题引起学界重视，相关研究可以概括为：（1）梳理与比较美国、加拿大、德国、英国、瑞典、澳大利亚、新西兰、南非、韩国、日本等国家和中国台湾地区的国家公园体制,从这些国家和地区的"国家公园"的选定标准、法律体系和管理模式等展开介绍与阐释。① (2) 较为体系化地研究了国家公园立法中的保护地模式、不同法系下国家公园立法比较、地方立法实践、专门立法纲要等问题,进而提出了《国家公园法》专家建议稿。② (3) 研究国家公园体制建设的相关问题。这集中体现为"中国国家公园体制建设丛书"中的多部著作从不同角度、不同层面研究了国家公园体制建设中的具体问题,虽然这些研究是以国家公园体制建设中的总体空间布局、规划编制、治理体系、财政事权划分和资金机制、特许经营机制、自然资源管理机制、生态系统和自然文化遗产保护措施等具体问题作为研究对象,③ 不是从国家公园立法以及法律机制创设、法律制度建设等角度展开研究,但这些具体的机制研究为展开国家公园立法研究提供了基础和参考,并且,这些论述中有不少涉及立法需求与制度保障的相关问题,可以为本书研究提供有益参考。(4) 以国家公园体制试点为个案,论述了国家公园体制建设的政策实施与实践问题,包括国家公园体制建设中的管理机构设置、职权职责配置等相关法律问题。④ (5) 一些学术论文专题研究了国家公园法制建设中的相关法理与制度问题,代表性的论文有:结合《建立国家公园体制总体方案》等政策要求以及我国环境法治基础,从体系性、超前性、渐进性、本土性、协调性、针对性六个维度来

---

① 参见国家林业局森林公园管理办公室、中南林业科技大学旅游学院编著《国家公园体制比较研究》,中国林业出版社2015年版。

② 参见杜群等《中国国家公园立法研究》,中国环境出版集团2018年版。

③ 关于中国国家公园体制建设的相关研究参见欧阳志云、徐卫华、杜傲、雷光春、朱春全、陈尚等《中国国家公园总体空间布局研究》,中国环境出版集团2018年版;杨锐、马之野、庄优波、赵智聪、钟乐等《中国国家公园规划编制指南研究》,中国环境出版集团2018年版;邓毅、毛焱等《中国国家公园财政事权划分和资金机制研究》,中国环境出版集团2018年版;张海霞《中国国家公园特许经营机制研究》,中国环境出版集团2018年版;余振国、余勤飞、李闽、刘向敏、姚霖等《中国国家公园自然资源管理体制研究》,中国环境出版集团2018年版;王磬岩、张同升、李俊生、蔚东英、刘红纯、李博炎、朱彦鹏《中国国家公园生态系统和自然文化遗产保护措施研究》,中国环境出版集团2018年版;温亚利、侯一蕾、马奔等编著《中国国家公园建设与社会经济协调发展研究》,中国环境出版集团2019年版。

④ 参见苏扬、何思源、王宇飞、魏钰等《中国国家公园体制建设研究》,社会科学文献出版社2018年版。

审视我国国家公园立法;① 论证《国家公园法》的功能定位及其立法意义;② 阐释国家公园法在自然保护地法体系中具有的"标杆法"地位;③ 论证并建议通过立法确认国家公园的游憩功能;④ 阐释了如何通过地役权制度设计实现国家公园国有土地占主体地位;⑤ 辨析了国家公园立法中"一园一法"模式,主张应从形式意义上的"一园一法"模式过渡到实质意义的"一园一法"模式⑥。

2. 研究我国自然保护地立法相关问题

我国学界关于自然保护地立法研究可以概括地划分为两个阶段:

(1) 第一阶段,"自然保护地"作为学理概念阶段的相关法律问题研究,即当"自然保护地"尚未进入我国的政策体系与法律体系,仅作为一个学理概念,指称我国实践中建设的多种类型的实质意义上的自然保护地,学界在此语境下对自然保护地立法展开的相关研究。这一阶段对自然保护地立法问题研究零星展开,较具代表性的研究有:从应然角度论证了自然保护地立法的必要性;⑦ 分析中国自然保护地立法模式选择⑧。

(2) 第二阶段我国在宏观政策体系中正式提出建立"以国家公园为主体的自然保护地体系"后,学界在此语境下展开的自然保护地立法问题研究,主要包括以下内容:第一,研究自然保护地建设与管理的具体机

---

① 参见秦天宝《论我国国家公园立法的几个维度》,《环境保护》2018年第1期。

② 参见汪劲、吴凯杰《〈国家公园法〉的功能定位及其立法意义——以中国自然保护地法律体系的构建为背景》,《湖南师范大学社会科学学报》2020年第3期。

③ 参见吴凯杰《国家公园法应作为自然保护地法体系中的"标杆法"》,《中南大学学报》(社会科学版) 2022年第5期。

④ 参见潘佳《国家公园法是否应当确认游憩功能》,《政治与法律》2020年第1期。

⑤ 参见秦天宝《论国家公园国有土地占主体地位的实现路径——以地役权为核心的考察》,《现代法学》2019年第3期。

⑥ 参见秦天宝、刘彤彤《国家公园立法中"一园一法"模式之迷思与化解》,《中国地质大学学报》(社会科学版) 2019年第6期。

⑦ 参见孙佑海《从人民的根本利益出发做好自然保护立法工作》,《环境保护》2006年第21期。

⑧ 参见黄锡生、徐本鑫《中国自然保护地法律保护的立法模式分析》,《中国园林》2010年第11期。

制，包括自然保护地生态补偿机制①、融资机制②，这些研究虽然并非直接关于自然保护地法律问题的研究，但其探讨的自然保护地建设与管理机制的优化与创新问题，也是自然保护地法治建设亟待研究的对象。第二，从自然保护地的布局现状、边界划定、布局优化等角度系统阐释自然保护地体系的空间重构。③ 第三，阐释了自然保护地立法相关问题，包括系统论证我国的自然保护地体系立法应当形成综合性的立法体系，理想模式是"基本法+专类保护地法"模式，以自然保护地基本法为主干、以国家公园等不同类型的自然保护地法规规章为基础；④ 建议在立法机关已经确定优先制定《国家公园法》的背景下，在《国家公园法》制定过程中为今后出台《自然保护地法》预留空间；⑤ 系统论证了我国自然保护地立法的基本构想与框架体系；⑥ 有研究论述了《自然保护地法》与《国家公园法》的应然关系以及二者分别应当坚持的立法重点⑦。第四，有研究主张并论证从形式意义的体系化（即结构的体系化）和实质意义的体系化（即功能的体系化）这两个层面，综合实现自然保护地立法的体系化。⑧ 第五，有研究从环境保护法与自然保护地立法关系的角度展开论述，认为自然保护地立法是调整保护地体系的"实证自然保护法"。⑨ 第六，最新进展是吕忠梅教授团队从基本模式、基本定位、管理体制、分区管控机制和制度体系几个方面研究了自然保护地立法问题，并提出了初步

---

① 参见郭辉军、施本植、华朝朗《自然保护地生态补偿机制研究——以云南省自然保护区为例》，科学出版社2021年版。

② 参见吴佳雨《中国自然保护地融资机制》，科学出版社2022年版。

③ 参见高黑、吴佳雨、唐乐乐等《自然保护地体系空间重构——政策背景、技术方法与规划实践》，化学工业出版社2020年版。

④ 参见吕忠梅《关于自然保护地立法的新思考》，《环境保护》2019年第Z1期。

⑤ 参见吕忠梅《以国家公园为主体的自然保护地体系立法思考》，《生物多样性》2019年第2期。

⑥ 参见吕忠梅《自然保护地立法基本构想及其展开》，《甘肃政法大学学报》2021年第3期。

⑦ 参见汪劲《论〈国家公园法〉与〈自然保护地法〉的关系》，《政法论丛》2020年第5期。

⑧ 参见秦天宝、刘彤彤《自然保护地立法的体系化：问题识别、逻辑建构和实现路径》，《法学论坛》2020年第2期。

⑨ 参见杜群《环境法体系化中的我国保护地体系》，《中国社会科学》2022年第2期。

的立法建议,① 该研究为本书的逻辑思路与具体内容的展开提供了较为系统的比照与参考。

3. 对自然保护地的具体类型及重点个案的分散研究

在我国正式提出建立以国家公园为主体的自然保护地体系之前,学界对于未以"自然保护地"命名的形式多样的实质意义上的自然保护地展开分散研究,这些研究又可以分为两类:(1)对我国现行的各种形式的自然保护地所涉法律问题分别展开的研究。由于我国已经建设了十余种实质意义上的自然保护地,学界和实务界对这些不同类型的自然保护地进行了或丰富或简略的研究,其中,对自然保护区、风景名胜区这两类进行较高位阶立法(行政法规)的自然保护地的研究相对较多。比如,研究了我国自然保护区法律中利益协调问题,② 辨析《风景名胜区条例》的价值取向及其法律效果③。(2)对我国一些重要的自然保护地进行了重点个案研究,比如,有研究论证了我国滨海湿地的综合性法律调整机制,④ 三江源国家级自然保护区、祁连山国家级自然保护区等国家级自然保护区的环境监管、生态破坏法律治理、生态补偿等相关法律问题也得到较多的针对性个案研讨。

(二) 国外研究文献梳理

"自然保护地"(Protected Areas)体系是全球和世界各国实现自然资源生态环境保护战略的核心。国外关于自然保护地体系的立法研究,首先是由 IUCN(世界自然保护联盟)—ECPA(世界自然保护地委员会)指引与推动,其发布的《IUCN 自然保护地管理分类应用指南》为各国的自然保护地体系立法提供了指引和参考。⑤ 因此,IUCN 的相关研究系统阐释了自然保护地的核心概念与体系、治理类型以及评估自然保护地体系治

---

① 参见吕忠梅等《自然保护地立法研究》,法律出版社 2022 年版。
② 参见孟甜、陈德敏《论自然保护区法律中的利益协调》,《重庆师范大学学报》(哲学社会科学版)2011 年第 1 期。
③ 参见龚正《试论〈风景名胜区条例〉的价值取向及其影响——兼论普陀山景区的应对》,《旅游学刊》2007 年第 2 期。
④ 参见蔡守秋、张嘉强、张建伟、田红星、郭红欣、潘江、王子灿、赵胜才《三江源区生态与环境保护的监督管理对策》,《中国水利》2006 年第 10 期。
⑤ 参见[英]达德里主编《IUCN 自然保护地管理分类应用指南》,朱春全、欧阳志云等译,中国林业出版社 2016 年版。

理的评价框架。① 为了推动世界各国自然保护地的建设与保护，IUCN 环境法中心组织全球自然保护地计划的专家们与 IUCN 参与合作，编写了保护地立法指南，从自然保护地立法的基本原则和义务、治理方法和保护地立法要件等各个方面，为世界各国的自然保护地立法提供立法指引。②

国家公园是当今世界主要发达国家的自然保护地体系的重心，这些国家关于国家公园的立法，对我国建立以国家公园为主体的自然保护地体系立法具有较强的比较借鉴意义。国外关于国家公园相关法律问题的研究，可以概括为以下四个方面：（1）有研究采取了比较研究的方法，系统梳理与比较不同历史时期、不同国家和地区（包括我国武夷山）的国家公园的概念，考察了国家公园概念的传播和演化的路径与原因。③ 这些研究虽然并非专门针对甚至主要不是法律问题的分析，但其对国家公园概念的比较研究与演进规律的剖析，对于探究国家公园、自然保护地概念的法律界定具有启发意义。（2）在一般意义上研究国家公园管理的相关法律问题，比如，研究国家公园的自然资源监测制度，④ 研究国家公园的生态系统恢复制度等⑤。（3）从国家公园的个案研究相关具体制度问题，比如，对美国黄石国家公园动物保护的相关问题的研究，⑥ 对黄石国家公园"恐怖景观"的研究⑦。（4）美国《荒野法》是其国家公园法律体系中的重

---

① 参见［英］费耶阿本德等编著《IUCN 自然保护地治理——从理解到行动》，朱春全、李叶、赵云涛等译，中国林业出版社 2016 年版。

② 参见［美］巴巴拉·劳琋《保护地立法指南》，王曦、卢锟、唐瑭译，法律出版社 2016 年版。

③ 参见［澳］沃里克·弗罗斯特、［新西兰］C. 迈克尔·霍尔编《旅游与国家公园——发展、历史与演进的国际视野》，王连勇等译，商务印书馆 2014 年版。

④ See S. G. Fancy, J. E. Gross, S. L. Carter, "Monitoring the Condition of Natural Resources in US National Parks", *Environmental Monitoring & Assessment*, Vol. 151, No. 1-4, 2009, pp. 161-174.

⑤ See J. Gosse, L. Hermanutz, B. McLaren, P. Deering, T. Knight, "Degradation of Boreal Forests by Nonnative Herbivores in Newfoundland's National Parks: Recommendations for Ecosystem Restoration", *Natural Areas Journal*, Vol. 31, No. 4, 2011, pp. 331-339.

⑥ See Robert L. Beschta, "Cottonwoods, Elk, and Wolves in the Lamar Valley of Yellowstone National Park", *Ecological Applications*, Vol. 13, No. 5, 2003, pp. 1295-1309.

⑦ See John W. Laundre, Lucina Hernandez, Kelly B. Altendorf, "Wolves, Elk, and Bison: Reestablishing the 'landscape of fear' in Yellowstone National Park, USA", *Canadian Journal of Zoology*, Vol. 79, No. 8, 2001, pp. 1401-1409.

要组成部分,美国有关于《荒野法》的多角度与多层次的丰富研究。比如,分析《荒野法》的管理程度问题,[①] 梳理《荒野法》制定50年来的成就及展望法律体系的进一步完善,[②] 探究《荒野法》的司法实施相关法律问题[③]。

（三）既有研究的简要评述

国内外相关研究文献,为本书奠定了良好基础,而在新的政策目标与机制诉求下,存在以下一些研究拓展空间:(1)《自然保护地法》与国家公园以及其他类型自然保护地现有立法之间的关系亟待厘清。我国已有《自然保护区条例》《风景名胜区》等自然保护地类型的单项立法,《国家公园法》自2018年被列入十三届全国人大常委会立法规划二类立法项目后,是"以国家公园为主体的自然保护地体系"的相关立法中,立法进程最快的专项单行法,国家林业和草原局已于2022年8月发布《国家公园法（草案）（征求意见稿）》。在以"自然保护地"这一法定概念统摄各类具体自然保护地的制度框架下,如何确立《自然保护地法》的立法目的、调整范围、类型标准、制度体系及其与既有的其他自然保护地立法之间的关系,尤其是与《国家公园法》之间的区别、协调与衔接关系,是亟待研究的全新课题。(2)自然保护地体系法治建设问题的针对性研究亟待拓展。我国当前以自然保护区作为自然保护地立法与保护实践的重心,而国外大多以国家公园作为自然保护地法律保护的重心,如何在不同的制度基础与法制语境下,既借鉴国外国家公园立法研究的经验,又契合我国现实需求,亦亟待本书展开针对性研究。(3)《自然保护地法》的立法研究亟待深入。我国《指导意见》明确了建立"以国家公园为主体的自然保护地体系",理论上,我国自然保护地法治建设中的法律法规体系

[①] See Gordon Steinhoff, "The Wilderness Act, Prohibited Uses, and Exceptions: How Much Manipulation of Wilderness Is Too Much?", *Natural Resources Journal*, Vol. 51, No. 2, 2011, pp. 287-305.

[②] See Martin Nie, Christopher Barns," The Fiftieth Anniversary of the Wilderness Act: the Next Chapter in Wilderness Designation, Politics, and Management", *Arizona Journal Environmental Law & Policy*, Vol. 5, 2014, pp. 237-301.

[③] See Peter A. Appel, "Wilderness and the Courts", *Stanford Environmental Law Journal*, Vol. 29, No. 1, 2010, pp. 62-129.

的完善，应当契合我国自然保护地体系的逻辑关系与层次结构。申言之，保障"以国家公园为主体的自然保护地体系"的立法体系，应当以确立"自然保护地"这一核心概念作为上位概念、制定自然保护地领域的上位的"基本法"为统摄，制定能够体现"以国家公园为主体、自然保护区为基础、各类自然公园为补充"逻辑关系的单行法体系。但是，中外既有的研究，基于现实立法基础与立法理论研究进展，偏重于研究《国家公园法》的立法法理与制度，对《自然保护地法》的立法理论与制度体系的研究相对薄弱，亟待系统深入展开。

三　研究的重点问题与框架体系

我国的自然保护地体系建设，既是对我国自然生态系统现状在当前特定时期提出的保护方式与手段需求的回应，是对国际通行的自然生态系统保护方式的参考，也是对深嵌在我国多年的生态文明建设实践演进与制度更迭的历史脉络中的自然保护地建设经验与规律的总结。因此，我国的自然保护地体系建设具有鲜明的政策驱动性特征。具体而言，我国自然保护地体系建设的总体要求、价值目标、基本原则、体制基础及保障措施首先是源于党和国家的宏观政策体系，自然保护地法治建设既要遵循法治规律，又需要承载其在政策体系中的功能定位，因此，自然保护地法治建设的过程也是政策转换为法律的过程。

这就决定，系统探究和具体展开"以国家公园为主体的自然保护地体系"的法治保障体系研究，有以下一些问题亟待厘清：（1）基本概念的厘清与界定。根据《指导意见》的体系定位与系统部署，"以国家公园为主体的自然保护地体系"是"以国家公园为主体、自然保护区为基础、各类自然公园为补充的自然保护地分类系统"，"以国家公园为主体的自然保护地体系"以"自然保护地"作为上位概念，统摄了国家公园、自然保护区、自然公园等下位概念，其分别指涉的国土空间上的陆域或海域不但具有不同的内涵与外延，更重要的是，这些概念指称的陆域或海域应当形成一个有内在价值位序、体系定位与相互关联性的体系。全新制定的《自然保护地法》《国家公园法》、修改完善的《自然保护区条例》等既有单行法立法，必须首先在立法中清晰界定这些具有相互关联性的核心概念，以折射其各自表征的客观现实，进而以此为基础展开法律规范设计。

（2）立法需求的归纳与立法规律的总结。法律概念是对客观现实的映射，是对客观事物的本质属性的归纳，是构建法律规范体系的基础。在厘清与界定法律概念体系之后，需要在系统梳理与精准定位多个概念之间的内在逻辑关联性的基础上，进一步构建自然保护地体系中的核心概念所表征的自然保护地体系管理所提出的规则需求，以及概念体系的关联脉络对构建自然保护地法律体系提出的立法体系需求。（3）自然保护地治理体制的系统阐释。自然保护地管理体制是自然保护地法治建设的逻辑主线与规范重点，我国近些年来陆续颁布实施的《生态文明体制改革总体方案》《建立国家公园体制总体方案》《指导意见》等政策体系，渐趋系统与深入地规定了自然保护地的体制改革目标任务、重点内容，需要通过构建自然保护地法律机制予以贯彻落实。与此同时，自然保护地是自然生态系统的组成部分，由国土空间中特定区域的自然资源环境要素构成，因此，现行的生态环境保护单行法系统构建的法律体系、现实运行的生态环境监管体制，成为当前正在制定的自然保护地立法逃离不开的制度背景。此外，自然保护地体系建设也是在我国的国家治理体系和治理能力现代化、构建现代化环境治理体系的背景下推进的一项体制改革，因此，在此背景下推进的国家治理体系和治理能力现代化建设以及构建现代环境治理体系的机制建设成果，也应当以合适的方式体现于自然保护地的治理体制机制中。（4）自然保护地治理制度体系的具体论述。自然保护地的治理机制必须进一步体现为具体的制度体系设计，同时，《自然保护地法》《国家公园法》的立法也应当重视具体制度建设，以增强自然保护地立法的具体性和可实施性。因此，针对我国自然保护地体系建设的规则需求，提炼出具有针对性的特色法律制度，也应当作为自然保护地法治建设的重点内容。具体而言，本书包括以下的章节内容：

第一章为"自然保护地体系之概念解析"。本章系统使用法教义学方法，阐释"以国家公园为主体的自然保护地体系"中的核心概念。法律概念是对各种具有法律意义的客观事物和现实现象的抽象与概括，是构建法律规范的基本素材和"建筑材料"。自然保护地法律体系建设与制度构建必须以法律概念体系作为基础。辨析"以国家公园为主体的自然保护地体系"中核心概念的法律内涵，是展开自然保护地法律体系建设的逻辑基点。第一节为"'自然保护地'法律概念析义"。《指导意见》对建设、保护与管理"以国家公园为主体的自然保护地体系",提出了"修改完善自然保护区条例,突出以国家公园保护为主要内容,推动制定出台自然保护地法,研究提出各类自然公园的相关管理规定"。这要求制定《自然保护地法》《国家公园法》、修改《自然保护区条例》等现行单行法。这些专门的自然保护地立法需要以对"自然保护地""国家公园""自然保护区""自然公园"等核心法律概念予以立法界定作为逻辑起点,本节内容使用规范的法解释学方法对这些核心法律概念的内涵与外延进行系统阐释。第二节为"自然保护地体系的概念结构"。根据《指导意见》的规划与定位,自然保护地、国家公园、自然保护区、自然公园等核心概念所表征的各类自然保护地,具有内在结构层次和逻辑关联,因此,自然保护地体系中核心概念的法律界定及其提出法律规范的需求,应当体现《指导意见》提出的"形成以国家公园为主体、自然保护区为基础、各类自然公园为补充的自然保护地体系"的体制改革目标。

第二章为"以国家公园为主体的自然保护地体系之立法需求"。我国建设"以国家公园为主体的自然保护地体系",是因应保护自然生态系统的内在需求,是对国际上保护自然生态系统通行经验的参考借鉴,更是在综合考量我国的生态文明建设目标定位、生态文明体制改革系统部署和我国自主建设自然保护地实践经验的基础上,党和国家通过宏观政策体系的推进与部署。质言之,我国当前的自然保护地体系建设具有鲜明的政策驱动性特征。因此,自然保护地法治建设的过程,也是将自然保护地宏观政策转化为法律的过程,需要研究我国宏观政策体系中规划与部署的建立"以国家公园为主体的自然保护地体系"规则需求的法律表达。第一节为"以国家公园为主体的自然保护地体系的立法要点",本节内容拟从法律定义、目标和地理空间范围等角度明晰"以国家公园为主体的自然保护地体系"的内涵与外延,从实质而非形式视角界定自然保护地体系中的"主体"地位、自然保护区的"基础"地位、自然公园的"补充"地位。第二节为"自然保护地体系结构化的法治进路",本节内容拟以厘清自然保护地体系结构的法律定位为前提和基点,通过明确法律概念内涵、确定基本原则及其价值位序、细化自然保护地分类标准的具体分析,论证如何在《自然保护地法》《国家公园法》《自然保护区条例》等自然保护地法律体系中贯彻法律融贯理论,以实现自然保护地法律体系内在价值统一性和外在规范的协调性。第三节为"国家生态安全目标下自然保护地立法的机制构造",《指导意见》确立自然保护地在维护国家生态安全中居于首要地位,这要求自然保护地立法将维护国家生态安全应作为立法价值目标。国家生态安全在法理结构上包括主体维度上的"生命共同体"、时间维度上永续发展的代际正义、空间维度上差序有别的空间正义。因此,国家生态安全目标诉求下的自然保护地立法,应从主体、时间和空间这三个维度系统展开法律制度设计。

第三章为"自然保护地私人治理机制之逻辑机理"。《指导意见》提出,自然保护地体系治理需要遵循"坚持政府主导,多方参与"的基本原则,在体制建设思路上,应贯彻与呈现我国正在构建的现代环境治理体系和多元治理机制,在体制建设路径上,在自然保护地立法中具体化现行的环境治理机制以减少自然保护地法治建设的制度成本。第一节为"环境私人治理的机制构造与核心要素",自然保护地体系建设与管理中的"多方参与"原则,要求自然保护地立法将现行环境多元共治机制予以具体化。在现代环境治理体系依然在环境多元共治的机制结构中,坚持行政主体在环境治理中居于主导地位的语境下,环境多元共治之关键在于重构环境私人治理法律机制。因此,本节拟梳理与辨析环境多元共治机制下的私人治理法律机制的内涵与构造。第二节为"国家公园环境私人治理机制的证成与构造",本节内容拟在第一节对自然保护地私人治理机制体系化分析的基础上,以当前的国家公园体制改革中的治理机制为个案,剖析环境私人治理机制在自然保护地立法中的机制构造及具体制度构成。

第四章为"自然保护地之保护机制创新"。前述第三章分析了自然保护地立法如何具体展开规定现行的环境治理机制,除此之外,还要结合自然保护地体系建设规划与实践所提出的法律保障机制需求与《指导意见》等宏观政策提出的体制改革目标,创设专门的自然保护地治理创新机制。《指导意见》提出,"探索公益治理、社区治理、共同治理等保护方式",本章内容即具体分析这些自然保护地保护新方式的机制构造。本章内容分为三节,分别阐释《指导意见》概括提出的公益治理、社区治理、共同治理这三种自然保护地新型保护方式的法理、内涵与机制构成。

第五章为"自然保护地之治理制度构造"。自然保护地体系建设不仅是一种通行的自然生态系统保护方式,而且更新了自然生态系统的保护理念、重构了保护对象分类标准、创新了管理机制，这些理念更新与机制创新，需要通过具体制度设计贯彻落实，本章即重点选取自然保护地的新型治理制度展开针对性研究。第一节为"自然保护地省际协作保护制度之证成与构造"，现行的自然保护地立法在立法的系统性与整体性等层面存在内生缺陷，难以充分因应自然保护地空间治理的需求，不能充分应对大尺度环境问题，要求自然保护地立法创设省际协作保护机制。本节拟从检讨我国现行自然保护地管理体制的内生不足、证成空间视域下自然保护地省际协作保护机制、论证自然保护地省际协作保护机制体系等方面，展开系统论述。第二节为"国家公园分区管控制度的选择及展开"。分区管控既是自然保护地管理的内在需求，也是通行经验，还是《指导意见》提出的自然保护地建设与管理的基本原则与管理体制，应当定位为自然保护地立法规定的一项基本制度。国家公园是自然保护地体系中的主体，《国家公园法》也是我国关于自然保护地立法体系中居于优先位序的单行法，基于此，本节拟从梳理与检讨我国现行国家公园分区管控制度、辨析《国家公园法》立法建构分区管控制度的考量因素、国家公园立法中分区管控制度的具体展开等方面系统展开对国家公园分区管控制度的研究。第三节为"自然保护地特许经营制度的逻辑与构造"。《指导意见》将建立健全特许经营制度作为创新自然保护地自然资源使用制度的重要内容，这赋予特许经营制度在自然保护地立法中的基本制度地位。自然保护地特许经营制度应当承载多元价值、平衡原住居民权益保护与公益性目标、构建惠益分享机制，在自然保护地立法时，应当在系统回应当前制度构建存在的制度机理错位、立法体系性缺乏等问题的基础上，以对当前法律体系的变革为基础具体展开自然保护地特许经营制度的优化构造。

第一章 自然保护地体系之概念解析

自 2012 年党的十八大把"大力推进生态文明建设"纳入中国特色社会主义事业"五位一体"的总体布局以来，我国全方位地纵深推进生态文明体制改革。党的十九大报告在"加快生态文明体制改革，建设美丽中国"部分提出，"建立以国家公园为主体的自然保护地体系"，"自然保护地"作为一个专业术语，首次出现于国家宏观政策体系中，并成为我国生态文明体制改革的重要内容，受到党和国家的高度重视。中共中央办公厅、国务院办公厅于 2019 年 6 月印发《指导意见》，系统部署我国自然保护地体系建设的指导思想、基本原则、目标任务、管理体制与保障措施，表明我国将系统性地推进自然保护地体系建设。

《指导意见》在"保障措施"部分明确要求，"加快推进自然保护地相关法律法规和制度建设，加大法律法规立改废释工作力度"，因此，构建自然保护地法律体系成为自然保护地体制改革的重要内容。在此政策背景下，学界较有共识性的观点认为，国家自然保护地体系改革方案提出了整体性立法需求，我国自然保护地立法应该是一个综合性的立法体系，理想模式是"基本法+专类保护地法"模式，应是以《自然保护地》基本法为主干、以《国家公园法》等不同类型的自然保护地法规规章为基础的立法体系。[①] 有学者还进一步从立法规律和先后选择层面，讨论了作为保护地领域基本法的《自然保护地法》与《国家公园法》等单行立法的立法顺位等立法技术层面的问题。[②] 在此情势下，我国的自然保护地立法似乎已条件具备、势在必行、呼之欲出。

2018 年《十三届全国人大常委会立法规划》将《国家公园法》列入

[①] 参见吕忠梅《关于自然保护地立法的新思考》，《环境保护》2019 年第 Z1 期。
[②] 参见汪劲、吴凯杰《〈国家公园法〉的功能定位及其立法意义——以中国自然保护地法律体系的构建为背景》，《湖南师范大学社会科学学报》2020 年第 3 期。

立法第二类项目，自然资源部于2019年起连续每年将研究起草《自然保护地法》列入立法工作计划。我国国家林业和草原局于2022年8月陆续发布《国家公园法（草案）（征求意见稿）》和《自然保护区条例（修订草案）（征求意见稿）》向社会公开征求建议，但被很多学者认为属于自然保护地领域的"上位法"的《自然保护地法》仍未被纳入国家立法计划。而且，即使《国家公园法》的立法进程已率先启动，其依然严重滞后于现实立法需求。这是因为，我国已于2021年公布了首批国家公园名单，[①] 我国现在也进入第二批国家公园创建的关键时期，严格意义上说，在没有专门立法的背景下，已经设立的、正在创建的第二批国家公园，没有明确的法律依据，这也从侧面表明，我国当前包括专门立法在内的自然保护地法治建设已经严重滞后于现实需要。当前的自然保护地立法进展迟滞，固然是因为自然保护地立法承担重构既有分散立法形成的制度体系、统合现行法律确立的多头管理机构、重塑现行利益格局的复杂任务，难以一蹴而就，《国家公园法》或《自然保护地法》始终面目模糊、共识并未达成也是重要原因。[②] 申言之，当前对于《自然保护地法》《国家公园法》等自然保护地立法领域法律体系的体系构成、相互关系、立法衔接等问题尚未达成共识，这一现状影响到自然保护地法律规范体系的立法规划。

制定科学合理的自然保护地立法体系，必须以体系清晰、逻辑自洽地厘清自然保护地单个法规范相互之间和规则体之间的意义脉络为前提，从而形成一个完整的自然保护地法律秩序。概念是辨识和区分社会现实中所特有的现象的工具，是解决法律问题必不可少的工具，"如果我们试图完全否弃概念，那么整个法律大厦将化为灰烬"[③]。在构建法律规范体系时，确定抽象程度不一、具有内在关联性和涵摄关系的概念体系，被普遍认为是追求法律的体系性和科学性的思维方式与可行路径，法律概念是构造法

[①] 2021年10月12日，习近平主席在中国云南省昆明市举行的《生物多样性公约》第十五次缔约方大会领导人峰会上宣布：中国正式设立三江源、大熊猫、东北虎豹、海南热带雨林、武夷山等第一批国家公园，保护面积达23万平方千米。

[②] 参见吕忠梅《以国家公园为主体的自然保护地体系立法思考》，《生物多样性》2019年第2期。

[③] ［美］E.博登海默：《法理学：法律哲学与法律方法》，邓正来译，中国政法大学出版社2017年版，第504页。

律规范外部体系的建筑材料。① 因此，清晰把握自然保护地体系建设中的概念体系，是科学定位、合理构建自然保护地的立法体系的前提。

第一节 "自然保护地"法律概念析义

中央顶层设计将完善法律法规体系作为我国自然保护地体系建设的保障措施，包括制定出台《自然保护地法》。制定《自然保护地法》必须以界定"自然保护地"这一核心法律概念作为逻辑基点。

"自然保护地"作为一个专用术语，近几年才正式进入我国政策体系。自从2012年开始部署"大力推进生态文明建设"的战略决策以来，我国全方位推动生态文明体制改革。建立以国家公园为主体的自然保护地体系，属于生态文明体制改革体系中生态环境监管体制改革的一个重要组成部分。我国的自然保护地体系建设是从建立国家公园体制开始起步的，2013年党的十八届三中全会报告《中共中央关于全面深化改革若干重大问题的决定》在我国政策体系中最早正式提出"建立国家公园体制"。2017年党的十九大报告明确提出，"建立以国家公园为主体的自然保护地体系"，这是"自然保护地"首次作为专业术语被正式规定于政策文件中。

中共中央办公厅、国务院办公厅于2019年6月印发的《指导意见》是我国出台的关于自然保护地体系建设最为系统的专门政策文件，系统规定了我国自然保护地体系建设的指导思想、基本原则、目标任务、管理体制与保障措施。至此可以说，我国关于自然保护地体系建设的顶层设计已基本完成，蓝图与路线已基本确定，亟待贯彻落实。

基于政策本身具有的宏观性与抽象性，当前我国关涉自然保护地体系建设、规定自然保护地体系的顶层设计政策，均未对"自然保护地"进行明确界定。而无论是自然保护地政策体系的贯彻落实、自然保护地法律体系的系统构建，还是自然保护地建设的实践推进，前提与基点均在于清晰厘清与界定"自然保护地"这一基石概念。尤其是在我国提出"凡属

---

① 所谓法学上的"构造"，其任务是借助业已属于（"外部的"）体系的或纳入体系中而不致造成体系断裂的概念，来把握规范或契约模式的规则内容。参见[德]卡尔·拉伦茨《法学方法论》（全本·第六版），黄家镇译，商务印书馆2020年版，第551—563页。

重大改革都要于法有据"、《指导意见》要求"加快推进自然保护地相关法律法规和制度建设,加大法律法规立改废释工作力度"的语境下,构建自然保护地法律体系既是体制改革的重要构成部分,也是自然保护地体系建设亟待法治保障的内在需求。明晰"自然保护地"这一自然保护地法律体系中的"最高"概念的内涵,是形成不同抽象程度的概念体系并保障法律体系最大可能的概观性和法安定性、体系完整性的基点,① 也是我国制定《国家公园法》和《自然保护地法》的必需。基于此,本节内容拟从多个维度对"自然保护地"的法律内涵进行系统解析。

一 能指与所指:"自然保护地"的"名"与"实"

自然保护地体制改革中"自然保护地"这一概念进入政策以及将渐趋入法的演进历程,典型地折射了概念的能指与所指的区隔。"自然保护地"在我国现行规则体系中已经被规定为一个专业术语,是一个语言符号,它功能性地存在,指涉一定的事物,表达一定的意思。语言学家索绪尔认为,语言符号由能指与所指两个方面构成,"能指"由"有声形象"构成,"所指"是该有声形象在我们头脑中的抽象概念。② 二者之间并非具有天然的内在联系,"一项能指可成为另一符号的所指,反之亦然,一项所指亦可转换为另一内容的能指,这种语符能、所关系的互相转换生成了语义逻辑延伸的连续性"③。语言符号的能指与所指之间的关系实际上是词与物之间的关系,语言符号的"能指"与"所指"之间实难严格对应,而是随意滑动的关联属性,意味着词与物之间的对应关系并非固定不变,作为一种语言符号的"词"是经由主体的心理经验与思想意识实现对外界的指称与表达,其所对应的外界事物会随着语境变化而游移变迁,这一现象也根源于用以界定一个概念名词的自然语言具有的模糊性。④"自然保护地"

---

① 抽象程度低的"下位"概念涵摄到若干抽象程度较高的"上位"概念之下,最终实现将大量的法律素材归结到少量的"最高"概念上,具体分析参见 [德] 卡尔·拉伦茨《法学方法论》(全本·第六版),黄家镇译,商务印书馆 2020 年版,第 548—549 页。
② 参见 [瑞士] 费尔迪南·德·索绪尔《普通语言学教程》,高名凯译,岑麒祥、叶蜚声校注,商务印书馆 1980 年版,第 101—102 页。
③ 胡潇:《语言符号能指、所指关系建构机理的认识论分析》,《哲学动态》2010 年第 11 期。
④ 参见任如意、王连柱《符号学视域下的语言问题——以自然语言中的模糊性为考察中心》,《河南师范大学学报》(哲学社会科学版) 2018 年第 6 期。

本身作为一个概念名词是语言符号，用以指称与对应的外界事物（依据特定标准划定的地理空间）并非确定不移，而会发生变化。预期理解"自然保护地"这个语言符号的具体内涵、解析其概念指涉，需要依据相关认知领域中的其他的认知结构，即应当在《指导意见》等政策体系与我国当前的自然保护地法律体系形成的法制语境中对之予以审视与辨剖。

近几年来，我国建立以国家公园为主体的自然保护地体系的政策文件密集出台，"国家公园""自然保护地"作为指称特定陆域或海域的专业术语，渐次地正式出现于政策文件中，其核心特征在于，以新引入的"自然保护地"这一核心范畴统摄被纳入特定管理目标与效能、特殊管理机制的陆域或海域。从逻辑上看，这容易致人产生一种"自然保护地"在我国是一个凭空产生的新生事物的错觉。实际上，党的十九大报告以及《指导意见》等顶层设计部署的自然保护地体系建设，本质上不是一个从无到有的、"平地起楼"式的创设"自然保护地"的全新工作，而是杂糅了创设与重构的复合性工作。所谓自然保护地建设中的"创设"部分，主要是指我国自然保护地建设需要划定并建立"国家公园"这类新型的自然保护地；所谓"重构"，是指对我国既有的分散设置、形式多样、名称各异的实质意义上的自然保护地进行整理与重置。以此角度观之，我国的自然保护地体系建设可以归纳为迥然有异的两种路径：（1）增设"生态保护第一、国家代表性、全民公益性"作为全新建设理念、在我国属于从无到有的新生事物的国家公园。国家公园作为我国拟新增类型的自然保护地，其建立过程呈现全新创设的特性，这表现为我国谨慎地采取了设置"试点"或"试验区"的国家公园体制的改革模式，这是我国长期以来每当进行管理机制创新时采取的一种典型的路径，内嵌于彰显中国独特政策过程优势的"适应性治理"模式。[①] 为了实现 2020 年初步建立国家公园体制、正式设立一批国家公园的目标任务，我国从 2015 年开始启动国家公园体制试点，以稳妥的方式探索国家公园体制的管理体制与运营机制。（2）重构自然保护地，意指将我国既有的多种类型与名称、但均未以"自然保护地"这一概念命名的实质意义的自然保护地，按照层次化

[①] 参见［德］韩博天《红天鹅：中国独特的治理和制度创新》，石磊译，中信出版集团 2018 年版，第 8 页。

的体系定位、功能设定与管理目标进行整合、归并，以形成按照生态价值和保护强度高低依次设立的自然保护地体系。

由此可知，在我国当前正全方位推进的自然保护地体系建设与体制改革进程中，"自然保护地"这一核心概念从幕后走向台前、从学理概念转换为政策术语。这要求我们认真对待与审视作为政策体系核心命题与基石概念的"自然保护地"，辨析与洞悉其在何种意义与程度上承载了自然资源管理体制创新需求。虽然晚至 2017 年经由党的十九大报告予以规定，"自然保护地"才正式进入我国政策体系，但作为一个特定概念的"自然保护地"通常所指称的"实现对自然及其所拥有的生态系统服务和文化价值的长期保护"的"地理空间"，[①] 却在我国已有数十年的建设历史。自从 20 世纪 50 年代在广东省设立第一个自然保护区（鼎湖山国家级自然保护区）开始，我国就陆续成立了自然保护区、风景名胜区、森林公园、地质公园、湿地公园、沙漠公园、海洋公园、水利风景区、水产种质资源保护区等各级各类的自然保护地。我国现有的庞大的自然保护地体系的特征可以概括为：（1）类型众多，由于没有一个上位的概念来统摄这些形式多样的自然保护地，以至于除了居于自然保护地中心地带的自然保护区、风景名胜区等类型没有争议，在不同的研究中对我国现有"自然保护地"的类型与名称众说纷纭，未有共识。[②]（2）有实无名，我国现有的

[①] 参见［英］费耶阿本德等编著《IUCN 自然保护地治理——从理解到行动》，朱春全、李叶、赵云涛等译，中国林业出版社 2016 年版，第 6 页。

[②] 长期以来，在没有上位概念概括内涵与统摄范围的背景下，我国不同机构、不同学者对我国实质意义上的"自然保护地"的类型及其名称有不同的概括，未尽统一。比如，有研究认为我国当前的自然保护地包括自然保护区、风景名胜区、森林公园、地质公园、矿山公园、湿地公园、城市湿地公园、水利风景区、沙漠公园、海洋公园、海洋特别保护区、水产资源保护区这些类型，参见张希武《建立以国家公园为主体的自然保护地体系》，《林业建设》2018 年第 5 期。另有研究则是进行未穷尽列举，认为我国自然保护地包括"自然保护区、风景名胜区、自然和历史文化遗产地、森林公园、湿地公园、沙漠公园、海洋公园、地质公园等"，参见沈国舫《依据中国国情建设有中国特色的以国家公园为主体的自然保护地体系》，《林业建设》2018 年第 5 期。我国中共中央办公厅、国务院办公厅 2019 年 6 月印发的《指导意见》采取的表述是，我国"现有的自然保护区、风景名胜区、地质公园、森林公园、海洋公园、湿地公园、冰川公园、草原公园、沙漠公园、草原风景区、水产种质资源保护区、野生植物原生境保护区（点）、自然保护小区、野生动物重要栖息地等各类自然保护地"，该界定使用了"等"进行兜底概括，也是一种未穷尽列举的定义方式。

多种类型的自然保护地名称各异、形式繁复，虽然在建立之初各具特色，但若提取最大公约数，则均预期在一定程度上以保护、管理与合理利用各种形态或区域的自然资源为目标，这典型体现在既有的关于某些类型的自然保护地立法的立法目的表述中。① 申言之，现有的多种类型与名称的自然保护地追求不同目标、维护不同价值，在地理空间上划定一定区域进行特定方式的管理与保护，这种路径契合自然保护地建设的思维与路径。我国已经在18%的国土空间上设置多种类型的自然保护地，当前所进行的建立自然保护地体系的改革，并非否认现有的自然保护地在自然资源保护与管理中的功能和价值，也不是要对其推倒重来，而是针对现有自然保护地设置中呈现的问题进行改革。（3）以自然保护区为主体。我国当前的自然保护区的面积占各类自然保护地的总面积的80%以上，其他多种类型保护地面积则占比较低，虽未明确界定，但自然保护区在现实中实质上居于"主体"地位。② 从建设实践与制度体系层面归纳，全国各级各类自然保护区在我国自然保护地体系中占有不可撼动的主导地位，这种区域面积上的主导性进一步塑造了自然保护区管理体制的主导性，即我国虽然有不同的保护区级别和类型，这些"自然保护区"实际上指称多种类型的自然保护地，但目前这些分类体系都不能体现管理目标与管理方式上的差异。质言之，在我国启动自然保护地体系改革之前，我国既有的"自然保护区"也存在着"名"不副"实"的问题——在区域面积与比例上的绝对统治地位使之实质上指称了绝大多数的"自然保护地"；而《指导意见》确立了按照生态价值和保护强度高低依次划分三种类型的自然保护地的改革目标，这就使得改革的重点在于对当前占有国土面积15%的"自然保护区"进行重新划定，使得新的自然保护地体系中的"自然保护区"的内涵与指涉回归本义，在《指导意见》确立的自然保护地框架中

---

① 比如，《自然保护区条例》（2011年）第2条界定："本条例所称自然保护区，是指对有代表性的自然生态系统、珍稀濒危野生动植物物种的天然集中分布区、有特殊意义的自然遗迹等保护对象所在的陆地、陆地水体或者海域，依法划出一定面积予以特殊保护和管理的区域。"《风景名胜区条例》（2016年）第2条界定："本条例所称风景名胜区，是指具有观赏、文化或者科学价值，自然景观、人文景观比较集中，环境优美，可供人们游览或者进行科学、文化活动的区域。"

② 参见刘超《以国家公园为主体的自然保护地体系的法律表达》，《吉首大学学报》（社会科学版）2019年第5期。

重新予以界定。

　　申言之，作为一种国际通行的保护自然生态系统的理想模式，"自然保护地"在我国长期处于"名"与"实"不符的境况：（1）时间上不同步。作为指称自然生态系统保护模式的核心概念的"自然保护地"于2017年才进入我国政策体系，但划定特定区域、实施专门管理机制的建设实践却早在20世纪50年代便开始展开。这就意味着"自然保护地"这一概念所指向的事物的本质与构成始终处于动态游移状态中，当前进行的自然保护地体系建设从属于这一动态发展变化进程。（2）内涵上存在抵牾。不同于有些国家和地区根据世界自然保护联盟（International Union for Conservation of Nature，IUCN）推荐的自然保护地的类型与机制进行规划建设，我国经由实践发展、分散设置的多种类型的自然保护地，"自下而上"地定义与塑造了我国现有的实质意义上的"自然保护地"的类型、内涵与特征。而我国当前进行的建立以国家公园为主体的"自然保护地"体系的改革，在核心概念及其内涵界定、管理体制、治理类型等方面均在很大程度上"注重国际接轨"，[①] 典型如《指导意见》中对自然保护地的政府治理、公益治理、社区治理、共同治理等保护方式的规定，即为整体上从《IUCN自然保护地治理指南》直接移植而来的治理框架。[②] 这种状态既使得我国当前的自然保护地体系建设与体制改革具有必要性，也成为我国正在推进的自然保护地体系建设不可忽视的现实背景与制约。

　　《指导意见》还提出完善法律法规作为我国自然保护地体系建设的"保障措施"。我国已于2018年将《国家公园法》列入十三届全国人大常委会立法规划第二类立法项目。与此同时，当前学界较有共识性的看法

[①] 参见唐芳林、王梦君、孙鸿雁《自然保护地管理体制的改革路径》，《林业建设》2019年第2期。

[②] 《指导意见》规定了"坚持政府主导，多方参与"的原则，确立了自然保护地政府治理的主导地位，进而在"建立统一规范高效的管理机制"部分提出"探索公益治理、社区治理、共同治理等保护方式"，《指导意见》确立的自然保护地的四种保护方式或治理类型即从IUCN确立与推荐的治理类型框架直接移植，这不仅体现在自然保护地治理机制（保护方式）的种类与名称上的相同，更典型地体现在，《指导意见》提出的"公益治理"是一种从未出现于我国的法律规范与政策文件中也非内生于我国的治理机制体系的、纯粹适用于自然保护地体系建设与管理的"舶来品"。对IUCN推荐的自然保护地治理类型及其内涵的具体解析，参见［美］巴巴拉·劳瑙《保护地立法指南》，王曦、卢锟、唐瑭译，法律出版社2016年版，第88—108页。

是，在整体性与体系化的思维下，需制定《自然保护地法》作为自然保护地体系的"基本法"，①也有研究阐释了我国可以通过构建以《自然保护地法》为基本法、构建以《自然保护地法（典）》为基本法这两种立法模式实现立法体系化的目标②。无论采取哪种自然保护地体系的立法模式与路径，差异仅在于将制定的《自然保护地法》在整个自然保护地法律体系中界定为何种地位、预期其发挥何种作用，而在需要以"自然保护地"作为基石范畴、进而为"自然保护地"制定专门的针对性立法[《自然保护地法》或《自然保护地法（典）》]方面则没有异议。从结构语言学上看，一个孤立的"能指"可以具有多种含义，"所指"也并不依附于一种特定的"能指"，这是我国现实中"自然保护地"的"名"与"实"不相符、不同步的原因。《指导意见》等政策体系要求将"实"意义上的自然保护地统摄于"名"意义上的"自然保护地"之下，这提出了在《指导意见》等政策体系中定义的"能指"与我国自然保护地建设实践进展塑造的"所指"综合形成的语境下，探究"能指"与"所指"所共同构成的"自然保护地"这一概念内涵的需要。换言之，无论是单方面地从《指导意见》等政策体系中归纳理想状态下的"自然保护地"的内涵，还是基于对现实的观照与妥协而只注重"自下而上"地塑造"自然保护地"的定义，均不足以清晰界定其内涵。质言之，我国自然保护地体系建设中"自然保护地"概念内涵的界定必须实现"中国化"，因为法律体系来源于社会生活，必须立足于现实国情，回应时代要求，才能适应中国社会的现实。③当前"自然保护地""名"上的创新不能遮蔽我国长期以来建设的多种类型与形式的"实"层面的"自然保护地"，若不注重从这个层面实现"自然保护地"概念的"中国化"，则会极大消解自然保护地体系建设的现实意义。

---

① 参见吕忠梅《以国家公园为主体的自然保护地体系立法思考》，《生物多样性》2019年第2期。
② 参见秦天宝、刘彤彤《自然保护地立法的体系化：问题识别、逻辑建构和实现路径》，《法学论坛》2020年第2期。
③ 参见王利明《彰显时代性：中国民法典的鲜明特色》，《东方法学》2020年第4期。

二 通用抑或专用："自然保护地"的包容性与排他性

划定特定区域、采取一定的形式保护自然资源和生物多样性是世界上各个国家与地区的共同需求与实践操作。作为全球规模最大、历史最悠久的非营利性环保组织，世界自然保护联盟（IUCN）以倡导、影响全球科学家和社会组织保护自然资源的完整性与多样性，推荐和指导世界各个国家和地区开展自然保护地、国家公园等的规划建设、保护管理和治理方案为使命与目标。IUCN 于 1962 年开始发布《IUCN 自然保护地管理分类应用指南》以推荐作为自然保护地管理的国际标准，此后，IUCN 根据理论演进与实践进展，多次修订关于自然保护地分类管理与类型治理的指南。IUCN 于 1994 年出版了新的《IUCN 自然保护地管理分类应用指南》，该指南对自然保护地及其治理机制的类型划分被世界上越来越多的国家和地区采纳与应用。自此之后，"自然保护地"渐趋成为全球自然保护中的"共同语言"，越来越多的国家和地区在"自然保护地"这一概念体系下划定自然生态系统维持的特定区域，并借鉴 IUCN 制定和推荐的"自然保护地"类型与治理机制进行保护与管理。概言之，从国际层面归纳，"自然保护地"这一概念的出现，同时遵循了两种路径，也指称了两种类型：第一，IUCN 通过制定规则系统对"自然保护地"进行定义与解释，以提供自然保护地建设与管理的"理想类型"作为国际标准；第二，对世界各个国家和地区为保护自然资源而自生自发地划定的多样化的区域的通称。这两种路径也是我国进行自然保护地体系建设逃离不开的背景与约束。

质言之，我国《指导意见》等政策体系中规定的"自然保护地"这一政策术语的内涵有双重来源及约束，首先是 IUCN 在《IUCN 自然保护地管理分类应用指南》《IUCN 自然保护地治理指南》等文件中对自然保护地的定义，其次是我国多种类型的实质意义上的自然保护地历经数十年建设发展"自下而上"塑造的中国特色的"自然保护地"的内涵。如前述所言，我国拟制定专门的《自然保护地法》为自然保护地体系建设提供法治保障，将自然保护地建设与管理的"事理"转换为"法理"，其逻辑起点是界定"自然保护地"这一核心法律概念的内涵。现实中，"自然保护地"这一概念在规范（IUCN 规则体系）与描述（现实中自然保护地分散建设的实践）这两个层面使用，而法律概念亟待确定。因此，自然保护地立法内生性地提出了法律概念规范化的需求。

当前"自然保护地"概念在政策建构与现实归纳两个层面使用，这导致关于自然保护地的专门立法亟待解决的一个前设性问题是，"自然保护地"应该是一个包容性还是一个排他性的专用名词？[①] 不同意义上的使用，使得"自然保护地"的指称对象与涵摄范围存在差异。

（一）作为包容性概念的"自然保护地"

"自然保护地"首先可以作为一个包容性概念使用，也即将"自然保护地"这个概念定位为一个通用名词。作为包容性概念的"自然保护地"的使用呈现如下逻辑：第一，在最宽泛意义上使用，是对各个国家或地区已经存在的所有类型的具备自然资源保护特征、承载生物多样性与景观保护等价值的特定的陆域与水域的统称；第二，"自然保护地"不具有具体的确定的内涵，因而该概念不具有规范意义，仅有描述意义，难以作为《自然保护地》等立法中法律概念的基础；第三，"自然保护地"的内涵构成与范围指涉的确定遵循一种归纳逻辑，即已经存在的多种类型的实质意义上的自然保护地共同塑造与定义了"自然保护地"概念，这样便可赋予该概念以最大的包容性。

目前，地球大约 1/10 的陆地上设置了各种形式的"自然保护地"，并且设置自然保护地的趋势还在持续发展。IUCN 制定的自然保护地分类体系和管理分类应用指南，虽具有广泛的国际影响力，但其功能与效力也仅限于为世界各个国家和地区提供类型学帮助与建议，而不同国家与地区选取的自然保护的方式则深嵌在其自然地理环境、自然资源权属结构乃至政制架构中。现实中，世界上已经构建了近百种类型的以保护生态代表性为要旨的特定区域，这些命名各异、功能趋同的特定区域类型均被 IUCN 统摄入"自然保护地"这一概念之下。IUCN 首先承认这些区域也属于"自然保护地"并纳入"世界自然保护地数据库"予以记录，同时建议按

[①] "包容性"与"排他性"这一对修饰"自然保护地"的二元概念是相关著作阐释 IUCN 定义的"自然保护地"这一专业名词时使用的分析概念，该著作仅提出了这一对二元修饰概念但尚未展开具体阐释，本研究分析"自然保护地"这一核心概念的内涵时参考了该概念用语。参见［英］达德里主编《IUCN 自然保护地管理分类应用指南》，朱春全、欧阳志云等译，中国林业出版社 2016 年版，第 2 页。

照 IUCN 定义的理想样态的"自然保护地"予以评估与调整。这一实践也反证,事实上全球存在多种样态的"自然保护地",现实中世界很多国家和地区为了保护自然界而划定的选择多种形式、使用不同名称、采取各自管理方式的区域之所以也被统称为"自然保护地",仅因为其在实现的自然保护功能上具有共同性。

作为包容性概念的"自然保护地"可以作为描述现实中具有某些属性与功能的特定区域的通用名词,但不能作为法律概念。这是因为,虽然在法律中绝对确定的概念是罕见的,"但人们能在不确定的(法律)概念中区分出概念核和概念晕","法律概念以及其他一切在某种规范中固定了其意义内容的概念,有一个相应的含有规范的(不仅是价值有涉的)意义"。① 具体结合我国当前的关涉自然保护地的相关立法考察,包容性概念"自然保护地"作为一种描述性概念,其不具备确定内涵的特征决定了其与法律概念的内生属性扞格不入:

1. 宏观层面,确定内涵的缺失致使类型与范围难以确定

包容性概念的"自然保护地"仅为描述性的"语言符号",是对具备一定的自然保护功能的区域的归纳与指称,没有界定其本质内涵,这导致无论是相关职能部门还是学理研究著述对我国实质意义上的"自然保护地"的类型构成均没有达成共识(具体分歧观点前述内容已梳理)。《指导意见》将我国现有的自然保护地列举为"自然保护区、风景名胜区、地质公园、森林公园、海洋公园、湿地公园、冰川公园、草原公园、沙漠公园、草原风景区、水产种质资源保护区、野生植物原生境保护区(点)、自然保护小区、野生动物重要栖息地等",这是一种不完全列举。这一问题不仅是一个学理研究问题,也是一个制度问题,因为对我国现有的自然保护地类型及其范围的明确界定,是下一步启动自然保护地整合与"归并优化"工作的前提。

2. 中观层面,定义的缺位引致概念的规范意义阙如

"法律概念是有语义所指的,它的客体就是作为制度性事实的法律事实。法律事实同样是一种事实,只是要构成法律事实,仅有外在的物理事

---

① [德]卡尔·恩吉施:《法律思维导论》,郑永流译,法律出版社 2004 年版,第 135—136 页。

实是不够的，还必须有法律规范的存在。"① "自然保护地"若作为一个法律概念则须具有相对确定的内涵与意义中心，从而被赋予规范性内容，具有规范意义。包容性概念意义上的"自然保护地"主要是从自然保护功能上进行的归纳，未能明晰"自然保护地"的内涵，不能为甄选与评估现实中多种样态的自然保护地确立标准，不具有规范意义。现实中，我国自然保护区、风景名胜区等十数种类型的自然保护地在不同阶段陆续由多个职能部门分别规划、分散设置、多头管理，缺乏顶层设计和整体规划，保护地交叉重叠、保护空缺和破碎化等问题突出，② 管理体制上的巨大差异导致统摄于包容性概念"自然保护地"之下的不同类型的自然保护地"貌合神离"，③ 不能经由确定的自然保护地内涵所确立的标准予以统协。

3. 微观层面，概念指称的对象事实之间存在差异与抵牾

法律概念乃对相关事实进行指称或界定所形成之语词，经由事实类型化工作确立对象事实是法律概念形成的前提。法律概念的对象事实分为两类：一类为自然界自在之实存，即"自然事实"；另一类尚无妥当的总称，有人称其为"受人力制约的事实"或"制度事实"。④ 包容性概念的"自然保护地"是对既有自然保护地的统称，无法实现有效类型化对象事实以形成法律上"自然保护地"概念的功能。现实中我国经由分散的自然保护地立法确定的对象事实之间存在较大的差异与抵牾：（1）自然事实对象性质上不统一，比如，我国《自然保护区条例》（2017年）第2条规定自然保护区的性质是"区域"，⑤《风景名胜区条例》（2016年）第

---

① 雷磊：《法律概念是重要的吗》，《法学研究》2017年第4期。
② 参见黄宝荣、马永欢、黄凯、苏利阳、张丛林、程多威、王毅《推动以国家公园为主体的自然保护地体系改革的思考》，《中国科学院院刊》2018年第12期。
③ 参见苏扬《大部制后三说国家公园和既有自然保护地体系的关系——解读〈建立国家公园体制总体方案〉之五》（下），《中国发展观察》2018年第10期。
④ 参见毋国平《法律概念的形成思维》，《北方法学》2017年第5期。
⑤ 《自然保护区条例》（2017年）第2条："本条例所称自然保护区，是指对有代表性的自然生态系统、珍稀濒危野生动植物物种的天然集中分布区、有特殊意义的自然遗迹等保护对象所在的陆地、陆地水体或者海域，依法划出一定面积予以特殊保护和管理的区域。"

2条规定风景名胜区的性质是"区域",① 而《森林公园管理办法》(2016年)第2条规定森林公园的性质是"场所"②。不同类型的自然保护地在立法中成为对象事实,前述散见于不同类型自然保护地立法中对象事实的界定,既有形式与命名上的不同,更有事实上的差异,"区域"通指"土地的界划",而"场所"虽然也可指称"人或事所占有的环境的特定部分",但更多指称"活动的处所",这已与自然资源关系不大。(2) 制度事实上的抵牾。"制度性事实的根本特征在于,它是根据规则而存在的社会事实,没有这些规则就不可能存在这种社会事实。"③ 各类自然保护地在制度事实上的抵牾,体现在分散设置的各类自然保护地存在交叉重叠,而分散立法确立的法律规范在保护与管理这些交叉重叠的区域时存在不协调甚至是冲突的规定,致使制度事实发生抵牾。这典型体现在现行的自然保护地形式比例上的结构失衡与管理目标同质导致制度空转。有实证研究数据分析表明,我国现实中有约18%的自然保护地上存在多种类型自然保护地的重叠现状,其中,多数为景观类的自然保护地与自然保护区之间发生的重叠,④ 这体现了我国现行自然保护地形式比例结构上的失衡。我国针对数类自然保护地分别制定了行政法规或部门规章,但因为多个种类的自然保护地与自然保护区之间发生区域重叠,而《自然保护区条例》在自然保护地法律体系中处于较高法律位阶,导致重叠的自然保护地也需要按照《自然保护区条例》实施严格管理,这实质上悬置了其他类型自然保护地的管理制度,导致作为法律概念的"自然保护地"的制度事实存在抵牾。而包容性概念"自然保护地"是未经内涵辨析与范围界定而泛指各类自然保护地的概念,不能实现"自然保护地"作为法律概念的规范功能。

---

① 《风景名胜区条例》(2016年)第2条:"风景名胜区的设立、规划、保护、利用和管理,适用本条例。本条例所称风景名胜区,是指具有观赏、文化或者科学价值,自然景观、人文景观比较集中,环境优美,可供人们游览或者进行科学、文化活动的区域。"

② 《森林公园管理办法》(2016年)第2条:"本办法所称森林公园,是指森林景观优美,自然景观和人文景物集中,具有一定规模,可供人们游览、休息或进行科学、文化、教育活动的场所。"

③ 雷磊:《法律概念是重要的吗》,《法学研究》2017年第4期。

④ 参见马童慧、吕偲、雷光春《中国自然保护地空间重叠分析与保护地体系优化整合对策》,《生物多样性》2019年第7期。

（二）作为排他性概念的"自然保护地"

当前关于"自然保护地"的另一个使用语境是将其作为一个排他性的专用名词，即指称具有更为明确的内涵以精准指涉具有某些特征、符合特定标准、适用特定形式的管理体系的特定地理空间。IUCN 长期以来追求对自然保护地进行精细定义，于 1994 年由 IUCN 会员大会通过的修订后的《IUCN 自然保护地管理分类应用指南》明确界定了自然保护地的定义与类型。该定义随后经过审查和更新，并由 IUCN 世界保护地委员会（WCPA）进行了小幅度修改，并将该定义收录于 IUCN—WCPA 出版的《自然保护地管理类型应用指南》。该定义将自然保护地界定为："一个明确界定的地理空间，通过法律或其他有效方式获得承认、得到承诺和进行管理，以实现对自然及其所拥有的生态系统服务和文化价值的长期保护。"IUCN 正式明确了自然保护地定义后，积极推动多个国家和地区使用 IUCN 自然保护地定义及划分的管理类型与治理类型，并推动英国、韩国等国家根据 IUCN 关于自然保护地定义要素评估其自然保护地（比如苏格兰野生生物信托基金野生动物自然保护地、韩国汉拿山国家公园等），进而提供简短且权威的与 IUCN 自然保护地定义相一致的声明。针对全球事实上存在多种样态的"自然保护地"的现状（即前述包容性概念"自然保护地"归纳的事实类型），IUCN 首先承认这些区域也属于"自然保护地"并纳入"世界自然保护地数据库"予以记录，但同时建议按照 IUCN 定义的理想样态的"自然保护地"予以评估与调整。因此，自 IUCN 1994 年修订出版的《IUCN 自然保护地管理分类应用指南》逐渐被广泛接受为自然保护地规划、建设与管理的重要国际标准以来，各个国家和地区的自然保护地体系的建设与管理便需要在尊重其本土自然保护地建设的地域特色、历史传统与 IUCN 确立与推荐的自然保护地理想模式之间进行选择与平衡。申言之，IUCN 规则体系定义的"自然保护地"是一个有确定内涵的专业术语。

我国《指导意见》作为顶层设计政策，系统规划了自然保护地体系的功能定位、类型、管理体制、发展机制与保障措施，这一典型的"自上而下"的"计划—执行"的战略与路径选择，其逻辑基点是对作为规划中庞大的自然保护地体系的核心概念"自然保护地"的清晰且明确的界定，因为只有在排除语义模糊性与内涵含混性基础上清晰定义"自然保护地"的概念，才能为我国自然保护地体系的功能定位、类型划分、体制构建提供依据与指引。故此，《指导意见》体系化展开的起点是对排他性概念"自然保护地"的精准定义。申言之，《指导意见》中的"自然保护地"，必然是一个专用的排他性概念，这既对被定位为保障措施的《自然保护地法》中"自然保护地"概念的明确界定提出了需求，也为法律体系展开提供了指引。虽然，现实中可能基于《指导意见》的宏观政策的属性致使其关于"自然保护地"的定义具有抽象性、原则性等特征，但这为政策的内生属性，《指导意见》秉持的清晰定位"自然保护地"的思维与路径已经确立，亟待专门立法予以贯彻落实；《指导意见》关于"自然保护地"的定义可能存在争议与有待细化之处，但这些争议却无法遮蔽《指导意见》中关于"自然保护地"定义及其提出的具体化、及时性的内涵界定的需求。

在拟启动制定的《自然保护地法》中，在排他性的专业名词意义上，规定"自然保护地"这一基石范畴的内涵，似乎是《自然保护地法》立法界定"自然保护地"的题中应有之义，无须特别证成。实则不然，在"自然保护地"尚未成为我国法律体系使用的法定概念，并且同时在包容性概念与排他性概念这两种语境中使用的背景下，明确《自然保护地法》等立法中规定的"自然保护地"概念必须是一个排他性的专用名词，其意义和功能表现在：

1. 甄选法律概念的形成路径

法律概念本身是一个"语言符号"而非自然客体本身，故通过何种路径与方式将对象事实进行概括与提炼是法律概念形成的关键。包容性概念语境下的"自然保护地"是对存在于现实中所有类型的承载自然保护功能的区域的"忠实复制"，这是一种"自下而上"的概念形成路径，其背后秉持的理念是概念同与之相对应的外部世界客体之间存在"唯实论"的对应关系，这种概念形成路径及其结果存在的问题，前述内容已经论及。因此，包容性概念语境下的"自然保护地"不能作为自然保护地专门立法中的"自然保护地"概念的对象事实，不能形成法律概念的规范功能。

《自然保护地法》中的"自然保护地"概念应当延循排他性概念的形成路径，即根据我国拟实现保护生物多样性、保存自然遗产、改善生态环境质量、维护国家生态安全等方面的目标定位与价值功能,探究划定特定的地理空间、采取特殊的管理方式的规律与需求,在此基础上形成"理想状态"下的"自然保护地"概念,在此概念形成过程中需要以价值目标为导向、以科学规律为约束、以国际经验为镜鉴,综合确定顶层设计层面的"自然保护地"的内涵。在此过程中,当然要尊重与兼顾我国已有的各类自然保护地的现状,却并非由这些已有的实质的自然保护地来定义"自然保护地",因此,这是一种"自上而下"的法律概念形成路径。只有在这种路径下才能制定限定严格的专门概念,才能使得"自然保护地"概念成为解决法律问题所必需的和必不可少的工具。① 因此,排他性专用名词的定位,才能契合"自然保护地"作为一个法律概念的形成路径。

2. 实现融贯的自然保护地法律体系

《指导意见》确立了我国自然保护地体系的建设目标是逐步形成"以各类国家公园为主体、自然保护区为基础、各类自然公园为补充的自然保护地分类系统",《指导意见》提出的"完善法律法规体系",包括制定《自然保护地法》《国家公园法》和修改《自然保护区条例》等既有的单行法,以契合自然保护地体系建设目标。自然保护地体系建设目标的系统性对自然保护地立法提出了体系化的需求,这要求拟制定或修改的自然保护地立法形成一个融贯的法律体系,"一个法律体系内各部分间的融贯性程度越高,这个体系就相应地越好"②。法律体系的融贯性可以从消极和积极两个方面实现,前者是指法律体系中具体法律规范应当具有逻辑一致性,后者是指具体法律规范具有证立关系。③

具体到自然保护地法律体系,自然保护地法律体系的内在价值体系的理念统一性要求包括:第一,在消极层面,构成自然保护地法律体系的单行法之间没有冲突、核心价值目标一致,即《自然保护地法》统率的自

---

① 对法律概念的功能的分析参见 [美] E. 博登海默《法理学:法律哲学与法律方法》,邓正来译,中国政法大学出版社 2017 年版,第 500—508 页。

② 雷磊:《融贯性与法律体系的建构——兼论当代中国法律体系的融贯化》,《法学家》2012 年第 2 期。

③ 参见方新军《内在体系外显与民法典体系融贯性的实现——对〈民法总则〉基本原则规定的评论》,《中外法学》2017 年第 3 期。

然保护地法律体系规定的法律机制之间没有冲突,价值目标上具有一致性。第二,在积极层面,形成一种证立关系,即要求构成整体法律体系的各个单行法规范之间以及具体法律制度之间建立起评价上的积极关联,同时证立法律体系的价值基础(政治与道德理念)具有一致性,并且每部单行法承载的价值目标既存在价值位序又有积极关联。[1] 其中,自然保护地法律体系的内在价值体系统一性需要通过外在规范体系之间的协调性来实现,而外在法律规范之间的协调性的逻辑起点和基础即为法律概念内涵之明确性,只有明确"自然保护地""国家公园""自然保护区""自然公园"这些概念的内涵,并在此基础上厘清与界定相互之间的依存与等级关系,才能实现以这些关系性概念为基础展开的自然保护地单行法之间的协同,以实现自然保护地体系建设目标。在这些亟待明确内涵的法律概念体系中,"自然保护地"处于统领地位,在排他性的专用名词语境下对其进行明确界定,是实现自然保护地法律体系融贯性的前提和基础。

三 构成与要素:"自然保护地"的概念结构

前述内容分析了现实中"自然保护地"这一概念的使用存在"名"与"实"不配套、不同步的现状,我国的"自然保护地"之"实"远早于"自然保护地"之"名",兼顾与平衡"自然保护地"这一概念的"能指"与"所指",是自然保护地体系建设与法律体系完善必须考量的现实约束。与此同时,就国际经验与现状来看,"自然保护地"概念在包容性概念与排他性概念这二元语境中使用,包容性概念的语境下,"自然保护地"是对现实中各种类型的承载某种自然保护功能的特定区域的"忠实复制"式的通称;排他性概念语境下,"自然保护地"需要在结合政策目标、价值设定、共性规律的基础上进行概念内涵的精准提炼,这是我国当前的自然保护地体系建设与法律体系完善需要遵循的概念形成路径。本部分在前述概念定位辨剖的基础上,进一步具体展开"自然保护地"概念结构的阐释。

(一)"自然保护地"法律概念的构成

"自然保护地"法律概念的构成,主要指称形成"自然保护地"这一

---

[1] 参见刘超《自然保护地体系结构化的法治路径与规范要义》,《中国地质大学学报》(社会科学版)2020年第3期。

法律概念不可或缺的因素，从一般法理与自然保护地体系建设的特殊需求审视，《自然保护地法》等法律法规体系中使用的"自然保护地"概念的构成应当考量以下因素：

1. 价值的锚定

法律概念是一种辨识与区分社会中特有的某类现象的工具，具有"客体概念"性质的"自然保护地"作为一种反映外部世界某一客体种类的特征与属性的工具，不是对"对象事实"的简单复制，而是对外部世界自然现象一般性规律的归纳与抽象。因此，"自然保护地"概念界定的过程可以被认为是对存在于自然界中的关系和一致性的精神映象，① 很难且没有必要完全精确地复制现实，而是需要进行必要的取舍与凝练"自然保护地"这一法律概念指称对象的核心特征，而其核心特征甄选的关键在于对自然保护地价值目标的锚定。法律作为人类行为规范，人们希冀通过适用法律实现特定价值目标，"在法律概念的构成上必须考虑到拟借助该法律概念来达到的目的，或实现的价值"②。因此，确立我国自然保护地体系建设的价值目标，是进行"自然保护地"法律概念界定的关键环节。

2. 国际经验与中国特色的平衡

如前所述，当前 IUCN 通过发布《IUCN 自然保护地管理分类应用指南》等系列指南，推动与指导全球的自然保护地体系建设与治理，并日渐成为国际标准。我国当前通过《指导意见》等政策文件系统推进的以国家公园为主体的自然保护地体系建设，汇入了世界自然保护地建设的潮流中，必然在概念界定与规则构建中要参考 IUCN 自然保护地规则体系的国际经验。同时，我国《指导意见》中对"自然保护地""国家公园""公益治理"等概念的使用，均直接借鉴于 IUCN 的相关"指南"。这就要求，我国拟启动的《自然保护地法》在立法过程中，从"自然保护地"这一概念的界定到具体的自然保护地管理机制的展开，均需要重视并借鉴国际经验。与此同时，亦如前述所言，我国从 20 世纪 50 年代开始即独立、自发地进行了实质意义上的自然保护地建设实践，经过数十年的发

---

① 参见［美］E. 博登海默《法理学：法律哲学与法律方法》，邓正来译，中国政法大学出版社 2017 年版，第 503 页。

② 黄茂荣：《法学方法与现代民法》，中国政法大学出版社 2001 年版，第 46 页。

展，我国已经设置了各种类型与形式的自然保护地，在我国《指导意见》开始系统部署的自然保护地体系建设与重构工程中，从实践路径选择方面，必须以既有的多种类型与形式的自然保护地为基础来合理界定中国特色的"自然保护地"的概念内涵。同时，还必须重视，中国的自然保护地体制改革深嵌于中国生态文明体制改革背景下，"生态文明"入宪宣告我国法治发展正式迈向绿色法治的现代化治理之路，① 自然保护地建设、国家公园体制改革与自然资源资产产权制度改革等均被定位为我国生态文明制度建设的重要内容②。因此，《自然保护地法》中"自然保护地"概念必须回应这些机制体系改革的系统性，以彰显中国特色。

3. 中心与边缘范围的划定

一个法律概念的中心含义通常是指涉明确的，因为在形成概念过程中往往是通过对某种类型的"对象事实"的核心部分或者典型特征的"精神映象"以形成特定的语词。而概念的边缘地带则往往是模糊不清或模棱两可的，因为概念边缘地带所对应的"对象事实"及其特征不具有典型性。《自然保护地法》中规定的"自然保护地"首先以《指导意见》中确立的多种类型的"陆域或海域"体系作为现实基础，或者说，"自然保护地"法律概念需要以这些类型的"陆域或海域"作为对象事实。因此，《自然保护地》中"自然保护地"概念需要通过精准表达这一"陆域或海域"体系的本质特征与范围体系，实现以"自然保护地"为基点，构建与展开的自然保护地法律体系能够统摄与规范符合特征要求的客体范围的立法功能。

（二）"自然保护地"法律概念的要素展开

基于法律概念形成的一般原理和拟制定的《自然保护地法》在自然保护地法律体系中的体系定位与功能预期，自然保护地价值的锚定、国际经验与中国特色的平衡以及中心与边缘范围的划定成为构成"自然保护地"法律概念的核心要素，现以这些要素为基点，具体阐释"自然保护地"概念的内涵。

---

① 参见江国华、肖妮娜《"生态文明"入宪与环境法治新发展》，《南京工业大学学报》（社会科学版）2019年第2期。

② 参见刘超《自然资源产权制度改革的地方实践与制度创新》，《改革》2018年第11期。

1. "自然保护地"价值目标的锚定

"自然保护地"概念的界定首先要明确自然保护地的价值目标，这是因为无论是从我国既有自然保护地类型的现状还是从《指导意见》确立的自然保护地建设目标考察，均有多种自然保护地类型。虽然顾名思义，这些类型具有"自然保护"的"家族特征"，但也仅为"最低限度共识"，在地理空间上设置的各种类型的自然保护地从"以保护具有国家代表性的自然生态系统为主要目的"的国家公园到景观类自然保护地，其所维护的价值在自然资源的生态价值与经济价值两极游移，其实现的"自然保护"功能梯度递减，从直接"坚持生态保护第一"以实现对自然生态系统的严格保护、整体保护、系统保护，到机制实施间接实现的生态保护功能，均属于"自然保护地"的价值目标，这些价值目标均需要在"自然保护地"概念中予以表达。因此，"自然保护地"概念中界定的价值目标主要包括：（1）价值目标多元性，"自然保护地"体系建设与相关立法虽然以实现"自然保护"为共性价值，却并非唯一价值，这是源于自然资源对于人类同时产生生态价值与经济价值等多元价值。即使是生态价值最高、对人类行为进行最大强度约束、实施最严格保护制度的国家公园，也不能秉持生态价值的单向性，而是需要重视国家公园承载的多重价值，国家公园的"无人模式"是一种忽视人类生存和永续发展这一国家公园根本价值的幻象。[1] 自然保护地承载的多元价值应当体现在《自然保护地法》立法中，首先需要通过"自然保护地"的法律定义进行表达，具体而言，可以在"自然保护地"法律定义中明确界定自然保护地以维护"由各级政府依法划定或确认"特定的"陆域或海域"的生态功能与价值作为"主要目标"。这种法律定义方式的理由与功能主要有：第一，这是从 IUCN 划分的自然保护地类型的标准与功能中借鉴的共性经验。IUCN 将自然保护地划分为六种类型，并为每种类型分别确立了"主要目标"与多个"其他目标"，因此，以预期实现的"目标"来进行分类，是 IUCN 划分自然保护地类型的重要依据，这也说明，自然保护地可以同时兼顾多重价值目标，只是需要以明确"主要目标"为前提。第二，通过

---

[1] 参见蔡华杰《国家公园的"无人模式"：被想象和建构的景观——基于政治生态学的视角》，《南京工业大学学报》（社会科学版）2018年第5期。

规定"自然保护地"以生态功能与价值为"主要目标",可以为《自然保护地法》兼顾其他价值目标预留制度空间,这也能彰显《自然保护地法》"以人为本"的法律理念,"人的本能、欲望、需求、能力等附属于人的主体性因素,是确定法律内容的基准"①,《自然保护地法》以保护特定的"陆域或海域"的生态功能与价值为"主要目标"而非唯一目标,并不否定客体对人类产生的多重价值,只要不与《自然保护地法》维护的主要价值目标相冲突即可。(2)价值目标实现方式的多样化,虽然所有类型的自然保护地均要在划定的特定区域上实现自然资源生态价值,但基于不同类型自然保护地的生态价值的大小、保护强度的高低、兼顾其他类型价值的多少等均有差异,不同类型的自然保护地实现生态价值目标与生态功能的方式应当多样化,具体而言,自然保护地承载生态价值与功能的方式应包括直接与间接等方式。在"自然保护地"法律概念中规定价值目标实现方式的多样性,可以为具体规范展开中规定多元的生态价值实现提供依据。

2. "自然保护地"建设的国际经验与中国特色的平衡

我国《指导意见》系统部署的自然保护地体系建设方案,是多重背景与助力下的产物,既是我国系统推进的生态文明体制改革的有机构成部分,也深受IUCN推动的全球自然保护地建设潮流的影响,这典型体现在"自然保护地""公益治理"等概念的使用与自然保护地类型划分等方面。与此同时,自然保护地法律体系又深嵌于我国既有的环境资源法律体系与自然保护地立法之中。因此,《自然保护地法》立法中"自然保护地"概念的界定要同时吸纳国际经验与彰显中国特色,这主要体现为以下内容:(1)范围的界定。我国既有的《自然保护区条例》《风景名胜区条例》等自然保护地立法将各类自然保护地的区域界定为"区域""特定区域"或"场所",语焉不详。我国《指导意见》则将自然保护地的范围界定为"陆域或海域",这在自然保护地范围的类型化与明确性上是对既有自然保护地立法的改进。IUCN将自然保护地的范围界定为"一个明确界定的地理空间",在定义解释中将其解释为"包括陆地、内陆水域、海洋和沿海地区,或两个或多个地区的组合",并且强调了自然保护地的"三维空

---

① 胡玉鸿:《以人为本的法理解构》,《政法论丛》2019年第1期。

间"，IUCN 鼓励各国政府考虑出台用于自然保护地免受空中、地下和水下活动干扰的通用法律条款。① 这是先进的保护理念，应当作为确定自然保护地范围的立法经验予以吸纳。(2) 建立方式。我国《自然保护区条例》第 2 条规定"自然保护区"是"依法划出"一定面积予以特殊保护和管理的区域，《风景名胜区条例》没有明确规定风景名胜区的建立方式。《指导意见》规定"由各级政府依法划定或确认"。IUCN 的定义是"通过法律或其他有效方式获得认可、得到承诺和进行管理"，IUCN 规定的自然保护地建立的众多方式，对应其认可与推荐的政府治理、共同治理、公益治理与社区治理这四种自然保护地治理类型。笔者认为，基于我国的自然资源（主要是土地）的权属制度体系，我国自然保护地建立的方式主要是《指导意见》规定的"由各级政府依法划定或确认"，这体现为我国的自然保护地体系建设要同时遵循创设新型自然保护地（如国家公园）与重构既有自然保护地分别采取"由各级政府依法划定"与"确认"两种方式。(3) 保护对象。我国既有的《自然保护区条例》《风景名胜区条例》及其他行政规章等对各种类型自然保护地立法保护对象的分散规定，引致了各类自然保护地交叉重叠的现实困境。《指导意见》使用"自然保护地"概念统摄下位的具体自然保护地概念，其保护对象设定为"对重要的自然生态系统、自然遗迹、自然景观及其所承载的自然资源、生态功能和文化价值实施长期保护的陆域或海域"，这一设定对象的规定，采取了"空间类型列举+附载其上的价值与功能列举"的方式。但是，若细致梳理，会发现《指导意见》对保护对象的设定存在一些逻辑上不够周延或者重复之处，这体现为"自然生态系统、自然遗迹、自然景观及其所承载的自然资源"的表述。从逻辑关系上看，"自然生态系统、自然遗迹、自然景观"均属于广义的"自然"的数种子类型，而《指导意见》中使用的"自然资源"若解释为自然资源法意义上的"自然资源"，则属于传统自然资源法调整的对象，不属于自然保护地立法的调整对象，若从"自然"角度解释，则其范围广于前缀"自然生态系统、自然遗迹、自然景观"的范围，且实质上的同义反复会造成解释适用中

---

① [英] 达德里主编：《IUCN 自然保护地管理分类应用指南》，朱春全、欧阳志云等译，中国林业出版社 2016 年版，第 19 页。

的困扰。实际上，IUCN采取的表述方式为"自然及其所拥有的生态系统服务和文化价值"，从形式上可知，我国《指导意见》对保护对象的表述一定程度上参考借鉴了IUCN定义的表述，但《指导意见》为细化定义所进行的具体化列举，则难免使得其对"自然保护地"的保护对象的界定陷入前述逻辑上的困境。因此，《自然保护地法》中关于建立"自然保护地"保护对象的表述，应当综合国际经验的逻辑与中国特色表述，规定为"重要的自然生态系统、自然遗迹、自然景观等地理空间及其所承载的生态功能和文化价值"。

3. "自然保护地"法律概念中心与边缘的划定

一个法律概念的中心含义通常是确定的，从中心地带到边缘地带的含义渐趋模糊，在最边缘地带，具有模糊含义的"对象事实"纳入该法律概念的统摄范围时，处于迷蒙不清、亟待辨析的状态。立法者虽然追求法律概念中心的明确性，但为了赋予法律规范更广泛的适应性，在立法技术上也需要对某一个概念的意义设定预留操作空间，实现法律概念"边际灰色地带容有判断余地"[①]。这在自然保护地立法中尤为明显，在我国推动自然保护地体系改革之前，包容性概念"自然保护地"的中心地带是明确的，主要包括自然保护区、风景名胜区等，而在边缘地带则是模糊的，这体现在前述内容梳理的既有自然保护地种类与命名上的分歧。在自然保护地体制改革后，"自然保护地"这一专业概念的中心地带明确为国家公园、自然保护区、各类自然公园，但在自然公园包括的具体类型这些边缘地带，依然亟待厘清。解决这一问题的出路在于针对性地完善"自然保护地"这一法律概念的立法表述，在法律概念的形成过程的关键要素中予以解决。法律概念形成的基本方法包括形式上对特征的取舍、内容上对价值的负荷，[②] 并往往提取典型对象事实的特征、承载价值序列中的核心价值，以确定法律概念的内涵，这就需要从特征取舍与价值负荷两个维度去应对法律概念的模糊性。

具体而言，明确与限定《自然保护地法》"自然保护地"概念的中心与边缘之实现路径包括：（1）提取"自然保护地"这一"对象事实"的

[①] 王泽鉴：《法律思维与民法实例——请求权基础理论体系》，中国政法大学出版社2001年版，第220页。

[②] 参见吴丙新《法律概念的生成》，《河南省政法管理干部学院学报》2006年第1期。

最典型特征、最核心价值，明确法律概念的中心地带，具体可以通过列举自然保护地的国家公园、自然保护区、自然公园这些类型予以明确。（2）法律概念的边缘地带既难以通过完全列举以明确，在立法技术上也需要预留空间以容纳现实进展、提供适用中的判断余地，因此，可以通过概括"自然保护地"法律概念的对象事实（特定陆域或海域）的"家族特征"与价值彰显（生态功能和文化价值）等方式予以体现。（3）"自然保护地"这一法律概念是一个专用概念，在立法技术上需要通过自然保护地"家族特征"与共性价值概括和彰显的方式限定概念的对象事实的模糊地带，这同时需要在立法概念中明确各类自然保护地的价值位阶与内在关联，也可以为具体地解决既有的自然保护地之间的交叉重叠问题所制定的归并、优化的法律规范提供依据。尤其需要重视的是，虽然我国的自然保护地体制改革政策有从 IUCN 规则体系借鉴的成分，但在一些核心问题上却能坚持和彰显中国特色，比如，IUCN 确立的六类自然保护地的关系中，"这些类型的质量、重要性或自然程度上并无简单的等级关系"[①]，但我国《指导意见》却明确规定了几类自然保护地在整体自然保护地体系中的功能定位与价值位阶：自然保护地按生态价值和保护强度高低依次划分为国家公园、自然保护区、自然公园，"逐步形成以国家公园为主体、自然保护区为基础、各类自然公园为补充的自然保护地分类系统"，这些关系性内涵明确了各类具体自然保护地之间的功能定位与价值位阶，成为自然保护地概念的内在构成部分，需要在"自然保护地"概念中予以表达。

四 结语

近几年来，我国在全面推进生态文明体制改革的宏大背景下启动自然保护地体制改革，自然保护地保护与管理制度建设被定位为我国生态文明建设制度体系的有机构成部分。中共中央办公厅、国务院办公厅 2019 年印发的《指导意见》系统部署了我国自然保护地体系建设的总体要求、类型划分、管理体制、发展机制和保障措施，包括要求制定出台自然保护

---

① ［英］达德里主编：《IUCN 自然保护地管理分类应用指南》，朱春全、欧阳志云等译，中国林业出版社 2016 年版，第 49 页。

地法等相关法律法规、进行制度建设，为自然保护地建设提供法律保障措施。制定《自然保护地法》和完善自然保护地领域的法律法规的逻辑基点是对"自然保护地"这一核心概念的法律界定。在我国，长期以来"自然保护地"仅为一个学理阐释概念，用以描述与概括从20世纪50年代开始的各类实质意义上的自然保护地，从党的十九大报告的规定开始，其才正式进入我国顶层设计政策话语。因此，界定"自然保护地"的概念需要在"名"与"实"之间进行平衡，以政策目标规定之"名"为依据，吸纳多种类型自然保护地分散建设之"实"的共性特征。在国际与国内层面，"自然保护地"一直在包容性概念与排他性概念这两种语境中使用，《自然保护地法》中规定的"自然保护地"这一法律概念，亟待遵循排他性专用名词的界定路径，实现甄选法律概念的形成路径、促进自然保护地法律体系融贯性的制度功能。在"自然保护地"的概念结构中，应当注重综合自然保护地的价值与目标的锚定、国际经验与中国特色的平衡、中心与边缘范围的划定等因素进行考量与界定。经由这些理论准备与内涵辨析，最后可以将拟制定的《自然保护地法》中"自然保护地"的法律概念界定为："本法所称自然保护地，是指由各级政府依法划定或确认，以对重要的自然生态系统、自然遗迹、自然景观等地理空间及其所承载的生态功能和文化价值直接或间接地实施长期保护、管理或可持续利用为主要目标，按生态价值和保护强度高低依次划分为国家公园、自然保护区和自然公园的陆域或海域。"

第二节 自然保护地体系的概念结构

我国当前正全面推进自然保护地体制改革，目标是形成以国家公园为主体、自然保护区为基础、各类自然公园为补充的自然保护地体系。这要求将改革前分散设置、界限模糊、交叉重叠的多种类型的自然保护地，按照科学合理的标准进行整理与重构，形成分类合理、定位明确、界限清晰的自然保护地体系。自然保护地体系改革需要法律体系"立改废释"工作为其提供法治保障，亟待制定《自然保护地法》《国家公园法》和修改《自然保护区条例》等既有立法。这一法制改革的系统工程，必须以厘清自然保护地体系结构的法律定位为前提，而这一工作又必须以辨析与厘清自然保护地体系概念结构及其规范要素为逻辑基点。

《指导意见》所确立的自然保护地体系改革目标，即建设与形成以国家公园为主体、自然保护区为基础、各类自然公园为补充的自然保护地体系，实质上是要求形成一个自然保护地的体系结构。在该理想体系中，"自然保护地"是统领与涵摄各种具体类型的自然保护地的上位概念，国家公园、自然保护区、自然公园等作为指称各类自然保护地的下位概念，应在自然保护地体系中定位清晰、逻辑融洽。前述三种具体类型的自然保护地依据内在规律与新设标准而建立，与既有的多种类型的自然保护地存在地域的重叠与分隔、功能的差异与协同、机制的沿革与创新等复合型关系。政策转化为法律，需要从探究重构自然保护地体系的"事理"转向剖析国家公园建设法治保障的"法理"，需要在关系范畴中界定各类自然保护地类型在地域划分上的关系、空间布局上的衔接、制度工具上的差异，以实现多种类型的自然保护地各司其职、综合作用的效果。因此，应厘清与界定各类自然保护地在整体自然保护地体系中的法律定位、辨析与阐释各种类型自然保护地之间的内在关系，在此基础上探究自然保护地体系结构定位的法治进路、规范自然保护地体系结构定位的法律表达的要点，以期为我国自然保护地体系重构与体制改革的法治化提供有益建议。

一　自然保护地体系的核心概念内涵有待明确

无论是直接以国家公园作为规范对象的《国家公园法》，还是以解决自然保护地保护中的共性问题、提取自然保护地法律原则与制度"公因式"、构建自然保护地保护的基本原则和基本制度为旨趣与目标的《自然保护地法》，都必须清晰界定各种类型的自然保护地在整体自然保护地体系中的结构定位，这是展开自然保护地法律体系建设的前提和基础。

我国现行关于自然保护地的规则体系，主要由中央宏观政策体系和部分地方试点立法构成。以党的十八届三中全会报告和党的十九大报告这两个中央政策文件为核心的政策体系均将建立国家公园体制定位为实现生态文明体制改革的具体构成部分，国家公园体制改革与自然资源资产产权制度改革等均被定位为我国生态文明制度建设的重要内容。[①] 梳理我国自然

---

① 参见刘超《自然资源产权制度改革的地方实践与制度创新》，《改革》2018年第11期。

保护地政策的演进，可知我国对自然保护地体系结构定位动态发展、渐趋明晰：(1) 最初阶段提出建立国家公园体制，以作为加快生态文明制度建设的构成部分，这一阶段的政策目标着眼于国家公园体制本身，未涉及对国家公园的定位。(2) 开始重视国家公园在自然保护地体系中的定位，在关系范畴下将国家公园定位为自然保护地体系的重要组成部分；而如何在自然保护地体系中定位国家公园，又可以分为两个阶段：第一，中共中央办公厅、国务院办公厅于2017年9月26日印发并实施的《建立国家公园体制总体方案》将国家公园作为自然保护地的"代表"；第二，党的十九大报告中的表述是"建立以国家公园为主体的自然保护地体系"，将国家公园明确为自然保护地体系的"主体"。(3) 最新阶段是在自然保护地体系中全方位地定位国家公园的坐标体系，即《指导意见》所规定，"逐步形成以国家公园为主体、自然保护区为基础、各类自然公园为补充的自然保护地分类系统"。该规定在纵向定位层面，将国家公园界定为自然保护地体系的"主体"；在横向定位层面，国家公园具有"主体"地位，自然保护区居于"基础"地位，各类自然公园属于"补充"地位，三者构成一个有机整体。《指导意见》确立的自然保护地体系改革目标中的各类自然保护地的结构定位，首先是通过界定各类自然保护地的概念来表达与承载的，自然保护地体系中核心概念之间的结构定位与逻辑关系的清晰界定，是进一步体系地展开体制机制设计的前提。

我国当前全面推进的自然保护地体制改革，需要处理好中国国家公园和保护地体系中已有保护地类型和新设保护地类型之间新与旧的关系。① 我国重构自然保护地体系，"重点是突破已有体制障碍，解决生态系统破碎、地域交叉重叠、管理'九龙治水'问题，整合多类保护地"②。申言之，重构自然保护地体系的体制改革，亟待矫正现行多种类型、多个数量的自然保护地在现实中普遍呈现的交叉重叠的弊端。据实证研究，我国现实中有约18%的自然保护地上存在多种类型自然保护地的重叠现状，

---

① 参见杨锐等《国家公园与自然保护地研究》，中国建筑工业出版社2016年版，第113页。

② 张希武：《建立以国家公园为主体的自然保护地体》，《林业建设》2018年第5期。

其中，多数为景观类的自然保护地与自然保护区之间发生的重叠。① 现实中的保护地交叉重叠又进一步导致了机构设置上架床叠屋和多头管理，比如，同一个湿地生态系统保护区，涉及的管理部门可能包括林草、农业农村、水利、生态环境、文旅等，难以避免相互扯皮推诿。②

当前的国家公园体制改革和自然保护地体系重构不是一项从无到有的工作，而是以我国几十年来陆续构建的多种类型的自然保护地体系为基础，是在反思传统的边际上进行的创新。重构自然保护地体系，就是在原来"自下而上"、多头管理的自然保护地体系中按照生态价值和保护强度高低排列价值位序；确立增设的国家公园的"主体"地位，就是凸显其在重构自然保护地体系中的优位性。《指导意见》对整合与归并既有的多种类型的自然保护地，以重构自然保护地体系进行了原则性规定。但是，综合梳理我国现有的以《指导意见》为代表的政策体系，并未对自然保护地体系中的"自然保护地""国家公园"等核心概念进行明确具体的内涵界定，而是注重从特征层面进行描述，导致自然保护地的归并与优化工作存在以下问题亟待具体化：

第一，无论是整合交叉重叠的自然保护地还是归并优化自然保护地以实现国家公园的主体地位，均需要进一步明确国家公园的设立条件。

第二，《指导意见》在上位概念"自然保护地"之下，确立了自然保护地体系的理想类型，即国家公园、自然保护区、自然公园这三类自然保护地理想类型，其划分依据是自然保护地生态价值和保护强度的高低，《指导意见》并没有在这三类自然保护地内部进一步按照保护强度细分，如何按照"其他各类自然保护地按照同级别保护强度优先"原则进行整合？

第三，我国现行的自然保护地体系虽然在保护整体自然环境上具有共性目标，但在具体保护对象上各有偏重。比如，自然保护区主要以物种和生态系统多样性为保护对象，风景名胜区、森林公园、水利风景区均是以

---

① 参见马童慧、吕偲、雷光春《中国自然保护地空间重叠分析与保护地体系优化整合对策》，《生物多样性》2019 年第 7 期。

② 参见黄宝荣、马永欢、黄凯、苏利阳、张丛林、程多威、王毅《推动以国家公园为主体的自然保护地体系改革的思考》，《中国科学院院刊》2018 年第 12 期。

景观为主要保护对象,①《自然保护区条例》等现行单项立法围绕保护对象,分别展开了各种类型自然保护地的建设与管理的制度设计。《指导意见》保留了"自然保护区""森林公园""湿地公园"等自然保护地类型,并为之确立了生态价值、保护强度的价值位序排列标准,那么,如何在具体政策措施和法律制度设计层面,将差异性的多元保护对象统合在生态价值与保护强度构成的一元标准体系中,实现自然保护地体系"旧瓶装新酒"的重构目标?

二 自然保护地体系核心概念之内涵与关联

法律概念是法律规范的基础,明确法律概念的内涵是构建法律规范体系的前提。在构建自然保护地法律体系时,明确"自然保护地""国家公园""自然保护区"等核心法律概念的内涵,是构建自然保护地法律规范体系的基础。但是,"无论是日常概念还是专业概念,都无法仅由法律规范来决定,而必须或多或少存在或被相信存在与外部世界的对应关系"②,所以,法律概念内涵的界定对于其他概念具有依赖性。在自然保护地法律体系中,《自然保护地法》《国家公园法》《自然保护区条例》等法律规范中规定的"自然保护地""国家公园""自然公园"等核心概念的内涵,本身并不具有自足性,需要在法律体系外部世界中从这些自然保护地类型所对应的事实状态和相互关系中予以界定。

《指导意见》部署的"立改废释工作"包括研究制定《自然保护地法》和《国家公园法》,修改《自然保护区条例》等既有单行法。这首先需要在立法中界定"自然保护地""国家公园""自然保护区"等核心概念的内涵。其理由是:(1)从法律一般原理和法律规范制定的一般规律角度看,法律概念对于法律体系具有根本性,是展开规范设计的基础,"不仅是被调整的案件事实,就连其法律效果和规则内容都是通过抽象概念来描述的"③。因此,明确界定"自然保护地""国家公园"等核心概

---

① 参见马童慧、吕偲、雷光春《中国自然保护地空间重叠分析与保护地体系优化整合对策》,《生物多样性》2019 年第 7 期。

② 雷磊:《法律概念是重要的吗》,《法学研究》2017 年第 4 期。

③ [德]卡尔·拉伦茨:《法学方法论》(全本·第六版),黄家镇译,商务印书馆 2020 年版,第 553 页。

念并以此为基础展开法律规范体系的制定或者修改,是一般立法法理的要求。(2)从国际自然保护地管理分类与立法经验考察,随着世界自然保护联盟(IUCN)的大力推广,"自然保护地"及其分类体系是一种被世界各国广泛接受的概念体系与自然保护手段,虽然各国共享"自然保护地""国家公园"等概念,但实际上各国在其特定的自然资源禀赋、历史传统影响下,所使用的"自然保护地""国家公园"以及更庞杂的自然保护地类型的概念的内涵与指涉却差异甚大,也与IUCN推荐的分类体系有较大出入。因此,国际自然保护地管理分类与立法经验昭示,"自然保护地""国家公园"等自然保护地体系中的核心概念并不具备一成不变、约定俗成的确定内涵与范围,需要根据我国确定的自然保护地体系改革目标予以明确界定。(3)从我国自然保护地分类立法与管理的历史经验考察,长期以来,我国的政策与法律体系中并没有使用"自然保护地""国家公园"概念,我国的自然保护地体系建设是从自然保护区的实践与立法开始的。因此,在我国当前尚未制定专门的综合性《自然保护地法》的制度语境下,《自然保护区条例》实际在一定程度上具有自然保护地领域"基本法"的地位与功能,这又进一步导致在实践中自然保护区在我国自然保护地体系中具有"主体"地位。[①]在此前关于我国自然保护地体系的研究中,不少论著将"自然保护区"实质上等同于"自然保护地",这是我国当前自然保护地体系改革与专门立法亟待矫正误区、正本清源的问题,也对立法中明确核心概念的内涵与指涉提出了特别需求。

因此,在法律体系中明确界定自然保护地体系核心概念的内涵尤为必要。根据前述法律体系融贯性理论的阐释,核心概念范畴的界定应当同时兼顾以下两个层面:第一,在单行法规范体系中直接地明确界定概念内涵。该法律体系中的单行法除了作为基本法的《自然保护地法》属于上位法和综合立法,其他单行法均以重新划分的自然保护地类型作为分散立法的依据。第二,在核心概念关系范畴中厘清其体系定位。自然保护地法律体系中规定的核心概念的内涵,还需要在法律体系外部世界中从这些自然保护地类型所对应的事实状态和相互关系中予以界定,需要考察其作为

---

① 参见刘超《以国家公园为主体的自然保护地体系的法律表达》,《吉首大学学报》(社会科学版)2019年第5期。

法律概念所拟追求的制度目标。以此为标准，应当在自然保护地法律体系中明确核心概念的内涵。

（一）自然保护地的概念界定

上一节内容已经系统地梳理与辨析了作为"以国家公园为主体的自然保护地体系"基石范畴的"自然保护地"的概念内涵。为了呈现概念体系的结构完整性、论述的清晰性，本部分简要归纳在"自然保护地体系"中"自然保护地"的概念内涵。需要重申的是，虽然长期以来"自然保护地"作为一个学理概念用以描述我国已经建设数十年的、形式多样的特殊区域，但是，"自然保护地"作为专业术语，近几年才正式进入我国的政策体系与法律体系，[①] 需要结合《指导意见》确立的自然保护地体系建设的系统目标、参酌国际通行的概念内涵、兼顾我国已经开展的建设实践现状，综合予以合理定位与清晰界定。

《指导意见》界定的"自然保护地"的内涵是："自然保护地是由各级政府依法划定或确认，对重要的自然生态系统、自然遗迹、自然景观及其所承载的自然资源、生态功能和文化价值实施长期保护的陆域或海域。"该定义与IUCN的界定相仿："自然保护地是一个明确界定的地理空间，通过法律或其他有效方式获得认可、得到承诺和进行管理，以实现对自然及其所拥有的生态系统服务和文化价值的长期保护。"比较《指导意见》与IUCN的定义，《指导意见》的优势在于明确列举了"重要的自然生态系统、自然遗迹、自然景观"，但是，IUCN对上述定义的概括界定，附加了具体的定义解释。同时，也需要看到，IUCN界定的定义中的一些概念本身亦有待进一步阐释。除此之外，鉴于我国当前预期进行的体制改革是一个重构自然保护地体系的综合改革，作为基本法的《自然保护地法》应当在对最核心的概念"自然保护地"的定义中彰显这种体系性。

---

① "自然保护地"作为一个专业术语，首次出现于政策体系中始于党的十九大报告在"加快生态文明体制改革，建设美丽中国"部分提出的"建立以国家公园为主体的自然保护地体系"；中共中央办公厅、国务院办公厅于2019年6月印发的《指导意见》是我国首部关于自然保护地体系建设的专门的系统性的政策文件。自此之后，"自然保护地"作为一个法律概念开始被规定于国家立法是《刑法修正案十一》第342条增设的破坏自然保护地罪的规定："违反自然保护地管理法规，在国家公园、国家级自然保护区进行开垦、开发活动或者修建建筑物，造成严重后果或者有其他恶劣情节的，处五年以下有期徒刑或者拘役，并处或者单处罚金。"

因此，笔者建议，参考《环境保护法》（2014年）第2条对"环境"定义使用的"概括+列举"的定义方式，《自然保护地法》中"自然保护地"的定义可通过立法界定为："本法所称自然保护地，是指由各级政府依法划定或确认，对重要的自然生态系统、自然遗迹、自然景观及其所承载的自然资源、生态功能和文化价值实施长期保护、管理或可持续利用的陆域或海域，包括国家公园、自然保护区、各类自然公园等"。这一定义将从目标、对象、价值与范围等方面确定自然保护地的本质内涵与价值系统，也列举了我国预期改革的自然保护地具体类型。具体而言，这一概念可以明确我国自然保护地法律体系的目标是对自然资源、生态功能和文化价值的保护、管理或可持续利用；法律保护对象是重要的自然生态系统、自然遗迹、自然景观及其所承载的自然资源、生态功能和文化价值；法律价值是自然资源的生态价值、文化价值和经济价值；法律保护的自然保护地的范围通过各级政府依法划定或确认的方式实现。

（二）国家公园的概念界定

《指导意见》界定的"国家公园"的内涵是指："以保护具有国家代表性的自然生态系统为主要目的，实现自然资源科学保护和合理利用的特定陆域或海域。"《总体方案》界定国家公园为"国家公园是指由国家批准设立并主导管理，边界清晰，以保护具有国家代表性的大面积自然生态系统为主要目的，实现自然资源科学保护和合理利用的特定陆地或海洋区域"。我国国家林业和草原局于2022年8月发布的《国家公园法（草案）（征求意见稿）》对"国家公园"的概念进行了立法界定，其第3条第1款规定："本法所称国家公园，是指由国家批准设立并主导管理，以保护具有国家代表性的自然生态系统、珍稀濒危物种、自然遗迹、自然景观为主要目的，依法划定的大面积特定陆域或者海域。"

从上述政策体系与《国家公园法（草案）（征求意见稿）》对"国家公园"的概念界定可知，其概念界定在路径与内容上具有共通性，均从两个方面进行概念的界定：第一，均是从目的角度进行的界定，也与IUCN对国家公园的定义路径和方式相仿；第二，将国家公园的本质定义为国土空间上的"特定流域或者海域"。但是，就自然保护地分类保护与管理的国际经验来看，多种类型的自然保护地往往同时要实现多重目标，有首要目标和其他目标体系，首要目标定义了该种自然保护地类型。但是，在我国自然保护地改革目标中，国家公园具有"主体"地位，而IUCN的自然保护地类型中，国家公园属于第Ⅱ类自然保护地，在保护的严格程度上略次于其第Ⅰ类的自然保护地（严格的自然保护地和荒野保护地），因此，中国自然保护地的体系设置具有特殊性。《国家公园法》的定义要彰显这种特殊性，建议国家公园的立法定义要体现出其在中国自然保护地体系结构中的特定内涵："本法所称国家公园，是经国家批准设立并主导管理，对最重要的、最具国家代表性和公益性的自然生态系统进行原真性、完整性和系统性保护的特定区域，属于一种最重要的自然保护地类型，实行最严格的保护。"

（三）自然保护区的概念界定

我国现行的《自然保护区条例》（2017年）第2条对自然保护区进行了立法定义："本条例所称自然保护区，是指对有代表性的自然生态系统、珍稀濒危野生动植物物种的天然集中分布区、有特殊意义的自然遗迹等保护对象所在的陆地、陆地水体或者海域，依法划出一定面积予以特殊保护和管理的区域。"《自然保护区条例》中的这一定义，是在我国没有"自然保护地"的概念与体系的语境下确立的。2004年，十届人大常委会将《自然保护区法》列入立法规划的第二类立法项目，力图将《自然保护区条例》上升为国家法律。后经反复研究论证，全国人大环资委采取了广义的"自然保护区"概念进行立法，而广义的自然保护区概念，其实就是国际上通行的（主要是IUCN倡导的）"自然保护地"的概念，因此，经过全国人大环资委的审议，2006年2月初步形成《自然保护地法》的草案征求意见稿。全国人大环资委在提案说明中解释道：我国《自然保护区条例》和有关法规规定的自然保护区，是指为保护最重要的自然生态系统、珍稀濒危野生动植物物种的天然集中分布区域以及有特殊意义的自然遗迹而划定的特定区域。[①] 因此，从上述梳理可知：第一，在我国之前的政策与法律体系中没有"自然保护地"的语境下，法律概念解释与实践操作层面往往在广义和狭义两种情形下使用"自然保护区"这一概念，上述《自然保护区条例》界定的"自然保护区"的定义，恰恰也为从广义和狭义两个层面进行界定提供了空间。第二，前述引用全国人大

[①] 参见杜群等《中国国家公园立法研究》，中国环境出版集团2018年版，第40—41页。

环资委在提案中对"自然保护区"内涵的解释可佐证，在"自然保护地"没有纳入政策与法律话语也没有构建自然保护地体系的背景下，"自然保护区"预期保护的是"最重要"的自然生态系统、珍稀濒危野生动植物物种的天然集中分布区域以及有特殊意义的自然遗迹而划定的特定区域，"最重要"的特定区域的界定，至少与我国当前的国家公园体制和自然保护地体系改革中的自然保护地体系的界定不一致，是亟待立法修改与体制改革的对象。

我国国家林业和草原局 2022 年 8 月发布的《自然保护区条例（修订草案）（征求意见稿）》第 2 条对"自然保护区"概念的立法界定为："本条例所称自然保护区，是指对有代表性的自然生态系统、珍稀濒危野生动植物物种的天然集中分布区、有特殊意义的自然遗迹等保护对象所在的陆地、陆地水体、海域或者海岛，依法划出一定面积予以特殊保护和管理的区域。"对比于现行《自然保护区条例》（2017 年）第 2 条，《自然保护区条例（修订草案）（征求意见稿）》第 2 条对"自然保护区"的概念界定，除了些许微调（增加"海岛"），并未进行修改。

综上所述，在当前《指导意见》等宏观政策目标确定的自然保护地体系改革目标中，国家公园应当具有"主体地位"，自然保护区应当具有"基础"地位。因此，"自然保护区"的概念可界定为："自然保护区是保护具有重要代表性的自然生态系统、珍稀濒危野生动植物种的天然集中分布区、有特殊意义的自然遗迹的陆地、陆地水体、海域或者海岛，其中，为保护最重要、最具国家代表性和公益性的自然生态系统划定为国家公园的特定区域除外。"

（四）自然公园的概念界定

《指导意见》界定"自然公园"的概念为："是指保护重要的自然生态系统、自然遗迹和自然景观，具有生态、观赏、文化和科学价值，可持续利用的区域。"该概念界定了自然保护地改革目标中"自然公园"所指称的特定区域应当具备的核心要素与维护的价值目标，内嵌于宏观政策文件《指导意见》具有方向指引性特征。《指导意见》对"自然公园"的概念界定较为原则、抽象，概念本身未能体现出其在自然保护地体系的定位以及与其他类型自然保护地在生态价值与保护强度等方面呈现的位序关系。在自然保护地体系法治化进程中，需要将《指导意见》界定的"自然公园"概念转换为内涵明确的概念:"自然公园是指保护重要的自然生态系统、自然遗迹和自然景观的文化价值、观赏价值以及自然系统价值、自然遗产价值、生物多样性价值,由政府依据相关法律法规批准设立的、不属于国家公园与自然保护区的特定区域。"如此定义的意义与功能包括:(1)体现"自然公园"在我国自然保护地体系保护对象的生态价值以及保护强度上处于最低位阶,其在各类自然保护的优化归并方面处于"补充"地位,在区域划定上遵守国家公园与自然保护区优位原则。(2)自然保护地同时承载多种价值,但各类自然保护地实现的核心价值目标各有侧重,"自然公园"主要实现保护对象的文化价值与景观价值,兼顾自然系统价值、自然遗产价值、生物多样性价值。(3)我国当前的自然保护地体系中没有统一的"自然公园"的概念,故而也没有专门的针对整体概念的"自然公园"的法律法规,IUCN分类体系中也没有直接对应"自然公园"的概念。但我国当前有《森林公园管理办法》《国家湿地公园管理办法》《地质遗迹保护管理规定》等分别规范具体类型"自然公园"的部门规章,拟制定的《自然保护地法》以及针对"自然公园"保护进行的法律制度设计,需要在既有的部门规章规定的制度体系基础上进行制度选择,而既有立法昭示的共性立法经验是,"自然公园"的划定需要经由特定政府职能部门履行法律法规批准设立程序。

三 结语

我国当前正以试点国家公园体制为契机和重点,从政策出台和实践操作等层面推动自然保护地体系改革。改革目标是建设以国家公园为主体、自然保护区为基础、各类自然公园为补充的自然保护地体系,这实际上要求构建一个层次分明、定位清晰、逻辑自洽的自然保护地体系结构。自然保护地体系体制改革中,制定《自然保护地法》《国家公园法》和修改《自然保护区条例》,完善自然保护地法律体系,不仅契合"凡属重大改革都要于法有据"的法治精神,也是《指导意见》明确规定的为我国自然保护地体系重构与建设提供完善保障措施的内在需求。虽然自然保护地体系法律建设被定位为我国自然保护地体系改革的保障措施,但法律法规的"立改废释"工作需要坚持法律思维、遵循法治进路、延循法律逻辑,这亟待将事理转换为法理,将政策话语表达为法律话语。自然保护地法律体系建设是一个体系庞大的系统工程，其切入点和基点是如何以法律表达我国当前的改革方案和目标预期确立的自然保护地体系结构，体系结构的清晰定位和精准表达，才能为法律法规"立改废释"确定方向和指引。这要求通过明确自然保护地体系中核心概念的法律内涵，从而展示自然保护地体系中核心概念表征的各类自然保护地之间的关系、各类自然保护地与自然保护地体系的关系及其在整体的"自然保护地"中的体系定位。

第二章　以国家公园为主体的自然保护地体系之立法需求

我国全面启动和稳步推进的自然保护地体系建设，并非在我国国土空间上从无到有地建设自然保护地，而是建设自然保护地"体系"，因此，这本质上是一项重构自然保护地体系的系统工程。这一系统工程既包括创建国家公园等新型自然保护地，也包括整合优化既有的自然保护地，以最终形成"以国家公园为主体的自然保护地体系"的理想结构。这就意味着，当前的建设"以国家公园为主体的自然保护地体系"工作，是一个经由顶层设计、系统规划，进而体系化展开的"自上而下"的改革，是对既有的分散设立、分头管理、交叉重叠的自然保护地建设与管理现状的矫正。《指导意见》系统部署了建立以国家公园为主体的自然保护地体系的总体要求、目标方案，是我国生态文明体制建设的一项重大改革。

重大改革都要于法有据，也需要完善的法治保障。《指导意见》将完善法律法规体系确立为建立"以国家公园为主体的自然保护地体系"的保障措施，相关法律法规的立改废释工作要契合《指导意见》部署的自然保护地体系建设的指导思想和总体目标，通过制度体系建设为自然保护地体系建设提供有力的法律保障。基于此，我国在全面推进自然保护地体系建设工作的同时，同步展开了研究制定《国家公园法》《自然保护地法》以及修改《自然保护区条例》等既有的自然保护立法的法治建设工作。以制定《国家公园法》《自然保护地法》等为重心的自然保护地法治建设工作的前提是，对"以国家公园为主体的自然保护地体系"的改革目标与任务体系的法理意蕴与法律需要进行法理辨析，探究"以国家公园为主体的自然保护地体系"的内在逻辑与结构层次，归纳"以国家公园为主体的自然保护地体系"在价值目标、结构体例、规范体系等层面立法需求的法律表达。

自然保护地体系法治建设过程，就是将国家关于自然保护地体系建设的宏观政策转换为法律的过程。综合考察《指导意见》的系统部署，自然保护地体系法治建设在宏观层面需要厘清以下几个问题：第一，在自然保护地法治建设整体目标层面，需要从事理角度转换到法理角度，归纳建立"以国家公园为主体的自然保护地体系"提出的法治需求，这是自然保护地法治建设的起点；第二，在自然保护地法律体系结构层面，需要从现实体系到法律结构角度，阐释自然保护地体系结构化的法治进路，这是自然保护地体系法治建设的重点；第三，在自然保护地立法价值目标层面，需要从内在机理角度，归纳《指导意见》确立的自然保护地维护国家生态安全这一价值目标的法律机制需求，为展开制度构建提供指引，这是自然保护地法治建设的创新点。下文将分别从三节内容展开对上述三个问题的论述。

第一节 以国家公园为主体的自然保护地体系的立法要点

我国提出形成"以国家公园为主体的自然保护地体系"的改革目标。建立以国家公园为主体的自然保护地体系，是以创新国家公园体制为重心来全面重构我国自然保护地体系的系统工程，以自然保护地这一核心范畴统合我国既有的多种类型的自然保护地。2018年，《国家公园法》被列入十三届全国人大常委会立法规划二类立法项目。国家公园是我国近几年来开始引入并大力推进试点的一种自然资源保护方式，作为专门立法的《国家公园法》是我国前所未有的法制创新。但是，《国家公园法》的立法既非凭空产生，也不能"自说自话"，应当从定义、目标和地理空间范围等角度明晰自然保护地体系的内涵与外延，从实质而非形式视角界定自然保护地体系中的"主体"地位与自然保护区的"基础"地位，应从整体性思维和系统论视角，在全面审视与理顺国家公园这一新型自然保护地类型与既有的自然保护地体系之间的内在逻辑与应然关系的前提下，展开具体制度设计。以法律体系理论审视被列入立法计划的《国家公园法》立法，应当在法律体系中规划立法、明确法律部门归属、协整相关单行法的内在关联性。申言之，从法理视角审视国家公园在自然保护地体系中的应然逻辑定位,是制定《国家公园法》的逻辑起点,探究以国家公园为主体的自然保护地体系的法律表达,是实现我国自然保护地管理体制改革的目标任务。

一 "以国家公园为主体的自然保护地体系"之语义阐释

我国当前的自然保护地管理体制机制改革的核心目标是"形成以国家公园为主体、自然保护区为基础、各类自然公园为补充的自然保护地管理体系"。《指导意见》提出了建立以国家公园为主体的自然保护地体系的一系列保障措施,要求从顶层设计、体制机制与法律制度等方面综合推进。在体制改革与法律完善过程中,必须解决的前设性问题是阐释"以国家公园为主体的自然保护地体系"之语义指涉。

(一)"自然保护地体系"内涵与外延之厘清

在我国当前的自然保护地管理体制改革中,"自然保护地"是一个核心概念。近几年来,"自然保护地"的相关问题及其与国家公园的关联性问题得到较多的关注与研究。但在此之前,"自然保护地"并未成为我国法律规范使用的法律术语和政策体系使用的政策术语,而是作为分析我国现行的《自然保护区条例》等立法的一个学术命题。[1]"自然保护地"作为一个学术术语,或被使用于对我国既有的多种形式的自然保护地的研究中,或出现于对IUCN关于保护地的定义与分类的引介性研究中。[2] 近几年来,虽然我国密集颁布实施有关"自然保护地"的政策文件,但并未就该概念的内涵与外延进行界定,这就使得作为政策体系中新引入的"自然保护地"这一核心概念,很难为统摄与展开系列政策措施提供明确依据与要求。

就一般意义而言,学者在研究中多引用IUCN对自然保护地的定义:"一个明确界定的地理空间,通过法律或者其他有效方式获得承认、得到承诺和进行管理,以实现对自然及其所拥有的生态系统服务和文化价值的

---

[1] 参见黄锡生、徐本鑫《中国自然保护地法律保护的立法模式分析》,《中国园林》2010年第11期。

[2] 参见段帷帷《论自然保护地管理的困境与应对机制》,《生态经济》2016年第12期。

长期保护。"① 但是，IUCN 界定自然保护地的定义，进而提出自然保护地的分类体系，是为了促进不同国家对自然保护地达成共识、优化管理而提出的一种倡议。现实中，因为各自特殊的自然资源国情、对陆地与水域管理的不同理解、不同的法律规范体系，各个国家或地区在自然保护地的内涵、外延、类型划分、管理体制等方面存在较大差异。因此，我国"建立以国家公园为主体的自然保护地体系"的政策目标，首先面临着对"自然保护地"的界定。作为自然环境和自然资源保护政策系统之核心概念的"自然保护地"，是一个包容性还是一个排他性的专用名词，② 决定了政策系统展开的逻辑、思路与体系，二者的区别在于：第一，若将"自然保护地"作为一个包容性概念，则其具有包容性和开放性，符合设置"自然保护地"的标准和目的的特定区域均可纳入自然保护地管理体系；第二，若将"自然保护地"作为一个排他性的专用名词，则需要在政策体系与法律规范中明确界定专门特定的保护形式的管理体系。

目前我国实务界和学界倾向于认为当前的自然保护地除了正在试点建设中的国家公园，还包括自然保护区、风景名胜区、森林公园、地质公园、湿地公园等多种类型与形式，但因为没有统一的上位概念来统摄这些"自然保护地"，使得在当前各种研究中，对于我国现存"自然保护地"的类型与数量众说纷纭，③ 没有共识性的界定，也没有官方文件予以统一。

申言之，在国家推动国家公园体制改革和自然保护地管理体制机制改

---

① ［英］费耶阿本德等编著：《IUCN 自然保护地治理——从理解到行动》，朱春全、李叶、赵云涛等译，中国林业出版社 2016 年版，第 6 页。

② 参见［英］达德里主编《IUCN 自然保护地管理分类应用指南》，朱春全、欧阳志云等译，中国林业出版社 2016 年版，第 2 页。

③ 比如，有的研究认为，我国现行的"自然保护地"包括自然保护区、风景名胜区、森林公园、地质公园、矿山公园、湿地公园、城市湿地公园、水利风景区、沙漠公园、海洋公园、海洋特别保护区、水产资源保护区 12 种类型，数量达 11800 多处，面积占陆域国土面积的 18% 以上，参见张希武《建立以国家公园为主体的自然保护地体系》，《林业建设》2018 年第 5 期。另有研究认为，我国的"自然保护地"的主要类型包括：自然保护区、风景名胜区、森林公园、国家地质公园、水产种质资源保护区、湿地公园、海洋公园、海洋特别保护区、沙漠公园、沙化土地封禁保护区、自然保护小区、原生保护点（小区）。参见唐小平、栾晓峰《构建以国家公园为主体的自然保护地体系》，《林业资源管理》2017 年第 6 期。

革之前,"自然保护地"在我国是一个包容性概念,其内涵与外延并未得到明确界定,仅用于指称自然保护区、风景名胜区等多种形式与类型的、以不同依据与标准划定的、予以特殊保护和管理的区域。我国针对这些不同形式与类型的区域进行专门针对性立法,但在理论上作为其上位概念的"自然保护地"却并未进入立法与政策体系,这实质上使得"自然保护地"的内涵与外延是"由下至上"来塑造与定义的。但是,我国已经全面启动国家公园体制改革和自然保护地管理体制改革,并预期"形成以国家公园为主体、自然保护区为基础、各类自然公园为补充的自然保护地管理体系",正式将"自然保护地"纳入官方文件的话语体系,这要求"自然保护地"从包容性概念转换为排他性专用名词,即需要通过官方正式文件或者专门立法来界定"自然保护地"的具体内涵与设定标准,进而在此基础上列举其具体类型。

参酌 IUCN 的定义以及我国当前有关自然保护地管理体制改革的一系列政策文件,界定自然保护地的内涵与外延应当包括以下要件:(1)自然保护地内涵。自然保护地本质上是一种基于特定目标划定的实现特殊保护和管理的区域,我国全国人大环境与资源保护委员会 2006 年组织起草的《自然保护地法(草案征求意见稿)》曾尝试对"自然保护地"进行立法定义:"本法所称自然保护地,是指对有代表性的自然生态系统、珍稀濒危野生动植物物种和重要遗传资源的天然集中分布地、有特殊意义的自然遗迹和自然景观等保护对象所在的陆地、陆地水体或者海域,依法划定一定面积予以特殊保护和管理的区域。"笔者认为,参考该定义并结合当前自然保护地改革的最新政策目标,可以将自然保护地内涵界定并阐释为:自然保护地是对有代表性的自然生态系统、珍稀濒危野生动植物物种和重要遗传资源的国家公园、自然保护区、各类自然公园所在陆地、陆地水体或者海域,依法划定一定面积予以特殊保护和管理的区域。(2)建立自然保护地体系的目标。就世界通行做法与制度经验来看,自然保护地体系的首要目标是增加生物多样性就地保护的有效性,这要求自然保护地体系中涵盖世界各种不同生态系统的代表性样本。我国将建立自然保护地体系作为保护自然资源与生态系统的政策体系,并将其与自然资源管理监管体制改革相结合。这要求我国建立自然保护地体系的目标除遵循国际通行规律与经验外,也需要承载我国在此项制度改革中独特的制度诉求。

（3）自然保护地的地理空间范围。我国当前有关自然保护地的单项立法大多没有明确规定地理空间范围，在立法定义上仅规定该类自然保护地是实现特定目的的"区域"。《自然保护区条例》（2017年）在第2条对"自然保护区"进行了立法定义："本条例所称自然保护区，是指对有代表性的自然生态系统、珍稀濒危野生动植物物种的天然集中分布区、有特殊意义的自然遗迹等保护对象所在的陆地、陆地水体或者海域，依法划出一定面积予以特殊保护和管理的区域。"将自然保护区的地理空间界定为"陆地、陆地水体或者海域"。借鉴IUCN的定义及其他国家制度经验，自然保护地的地理空间应当包括三维空间，即陆地、内陆水域、海洋和沿海地区，以及这些地区的上空区域和地下区域。（4）自然保护地类型。我国在国家公园与自然保护地体系体制改革之前，并没有官方的"自然保护地"概念，"自然保护地"的类型是陆续通过《自然保护区条例》《风景名胜区条例》等单行法来补充完善的。虽然很多论者认为自然保护区是我国当前的"自然保护地"最为重要的类型，但并无明确依据。当前的国家公园体制与自然保护地体制改革，则明确提出了"形成以国家公园为主体、自然保护区为基础、各类自然公园为补充的自然保护地管理体系"，这不但明确规定了我国需要建立的自然保护地的具体类型，而且也明确了各类型之间的关系，这对重构我国现存的自然保护地体系提出了需求和挑战。

（二）国家公园与自然保护地之关系界定

在2013年我国提出建立国家公园体制之前，"国家公园"与"自然保护地"在我国均为学理概念，二者关系处于理论阐释与制度引介层面，没有正式界定与实然指涉。2013年我国正式提出建立国家公园体制和自然保护地体系之后，随着政策体系的陆续出台完善，二者关系呈现以下几个发展阶段：（1）第一阶段，国家公园作为自然保护地的"代表"。即中共中央办公厅、国务院办公厅2017年印发的《建立国家公园体制总体方案》规定"构建以国家公园为代表的自然保护地体系"。（2）第二阶段，国家公园作为自然保护地体系的"主体"。2017年10月，党的十九大报告提出的"建立以国家公园为主体的自然保护地体系"。（3）第三阶段，功能与关系体系中国家公园作为自然保护地的"主体"。2019年《指导意见》提出"形成以国家公园为主体、自然保护区为基础、各类自然公园为补充的自然保护地管理体系"。

梳理2013年之后我国陆续颁布实施的政策体系中的国家公园与自然保护地关系之演进，可知二者关系呈现渐趋明晰与日益规范的过程。2013年之后，我国在体制改革与政策完善中，提出建立国家公园体制先于建立自然保护地体系，故而，第一阶段最早提出建立国家公园，此时自然保护地尚未正式进入政策视野与官方话语体系，试点的国家公园属于在现存的类型多样但尚未以官方命名的"自然保护地"体系中增设的一类自然保护地，国家预期通过建立国家公园体制以将国家公园作为自然保护地的"代表"。2017年党的十九大报告正式将"自然保护地体系"纳入政策话语并正式界定二者的关系，即国家公园作为自然保护地体系的"主体"。自此之后，我国政策体系延续了二者的这一关系内涵。但因为自然保护地是国家公园的上位概念，且我国现存自然保护区等多种类型的自然保护地，故而，科学合理地界定二者关系，必须将其镶嵌在新建立的国家公园体制与现存的自然保护地类型综合构成的自然保护地体系中予以审视。因此，我国进一步正式规定自然保护地体系构成及各种具体类型的应然关系——以国家公园为主体、自然保护区为基础、各类自然公园为补充。这是国家对自然保护地体系中重要类型的地位与功能的定位，同时也界定了相互之间的关系。但这一地位与功能的表述属于宏观政策规定。政策大致可分为较为原则与抽象的政策和具体实施性政策两大类型，其中有关目标、理念、准则、任务的部分属于抽象性环境政策，而有关实施方案、步骤和具体措施的部分则属于实施性政策。[①] 作为中央政策文件中规定的建立自然保护地体系体制的政策要求，需要体现为具体实施性政策与法律制度体系。因此，如何理解与阐释前述的"主体""基础"等核心概念的具体指涉，对于改革我国自然保护地的体制机制以及构建国家公园体制至关重要。

我国已经明确了国家公园在自然保护地体系中处于"主体"地位。根据《现代汉语大词典》的定义，"主体"是"事物的主要部分"，"在双向的关系中处于主动地位的一方"。[②] 若遵循此定义来审视国家公园与

[①] 参见郭武、刘聪聪《在环境政策与环境法律之间——反思中国环境保护的制度工具》，《兰州大学学报》（社会科学版）2016年第2期。

[②] 阮智富、郭忠新编著：《现代汉语大词典》，上海辞书出版社2009年版，第149页。

自然保护地体系的关系，则国家公园是自然保护地的"主要部分"。但这种双向关系在具体的政策实施与实践操作层面，依然有以下问题亟待厘清：（1）"主体"地位的形式与实质内涵之协调。我国已制定《自然保护区》并广泛设置自然保护区，当前关于自然保护地体系体制改革中也继续认可自然保护区这一类型。我国目前已建立自然保护区 2740 多个，总面积约占陆地国土面积的 14.8%，保护了我国超过 90% 的陆地自然生态系统类型，约 89% 的国家重点保护野生动植物种类，以及大多数重要自然遗迹。[①] 而我国 2015 年才开始进行国家公园试点，陆续开展的 10 个国家公园体制试点的国家公园总面积约为 22 万平方千米，[②] 远小于现有的自然保护区面积。因此，国家公园在自然保护地体系中的"主体"地位，至少不是在形式上以区域面积来彰显，而应当通过实质层面的功能与作用予以体现。（2）"主体"地位与"基础"地位的区分与衔接。按照我国最新的自然保护地体制改革政策，除了以国家公园作为"主体"，还同时要求以自然保护区作为"基础"。按照前述引用的权威辞书的定义，所谓"基础"，是"事物发展的根本或起点"。梳理我国自然保护地体系的建设历程，建设自然保护区是我国建立自然保护地体系的起点，并且长期以来是我国自然保护地体系的根本和最为重要的类型。这就意味着，当前的自然保护地体制改革并不是"从无到有"而是升级更新，是将之前以自然保护区为典型代表的自然保护地体系转换为以国家公园为主体的新型自然保护地体系。

　　以上内容梳理了党的十八届三中全会报告、党的十九大报告、《建立

[①] 参见曹巍、黄麟、肖桐、吴丹《人类活动对中国国家级自然保护区生态系统的影响》，《生态学报》2019 年第 4 期。

[②] 我国开展的 10 个国家公园体制试点的区域面积分别为：三江源国家公园体制试点总面积为 12.31 万平方千米，大熊猫国家公园体制试点区总面积达 2.7 万平方千米，东北虎豹国家公园体制试点总面积 1.46 万平方千米，云南香格里拉普达措国家公园体制试点区域总面积为 602.1 平方千米，湖北神农架国家公园体制试点区面积为 1170 平方千米，钱江源国家公园体制试点区面积约 252 平方千米，湖南南山国家公园体制试点区总面积 635.94 平方千米，福建武夷山国家公园体制试点区总面积 982.59 平方千米，北京长城国家公园体制试点区总面积 59.91 平方千米，祁连山国家公园体制试点包括甘肃和青海两省约 5 万平方千米的范围。10 个国家公园体制试点区域总面积约为 21.840254 万平方千米。具体数据参见李慧《十个国家公园体制试点》，《光明日报》2017 年 9 月 28 日第 4 版。

国家公园体制总体方案》、《指导意见》等宏观政策中对于建立国家公园体制以及自然保护地体系的政策表述，并从语义阐释的角度，分析我国当前提出的"以国家公园为主体的自然保护地体系"的内涵与构成。建立以国家公园为主体的自然保护地体系，是我国当前自然资源保护体制改革热点，但是，宏观政策的抽象目标需要通过具体政策措施来贯彻，借助法律制度体系来落实。界定与厘清"以国家公园为主体的自然保护地体系"中核心概念的内涵与外延、剖析其预期构建的国家公园与自然保护地体系的应然关系，是进行具体针对性立法的前提与基础。

二 法律体系理论下的《国家公园法》立法之体系要义

我国当前的改革目标是建立"以国家公园为主体的自然保护地体系"，其中，国家公园体制改革是重构我国自然保护地体系的关键点和突破口。已被我国纳入立法规划并且已经公布了草案征求意见稿的《国家公园法》是一部对国家公园进行独立立法的单行法，以通过专门立法确认国家公园体制改革成果，并为持续进行的国家公园体制改革提供体系化的法治保障。在制定《国家公园法》时，固然要重点研究国家公园的立法规律与需求，对国家公园的功能定位、权责分配、保护目标等内容进行具体规定。[①] 但必须认识到，《国家公园法》是在我国当前推动自然保护地管理体制改革的宏观背景下的规划立法，不仅需要为我国国家公园体制改革提供立法依据，也必须承载我国自然保护地管理体制改革的目标。因此，必须在我国现行的自然保护地管理体制机制改革中归纳立法需求、探究立法规律，以法律体系理论指导《国家公园法》立法。法律体系理论是指，"立法时应当考虑各个法律部门的特质、法律部门内部以及法律部门之间的法律规范的关系，确保法律部门之间以及法律部门内部的规范都必须是相互支持与配合"[②]。完备立法程序与精湛立法技术对于制定理想的《国家公园法》固然重要，但以法律体系理论为指导，可以导入逻辑严密的体系思维，预防单纯的问题应对的对策法误区，进而"减少和防

---

① 参见秦天宝《论我国国家公园立法的几个维度》，《环境保护》2018 年第 1 期。
② 参见钱大军、卢学英《论法律体系理论在我国立法中的应用》，《吉林大学社会科学学报》2010 年第 4 期。

止立法工作的随意性、任意性,使立法工作更有章法"①。以法律理论体系审视我国《国家公园法》立法,应当注重的立法问题包括以下几个方面:

(一) 在法律体系中进行立法规划

法律体系原理是在客观的社会关系的基础上,按照逻辑、理性主观构造的事物。通过对法律体系理论的法律部门与现存法律部门的对比研究,有利于发现法律、法律制度和法律规范的空白与漏洞以及它们之间的冲突现象,进而依据理想的法律部门体系实施立法预测与立法规划,进行立法活动。② 根据法律体系原理进行立法规划是科学立法的前提。具体到《国家公园法》,在自然保护地的法律体系中进行立法规划至关重要。国家公园是一种国际通行的自然资源保护方式,《国家公园法》作为国家公园的专门立法,必将导致自然资源保护理念、配置模式和管理体制的全面革新。通过对比拟制定的《国家公园法》与我国既有的自然保护法律规范体系的关系,系统梳理我国当前现存的有关国家公园的规则体系,总结进行国家公园专门立法亟待解决的问题与预期实现的目标,设定《国家公园法》立法的具体计划、方案和步骤,方可制定行之有效的《国家公园法》立法规划。

(二) 在法律体系中明确法律部门归属

法律体系理论下的《国家公园法》立法,还应当辨析与厘清其法律部门归属。法律部门是使用特殊调整方法调整一定种类社会关系的法律规范的总称,我国立法机关将我国的法律体系划分为七个法律部门和三个层次,这七个法律部门包括宪法和宪法相关法、民法商法、行政法、经济法、社会法、刑法、诉讼与非诉讼程序法。在《国家公园法》立法过程中,明确其法律部门归属的意义在于,法律部门作为一种制度设计,可以为立法提供方向指引和方法指导,"用一种类似的调整方式去规范社会关系时,要求所调整的社会关系具有相同或相近的性质,范围一般比较狭

---

① 冯巍、万一:《中国特色社会主义法律体系》,载孙国华主编,冯玉军副主编《中国特色社会主义法律体系前沿问题研究》,中国民主法制出版社2005年版,第159—160页。

② 参见钱大军、卢学英《论法律体系理论在我国立法中的应用》,《吉林大学社会科学学报》2010年第4期。

窄，否则制度设计便会失去针对性"[1]。从立法实践与法理阐释角度审视，"在划分法律部门时，除了主要依据调整对象和调整方法这两大基本标准之外，还需要考虑某一部门法法规数量的多寡，使其与其他法律部门保持适当的平衡"[2]。作为《国家公园法》调整对象的国家公园在性质上属于自然保护地的一种类型。因此，从法律部门归属角度观之，《国家公园法》是自然保护地立法的一种类型，自然保护地立法又在整体上从属于保护自然资源和生态环境的法律规范，在我国立法机关对我国法律部分的划分中，属于社会法之一种。部门法的划分，是"基于价值目标、功能定位，以及立法、执法、司法社会实践的主客观需要而划分出来的"[3]，明确《国家公园法》的社会法的部门法属性，其作为保护自然资源和生态环境的法律规范，在部门法基本原则、共性调整方法、通用法律规范形式等方面要受到社会法的共性立法规律的约束。

(三) 在法律体系中协整相关单行法的内在关联性

在立法过程中，为了节省立法成本、追求立法的体系化效益，实现法律规范预期效果，需要明确立法在法律部门中的定位及其在法律体系中的位置，评估其法律体系中与相关法律规范之间的内在关联与相互关系。这也是法律体系理论对于新制定法律的内在要求，不但可使拟制定的法律融入现行法律体系，而且能促进新制定的法律与相关法律规范之间的衔接与协调，避免规范冲突。就《国家公园法》立法而言，在我国顶层设计中，国家公园是我国自然保护地最重要类型之一，但不是唯一类型。我国预期制定《国家公园法》以彰显其在自然保护地体系中的主体地位，但"构建以国家公园为代表的自然保护地体系"则意味着该法律必须处理国家公园与其他类型的自然保护地之间的区别与协调关系。因此，在法律体系理论下，必须检讨现存《自然保护区条例》《风景名胜区条例》等自然保护地法律规范的空白与漏洞，归纳立法目标和亟待解决的关键问题，列

---

[1] 董保华：《社会法研究中"法律部门"与"法律理念"的关系——兼与冯彦君先生商榷》，《法学》2014年第2期。

[2] 张建田：《再论军事法应当作为中国特色社会主义法律体系的部门法》，《法学杂志》2011年第8期。

[3] 李昌庚：《中国经济法学的困境与出路——兼对社会法等部门法划分的反思》，《北方法学》2014年第5期。

举各种可行对策方案、权衡利弊得失，这些是制定《国家公园法》之前必须完成的工作。

三 "以国家公园为主体的自然保护地体系"的立法映射

我国建立自然保护地体系的宏观政策目标，需要落实为具体的实施性政策、贯彻于法律规范体系。在我国已有数部自然保护地单行立法以及计划制定《国家公园法》的法制语境下，探究"自然保护地体系"的法律需求与规则体系，对于整合现有立法、实现法律体系效益、为我国自然保护地管理体系建设提供法制保障至关重要。已有研究对我国《自然保护地法》立法具备的条件、面临的机遇与挑战、现实路径选择进行了系统论述。① 基于论述主题和篇幅限制，本节内容并不预期对《自然保护地法》的框架结构与制度构造展开体系化研究，而是聚焦于关系论视角下，剖析"以国家公园为主体的自然保护地体系"的政策目标转换为规范体系的立法路径。

（一）专门《自然保护地法》之立法选择

我国当前的自然保护地管理体制改革的核心目标是"建立以国家公园为主体的自然保护地体系"。这一目标表征了多重关系，包括对外的自然保护地管理体制与其他生态环境监管体制之间的关系、对内的多种自然保护地类型的监管制度之间的关系。关系视角下自然保护地体系建设和体制改革，必须通过制定专门的《自然保护地法》来贯彻落实，理由和原因包括：（1）通过专门立法为综合体制改革目标提供法治保障。对外而言，自然保护地体系建设不是一项孤立的改革，而是内嵌于我国生态文明制度改革体系中。根据党的十九大报告在"加快生态文明制度改革，建设美丽中国"部分的部署，"建立以国家公园为主体的自然保护地体系"与"构建国土空间开发保护制度""完善主体功能区配套政策"相并列，属于"改革生态环境监管体制"中的组成部分。因此，自然保护地管理体制改革需要为自然保护地体系建设提供所有权制度安排，推进自然资源产权制度改革；需要为自然保护地体系建设提供体制机制基础，实现管理体制改革。只有这些改革措施系统进行、协同发力，才可能完成对自然生

---

① 参见吕忠梅《关于自然保护地立法的新思考》，《环境保护》2019年Z1期。

态空间和自然资源资产的统一管理改革,实现对生态环境的严格保护、系统保护和整体保护。① 建立自然保护地体系本身并非单纯孤立的事实行为,自然保护地体系建设涉及自然资源产权制度、监管体制等一系列制度改革,需要通过专门的体系化的自然保护地立法,将这些制度改革目标纳入和整合,并为之建立硬性约束和提供完善保障。(2)通过专门立法整合多种类型自然保护地管理制度。当前推进的自然保护地体系建设,既有增设国家公园这种新型自然保护地,也需要整合我国既有的多种类型的自然保护地。自然保护地管理体制改革亟待应对与解决多部单行自然保护地立法所形成的管理制度分散、交叉、重叠、疏漏等问题。专门的《自然保护地法》应当矫正当前的自然保护地管理体制弊端及其引致的现实问题包括:第一,自然保护地分类体系不科学,现行的自然保护地基于不同保护对象建立,缺乏明确的管理目标和责任,造成管理目的不明确、管理方法不恰当、管理机制不顺畅等问题;② 第二,自然保护地空间布局不合理,我国当前的自然保护地都是在"抢救性划建"的思路下以"自愿申报"的方式建立的,没有遵循整体规划和自然保护的应然规律,现实中许多应该保护的地方还没有纳入保护体系,如国家规划的重点生态功能区也只有27%左右纳入了各类自然保护地范围;③ 第三,自然保护地管理体制不顺畅,我国现存多种类型的自然保护地由不同职能部门针对不同对象分别设立与管理,《自然保护区条例》《风景名胜区条例》等单行立法则在保护对象、主管部门、规划利用与管理制度上以现实中的分散设立为基础,并予以固化,进一步导致了自然保护地管理体制在现实运行中出现管理职责交叉、重叠、缺位等诸多问题。

专门的《自然保护地法》既要为自然保护地管理体制改革提供法治保障,同时,又需要通过体系化的规范构建和制度设计来应对当前自然保护地管理中存在的体制问题。现行自然保护地管理存在的自然保护地分类不科学、空间布局不合理、管理体制不顺畅等问题,其共性特征与问题症

---

① 参见吕忠梅《以国家公园为主体的自然保护地体系立法思考》,《生物多样性》2019年第2期。

② 参见张希武《建立以国家公园为主体的自然保护地体系》,《林业建设》2018年第5期。

③ 参见唐小平、栾晓峰《构建以国家公园为主体的自然保护地体系》,《林业资源管理》2017年第6期。

结在于，当前的自然保护地管理体制在保护自然资源中没有遵循整体性、系统性、联系性理念，与"以国家公园为主体的自然保护地管理体系"的目标和任务存在较大差距。因此，为针对和矫正此问题，专门《自然保护地法》的立法选择应当注重以下几个方面的内容：

1. 在立法理念层面

应当将山水林田湖草沙是一个生命共同体的理念作为立法理念与指导思想，按照国家自然保护地体系的建设目标明确各类自然保护地的地位、定位以及相互之间的区别、协调、衔接关系，在主管部门上应当明确规定由统一部门负责山水林田湖草沙的统一保护与统一修复工作。

2. 在立法体系层面

以《指导意见》确立的"形成以国家公园为主体、自然保护区为基础、各类自然公园为补充的自然保护地管理体系"为政策目标和立法预期，我国的自然保护地法律体系应当形成一个综合性、系统性的法律体系，构建"自然保护地基本法+专类自然保护地法"模式，专门制定《自然保护地法》作为基本法，以计划制定中的《国家公园法》以及现有的《自然保护区条例》等作为下位的自然保护地专类立法。

3. 在立法定位层面

笔者建议专门的《自然保护地法》定位为自然保护地体系政策法，立法重心不追求制定具体的法律技术规范，而应当侧重于规定国家对于建设自然保护地体系的政策目标、发展机制、主管部门、自然保护地类型划分及其体系定位、基本制度。自然保护地领域政策法应以解决既有自然保护地面临的共性问题为导向，侧重于国家对自然保护地的政策宣示，明确保护地价值、功能、管理目标与原则，确定自然保护地的监管主体及权利义务，确定最基本的自然保护地分类体系及管理准则，确立自然保护地发展与运营的基本制度。[①] 具体的法律制度可以交由《国家公园法》等专类自然保护法规定。在我国已经正式启动制定《国家公园法》而尚未讨论制定《自然保护地法》的法制语境下，既建议国家启动制定《自然保护地法》的同时，也建议在制定《国家公园法》时为今后的自然保护地法

---

① 参见张振威、杨锐《中国国家公园与自然保护地立法若干问题探讨》，《中国园林》2016 年第 2 期。

预留空间，并且设计相应的衔接机制，统筹谋划并协同推进国家公园法与自然保护地法研究，[①] 以此为国家系统推进的自然保护地体系建设提供法治保障。

4. 在立法关系层面

长期以来，我国并没有专门的综合的自然保护地立法，在此法制语境下，《自然保护区条例》某种意义上成为我国自然保护地管理与保护领域的"基础法"，进而在规范与实践层面使得自然保护区在自然保护地体系中具有"主体"地位。应当矫正这种历史误会与实践错位。建议制定的《自然保护地法》理当实现正本清源的功能。在重构我国自然保护地体系中，首先应当在立法环节清晰定位与合理处理建议制定的《自然保护地法》与既有《自然保护区条例》的关系，以此表达、彰显与落实自然保护地体系中国家公园的"主体"地位与自然保护区的"基础"地位。如前所述，在自然保护地体系重构与自然保护地法制体系更新层面，应当将《自然保护地法》定位为自然保护地体系的基本法与上位法，《自然保护区条例》的地位应当在新的自然保护地法律体系中"退回"到下位的针对"自然保护区"这一类具体自然保护地类型进行的专项立法。

(二) 自然保护地类型划分标准

《建立国家公园体制总体方案》提出要"优化完善自然保护地体系"，"改革分头设置自然保护区、风景名胜区、文化自然遗产、地质公园、森林公园等的体制，对我国现行自然保护地保护管理效能进行评估，逐步改革按照资源类型分类设置自然保护地体系，研究科学的分类标准，理清各类自然保护地关系，构建以国家公园为代表的自然保护地体系"。我国建立以国家公园为主体的自然保护地体系改革，需要审视和重构当前以自然保护区为基础的自然保护地体系。其中，改革自然保护地分类标准、界定自然保护地具体类型，是建立以国家公园为主体的自然保护地体系、进行体系化制度改革的前提和出发点，是推动系列改革的关键切入点。定位为自然保护地体系政策法的《自然保护地法》应当专门就我国自然保护地的类型划分、设置标准与相互关系进行清晰界定。综合考察我国确定的改

[①] 参见吕忠梅《关于自然保护地立法的新思考》，《环境保护》2019 年第 Z1 期。

革目标以及自然保护地保护与管理的国际经验,《自然保护地法》应当通过专门立法来厘清与界定自然保护地分类标准,为设计逻辑自洽的自然保护地管理与保护制度体系提供法律依据。

就一般规律而言,世界各国在构建自然保护地体系时,主要有管理目标、保护对象和管理措施等几种自然保护地类型划分标准。当前 IUCN 以及大多数国家在建设自然保护地体系中呈现的共性制度经验有:第一,IUCN 建议、大多数国家选择设定体系化的管理目标以划分自然保护地类型;第二,在授牌或认证的自然保护地类型之外,基于自然资源管理保护的整体性、联系性原则,各类自然保护地之间应当不发生交叉、重叠或者重复命名的现象。

我国当前的自然保护地类型划分的标准是依据保护对象的差异,不同的保护对象设置不同的自然保护地类型,采取不同的管理形式,设置不同的管理部门,这也是我国之前多头治理自然保护地的根源。并且,这种根据保护对象划分自然保护地类型、规定差异性管理制度、设置多头管理部门的制度路径与现状,经由多部专类单行法确认与固化,成为当前亟待通过制定《自然保护地法》予以矫正的问题。现行自然保护地类型划分标准的内生困境及其引致的弊端包括:(1)自然保护地整体性、联系性缺失。未充分尊重生态系统整体性与自然要素联系性,设置的自然保护地对象呈现出破碎、缺位等弊病,难以契合当前改革目标提出的"按照山水林田湖草沙是一个生命共同体的理念,创新自然保护地管理体制机制"的改革理念。(2)管理职能设置与运行不合理。在现行分类标准下,同一个自然保护地类型中,涉及多个部门根据环境要素分别管理,不但遮蔽了自然保护地生态系统整体性,而且不能针对不同类型自然保护地确定管理目标以实现差异性和针对性的管理保护,引致多个管理机构之间管理事权的割裂、重叠、冲突、缺位与错位。(3)结构失衡与目标同质导致制度空转。我国当前的自然保护地是以自然保护区为主体的,自然保护区的面积占各类自然保护总面积 80% 以上,而其他多种类型保护面积占比较低。按照《自然保护区条例》的定义,我国所有的自然保护区都属于 IUCN 自然保护地类别 Ia(严格的自然保护地),即严格意义的保护区。我国虽然有不同的保护区级别和类型,但目前这些分类体系都不能体现管理目标、检查标准和管理方式上的差别,因此所有的保护区都应按照我国

《自然保护区条例》严格管理。① 但自然资源对于人类同时具有生态功能与经济功能，划分多种自然保护地的意义也即在于根据不同自然保护地对于人类的重要程度、功能定位，来确定不同的管理目标、管理措施和监督标准。现行多类自然保护地实质上统一适用自然保护区最严格保护标准的做法，难以因地制宜地平衡保护和发展的关系，并带来后续一系列保护和发展的矛盾。②

因此，为了实现《指导意见》提出的"形成以国家公园为主体、自然保护区为基础、各类自然公园为补充的自然保护地管理体系"的制度目标，契合《建立国家公园体制总体方案》部署的"改革按照资源类型分类设置自然保护地体系，研究科学的分类标准"的要求，应在《自然保护地法》中规定自然保护地的分类标准。按照国际惯例和矫正我国当前制度问题的需要，我国应当以管理目标作为标准划分自然保护地类型、重构自然保护地体系的依据。

1.《自然保护地法》应明确规定我国自然保护地管理的总体目标

既然我国在国家顶层设计中正式引入"自然保护地"概念并以之为基点部署了一系列政策措施，这就要求各种形式或实质上的自然保护地首先必须有共同的目标。根据IUCN的归纳，所有自然保护地的共性目标包括：保护生物多样性，为区域保护战略做出贡献，维护景观或栖息地及其包含的物种和生态系统的多样性，具备足够大的面积确保特定的保护目标的完整性和长久维持、永久维护所拥有的价值，在管理计划以及监测评估项目的指导之下能够实现适应性管理的正常运转，拥有明确和公平的治理体系。③ 在IUCN归纳的自然保护地共性管理目标中，一般认为，首要目标是增加生物多样性就地保护的有效性。而我国当前系统推进的自然保护地管理体制改革，其首要目标是严格保护具有国家代表性的重要自然生态

---

① 参见解焱《我国自然保护区与IUCN自然保护地分类管理体系的比较与借鉴》，《世界环境》2016年第S1期。

② 参见黄宝荣、马永欢、黄凯、苏利阳、张丛林、程多威、王毅《推动以国家公园为主体的自然保护地体系改革的思考》，《中国科学院院刊》2018年第12期。

③ 参见［英］达德里主编《IUCN自然保护地管理分类应用指南》，朱春全、欧阳志云等译，中国林业出版社2016年版，第24—25页。

系统，首要任务是生态修复。①

2. 自然保护地分类标准的内涵与要旨

改革之前按照保护对象作为分类标准而实施管理目标标准。管理目标标准即通过在确定自然资源生态系统的代表性、功能定位的基础上确立不同类型自然保护地预期实现的目的，该标准的设置应当包括的要素有：（1）自然资源生态系统分布区域的典型性与代表性。按照当前改革目标，这些区域包括国家公园、自然保护区、各类自然公园，以此作为建立自然保护地体系的基本类型。（2）管理目标设定。不同的自然保护地应当有不同的管理目标，这是我国理顺与重构自然保护地体系、改革依据保护对象设置自然保护地的重点。根据《指导意见》等政策，前述几种自然保护地的管理目标应当确定如下：国家公园的管理目标应当确定为对重要自然生态系统的原真性、完整性的严格保护；自然保护区的管理目标是保护其特殊科学研究价值；森林公园、国家地质公园、湿地公园和海洋公园等管理目标是保护某一类型自然公园所设区域的自然特征和自然原貌。（3）准允或限制/禁止人类活动的类型与范围。与管理目标相呼应的是，还应当明确规定各类自然保护地准允或限制/禁止人类活动的范围。具体而言，国家公园内禁止开发行为，纳入全国生态保护红线区域管控范围；自然保护区的核心区禁止任何单位和个人进入，缓冲区只准进入从事科学研究观测活动，实验区可以进入从事科学试验、教学实习、参观考察、旅游以及驯化、繁殖珍稀或濒危野生动植物等活动；其他各类自然公园的开发建设需要遵守规划与程序，核心区域严格限制建设施工。

（三）各类自然保护地地位与关系之法律界定

通过立法表达和保障"以国家公园为主体的自然保护地体系"，除了制定专门的《自然保护地法》作为自然保护地体系领域的基础法和主干法，以统摄各类自然保护地专项单行法并确立自然保护地体系类型划分的法定标准，在《自然保护地法》中界定各类自然保护地地位与关系也同等重要。原因包括：（1）需要在厘清相互关系中彰显各类自然保护地之

---

① 我国自然保护地建设主要目标归纳自《指导意见》的表述，首要任务是生态修复，详细论述参见吕忠梅《以国家公园为主体的自然保护地体系立法思考》，《生物多样性》2019年第2期。

地位。我国当前提出了"形成以国家公园为主体、自然保护区为基础、各类自然公园为补充的自然保护地管理体系"的改革目标,这一目标大体确立了各类自然保护地在体系中的地位,等于为各类自然保护地确立了其在体系中的纵向坐标,但同时也亟待界定相互之间的关系,以确立各自在体系中的横向坐标。在我国开始国家公园体制改革之前,自然保护区在我国自然保护地体系中具有实质上的主体地位,《建立国家公园体制总体方案》要求构建以国家公园为"代表"的自然保护地体系,党的十九大报告要求构建以国家公园为"主体"的自然保护地体系,《指导意见》则进一步提出了形成以国家公园为"主体"、自然保护区为"基础"、各类自然公园为"补充"的自然保护地管理体系。因此,各类自然保护地体系之间,尤其是国家公园与自然保护区之间关系的界定,是构建我国自然保护地体系管理与保护体制机制的内在需求。(2)厘清相互关系为各类自然保护地管理制度与设置实践的改革提供法律依据与法制保障。我国《建立国家公园体制总体方案》规定,"国家公园建立后,在相关区域内一律不再保留或设立其他自然保护地类型"。但是,现实中的国家公园体制试点中划定的试点范围,则较多与已经设立的自然保护地交叉或重叠。比如,福建武夷山国家公园体制试点包括武夷山国家级自然保护区、武夷山国家级风景名胜区和九曲溪上游保护地带;湖南南山国家公园体制试点区整合了原南山国家级风景名胜区、金童山国家级自然保护区、两江峡谷国家森林公园、白云湖国家湿地公园4个国家级保护地;钱江源国家公园体制试点区包括古田山国家级自然保护区、钱江源国家级森林公园、钱江源省级风景名胜区以及连接自然保护地之间的生态区域。当然,这种划定的国家公园试点范围中包含多种其他类型自然保护地的现状,可能因为国家公园是新引入的自然保护地类型,而且,我国于2021年正式设立的第一批5个国家公园也已经完成了原来5个相应的试点国家公园内各种类型自然保护地的整合与优化工作。未来自然保护地体系改革进一步深化,需要以国家公园为主体,重新划分与整合多种类型自然保护地,但这本身也提出了厘清各类自然保护地关系的规则诉求。根据党的十九大报告、《建立国家公园体制总体方案》《指导意见》等政策关于自然保护地体系与国家公园体制改革的目标要求和体制机制的表述,在《自然保护地法》中厘清各类自然保护地关系,应当注重以下几个方面:

1. 确立国家公园"主体"地位的法定标准

重构我国自然保护地体系,亟待在问题研究与制度建设层面解决的关键问题是,在关系范畴中辨析国家公园"主体"地位与自然保护区"基础"地位之间的关系。首先必须明确,无论是国家公园的"主体"地位抑或自然保护区的"基础"地位,均是相对于整体的自然保护地体系而言的,是在自然保护地体系中界定每种具体的自然保护地类型的地位与定位。因此,合理定位与清晰彰显国家公园"主体"地位的前提是,高度重视并尽快完成为整体自然保护地体系的管理与保护提供法律依据的《自然保护地法》的立法工作,该法律作为自然保护地体系领域的"基础法",应规定与规范自然保护地体系的宏观体制机制问题,这种定位决定其观照社会整体利益,应当秉持整体主义的系统观念,[1] 着眼于规定宏观的基本制度。其次才是矫正当前自然保护地类型设置与制度设计存在的内生逻辑困境,通过具体制度设计承载与表达国家公园的"主体"地位与自然保护区的"基础"地位。如前所述,在我国当前的自然保护地建设现状与制度实践中,自然保护区无论是在所占国土面积还是在制度适用范围上均占"主体"地位,而当前国家公园体制试点中划定的试点范围在面积上远小于自然保护区。因此,自然保护区的"基础"地位是指称现状——当前我国的自然保护区面积约占各类保护地总面积的 80%、基本上所有类型自然保护地管理均适用《自然保护区条例》规定的管理制度、今后的自然保护地体系改革在区域划分与制度建设上必将以之为基础;国家公园的"主体"地位是要求未来——正在推动的国家公园体制与自然保护地管理体制改革要改变分类标准和管理模式,彰显国家公园的"主体"地位。这就要求,国家公园的"主体"地位不能体现在形式上而应体现在实质上,这需要为国家公园的"主体"地位设置标准:(1)自然生态系统重要性和代表性标准。国家公园的"主体"地位不应体现于其在自然保护地体系中所占面积的比例上,而应当体现在设置国家公园划定区域的自然生态系统在原真性、完整性上具有重要性和代表性,实现的效果是"具有国家象征、代表国家形象、彰显中华文明"。(2)管理制度严

---

[1] 参见于文轩《美国环境健康损害赔偿的法律实践与借鉴》,《吉首大学学报》(社会科学版)2018 年第 1 期。

格性标准。设置国家公园预期对自然生态系统进行系统、严格和完整的保护，因此，要适用最为严格的管理制度，"属于全国主体功能区规划中的禁止开发区域，纳入全国生态保护红线区域管控范围，实行最严格的保护"。(3) 管理事权标准。国家公园的"主体"地位还体现在事权配置方面，基于国家公园的自然生态系统和自然遗产应当具有的国家代表性、典型性，建立国家公园应当以最严格的管理制度维持自然生态系统结构、过程和功能的完整性。为了实现此管理目标，应当整合自然保护地管理职能并交由统一管理机构行使，其享有最高最完整的自然生态系统保护与管理事权。在当前渐进改革路线图中，国家公园内全民所有自然资源资产所有权由中央政府和省级政府分级行使，改革趋势下事权配置的路径是逐步上收国家公园管理事权，实现国家公园内全民所有自然资源资产所有权由统一的专门机构代表中央政府直接行使。

2. 确立国家公园与其他类型自然保护地的动态替换原则与规则

国家公园在自然保护地体系中的"主体"地位，还需要通过《自然保护地》立法应对当前现实中国家公园试点范围与自然保护区等其他类型自然保护地的交叉和重叠关系，并为处理这种关系确立法律原则与规则。根据国际建设自然保护地体系的通行经验，若确立了自然保护地科学合理的分类标准，则应当避免各类自然保护地之间的交叉、重叠或者重复命名的现象。与此同时，我国《建立国家公园体制总体方案》也明确规定"国家公园建立后，在相关区域内一律不再保留或设立其他自然保护地类型"。但现实中，正如前述梳理的我国国家公园体制试点情况所呈现的状况，多个国家公园试点范围内还包含自然保护区、风景名胜区、森林公园等其他自然保护地。因此，必须在专门的《自然保护地法》中明确处理原则与规则。为了彰显国家公园在自然保护地体系中的"主体"地位，应当确立国家公园的设置与范围划定的优先权原则：一旦符合准入标准、契合管理目标诉求的自然生态系统区域被划入国家公园范围，就统一属于国家公园，适用国家公园的管理体制。为此，应当在《自然保护地法》中明确规定各类自然保护地的替换规则，即使国家公园设立时间在后，但若国家公园管理机构（按照改革后的机构设置，同时也是其他自然保护地管理机构）适用法定标准划定的国家公园范围内包含其他类型的自然保护地，则应启动交叉或者重叠范围内的其他自然保护地的退出机制，该范围内只允许存在国家公园这一种自然保护地类型，适用国家公园管理制度体系。

四 结语

我国当前正大力推进建立国家公园体制和重构自然保护地体系的体系化改革，这是镶嵌在我国生态文明体制改革中的重要组成部分，因此，国家公园体制与自然保护地体系改革也应当秉持系统思维。国家公园体制与自然保护地体系的改革目标和制度路径是渐进深入的，多部宏观政策文件演进形成而确立的"形成以国家公园为主体、自然保护区为基础、各类自然公园为补充的自然保护地管理体系"改革目标，不是凭空产生，也难以一蹴而就，需要调整既有的多部自然保护地专项单行法形成的自然保护地分类现状、重构既有分散立法形成的制度体系、统合现行法律确立的多头管理机构、重塑现行利益格局。因此，需要在系统阐释"以国家公园为主体的自然保护地体系"基础上，探究其法律表达与实现机制。在系统思维与关系视角下，正在立法进程中的《国家公园法》除了应为国家公园的功能定位、权责分配、保护目标等内容设定具体规则，也承载了体系化的使命，必须接受法律体系理论视角的审视与指导，在展开具体制度设计时，应当从国家公园从属于自然保护地法律体系的角度进行立法规划、明确部门法归属、协整与相关自然保护地单行法之关系。"以国家公园为主体的自然保护地"体制机制改革，必须通过制定专门的《自然保护地法》提供系统的法治保障。《自然保护地法》应当定位为自然保护地领域的基本法、上位法和政策法，在立法中应当明确规定以管理目标为依据确定自然保护地的分类标准，界定各类自然保护地的地位与法律关系，通过具体制度设计彰显国家公园在自然保护地体系中的"主体"地位。

第二节 自然保护地体系结构化的法治进路

我国当前正全面推进自然保护地体制改革，目标是形成以国家公园为主体、自然保护区为基础、各类自然公园为补充的自然保护地体系。这要求将改革前分散设置、界限模糊、交叉重叠的多种类型的自然保护地，按照科学合理的标准进行整理与重构，形成分类合理、定位明确、界限清晰的自然保护地体系。自然保护地体系改革需要法律体系"立改废释"工作提供法治保障，亟待制定《自然保护地法》《国家公园法》和修改《自然保护区条例》等既有立法。这一法制改革的系统工程，必须以厘清自然保护地体系结构的法律定位为前提和基点，法律融贯理论下的法治进路需要通过确定基本原则及其价值位序、细化自然保护地分类标准实现外在规范的协调性，以贯彻自然保护地法律体系的内在价值统一性。

《指导意见》擘画了我国自然保护地体系建设的蓝图与路线，明确了任务要求与体制机制，并提出了完善法律法规体系作为保障措施。但是，中央宏观政策文件中部署的自然保护地体系建设法律保障措施，并不能直接"平移"至法治体系建设中，中间尚存在将政策转换为法律的关键环节。这需要精准识别《指导意见》所确立的自然保护地体系建设目标、任务诉求语境下法律保障措施所蕴含的法治问题：（1）中共中央办公厅、国务院办公厅印发的《指导意见》是宏观政策文件，具有抽象性、原则性和方向引领性等特征，其规定的"完善法律法规"的内容亦从属于这一特征，部署了自然保护地相关法律法规和制度建设的原则与方向，亟待在法制语境与法律体系下辨析其具体指涉和贯彻措施。（2）政策体系与法律体系虽然在实现社会目标等方面具有一致性，但在系统性质、手段措施等方面存在差异，政策文件中提出的法制改革目标不能直接进入法律体系，否则会与既有的法律系统发生"排异效应"，不但难以发挥政策与法律的协同作用，反而会掣肘各自效果。这就要求对《指导意见》中规定的自然保护地法律法规体系改革目标从法律思维和法律话语上进行"翻译"与提炼，精准探究自然保护地体系法治保障的法制诉求与法律表达。（3）政策具有较强的灵活性，具有鲜明时代特色，以及时回应时代主题为旨趣。政策文件会针对现实社会的新问题与新需求提出新的措施体系，《指导意见》即是针对重构自然保护地体系以保护自然资源这种新的目标与需求，灵活性地提出系统措施体系。而法律具有稳定性，既有的法律体系已经形成较为稳固的机制体系，《指导意见》提出的自然保护地体系建设法制目标需要纳入既有的法律体系中予以审视与调适，在既有的法律体系的边际上进行变革，以实现法律规范的系统功能与体系效益。政策文件中呈现的这种重构与升级的关系，需要纳入法律体系中进行法理审视与规则提炼。我国当前自然保护地体系建设在形式上和实践中具有创新性的以国家公园为主体的自然保护地体系并非凭空产生，而是对已经沿革数年、类型复杂的既有的自然保护地体系的重构与升级。总之，探究我国自然保护地体系的法治保障，需要以对前述法律问题的识别作为前提。

《指导意见》所确立的自然保护地体系的改革目标，即建设与形成以国家公园为主体、自然保护区为基础、各类自然公园为补充的自然保护地体系，实质上是要求形成一个自然保护地的体系结构。在该理想体系中，"自然保护地"是统领与涵摄各种具体类型的自然保护地的上位概念，国家公园、自然保护区、自然公园等作为指称各类自然保护地的下位概念，应在自然保护地体系中定位清晰、逻辑融洽。前述三种具体类型的自然保护地依据内在规律与新设标准而建立，与既有的多种类型的自然保护地存在地域的重叠与分隔、功能的差异与协同、机制的沿革与创新等复合型关系。政策转化为法律，需要从探究重构自然保护地体系的"事理"转向剖析国家公园建设法治保障的"法理"，需要在关系范畴中界定各类自然保护地类型在地域划分上的关系、空间布局上的衔接、制度工具上的差异，以实现多种类型的自然保护地各司其职、综合作用的效果。因此，厘清与界定各类自然保护地在整体自然保护地体系中的法律定位、辨析与阐释各种类型自然保护地之间的内在关系，在此基础上，探究自然保护地体系结构定位的法治进路、规范自然保护地体系结构定位的法律表达的要点，以期为我国自然保护地体系重构与体制改革的法治化提供有益建议。

一 自然保护地体系结构定位之迷思

无论是直接以国家公园作为规范对象的《国家公园法》，还是以解决自然保护地保护中的共性问题、提取自然保护地法律原则与制度"公因式"、构建自然保护地保护的基本原则和基本制度为旨趣与目标的《自然保护地法》，都必须清晰界定各种类型的自然保护地在整体自然保护地体系中的结构定位，这是展开自然保护地法律体系建设的前提和基础。

我国现行关于自然保护地的规则体系，主要由中央宏观政策体系和部分地方试点立法构成。以党的十八届三中全会报告和党的十九大报告这两个中央政策文件为核心的政策体系均将建立国家公园体制定位为实现生态文明体制改革的具体构成部分，国家公园体制改革与自然资源资产产权制度改革等均被定位为我国生态文明制度建设的重要内容。① 梳理我国自然保护地政策的演进，可知我国对自然保护地体系结构定位动态发展、渐趋明晰：(1) 最初阶段提出建立国家公园体制，以作为加快生态文明制度建设的构成部分，这一阶段的政策目标着眼于国家公园体制本身，未涉及对国家公园的定位。(2) 开始重视国家公园在自然保护地体系中的定位，在关系范畴下将国家公园定位为自然保护地体系的重要组成部分；而如何在自然保护地体系中定位国家公园，又可以分为两个阶段：第一，中共中央办公厅、国务院办公厅于 2017 年 9 月 26 日印发并实施的《建立国家公园体制总体方案》将国家公园作为自然保护地的"代表"；第二，2017 年 10 月 18 日党的十九大报告中的表述是"建立以国家公园为主体的自然保护地体系"，将国家公园明确为自然保护地体系的"主体"。(3) 最新阶段是在自然保护地体系中全方位地定位国家公园的坐标体系，即《指导意见》所规定的"逐步形成以国家公园为主体、自然保护区为基础、各类自然公园为补充的自然保护地分类系统"。该规定在纵向定位层面，将国家公园界定为自然保护地体系的"主体"；在横向定位层面，国家公园具有"主体"地位，自然保护区居于"基础"地位，各类自然公园属于"补充"地位，三者构成一个有机整体。

无论是在宏观层面重构我国的自然保护地体系，还是在实践层面增设国家公园这一新型自然保护地，自然保护地体制改革均受到现行自然保护地管理体制的掣肘。而我国现行自然保护地的管理体制，是由《自然保护区条例》《风景名胜区条例》等单项立法所确立的，这成为机制创新不可忽视的制度背景。由于我国关于自然保护地体系改革的政策体系是逐步演进和深化的，政策措施也遵循从宏观性到具体化的发展路径，最新的、最全面系统的政策文件是《关于建立以国家公园为主体的自然保护地体系的指导意见》。因此，有必要以《指导意见》为重点对象，梳理《指导意见》对国家公园与自然保护地体制改革的相关规定，剖析其在自然保护地体系结构定位上存在的亟待厘清之处。下文将分别从这几个关键要素的角度，梳理与审视其是否能够清晰地界定各类自然保护地在自然保护地体系中的结构定位。

---

① 参见刘超《自然资源产权制度改革的地方实践与制度创新》，《改革》2018 年第 11 期。

（一）管理目标有待具体化

《指导意见》主要依据管理目标将自然保护地划分为三种类型：第一，国家公园，以保护具有国家代表性的自然生态系统为主要目的；第二，自然保护区，以保护典型的自然生态系统、珍稀濒危野生动植物种的天然集中分布区、有特殊意义的自然遗迹的区域为主要目的；第三，各类自然公园，以保护重要的自然生态系统、自然遗迹和自然景观为主要目的，具有生态、观赏、文化和科学价值，可持续利用的区域。从文义阐释角度看，《指导意见》界定三类自然保护地的管理目标具有抽象性和模糊性，比如，国家公园、自然保护区和自然公园的管理目标的关键区别在于"国家代表性的自然生态系统""典型的自然生态系统"和"重要的自然生态系统"。"国家代表性""典型"与"重要"这三个表征程度的描述性概念本身并不明确，需要辅之以其他的政策措施或者专门立法进行具体界定，也需要在三者关系范畴中予以横向比较与辨析区分。虽然，有研究者认为，《指导意见》等政策文件将自然保护地划分为国家公园、自然保护区与自然公园这三种类型，其功能是极大地简化了保护地的复杂分类，三类自然保护地可以分别保护具有综合生态服务、支持生态系统服务与文化生态系统服务为优势的生物多样性。[①] 该研究对《指导意见》中国家公园、自然保护区、自然公园三类自然保护的管理目标的解释，超出了政策的语义解析范畴，是一种学理阐释。当然，作为中央宏观政策的《指导意见》对三种类型自然保护地管理目标的设定具有宏观性和抽象性，符合其作为抽象政策的内生属性，但这也客观上为通过具体政策或者专门立法落实该政策目标提供了实践操作空间。因此，如何在把握规律、归纳需求的基础上，界定自然保护地体系的管理目标，依然任重道远。

（二）分类标准有待细化

厘清我国自然保护地体系结构的关键还在于明晰各类自然保护地在体系中的清晰定位，设置科学合理的自然保护地分类标准是开展此项工作的必要前提。虽然总体而言，并没有一个放之四海而皆准的自然保护地分类标准，因为分类标准的设定除了需要尊重与借鉴域外制度创新经验，更需

---

① 参见马童慧、吕偲、雷光春《中国自然保护地空间重叠分析与保护地体系优化整合对策》，《生物多样性》2019年第7期。

要观照与依凭某一具体的自然保护地的地理位置、资源品质及其各自面临的亟待解决的个性化问题。但是，就国际通行经验而言，划分自然保护地体系的类型依据管理目标，即IUCN出版的《IUCN自然保护地管理分类应用指南》贯彻的核心原则：分类的依据是主要的管理目标，该分类指南对于各国的自然保护地体系具有指引性，"无论各国使用何种命名法……自然保护地应依据实际管理的目标进行认定和分类"。《建立国家公园体制总体方案》提出改革既有的以资源类型作为自然保护地类型的划分标准的现状，要求研究科学的分类标准，以此作为划分类型、重构体系的依据。《指导意见》以此为基础，进一步明确了按照自然保护地的生态系统价值的高低以及对应的保护强度的大小来划分我国自然保护地体系。《指导意见》的"二、构建科学合理的自然保护地体系"规定了科学划定自然保护地类型、确立国家公园主体地位的政策措施，但综合梳理，其存在着亟待进一步阐释与厘清之处：

1. 管理目标标准与效能标准的复合性

《指导意见》规定："依据管理目标与效能并借鉴国际经验，将自然保护地按生态价值和保护强度高低依次分为三类。"对该规定进行文义阐释，其确立了管理目标与管理效能的复合性的分类标准。虽然按照管理目标划分自然保护地类型是IUCN倡导的标准，在制度设计与实践运行中也为"按生态价值和保护强度高低"划分自然保护地类型确立了可操作性标准，但是，管理效能标准如何体现在制度设计层面，则有待进一步阐释。况且，在国际通行经验中，管理目标标准与管理效能标准并不总是相伴生的，《IUCN自然保护地管理分类应用指南》贯彻的核心原则中除了分类的依据是主要的管理目标，还强调"分类不是对管理有效性的评价"。因此，《指导意见》中提出的结合管理目标与管理效能的分类标准，在具体的政策措施落实层面如何贯彻，尤其是如何在管理效能标准中凸显国家公园应当具有的"主体"地位，有待进一步阐释与细化。

2. 管理目标标准与资源类型标准的混同

《指导意见》在宏观层面确立了以管理目标构建科学合理的自然保护地体系，以此为标准，将我国自然保护地体系划分为国家公园、自然保护区、自然公园这三种类型。在"自然公园"这一类型中，确立该类型划分标准是依据管理目标，主要保护重要的自然生态系统、自然遗迹和自然景观。但在"自然公园"这一大类型的自然保护地的具体类型划分中，依然以管理对象的自然资源属性作为分类依据，包括森林公园、地质公园、海洋公园、湿地公园等各类自然公园。由此可知，《指导意见》实质上还是选择一种复合性的自然保护地分类标准，兼顾了管理目标与资源类型标准。而尤其亟待进一步在法律制度设计层面明确的问题是，管理目标标准与资源类型标准应当呈现何种关系？在具体操作层面，这两类标准该如何适用？

二 法律融贯论下自然保护地体系结构化的法治进路

将宏观政策转化为法律，可以从法律层面为实现改革目标提供制度保障，我们应当重视运用法律思维、遵循法治方式推动国家公园体制改革。我国已经明确提出了要制定《国家公园法》《自然保护地法》等相关法律。这既标志着我国国家公园和自然保护地的法制建设已经正式启动，同时，也对预期制定的《国家公园法》《自然保护地法》等专门立法和拟修改的《自然保护区条例》等既有立法应合理表达自然保护地体系结构提出了需求与挑战。

《自然保护区条例》等单行法的修改和《自然保护地法》《国家公园法》的制定，需要与重构自然保护地体系的目标契合，这要求自然保护地领域的单行法律规范体系具有融贯性。法律体系的融贯性在概念论的层面上涉及规范间的结构与关联问题，"一个法律体系内各部分间的融贯性程度越高，这个体系就相应地越好"[1]。法律体系应当体现的融贯性可以从消极和积极这两个方面达致：消极方面指称的是法律体系中具体法律规范应当具有逻辑一致性，积极方面指称的是法律体系中的具体法律规范具有证立关系，法律体系的融贯性与陈述集合的证立结构直接相关。[2]

法律体系融贯性理论既是对自然保护地法律体系的要求，也可以为建构自然保护地法律体系提供理论工具。自然保护地法律体系的融贯性，也需要从内在价值体系的理念统一性和外在规范体系的逻辑协调性这两个层

---

[1] 雷磊：《融贯性与法律体系的建构——兼论当代中国法律体系的融贯化》，《法学家》2012年第2期。

[2] 参见方新军《内在体系外显与民法典体系融贯性的实现——对〈民法总则〉基本原则规定的评论》，《中外法学》2017年第3期。

面来具体实现。自然保护地法律体系的内在价值体系的理念统一性要求包括：第一，在消极层面，构成自然保护地法律体系的单行法之间没有冲突、核心价值目标一致，即《自然保护地法》统率的自然保护地法律体系之间的法律机制没有冲突，价值目标上具有一致性；第二，在积极层面，形成一种证立关系，即要求构成整体法律体系的各个单行法规范之间以及具体法律制度之间建立起评价上的积极关联，同时证立法律体系的价值基础（政治与道德理念）具有一致性，并且每部单行法承载的价值目标既存在价值位序又有积极关联。具体到自然保护地法律体系，自然保护地法律体系的价值基础不是从法律体系内部证立，而是以生态文明、永续发展、生态整体性、山水林田湖草沙是一个生命共同体等理念作为价值基础，自然保护地法律体系通过规范设计与制度运行来维护和实现这些价值目标。并且，在自然保护地法律体系内部的具体单行法之间，又分别实现国家公园、自然保护区、自然公园承载的生态系统价值，这些法律所维护的价值之间既有位序高低又有内在关联。法律体系的内在价值体系的统一性，要通过外在规范体系之间的协调性得以实现。具体到自然保护地法律体系，其外在规范的协调性应该体现为以下几个方面：

（一）基本原则及其价值位序之界定

法律原则表达了详细的法律规范和制度设计的基本目的，法律原则上承法律价值，下启法律规则。自然保护地法律体系中的多部法律规范基于共同的目标与价值形成逻辑自洽的法律体系，需要遵循自然保护地法律体系的基本原则，因此，需要《自然保护地法》规定基本原则体系，以此作为关键立法技术，统合自然保护地法律体系中的其他单行法。如果说，明确规定基本原则体系是《自然保护地法》统合《国家公园法》《自然保护区条例》等单行法的内在需求和立法技术，那么，对这些基本原则进行价值排序，则是在体系中明确自然保护地类型的法律路径，也是自然保护地体系融贯性的重要标准。在法律融贯理论中，法律体系中存在的多个基本原则之间有紧密内在关联，并且呈现多个基本原则之间的优先关系，这是该法律体系具有融贯性的重要标志。因此，需要在几部自然保护地单行法中规定内涵与价值位序明确的基本原则。

（二）自然保护地分类标准之贯彻

如果说，在以《自然保护法》为"基本法"的自然保护地法律体系中明确基本原则并排列其价值位序，是遵循法律体系融贯性的一般规律性的内在需要；那么，在《自然保护地法》的立法规范中明确规定自然保护地类型的分类标准，并在《国家公园法》等单行法中具体贯彻，则是实现自然保护地这一特定领域法律体系融贯性的特定需求。我国在进行国家公园体制改革之前，《自然保护区条例》《风景名胜区条例》等诸多单行法规规章并未经过顶层设计以形成体系内的法律分工，仅在结果意义上形成了大致以资源类型划分为标准，在实践层面形成了分类设置自然保护地的格局。当前，我国全面推进的以国家公园为主体的自然保护地体系体制改革，其核心和关键在于通过改革与重设自然保护地体系的划分标准，以厘清各类自然保护地关系，进而重构自然保护地体系，与之相应的自然保护地法律体系，也必须在规范体系与制度展开中具体规定自然保护地体系的划分标准，使得"分类标准"成为关联多部自然保护地单行法并使之形成融贯法律体系的确定概念和核心范畴。

三　自然保护地体系结构定位的规范要点

构建体系完整、逻辑自洽、规范完整的自然保护地法律体系，是一个包括法律法规"立改废释工作"的庞大系统工程。本节主要聚焦于自然保护地体系结构法治进路，即以法律体系融贯性理论为指导，阐释自然保护地体系结构法律规范展开的关键要点。

（一）阐明法律基本原则及其价值位序

明确规定法律基本原则，这是通过规范设计实现法律体系融贯性的内在需求，也是重要的立法技术。在法律体系中具体列举法律基本原则，是实现法律融贯性、将内在体系外显的最直接、最常见的方法，通过规定法律基本原则并通过具体制度设计予以贯彻落实，是重要的立法路径。在《自然保护地法》中明确规定基本原则，可以集中体现自然保护地法律体系的立法目的，促使自然保护地法律体系在最大限度上形成一个逻辑周延的自创生体系。对基本原则进行具体列举是自然保护地法律内在体系外显的第一步，这一步可以在没有自然保护地体系法典立法的语境下，保障《国家公园法》《自然保护区条例》等单项立法统合在《自然保护地法》之下，形成一个形式完整的法律体系。对这些基本原则进行价值排序则是进一步将自然保护地法律体系预期追求的多种立法目的和管理目标，按照优先顺位和重要程度进行排列，以指引规范构建与制度设计，为司法者在解释法律和适用规范时提供价值判断的依据与线索的指引。参考《环境保护法》《民法典》等成文法规定法律基本原则的立法技术，在成文法基本原则条款中对表述法律基本原则的条文按照立法者认定的价值位阶进行排列，是对法律基本原则进行价值位序排列最通行的简便立法技术。

在我国现行的自然保护地法律体系中，《自然保护区条例》《风景名胜区条例》这两部行政法规均没有法律基本原则条款。而国家公园体制试点的几个体制试点省份颁布的国家公园地方立法，均有专门的基本原则条款。比如，《云南省国家公园管理条例》（2015年）第4条规定了科学规划、严格保护、适度利用、共享发展原则；《神农架国家公园保护条例》（2017年）第3条规定了保护第一、科学规划、分区管理、社会参与、永续发展原则；《武夷山国家公园条例（试行）》（2017年）第3条规定了保护优先、科学规划、分区管理、社会参与、改善民生、可持续发展原则。综合梳理，这三部国家公园地方立法规定的基本原则有共性也有差异，同时，国家公园在我国当前的自然保护地体系改革定位中，属于一种具体的自然保护地类型。预期通过法律"立改废释"保障自然保护地体系改革目标，亟待在"基本法"《自然保护地法》中明确规定基本原则条款并进行价值排序。

笔者建议，《自然保护地法》应有专门的基本原则条款，在该条款中按照价值位序排列的具体基本原则应当分别为严格保护、科学规划、科学利用、分区管理、多元共治。

1. 严格保护原则

严格保护原则应当是在自然保护地法律体系中居于最优先地位的基本原则，这是以设置自然保护地这种自然保护形式"保护"特定区域的内在本质需求，是展开自然保护地法律体系制度设计的最根本原则和最核心目标，也最能彰显该法律体系的特殊价值。从体系视角审视，作为环境法律体系基本法的《环境保护法》（2014年）第5条规定的首位基本原则是"保护优先"原则，其核心精髓是在处理保护与发展、配置环境资源的生态价值与经济价值时，将环境保护放置于更加突出的位置。"严格保护"原则既是"保护优先"原则在自然保护地领域的贯彻，同时又是结合自然保护地体系自身的核心目标的具体化，这一原则也被《指导意见》

"基本原则"部分确立为首要的基本原则。当然,"严格保护原则"作为自然保护地体系立法的首要基本原则,是内生于"自然保护地"被定位为生态建设核心载体的本质属性,同时,各类自然保护地也要兼顾其他多种功能与价值。因此,对"严格保护原则"既不能作狭义理解,亟待在不同类型自然保护地立法中具体化,从而在具体情势中对多种类、多层次、可能相互冲突的利益进行更细致的权衡,激活"保护优先原则"的规范内涵和指导功能,① 这是在具体规范设计中需要进一步去深入研究的立法重点。

2. 科学规划原则

科学规划原则是自然保护地法律体系中的特色原则。在 IUCN 的保护地立法指南中,"科学决策"是实现自然保护地核心目标的具有更专门意义并作为效力衡量基准的重要原则。② 按照新的标准重新规划与建设具体类型的自然保护地,并通过此过程,改革与替换之前依据自然资源类型划分自然保护地的体制,是我国当前自然保护地体系改革的重心、切入点和逻辑起点。

3. 科学利用原则

科学利用原则是在遵循严格保护原则的前提下,实现自然资源多重价值的法律原则。自然保护地立法的首要原则是实现自然保护地核心价值,在此基础上,自然保护地体系体制改革还要求探索资源利用新模式,发展生态经济体系,同时实现其满足公众优美生态环境、优良生态产品和优质生态服务的需求。

4. 分区管理原则

分区管理原则是自然保护地管理与保护的共性需求,也是实现对自然保护地体系中人类活动和人的行为法律控制的立法指引。我国现行《自然保护区条例》将自然保护区划分为核心区、缓冲区、实验区,《风景名胜区条例》没有分区。《云南省国家公园管理条例》(2015 年)和《神农架国家公园保护条例》(2017 年)对国家公园的分区一致,前者在第 13

---

① 参见马允《论国家公园"保护优先"理念的规范属性——兼论环境原则的法律化》,《中国地质大学学报》(社会科学版)2019 年第 1 期。

② 参见 [美] 巴巴拉·劳瑙《保护地立法指南》,王曦、卢锟、唐瑭译,法律出版社 2016 年版,第 140 页。

条、后者在第17条按照生态功能和管理目标将国家公园划分为严格保护区、生态保育区、游憩展示区和传统利用区。《武夷山国家公园条例（试行）》（2017年）则对国家公园采取了略有差异的分区方式，其第23条按照生态系统功能、保护目标和利用价值，将国家公园划分为特别保护区、严格控制区、生态修复区和传统利用区。就IUCN的立法指南和国际经验来看，对自然保护地进行分区管理是共性规律和通行经验，因此，需要在《自然保护地法》规定分区管理原则并在规范体系中规定分区管理具体制度。

5. 多元共治原则

多元共治原则既是《环境保护法》规定的公众参与原则在自然保护地保护与管理领域的贯彻落实，同时也是自然保护地治理领域特色性的法律原则。自然保护地体系具有国家代表性和社会公益性，需要发挥政府在自然保护地管理与保护等方面的主体作用，并综合发挥社会组织、企业、社区、公众参与自然保护地管理与保护的协同作用。就国际经验来看，主要有政府治理、共同治理、公益治理和社区治理四种治理类型，"所有类型的自然保护地都可以由政府、非政府组织、社区、原住民、公司和私人团体治理（和拥有）——无论是单独的还是联合的"[1]。因此，《自然保护地法》应在基本原则条款中确立多元共治原则，《自然保护地法》和《国家公园法》等单行法可以根据其各自保护的自然保护地类型的生态价值特征、管理目标、资源权属等确立具体的多元治理类型与制度。

（二）细化自然保护地分类标准

科学划定自然保护地类型是以《自然保护地法》为统领的《国家公园法》等自然保护地单行法的重要任务。而基于宏观政策具有的原则性、抽象性等内生属性，《指导意见》确立的自然保护地分类标准具有管理目标标准与效能标准的复合、管理目标标准与资源类型标准的混同等特性，这亟待在《自然保护地法》中予以进一步厘清与界定，以形成具体指引。

虽然我国《建立国家公园体制总体方案》提出了"逐步改革按照资源类型分类设置自然保护地体系，研究科学的分类标准"的改革目标，

---

[1] ［英］达德里主编：《IUCN自然保护地管理分类应用指南》，朱春全、欧阳志云等译，中国林业出版社2016年版，第67页。

申言之，改革对象是既有的"资源类型"这一分类标准。但对《指导意见》"科学划定自然保护地类型"部分的文义阐释可知，我国在《指导意见》中确立的自然保护地类型划分标准并非单向度的标准，宏观政策表述的原则性和抽象性必然造成多元标准的复合。虽然 IUCN 自然保护地管理分类标准的依据是"主要的管理目标"，但综合梳理，IUCN 的六类自然保护地分类中，除了各种类型自然保护地的"首要目标"有明显区分，"其他目标"则有多个，从而难免有类似甚至是叠合之处。更何况，"多数情况下，自然保护地分类体系的作用是对构成某一自然保护地的要素进行标准化的描述"[①]，换言之，分类体系必须依附于特定地理空间在基因、物种和生态系统水平上的自然资源，根据设置的分类标准对指称特定地理的"自然"进行分类，是构建科学合理的自然保护地体系的必经路径。质言之，具有可操作性的自然保护地分类标准需要根据保护对象及其资源品质来进行界定。相关研究建议用价值类型及其大小体现保护对象及其资源品质的关联性，"保护对象和资源品质及其相互关系概括为生态系统价值、物种多样性价值、地质遗迹价值、审美价值、历史文化价值五类价值"[②]，借鉴其思路并依据《指导意见》的政策表述，建议将自然保护地预期维护的价值概括为生态系统价值、生物多样性价值、自然景观价值、自然遗产价值、文化价值这五种。因此，自然保护地分类标准具体化路径，可以从不同类型的自然保护地分别承载前述不同价值类型与价值大小这两个维度展开。如此一来，管理目标的差异性才可以因为有辨析度从而得以清晰界定并具有可操作性，主要依据管理目标作为自然保护地分类标准的改革目标才能在《自然保护地法》等法律体系中得到制度表达，在实践中也可以得到具体贯彻落实。

系统梳理与比照《指导意见》对国家公园、自然保护区、自然公园的定义可知，我国现行改革目标中定义各类自然保护区的核心标准是其各自实现生态价值的重要性程度，分别是"具有国家代表性的""典型的"和"重要的"三类重要程度的描述性概念。若法律表达其分别在自然保

---

① ［英］达德里主编：《IUCN 自然保护地管理分类应用指南》，朱春全、欧阳志云等译，中国林业出版社 2016 年版，第 22 页。

② 赵智聪、彭琳、杨锐：《国家公园体制建设背景下中国自然保护地体系的重构》，《中国园林》2016 年第 7 期。

护地体系结构的定位，需要将前述表征生态价值高低依次递减的描述性概念，在法律表达和操作指引层面转换为从保护对象应实现的资源品质角度进行的界定，即通过各类自然保护地维护与实现价值类型及其大小来具体体现。具体而言：

1. 国家公园的划定标准

《指导意见》定义国家公园以保护具有国家代表性的自然生态系统为主要目的，是我国"自然生态系统中最重要、自然景观最独特、自然遗产最精华、生物多样性最富集的部分"，因此，我国国家公园划定标准可以界定为，国家公园以保护具有国家代表性的自然生态系统为首要目标，是多种价值的综合体，在承载与实现生态系统价值、自然景观价值、自然遗产价值和生物多样性价值方面具有最高地位和最优先程度，是综合实现生态系统价值、自然景观价值、自然遗产价值和生物多样性价值最高，资源最丰富，生态过程最完整的特定区域。

2. 自然保护区的划定标准

《指导意见》定义的自然保护区是保护"典型"自然生态系统、珍稀濒危野生动植物种的天然集中分布区、有特殊意义的自然遗迹的区域。因此，在体系化视角下，我国自然保护区的划定标准可以界定为，自然保护区以保护珍稀濒危野生动植物种的天然集中分布区和特殊意义的自然遗迹为首要目标。自然保护区以实现较高生物多样性价值、自然遗产价值、生态系统价值为效能标准。

自然保护区在标准设定与实施中具有的特征如下：（1）我国《指导意见》规划了三种类型的自然保护地，而 IUCN 推荐六大类、七种类型的自然保护地。对照管理目标，《指导意见》中的自然保护地区大致对应 IUCN 分类体系中的第Ⅲ类自然历史遗迹和第Ⅳ类栖息地/物种管理区，其首要目标分别为保护特别杰出的自然特征和相关生物多样性及栖息地，维持、保护和恢复物种种群和栖息地。因此，作为自然保护区划定标准的管理目标具有复合性。（2）国家公园是综合实现生态系统价值、自然景观价值、自然遗产价值和生物多样性价值最高、资源最丰富、生态过程最完整的特定区域。自然保护区也要实现生态系统价值、自然遗产价值和生物多样性价值，但某些自然保护区以实现自然遗产价值为首要目标，另一些自然保护区以实现生物多样性为首要目标，同时均要实现生态系统价值，但其实现的生态系统价值低于国家公园,而国家公园则需要采取最高的保护强度以同时实现程度最高的上述四种价值。

3. 自然公园的划定标准

《指导意见》定义的自然公园是指"保护重要的自然生态系统、自然遗迹和自然景观,具有生态、观赏、文化和科学价值,可持续利用的区域"。在体系化视角下,我国自然公园的划定标准是,以保护和维持重要的自然景观为前提,以实现自然资源可持续为首要目标。在标准设定和实施层面具有特征如下:(1)自然公园也要同时承载和实现生态系统价值、生物多样性价值、自然遗产价值,但从自然保护地体系定位角度审视,其以实现自然保护地的文化价值和自然景观价值为首要目标与功能,在自然系统价值、自然遗产价值、生物多样性价值方面低于国家公园和自然保护区,这一特征集中体现了自然公园在自然保护地体系中的"补充"地位。(2)我国《指导意见》规划了三种类型的自然保护地,从保护对象和管理目标角度对照,我国的自然公园大致对应于 IUCN 分类体系中的第 V 类陆地景观/海洋景观和第 VI 类自然资源可持续利用自然保护地,IUCN 分类体系中这两类自然保护地的首要目标分别为保护和维持重要的陆地景观/海洋景观与相关的自然保护价值,保护自然生态系统、实现自然资源的可持续利用、实现保护和可持续利用的双赢目标。以此观之,自然公园要维持生态系统价值、生物多样性价值、自然遗产价值,是由其从属于"自然保护地"的内在定位与属性决定的,但是,自然公园在这种价值实现的位序与重要程度上,均分别低于自然保护区和国家公园。因此,在类型划分、优化归并等方面,要优先满足于国家公园、自然保护区的需要,这符合其"补充"的体系结构定位。(3)我国《指导意见》列举了规划中的自然公园包括森林公园、地质公园、海洋公园、湿地公园等各类自然公园,因此,虽然自然保护地的大类划分主要以管理目标作为分类依据,但是,具体到自然公园这一类型内部,则主要是根据保护对象的资源属性进一步细化分类。

四 结语

我国自然保护地体制改革的目标是建设以国家公园为主体、自然保护区为基础、各类自然公园为补充的自然保护地体系,这实际上要求构建一个层次分明、定位清晰、逻辑自洽的自然保护地体系结构。自然保护地体系体制改革中，制定出台《自然保护地法》《国家公园法》和修改《自然保护区条例》，完善自然保护地法律体系，不仅契合"凡属重大改革都要于法有据"的法治精神，也是《指导意见》明确规定的为我国自然保护地体系重构与建设提供完善保障措施的内在需求。虽然自然保护地体系法律建设被定位为我国自然保护地体系改革的保障措施，但法律法规的"立改废释"工作需要坚持法律思维、遵循法治进路、延循法律逻辑，这亟待将事理转换为法理，将政策话语表达为法律话语。自然保护地法律体系建设是一个体系庞大的系统工程，其切入点和基点是如何以法律表达我国当前的改革方案和目标预期确立的自然保护地体系结构，只有体系结构的清晰定位和精准表达，才能为法律法规"立改废释"确定方向和指引。自然保护地体系结构的法治化，要求《自然保护地法》领衔的自然保护地法律体系通过外在的规范展开和制度设计，实现内在体系的融贯，这要求通过明确自然保护地体系中核心概念的法律内涵、规定自然保护地法律体系的基本原则并进行价值排序、细化自然保护地体系分类标准等层面具体实现。

第三节 国家生态安全目标下自然保护地立法的机制构造

我国建立以国家公园为主体的自然保护地体系，不仅是在实践层面根据新型分类体系，创建新型自然保护地和整合优化现有各类自然保护地，更重要的是预期通过这一过程，更新与升级自然保护地体系在我国生态环境保护与生态文明建设中的功能。也就是说，自然保护地法治建设，不仅需要为重构自然保护地体系提供具体制度保障，更需要通过制度设计彰显自然保护地立法价值目标的更新。《指导意见》明确提出了建立以国家公园为主体的自然保护地体系，在维护国家生态安全中居于首要地位，这也应当成为我国自然保护地立法的价值目标。由于我国之前的自然保护地单行法中均没有明确规定保障国家生态安全的价值目标，因此，需要就自然保护地立法如何维护国家生态安全的法理与逻辑展开系统阐释。

《指导意见》是指导我国自然保护地体系建设的权威政策文件。社会主义法治的一个重要特征是，将执政党政策和国家战略转变成法学理论上的价值定位、概念范畴和规范体系，形成"协同式法治"的中国模式。法治中国的"政法体制"构造原理，① 要求我们应在辨析宏观政策与具体法律在法治建设中互动与协同的机制原理的基础上，探究自然保护地体系建设等新兴领域的法治建设中国家战略目标的实现机制。

建立以国家公园为主体的自然保护地体系，是贯彻国家总体安全观的战略部署。《指导意见》强调，"自然保护地是生态建设的核心载体、中华民族的宝贵财富、美丽中国的重要象征，在维护国家生态安全中居于首要地位"，需要"确立国家公园在维护国家生态安全关键区域中的首要地位"。《指导意见》的这一论断，将维护国家生态安全确立为自然保护地体系及其法治保障体系建设的总体目标之一。本节拟在阐释国家生态安全目标提出的自然保护地立法需求之法理的基础上，探析自然保护地立法维护国家生态安全的法律机制。

一 自然保护地立法维护国家生态安全的内在逻辑

《指导意见》将维护国家生态安全作为建立以国家公园为主体的自然保护地体系的总体要求与指导思想之一，并要求完善自然保护地相关的法律法规体系以提供保障措施。我国的《自然保护区条例》《风景名胜区条例》等自然保护地现行立法、《环境保护法》以及大多数单行法并未将保障国家生态安全作为立法目的。因此，《自然保护地法》《国家公园法》等自然保护地立法在形式上和规范体系上不仅要契合生态环境领域立法的"家族特征"，同时也应在总体国家安全观下创设保障国家生态安全目标条款，这是自然保护地立法的理念与制度的重要创新，需要探析该立法创新的内在逻辑，为系统展开相关制度设计提供基础与指引。

（一）维护国家生态安全以落实"生态文明"宪法目标

党的十八大将生态文明建设提升至"五位一体"总体布局组成之一的地位。2018 年宪法修改，生态文明正式写入宪法，将党的主张通过法定程序转化成国家意志，生态文明由此获得了根本法地位。此次环境宪法

---

① 参见黄文艺《中国政法体制的规范性原理》，《法学研究》2020 年第 4 期。

的规范表达的基本取向是设定国家目标,[1] 基于宪法对部门法的辐射效力,生态文明成为宪法规范,会对法律体系的概念以及内容产生深刻影响,[2] 要求我国落实生态环境保护和生态文明建设的根本任务,完善我国生态文明顶层立法布局和生态文明法治体系。

自然保护地立法在谱系上属于生态文明法律体系。生态文明法治体系建设需要着力解决当前法律规范体系存在的重点问题,完善生态文明法治规范体系的核心在于系统化整合国家法律体系与党内法规体系,构建多维度的保护生态环境的法律规范体系,形成生态文明国法党规"组合拳",将经过探索已相对成熟的生态文明体制改革内容上升为法律法规。[3] 党的十九届五中全会将保障生态安全纳入生态文明的总体布局,我国生态文明建设以保障生态安全为价值依归。这体现在关于生态文明建设与体制改革的权威论述中:"必须树立和践行绿水青山就是金山银山的理念,坚持节约资源和保护环境的基本国策,像对待生命一样对待生态环境,统筹山水林田湖草系统治理,实行最严格的生态环境保护制度,形成绿色发展方式和生活方式,坚定走生产发展、生活富裕、生态良好的文明发展道路,建设美丽中国,为人民创造良好生产生活环境,为全球生态安全作出贡献。"[4] 生态文明法治规范体系是一个内涵丰富的系统工程,应当随着生态文明建设的渐趋深化而逐步拓展与丰富。随着政策体系对生态安全作为生态文明系统中的重要组成部分和底线地位的确认,维护生态安全成为加强生态文明建设的应有之义,是生态文明体制改革必须实现的基本目标,因此,维护生态安全也应成为生态环境法治规范体系的重要组成部分。

《指导意见》明确提出,"自然保护地是生态建设的核心载体",自然保护地建设、国家公园体制改革与自然资源资产产权制度改革等均被定位为我国生态文明制度建设的重要内容。[5] 建立以国家公园为主体的自然保

---

[1] 参见张翔《环境宪法的新发展及其规范阐释》,《法学家》2018年第3期。
[2] 参见张震《生态文明入宪及其体系性宪法功能》,《当代法学》2018年第6期。
[3] 参见吕忠梅、田时雨《在习近平法治思想指引下建设生态文明法治体系》,《法学论坛》2021年第2期。
[4] 习近平:《决胜全面建成小康社会 夺取新时代中国特色社会主义伟大胜利》,《人民日报》2017年10月28日第1版。
[5] 参见刘超《自然资源产权制度改革的地方实践与制度创新》,《改革》2018年第11期。

护地体系,属于生态文明体制改革体系的一个重要组成部分。在《中共中央、国务院关于加快推进生态文明建设的意见》确立的生态文明建设的重点任务和制度体系中,自然保护地体系建设"在维护国家生态安全中居于首要地位",这就意味着,自然保护地体系建设应重点从维护国家生态安全的维度,落实生态文明建设的战略目标。相应地,自然保护地立法需要以维护国家生态安全为价值目标展开规范设计,以具体落实"生态文明"的宪法目标。质言之,国家生态安全是生态文明的重要内涵,自然保护地在维护国家生态安全中居于首要地位,自然保护地立法以维护国家生态安全为目的并展开相应制度设计,是落实"生态文明"宪法目标的重要立法路径。

(二) 自然保护地立法维护国家生态安全以贯彻总体国家安全观

国家生态安全是生态文明和总体国家安全的构成性要素。2014年,习近平总书记在中央国家安全委员会第一次全体会议上首次提出"总体国家安全观",强调"要准确把握国家安全形势变化新特点新趋势,坚持总体国家安全观,走出一条中国特色国家安全道路",系统论证了包括政治安全、军事安全、国土安全、生态安全、资源安全在内的"11种安全",[①] 后经补充又扩展为"16种安全"。在总体国家安全观的政策指引下,2015年第十二届全国人民代表大会常务委员会通过新的《国家安全法》,该法第30条设定了"国家完善生态环境保护制度体系"的立法义务。从此维度梳理,2019年印发的《指导意见》明确将自然保护地定位为生态建设的核心载体,在维护国家生态安全中居于首要地位,属于站在总体国家安全观的高度,通过"国家完善生态环境保护制度体系"发展法律,贯彻落实维护国家生态安全任务的社会主义法治创新。

故此,国家生态安全中的"安全",乃关涉所有生命共同体生死存亡之"根本安全"(Fundamental Security),区别于不法妨害或危险侵害意义上的"法益安全"(Interest Safety)。它不应限定为传统环境法领域有关污染防治和资源开发利用保护的安全,而是生态时代或生态文明新时代的国

[①] 参见习近平《坚持总体国家安全观走中国特色国家安全道路》,《人民日报》2014年4月16日第1版。

家安全。这种国家安全在法理上即为一种特殊法律秩序，对一国宪法法律秩序之干扰、侵犯和破坏，将成为危害一国国家安全的主要问题和主要因素。[1] 同时，"更确切地说，国家安全也许是改变了某种权利的范围"[2]，并影响到环境法上的权利。于是，源自总体国家安全法理，特别是与生态安全息息相关的"山水林田湖草沙是一个生命共同体""人与自然是生命共同体"等重要论断，为我们从保障国家生态安全的角度展开自然保护地立法提供了价值目标、提出了规则需求。

总体国家安全观要求"坚持人民安全、政治安全、国家利益至上的有机统一，人民安全是国家安全的宗旨，政治安全是国家安全的根本，国家利益至上是国家安全的准则，实现人民安居乐业、党的长期执政、国家长治久安。……要发挥负责任大国作用，同世界各国一道，推动构建人类命运共同体"[3]。这一权威论断揭示了国家安全法理的三个维度：从主体维度看，是推动构建人类命运共同体；长期执政和长治久安体现了国家安全的时间维度；不同国家形态拥有不同类型的国家安全诉求，中国的国家安全要在"负责任大国"和"同世界各国一道"的空间维度具体展开。因此，"主体—时间—空间"共同构成了中国总体国家安全的三个法理维度。体现在国家生态安全层面的自然保护地立法，就是生命共同体—永续发展的代际正义—差序有别的空间正义。

二　国家生态安全的法理结构

自然保护地立法中的制度设计应当通过内在的意义脉络和外在的关联结构，贯彻与彰显自然保护地立法维护国家安全的价值目标。预期以维护国家生态安全为价值目标展开规范体系，前提是厘清国家生态安全的法理意蕴与阐释国家生态安全立法需求的层次结构。

（一）国家生态安全的主体维度：生命共同体

古典法哲学将法律秩序建立在人与自然和谐统一的自然正当秩序基础

---

[1] 参见吴庆荣《法律上国家安全概念探析》，《中国法学》2006年第4期。

[2] ［美］理查德·波斯纳：《并非自杀契约：国家紧急状态时期的宪法》，苏力译，北京大学出版社2010年版，第24页。

[3] 习近平：《在十九届中央国家安全委员会第一次会议上强调　全面贯彻落实总体国家安全观　开创新时代国家安全工作新局面》，《人民日报》2018年4月18日第1版。

上，认定秩序产生于自然事物本原。因此，早期的哲学家多为自然哲学家，"他们企图用自然的原因来说明现象，而不求助于神话中的事物"，推断秩序的本原可能是水（泰勒斯）、火与灵魂（赫拉克利特）、气（阿拉克西米尼）、数（毕达哥拉斯），又或者是土、气、水、火四种元素，还有某些人格化的活动力量——爱与恨（恩培多克勒）。[1] 在这些论断中，"安全"被视作法律的一种实质价值，"秩序"则用以描述法律制度的形式结构，呈现内在于自然进程和社会进程中某种程度的一致性、连续性和确定性，社会生活秩序根源于自然正当秩序的整体结构之中，不得"违背自然"。[2] 这种法律"安全"所表征的人们免受侵略、抢劫、掠夺等侵害的状态，需要构造为一种社会生活的有序模式，它以尊重和维护自然法则为基础，并在自然正当秩序中得以实现。因此，从本源上考察，法律的"安全"价值包括生态安全的内涵，人与自然和谐相处是安全的应有之义，环境（生态）安全的实质就是人与自然和谐相处。[3]

现代法理学所创设的国家实证法体系，将共同体想象为建立在人民主权基础上的社会契约。在自然状态下，人们享有绝对的自然权利，执行平等的自然法。但自然状态的平等是一种"杀戮能力的平等"，[4] 为了摆脱"暴死"（Violent Death）的恐惧，人们相互约定让渡"所有的权利和力量"，组建利维坦式的国家。因此，现代法治所建构的国家是一个属人的共同体，是人以让渡自然权利和绝对自由所构造的政治共同体。以放弃自然权利为代价，现代人割裂了古典时代人与宇宙万物"天人合一"的自然秩序。

现代法理学分离人与自然，将整全的生命共同体处理为一个属人的政治共同体，塑造出一种"附属性的安全观"。在此理论预设下，"安全"虽被视为一种重要价值和实质需求，却被认为是派生于生命、财产、自由

---

[1] 参见［美］梯利《西方哲学史》（增补修订版），［美］伍德增补，葛力译，商务印书馆1995年版，第20—23页。

[2] 参见［美］E. 博登海默《法理学：法律哲学与法律方法》，邓正来译，中国政法大学出版社2017年版，第232—233页。

[3] 参见安东《论法律的安全价值》，《法学评论》2012年第3期。

[4] 参见［美］汉娜·阿伦特《马克思与西方政治思想传统》，孙传钊译，江苏人民出版社2007年版，第36页。

和平等多元法律价值的从属性价值,退居于法律预期实现的这些直接立法目的"幕后交椅"的地位。质言之,现代法律所保障的"安全"脱离了其本源意义与实现环境,忽视了在自然正当秩序中追求美好生活的语境及背景,仅重视法律上"安全"价值主体的社会属性却忽视其自然属性。

附属性安全观的主体维度仅注重人与人之间的共同体关系,却剥离了人际共同体存在前提的自然环境,并对国家安全造成负面影响:(1)附属性的安全观作为实现其他法律价值的辅助背景和派生手段,只体现工具理性,与践行新时代总体国家安全观所要求的目的理性不符。国家生态安全不是为经济发展保驾护航的政策工具,而是建构"美丽中国"的宪法目的。(2)抽离了"国家"的自然情感维度和历史现实属性,导致"国家的空心化"。现代法律哲学运用人民主权推动形成的国家(State),是一部由正当程序和权力技术人为架构的法律机器,全体公民在去除自然因素后,以理性个体的身份运用功利算计来缔结社会契约,借助法律机制建构出一个非人格化、价值中立、抽象化的国家。现代国家由此成为"一种均质化的政治容器",它抽空了一切历史和文化内涵,拔除了自然和传统等凝聚人心的情感要素。[①](3)个人主义和理性主义的方法论基础,可能导致"国家的解体"。如果国家不是先于个体的自然正当存在,反而是由理性个体基于生存、健康、安全和福利等功利主义目标缔造的社会契约,当国家不能或无法更好向人们提供生存照顾和社会福利时,假如存在其他选项,彻底的理性个体就会考虑抛弃、分解这个国家。

或许正是看到了这种潜在的国家安全隐患,中央围绕新时代国家生态安全的主体维度形成了两个"生命共同体"命题:(1)自然是生命共同体。"山水林田湖草是生命共同体""统筹山水林田湖草系统治理""人的命脉在田,田的命脉在水,水的命脉在山,山的命脉在土,土的命脉在林和草,这个生命共同体是人类生存发展的物质基础"。这就把被现代政治法律哲学所放逐的"自然生命"重新纳入社会主义法治视野当中。(2)人与自然是生命共同体。党的十九大报告首次提出"人与自然是生命共同体",将人与自然存在建构为一个更具包容性的和谐生命共同体,

---

[①] 参见强世功《中国香港:政治与文化的视野》,生活·读书·新知三联书店2010年版,第192页。

突破了传统法理学"人类中心主义"本位，展现出了人与自然"生态同构"的法哲学思考。"'生命共同体'成为习近平法治思想的生态文明法治理论的核心概念。"① 这也使得习近平法治思想中的"国家"上升为一个具有情感归属和实体意涵的，由山川河流、森林草木、历史传统、习俗人心所共同构筑的文化国家（Country）。

（二）国家生态安全的时间维度：永续发展的代际正义

如果把国家理解为通过授权、协议、程序和技术组建的利维坦，势必存在诸多导致"国家致弱或解体"的因素。②"国家的致弱或解体"是对国家安全的最大威胁。只有把国家建构为一个融贯乡土自然、历史传统、民意人心和国际威望的文化存在时，国家才能实现长治久安和永续发展，这是理解国家安全的时间维度。

《指导意见》在自然保护地体系建设的"总体要求"中提出以"永续发展"为目标。在通行的翻译中，"永续发展"与"可持续发展"对应的英文都是 Sustainable Development，但两者却蕴含了不同的法理。将 Sustainable Development 理解为"可持续发展"是 1987 年联合国环境与发展世界委员会（WCED）在《我们共同的未来》中的界定："可持续发展是满足当代人需求同时，又不对未来世代满足其需求能力构成侵害的发展。"③ 这一用法很快获得国际社会广泛接受，并成为国际人权法和国际环境法的主流研究范式。从《我们共同的未来》对可持续发展的经典定义及系统阐释来剖析：第一，可持续发展是一个非历史的概念，它定位于当下，并着眼未来，然而过去却不在可持续发展的考虑视野中；第二，可持续发展仅为一个可维持的底线概念，意在"不伤害"未来世代的需求满足能力，没有考虑如何通过空间生产和环境法的创新机制发挥生态资源的最佳效用。

"永续发展"首次被规定于党的权威政策文件是在党的十八大报告

---

① 刘超：《习近平法治思想的生态文明法治理论之法理创新》，《法学论坛》2021 年第 2 期。

② 参见［英］霍布斯《利维坦》，黎思复、黎廷弼译，杨昌裕校，商务印书馆 2017 年版，第 249—260 页。

③ World Commission on Environment and Development, *Our Common Future*, London, Oxford University Press, 1987, chap. 2

中,党中央提出"建设生态文明,是关系人民福祉、关乎民族未来的长远大计。面对资源约束趋紧、环境污染严重、生态系统退化的严峻形势,必须树立尊重自然、顺应自然、保护自然的生态文明理念,把生态文明建设放在突出地位,融入经济建设、政治建设、文化建设、社会建设各方面和全过程,努力建设美丽中国,实现中华民族永续发展"。该论述是将"中华民族永续发展"与"美丽中国"涵摄在同一个法权结构中整体布局。威斯特伐利亚体系的现代国际法把"国家"均质化为"一个民族、一个国家"的"民族—国家"(Nation-State)范式,[①] 上述对生态文明建设的思考显然受到"民族—国家"范式的影响。"民族—国家"是一个人为的"想象共同体",[②] 它与自然、传统以及认同这些承载文明意蕴的概念无关,更类似一个用于国家建构的效率工具。然而事关全球生态安全和人类未来命运的生态文明问题,难以在"民族—国家"的主权范式下得到彻底解决,主权国家的"国家理性"一开始就将"全人类"的问题排除在处理范围之外。

习近平总书记于2013年首次提出"人类命运共同体"命题:"这个世界,各国相互联系、相互依存的程度空前加深,人类生活在同一个地球村里,生活在历史和现实交汇的同一个时空里,越来越成为你中有我、我中有你的命运共同体。"[③] 并把国家安全纳入人类历史命运的文明视野中予以一体化思考:"传统安全威胁和非传统安全威胁相互交织,维护世界和平、促进共同发展依然任重道远。"[④] 这意味着国家安全不是国家内部自己的事,甚至不是国家与国家间的事,必须由人类共同推动前进。

正是基于"人类命运共同体"思想的引领,党的十九大报告运用"代际正义"的法理,阐明"建设生态文明是中华民族永续发展的千年大

[①] Jason Farr, "Point: The Westphalia Legacy and The Modern Nation-State", *International Social Science Review*, Vol. 80, No. 3/4, 2005, pp. 156–159.

[②] Benedict Anderson, *Imagined Communities: Reflections on the Origins and Spread of Nationalism* (2nd edn.), London: Verso, 1991, pp. 6–15.

[③] 习近平:《顺应时代前进潮流,促进世界和平发展》,载《习近平谈治国理政》,外文出版社2014年版,第272页。

[④] 习近平:《顺应时代前进潮流促进世界和平发展》,《中国青年报》2013年3月24日第2版。

计"，夯实了"美丽中国"的文明意蕴："必须树立和践行绿水青山就是金山银山的理念，坚持节约资源和保护环境的基本国策，像对待生命一样对待生态环境，统筹山水林田湖草系统治理，实行最严格的生态环境保护制度，形成绿色发展方式和生活方式，坚定走生产发展、生活富裕、生态良好的文明发展道路，建设美丽中国，为人民创造良好生产生活环境，为全球生态安全作出贡献。"这等于为中国政制发展和生态永续擘画了迈向"文明—国家"的理想图景。事实上，中国从来不是一个西方意义上的"民族—国家"，而是一个有着自己"文明欲望"和"文明利益"的大国，是一个"文明—国家"。[①]"文明—国家"的重要特征在于，自觉履行国际责任与义务，聚焦生命共同体和人类命运共同体的长远利益，从文化政治的角度，制定战略性的纲领、路线、方针和政策，并将其与宪法目的关联起来，形成政策与宪法法律的同构互动。

因此，在维护国家生态安全中居于首要地位的自然保护地体系建设与管理，应以"永续发展"为目标、以实现代际正义为价值。这即提出了，以维护国家生态安全为价值依归的自然保护地立法应当容纳与彰显时间维度。"过去—现在—未来"以及"国家理性—国际责任—文明愿景"在党的政策和国家宪法之间形成了一个完整的时间关联，并以文明国家永续发展的代际正义构成了国家生态安全的时间维度。

(三) 国家生态安全的空间维度：差序有别的空间正义

保障国家生态安全同时还是一个在地理场域和行动尺度中实现空间正义的过程。受到资源和财政的限制，国家需要通盘权衡如何把有限的资源投入有更紧迫需求的安全领域，从而实现国家安全格局的优化配置。因此，国家生态安全保障的法律需求，既内生于保障国家生态安全的自然规律，也取决于国家生态安全在总体国家安全整体脉络中的功能设定与法秩序定位。综合内部与外部因素，自然保护地立法对国家生态安全的制度设计，必须充分彰显国家生态安全实现的空间维度。

中国是一个疆域辽阔的大国，区域发展和生态资源分配不均衡、不协调。当前我国自然保护地空间分布整体呈现"西北疏东南密、东多西少"

[①] 参见甘阳《文明·国家·大学》(增订本)，生活·读书·新知三联书店2018年版，第2—17页。

的特征,① 由此产生一个悖论：东南部地区国家公园、自然公园数量多但面积小，景观分布离散，却承载了绝大多数的游客数量，游憩和生态压力巨大；大型自然保护地多位于西部地区，但由于地理因素和经济发展水平限制，可达性差，游客不多，这反而限制了当地经济与环境生态协调发展的能力。这一地理空间格局成为我国自然保护地体系重构的前提，自然保护地体系建设预期解决既有的自然保护地不平衡不充分的空间样态和不均衡不协调的自然生态空间承载力之间的矛盾。这也提出了展开国家生态安全和自然保护地立法的重点。如欲期待自然保护地立法具有实效性和可操作性，那么"美丽中国"区域交叉、空间重叠的复杂地理构成和多元资源生态系统，便构成中国社会"大地的法"，是"源于事物本性的必然关系"而产生的"法的精神"。② 这就决定了支配中国国家生态安全立法的空间正义不可能是整齐划一的，要在合理区分科学类型、功能界别、生态价值秩序、承载机能的基础上，重构一种新型的、差序有别的空间正义。

1. 以正义的空间性规划空间生产

正义的空间性也是正义的地方性问题。站在马克思主义法理学的立场，正义作为价值意识是由物质的客观性所决定，"物质的客观性"由经济生产、分工交换、历史行动和地理空间构成，从而形成了正义的空间性。由于这种正义经由"人之行动而非人之设计"的历史进程和空间环境限定，所以，它不是相对主义更不是虚无主义的；同时，不同历史阶段和空间情境下生命共同体对美好生活方式的追求各有不同，是以正义的空间性乃美美与共的多元主义。以正义的空间性规划空间生产，意即自然保护地立法要遵从自然保护地的自然生态属性，不能以扭曲其生态价值的方式片面追求经济效应，更不能"千城一面"，立法目的在于实现生态永续，会通人文自然，保持特色风貌景观。

2. 以空间的正义性实现空间分配

伦理学把空间的正义性理解为一个空间生产的问题，"空间的正义性

---

① 参见姜超、马社刚、王琦淞、孔石、马逍、宗诚《中国5种主要保护地类型的空间分布格局》，《野生动物学报》2016年第1期。

② 参见［法］孟德斯鸠《论法的精神》（上卷），许明龙译，商务印书馆2012年版，第7页。

也就是指现代社会的空间生产需要符合正义的逻辑"①。但环境法应对空间正义的生态之维还需要考虑"在不同空间尺度上公正合理调配空间资源"的空间分配问题。②为此,《指导意见》专门在"创新自然保护地建设发展机制"一节强调了"创新自然资源使用制度……鼓励原住居民参与特许经营活动,探索自然资源所有者参与特许经营收益分配机制",力求"探索全民共享机制"。在本书语境中,"以空间的正义性实现空间分配"是指,自然保护地体系分为不同类型,其生态治理存在多项正义原则,不同的正义原则对提升自然生态空间承载力的效果不同,行政主管部门需要根据不同自然保护地的生态属性侧重适用不同的正义原则,不断满足公民对优美生态环境、优良生态产品、优质生态服务的需求。

譬如,自然保护地体系中的国家公园具有自然景观独特、自然遗产精华、生物多样性富集的特点,生态过程完整,具有全球价值、国家象征,国民认同度高,各国各地前往旅游的游客众多。因此,对国家公园的公益治理就应适用"沟通交往的程序正义",侧重私人主体参与治理的决策自主权、依循市场导向原则下多元主体间的协商性规范,构建平等协商的程序制度,激励私人主体自愿通过限定权利和约束行为等方式保护与管理国家公园。③自然保护区多属于珍稀濒危野生动植物种的天然集中分布区,是具有特殊意义的自然遗迹所在的区域,重在维持和恢复珍稀濒危野生动植物种群数量及赖以生存的栖息环境,在最严格生态红线制度基础上,侧重"底线正义"原则,坚持"最小空间"和"最低限度的环境利益"。至于自然公园,主要是更具生态、观赏、文化和科学价值的重要自然生态系统、自然遗迹和自然景观,可持续利用的区域,生态外观呈现森林、海洋、湿地、水域、冰川、草原、生物等珍贵自然资源。这些环境要素更多体现了全球生态标准的普适性和类同性,对此的保护则可从全球生态治理的维度,探索更具"地球法理基本原则"和"地球

---

① 袁超:《论正义的空间性与空间的正义性》,《伦理学研究》2019 年第 6 期。
② 参见张佳《论空间正义的生态之维》,《北京大学学报》(哲学社会科学版) 2020 年第 1 期。
③ 参见刘超《自然保护地公益治理机制研析》,《中国人口·资源与环境》2021 年 1 期。

中心主义世界观"的"地球正义"。① 当然，不同的正义原则之间并不必然是彼此对立的，所有的空间正义原则理应在自然保护地体系的立法和规制中得到完整适用。只是说考虑到不同的正义原则有不同的功用效能，运用在不同类型的自然保护地当中可能产生不同的生态承载效益。针对特定类型的自然保护地侧重运用某一正义标准，能产生更好的法律效果与社会效果，这正是"差序有别的空间正义"在自然保护地法律规制中的法理要义。

三 国家生态安全目标诉求下自然保护地立法重点

《指导意见》关于自然保护地"在维护国家生态安全中居于首要地位"的界定，为我国自然保护地的管理体制、发展机制和保障措施建设确立了价值目标。《指导意见》要求完善的自然保护地体系法治建设，也必须以维护和促进国家生态安全作为逻辑主线。前述内容从主体、时间、空间三个维度分别阐释了国家生态安全的法理意蕴，下述内容将进一步从这三个维度探究自然保护地立法的路径选择和机制构建。

（一）国家生态安全主体维度下的自然保护地立法重点

《指导意见》要求，"按照山水林田湖草是一个生命共同体的理念"整合优化现有各类自然保护地，作为建立自然保护地体系的基本原则之一。山水林田湖草生态系统是一个有机整体，山、水、林、田、湖、草等自然资源、自然要素是生态系统的子系统，是整体中的局部。② 对于现代法治而言，将多种自然要素构成的整体生态系统界定为一个生命共同体，是前所未有的理念创新，其实质在于超越了以"人权保障"为核心的单一人本主义法律观，进而迈向一种"人权保障"与"环境权保护"并重的二元生态主义法律观，"人与自然作为生命共同体"的生态主义法律观反思了现代法治抽离自然语境构建法律主体关系结构之弊病，重视并回归了"法律上的人"首先是自然存在的人。这意味着，国家生态安全保障诉求下的自然保护地法治建设，需要实现从"强人类中心主义"向"弱

---

① 参见［美］科马克·卡利南《地球正义宣言——荒野法》，郭武译，商务印书馆2017年版，第235—240页。

② 参见成金华、尤喆《"山水林田湖草是生命共同体"原则的科学内涵与实践路径》，《中国人口·资源与环境》2019年第2期。

人类中心主义"的转向。

在自然保护地立法过程中贯彻"弱人类中心主义",意味着应当以"生态理性"统筹考虑人的自然属性与社会属性,并在新的"生态理性经济人"标准下,观照法律上"自然"所呈现的"资源—环境—生态"一体三面之完整面貌。于是"如何将自然的'一体三面'以法律概念的方式加以界定,将是环境法典编纂必须解决的一个核心问题"[①]。虽然自然保护地立法作为专项立法,立法目的与规范体系和正在启动编纂研究的环境法典存在差异,两法的关系也有待厘清与界定,但二者在立法理念、规范对象上具有共通性,均亟待合理处理前述"自然"的"一体三面"的关系并展开相应的制度设计。鉴于此,国家生态安全主体维度下的自然保护地立法应当延循以下进路展开。

1. 立法目的条款中彰显"生命共同体"的主体定位

虽然自然保护地立法的法律血统决定了其要秉持"人本主义"法律观、以人为目的,但实现国家生态安全要求贯彻的"生命共同体"理念,揭示与重视的是人与自然在一种共生共存的关系中实现自身、发展自我。质言之,维护国家生态安全是以形式上对"自然的生命共同体"的尊重、对"人与自然的生命共同体"的重视,实质上促进人的全面发展。因此,自然保护地立法目的可以界定为:"为建立以国家公园为主体的自然保护地体系,对自然保护地内的资源、环境和生态提供或增加受保护生态系统自然程度的整体保护,维护国家生态安全,实现人与自然和谐共生、中华民族永续发展,根据宪法,制定本法。"

2. 立法体例框架上以自然生态系统内在规律为逻辑主线

现有的生态环境立法或以环境要素分类,或以监管环节划分作为逻辑主线形成立法体例、展开立法框架。以维护国家生态安全为立法目的的自然保护地立法,从主体维度层面,需要在"生命共同体"体系中展开法律主体之间的权利义务制度设计。申言之,不同类型的自然保护地类型的生态价值和保护强度高低,决定了在这些不同的陆域或海域中多元主体的权利义务制度设计。因此,这要求自然保护地立法的体例选择与结构划分,首先是以区分不同类型的自然保护地为主线,不同类型的自然保护地

---

① 吕忠梅:《环境法典编纂视阈中的人与自然》,《中外法学》2022年第3期。

的建设、保护与管理要求构建"人"与"自然的生命共同体"的不同关系规则，提出了不同的制度需求。《指导意见》是以"自然生态系统"承载的不同生态价值为标准划分自然保护地类型，并对应地划分了"保护强度"的高低，这转换为法律即要求据此形成自然保护地立法的体例框架。具体而言，在自然保护地体系立法中，应当以自然保护地基本法为主干，将其定位于自然保护地建设和管理的基本法、综合法，以国家公园等不同类型的自然保护地法规规章为基础的立法体系。① 在具体的"专类自然保护地法"体系中，应当进一步尊重和根据各类自然保护地中自然保护地的自然生态系统的自然规律、规则需求展开立法框架，比如，在展开国家公园法立法时，在《国家公园法》之下进一步完善"一园一法"的立法体系等。

3. 立法逻辑上并重生态规律与行为控制展开制度设计

不同于既有的生态环境立法，作为整体立法对象的"自然保护地"及其类型划分以自然生态系统的内在规律为基础。因此，"自然生态系统"无疑应是自然保护地法治建设的立法"关键词"之一。与此同时，立法以行为控制为立法范式，"以行为人'不犯'为直接规制目标是法律规范的常规设计模式"②。在"生态共同体"的主体维度中以维护国家生态安全为重要目标的自然保护地立法，应当在传统法律制度设计模式的同时并重自然保护地的生态规律，具体而言，在自然保护地立法中，首先以根据自然生态系统的生态价值高低的分区（核心保护区、一般控制区）作为展开行为管制制度的主线，进而分别根据不同分区提出的保护强度高低（行为控制程度）制定具体的行为控制制度。

(二) 国家生态安全时间维度下的自然保护地法律机制选择

国家生态安全时间维度下的自然保护地立法，是一个如何通过立法技艺实现生命共同体永续发展的代际正义问题。自然生态系统不是我们当代人凭空创造的，而是继承自我们的先祖，同时当代人也不是生态环境的所有权人，而更像一个履行信托责任的受托人对其进行管理或处分。这要求

---

① 参见吕忠梅《以国家公园为主体的自然保护地体系立法思考》，《生物多样性》2019 年第 2 期。

② 徐祥民：《环境质量目标主义：关于环境法直接规制目标的思考》，《中国法学》2015 年第 6 期。

在自然保护地体系立法中，重视并表达作为立法对象的自然生态系统本身的自然属性、内在规律对制度设计的影响。

1. 构建自然保护地动态调整制度

生态安全指称的是一个区域赖以生存和发展的生态环境处于不受或少受破坏与威胁的状态，其关键是一个区域需要具有支撑该区域生存发展的较为完整和不受威胁的生态系统。① 因此，生态安全有不同的空间尺度，维护国家生态安全需要以在大尺度空间保护生物多样性、维持及恢复生态功能作为核心任务，② 这也是自然保护地体系建设及其法治保障的核心。从时间维度上看，大尺度空间的生物多样性保护以及生态功能的维持与恢复，并非一成不变的工作，而是一个保护管理措施的实施与自然生态系统质量之间互动和反馈的动态过程。根据《指导意见》规划，以生态价值和保护强度高低将自然保护地划分为国家公园、自然保护区和自然公园，这是基于在特定时间节点对于国土空间中特定陆域或海域的自然生态系统质量的静态评价，国家据此划定、设立并建设不同类型的自然保护地。但是，建设国家公园、自然保护区和自然公园这三类自然保护地预期维护的自然生态系统质量、保护的生态系统服务功能，会随着保护、管理措施的实施以及与自然生态系统历时演进的耦合作用而动态变化。基于生态安全内生的兼具生态系统自身安全（自然生态系统质量维护）以及生态系统对于人类的安全性（生态系统服务功能保障）的二元属性，客观上提出了在时间维度下的国家生态安全维护，需要对三类自然保护地之间以及各类自然保护地内部的管理制度根据自然生态系统质量与功能的状态进行动态调整。具体到自然保护地立法层面，要求在构建自然保护地规划设立制度的同时，还应当在尊重自然保护地的生态价值、环境质量的历时变动性的基础上构建自然保护地的动态调整制度。第一，规定自然保护地定期评估制度，即规定相关主管部门应当在一定周期内展开对已经规划设立的自然保护地的生态环境质量与生态系统服务功能的系统评估；第二，规定自然保护地动态调整制度，即设置标准并根据定期评估的结果，对已经设置的自然保护地的类型、等级、范围和面积进行调整。

---

① 参见谢高地《国家生态安全的维护机制建设研究》，《环境保护》2018 年第 Z1 期。

② 参见贵瑞、杨萌、陈智、张雷明《大尺度区域生态环境治理及国家生态安全格局构建的技术途径和战略布局》，《应用生态学报》2021 年第 4 期。

2. 创设自然保护地的季节性差别管理制度

国家生态安全的实现以一定时间范围内依靠自然调节能力保持相对稳定的生态系统为基础，国家生态安全内生性地与自然生态系统的时间尺度紧密关联。时间维度下的自然保护地立法，需要在形式上重视自然生态系统功能的时间变异性及其影响因素，以在实质上保障在永续发展中实现不同代际人群在时间跨度内的代际正义。《指导意见》明确自然保护地的功能定位包括"维护自然生态系统健康稳定，提高生态系统服务功能"，"自然生态系统原真性、整体性、系统性及其内在规律"是科学划定自然保护地类型的标准，并据此相应地确立管理目标、建立管理体制和保护制度。这就要求，为保障自然保护地体系建设的法律法规的"立改废释"工作，必须充分因应自然保护地的自然属性及其内在规律。

"时间"是法律规范的必备要素，既体现为时间作为一种法律事实，又体现为散见多处的涉及时间的法律制度，还体现为时间构成法律程序规则的基本要素。与古代法律背后也隐含着循环时间观的预设不同，现代法律的背后隐含着线性时间观的预设。线性时间观声称时间具有不可逆的方向，其更加接近本质时间，对时间的描述更具有抽象力。[1] 在这种时间观中，时间被按其固有的特性而均匀地流逝，与一切外在事务无关，时间被作为冷漠而无生命的客观存在嵌入人类文明之中。[2] 而时间维度下的自然保护地立法，应当重视并回归时间的自然属性。法律以规范人的行为、调整法律关系为要旨，而人是自然存在物，与自然构成生命共同体，人与人之间形成的社会关系并非存在于抽象的时空，而是存在于自然时空中，因此，人的行为要遵循自然时空的规律；反之，法律对人行为的规范亦要遵循自然规律。自然保护地立法需要规范生存生活于特定自然生态系统中的各类主体的行为，规范行为的目标是保护自然生态系统、维护国家生态安全和实现经济社会可持续发展。因此，行为规范制度的调整对象是自然保护地领域的开发利用行为，而这些行为对于自然生态系统影响的范围与程度存在着季节性差异，这就揭示了在自然保护地立法中时间要素不像传统法律中时间因素那样具有"冷漠而无生命"的均匀流逝的特性，而是具

---

[1] 参见熊赖虎《时间观与法律》，《中外法学》2011 年第 4 期。

[2] 参见高一飞《时间的"形而下"之维：论现代法律中的时间要素》，《交大法学》2021 年第 3 期。

有自然属性，即季节差异性。因此，时间维度下的自然保护地立法，在规定自然保护地领域的行为控制制度时，应当重视引入时间的自然属性，根据不同季节中人与自然生态系统互动关系的差异性，类型化地规定与实施差别性管理制度。当前，我国国家林业和草原局2022年8月发布的《国家公园法（草案）（征求意见稿）》第30条规定："在国家公园核心保护区内自然生态过程、保护对象生息繁衍具有明显季节性变化规律的区域，在生态功能不受损害的前提下，可以实行季节性差别管控。"笔者认为，基于自然保护地建设通过保护自然生态系统的健康稳定来实现国家生态安全，自然生态系统的健康稳定具有季节性变化规律，这使得国家生态安全是一个动态衡量与实现的过程，因此，从自然生态系统维护国家生态安全的时间维度考量，季节性的差别管控制度应当作为自然保护立法中一项特色的基本制度。

（三）国家生态安全空间维度下的自然保护地法律制度创新

自然保护地体系建设本质上是遵循特定价值目标、依据特定标准，整合优化国土空间，矫正空间格局的失衡。国家生态安全内生性地涵摄了空间正义维度，为保障国家生态安全的自然保护地立法的制度设计，应当能够契合空间正义的法理，彰显大尺度空间治理。

1. 构建以自然生态空间为核心的分级管理制度

《指导意见》将"分级管理"确立为自然保护地体系建设的基本原则之一，并将"分级行使自然保护地管理职责"确立为自然保护地管理体制的重要内容。作为宏观政策文件，《指导意见》仅概括地将自然保护地分级设立、分级管理的标准规定为"按照生态系统重要程度"，以此区分为中央直接管理、中央地方共同管理和地方管理这三种类型。然而，生态系统的"重要程度"并非对生态系统的本质界定，而是一个动态比较的描述性概念。再结合《指导意见》对三类自然保护地内含的"区域""陆域或海域"的界定，这就容易使得在自然保护地立法与管理规范制定中，将自然保护地分级设立、分级管理等同于科层制行政管理框架下的分层管理模式，将尚未有确定内涵的"生态系统重要程度"置换为行政层级的高低。既有的自然保护地立法是按照行政区划作为分级管理的标准，比如，《自然保护区条例》（2017年）第11条第1款规定："自然保护区分为国家级自然保护区和地方级自然保护区。"《风景名胜区条例》（2006

年）第 8 条第 1 款规定："风景名胜区划分为国家级风景名胜区和省级风景名胜区。"因此，当《指导意见》确立的"生态系统重要程度"内涵指向不明时，未来的自然保护地立法可能会将行政区划作为自然保护地分级管理的逻辑主线，这体现在国家林业和草原局 2022 年 9 月发布的《自然保护区条例（修订草案）（征求意见稿）》第 12 条第 1 款规定："自然保护区分为国家级自然保护区和地方级自然保护区。"并在第 24 条规定了按照行政区域划分所对应的管理职责。

笔者并不认为系统重构的自然保护地的分级设立、分级管理不能纳入现有的行政区域管理体制予以分级管理，只是自然保护地"分级管理"的首要标准应为生态系统的重要程度，据此划分的"国家级""地方级"自然保护地，可以结合和借道既有的自然资源资产管理的央地事权配置体制，但不能当然地自动导入"国家级""省级"等行政区域划分，因此，拟系统制定或修改的自然保护地立法规定的自然保护地分级管理制度应当注重以下几个方面：（1）在自然保护地的立法定义中引入"自然生态空间"概念。《指导意见》将自然保护地界定为"区域"（"陆域或海域"），一定程度上体现了自然保护地的时空延拓属性，但还不足以明确、精准地表达其地理空间的内涵，且会在形式上引发与行政区域的混淆。可以借鉴《自然生态空间用途管制办法（试行）》中使用的自然生态空间概念，在拟制定的《自然保护地法》的一般规定部分将立法对象拓展至更具空间延展性的"自然生态空间"这一上位概念，以统摄国家公园、自然保护区和自然公园之陆域或海域，并能彰显"生态系统重要程度"所体现的大尺度空间环境治理的内涵与规则需求。（2）在《自然保护地法》基本原则条款中确立整体保护原则，以强调自然保护地维护的自然生态系统的生态价值必须通过特定自然生态空间的整体保护才能有效实现，同时，亦是对《环境保护法》规定的保护优先原则的具体落实,[①] 据此展开的自然保护地管理层次划分是以自然生态系统的内在规律为首要标准的。（3）在自然保护地立法的专门分级管理制度中，进一步从自然生态系统的原真性、整体性、系统性等方面细化规定分级设立、分级管理的具体标准，为分级管理制度实施提供

---

① 刘超：《自然保护地空间治理的理论逻辑与规则构造》，《思想战线》2022 年第 4 期。

可操作性规则。

2. 制定大尺度生态空间下的分区管控制度

分区管控是国际上通行的自然保护地管理方式，是自然保护地立法中的一项基础性制度，借此实现对国家公园承载的多重功能的兼顾与平衡。《指导意见》明确将"分区管控"规定为自然保护地保护与管理的基本原则之一，并提出"国家公园和自然保护区实行分区管控，原则上核心保护区内禁止人为活动，一般控制区内限制人为活动。自然公园原则上按一般控制区管理，限制人为活动"。我国当前的自然保护地立法及建设实践重视了功能分区，《自然保护区条例》（2017年）第18条规定："自然保护区可以分为核心区、缓冲区和实验区"；《风景名胜区总体规划标准》（GB/T 50298—2018）将风景名胜区划分为特别保存区、风景游览区、风景恢复区、发展控制区、旅游服务区；我国2015年开始陆续设立的国家公园体制试点进行了标准各异、类型多元的功能分区（包括划分为二区、三区和四区）。《指导意见》明确将各种类型自然保护地划分为核心保护区和一般控制区，为自然保护地立法中的分区管控制度确立了原则与依据，该二元分区思路具体体现在最新立法中，比如，国家林业与草原局2022年8月发布的《国家公园法（草案）（征求意见稿）》第26条规定："国家公园实行分区管控，划分为核心保护区和一般控制区。"2022年9月发布的《自然保护区条例（修订草案）（征求意见稿）》第20条第1款规定："自然保护区分为核心保护区和一般控制区。"

通过《指导意见》的指引实现自然保护地分区的统一，是自然保护地法治统一和体系化协调的关键进步。然而，《指导意见》仅概括地提出二元分区并分区管控的要求；《国家公园法（草案）（征求意见稿）》仅在第26条规定功能分区后，在其第27条和第28条分别规定了核心保护区、一般控制区的行为管控制度；《自然保护区条例（修订草案）（征求意见稿）》仅规定了自然保护区的核心保护区的定义。因此，现行的规定与分区管控作为自然保护地管理的一项具有可操作性的基础性制度尚有差距，亟待厘清与完善。鉴于此，笔者建议，在我国自然保护地立法中要从以下几个方面完善分区管控制度：（1）确立契合大尺度生态空间治理需求的自然保护地功能分区标准。实际上，对于自然保护地进行二元功能区的划分仅为结果,功能分区的标准才是关键。综合生态学、生物学以及资源经济学等相关学科的研究,自然保护地的功能分区有物种分布模型法、景观适宜性评价法、最小费用距离计算法、聚类分析法、不可替代性计算法、层次分析法、宽度分析法、景观阻力面分析法等具体的区划方法,[①] 形成管理边界、生成边界(人们对管理边界的反应引起的栖息地变化而产生的边界)、自然边界(生态学边界)这三种类型的功能分区标准,从人类的行为对作为管理对象的自然保护地的管控依据审视,这三类标准是从更多遵循管理规律向遵循自然规律渐次游移的。质言之,管理边界标准更多尊重管理主体的管理规律、融合既有的管理资源,而自然边界更多尊重管理对象的自然规律。自然保护地立法预期应对大尺度生态环境空间中的生态环境问题,要求自然保护地立法形成一种大尺度生态空间环境保护功能协同的治理格局。因此,建议在未来的《自然保护地法》以及正在制定或修改进程中的《国家公园法》《自然保护区条例》中适用自然保护地功能分区的自然边界标准,即以各类自然保护地的自然生态系统内在规律、保护需求作为功能分区的首要标准,并在相关立法或者编制的总体规划中具体贯彻落实这一功能分区标准,形成对各类自然保护地的功能分区。(2)规定自然保护地二阶结构的分区管控制度。自然保护地立法应以人的行为控制为出发点和主线规定二阶结构的分区管控制度,[②] 完整的自然保护地分区管控制度,首先应以自然边界为标准,契合大尺度生态空间治理的需求划分各类自然保护地的功能区,进而在此基础上,针对各类自然保护地不同功能区中自然保护地的保护与管理需求,以人的行为控制作为逻辑主线展开制度设计,规定禁止、限制与允许行为。

3. 创设自然保护地保护与管理跨行政区域协作制度

我国从 20 世纪 50 年代开始至今已建设类型丰富、名目各异、数量众多的自然保护地。我国现行的 1.18 万处、占国土陆域面积约 18% 和领海面积约 4.6% 的自然保护地,采取"各级政府+专门管理机构"的设置与管理模式,由国务院、省级政府负责不同级别的保护地申请、审批,并统

[①] 参见何思源、苏杨、闵庆文《中国国家公园的边界、分区和土地利用管理——来自自然保护区和风景名胜区的启示》,《生态学报》2019 年第 4 期。

[②] 参见刘超《国家公园分区管控制度析论》,《南京工业大学学报》(社会科学版)2020 年第 3 期。

筹各类保护地的规划、管理工作。① 此种模式高度依赖于行政区划配置的建设与管理事权,已难以适应自然保护地大尺度生态空间保护与管理的需求。在基层人民政府指导辖区内具体保护地管理、专门保护地管理机构负责具体的经营与管理的事权配置模式下,既有的自然保护地立法体系呈现立法分散、管理事权配置碎片化、自然保护地多头设置交叉重叠现状被制度固化等内生弊端,成为在生态网络中实现生态系统管理、在大尺度生态空间下维护国家生态安全的制度障碍。

以此观之,《指导意见》之所以将维护国家生态安全作为自然保护地体系建设的首位目标,其关键在于通过自然保护地体系重构,矫正既有的自然保护地的建设与管理的事权配置难以契合自然生态系统的内在规律,引致自然生态空间割裂的弊端。这就使得自然保护地法律法规的"立改废释"工作要以确立"生态系统观"、因应大尺度空间的环境问题治理需求、矫正自然保护地设置的碎片化与保护的孤岛化、破解保护管理分割、实现对自然生态系统的整体保护为重心。

为应对此问题,在空间维度下维护国家生态安全的制度创新关键在于,针对既有自然保护地管理事权依附于行政区域设置的内生困境,创设自然保护地保护与管理跨行政区域协作制度。具体而言,该制度的立法重点包括:(1)在自然保护地国家立法中规定跨行政区域协作制度作为自然保护地管理的基础性制度,申言之,自然保护地保护与管除了适用现行的常规生态环境监管科层治理机制,还应因应自然保护地建设与管理的空间规则需求,在自然保护地立法中应规定生态连通性的规范。② (2)在《自然保护地法》等国家立法中概括规定自然保护地跨行政区域协作制度的构成,包括在定期会商、信息沟通、信息共享、应急联动、联合执法等方面与环节的协作机制。(3)在《自然保护地法》中规定对跨行政区域承担自然保护地管理职责的有地方立法权的省、自治区、直辖市、设区的市的授权条款,即授权跨行政区域的自然保护地所在的省、自治区、直辖市、设区的市建立自然保护地协同立法机制,由其协商确立该自然保护地

---

① 参见吕忠梅《自然保护地立法基本构想及其展开》,《甘肃政法大学学报》2021年第3期。

② 参见汪再祥《自然保护地法体系的展开:迈向生态网络》,《暨南学报》(哲学社会科学版)2020年第10期。

保护的"条例+共同决定"的联合立法模式，各相关省、自治区、直辖市、设区的市可根据该自然保护地的生态系统规律和管理保护需要，协同制定联合管理机制的具体内容。该联合立法模式实际上是一种依据《立法法》的规定和生态环境跨行政区域保护、管理的需求，进行的地方立法模式与机制创新。

四　结语

《指导意见》将维护国家生态安全确立为自然保护地体系建设的指导思想与总体目标，这从事理与逻辑上确立了维护国家生态安全应作为自然保护地立法的价值目标。然而，事理必须转换为法理，自然保护地立法保障国家生态安全是在自然保护地法治建设领域贯彻落实"生态文明"宪法目标的立法路径，是在具体领域为实现总体国家安全观提供制度保障，这是自然保护地立法以维护国家生态安全为立法目标的内在逻辑。因此，本节内容以"总体国家安全观"为理论依循，尝试以"国家生态安全"作为环境法研究的基础概念和理论基点，在范式转化的基础上建构"国家生态安全"的法理学，并以此作为讨论未来中国自然保护地立法的理论根基。国家生态安全作为我国自然保护地立法的价值目标，亟待在辨析国家生态安全的法理意蕴与规则需求的基础上展开体系化的制度设计。国家生态安全在法理结构上包括主体维度上的"生命共同体"、时间维度上永续发展的代际正义、空间维度上差序有别的空间正义：第一，主体维度下的国家生态安全目标实现机制包括在立法目的条款中彰显"生命共同体"的主体定位、在立法体例框架上以自然生态系统内在规律为逻辑主线、在立法逻辑上以生态规律与行为控制为二元标准展开制度设计；第二，时间维度下的国家生态安全保障制度包括自然保护地动态调整制度、自然保护地的季节性差别管理制度；第三，空间维度下的国家生态安全实现机制包括以自然生态空间为核心的分级管理制度、大尺度生态空间下的分区管控制度和自然保护地跨行政区域协作保护制度。

第三章　自然保护地私人治理机制之逻辑机理

我国的自然保护地体系建设和自然保护地体制改革，预期构建自然保护地的立体多元保护体系和多元治理机制，以"建立健全政府、企业、社会组织和公众参与自然保护的长效机制"。《指导意见》将"坚持政府主导，多方参与"作为自然保护地体系建设的基本原则之一，要求"突出自然保护地体系建设的社会公益性，发挥政府在自然保护地规划、建设、管理、监督、保护和投入等方面的主体作用。建立健全政府、企业、社会组织和公众参与自然保护的长效机制"。《指导意见》部署了自然保护地体系建设的系统工程，不仅包括在实践层面创建新型自然保护地和重构既有自然保护地，也包括在体制机制层面更新自然保护地的运行机制、管理体制、监督制度和保障措施，实现自然保护地的多元治理。

根据《指导意见》系统部署的自然保护地体系建设的总体要求和重点任务，我国自然保护地体制改革预期构建自然保护地建设、保护与管理的多元治理机制。自然保护地多元治理机制，是我国正在推进的现代环境治理体系的有机构成部分。中共中央办公厅、国务院办公厅于2020年3月3日印发的《关于构建现代环境治理体系的指导意见》，进一步将环境多元共治体制推向体系深化，提出"构建党委领导、政府主导、企业主体、社会组织和公众共同参与的现代环境治理体系"的体制改革目标。我国在生态环境领域的国家治理体系现代化是以"政府主导、企业主体、社会组织和公众共同参与"为核心内容的环境多元共治体系。当前推行的环境多元共治机制的旨趣与要义在于，重新划定各类主体的关系框架，实现由传统的政府单维管制向社会多方主体参与模式的转变。

《指导意见》提出自然保护地体系建设与管理的"坚持政府主导，多方参与"的基本原则，在体制建设思路上是我国正在推进的现代环境治理体系在自然保护地领域的具体呈现；在体制建设与适用路径上，自然保护地治理体制既要解释适用现行的环境治理机制以减少自然保护地法治建设的制度成本，又要结合自然保护地体系建设规划与实践提出的法律保障机制需求与《指导意见》等宏观政策提出的体制改革目标，创设专门的自然保护地治理创新机制。

我国当前推进的现代环境治理体系建设，预期创新多元主体参与的环境多元共治机制，在我国长期坚持以政府主导的生态环境监管体制作为生态环境法治建设主体和主要环境法律制度类型的背景下，如何发挥非政府主体的作用，是环境多元共治机制建设的重心。因此，本章内容将重点在阐释环境私人治理机制法理意蕴与核心要素的基础上，以国家公园私人治理机制为重点个案，探析环境私人治理机制在自然保护地治理中的适用，通过对国家公园立法为何及如何引入环境私人治理机制的论证，阐释自然保护地私人治理机制的法理及其构造。

第一节　环境私人治理的机制构造与核心要素

环境私人治理机制是近些年来我国在国家治理体系和治理能力现代化改革进程中、在构建现代环境治理体系背景下，实现的一种环境治理机制创新。环境私人治理机制源于我国现实复杂环境问题提出的多元化的治理机制需求，内生于公共治理机制的历史演进，外显于环境多元共治的具体机制创新探索。在《指导意见》提出自然保护地建设与管理应当"坚持政府主导，多方参与"的背景下，环境私人治理机制可以也应当适用于自然保护地治理。因此，本书预期探究环境私人治理机制在自然保护地治理中的具体解释适用。研究环境私人治理机制具体适用于自然保护地治理的前提是，辨析作为一种新型生态环境治理机制的环境私人治理机制的法理基础与机制构造，从而为其在自然保护地治理这一具体领域的适用提供基础。因此，本节内容论述环境私人治理的法理意蕴与核心要素，从而为下一节针对性论述其在自然保护地治理中的适用奠定基础。

习近平总书记指出："坚持和完善中国特色社会主义制度、推进国家治理体系和治理能力现代化，是关系党和国家事业兴旺发达、国家长治久安、人民幸福安康的重大问题。"① 推进国家治理体系和治理能力现代化是一个时代新命题,是我国针对国家治理面临的许多新任务新要求,系统提出的中国特色社会主义制度和国家治理体系建设的一项长期战略任务和一个重大现实课题。该科学命题的提出,并不是一蹴而就的,而是镶嵌在中华人民共和国成立后有效治理社会理论和制度历经社会管制、社会管理、社会治理三个历史阶段的演进轨迹中,② 体现了我国国家治理历经"计划管理"到"社会管理"再到"社会治理"的三次重大理论飞跃,③ 这种国家和社会治理的理论与制度演进的主线脉络,为阐释与展开国家治理体系和治理能力现代化提供了基本前提与基础。我国对国家治理体系和治理能力现代化的理论体系建构与制度展开是逐渐深入和体系化完善的。

2013年,党的十八届三中全会公报《中共中央关于全面深化改革若干重大问题的决定》在"创新社会治理体制"中提出改进社会治理方式,"发挥政府主导作用,鼓励和支持社会各方面参与,实现政府治理和社会自我调节、居民自治良性互动"。2014年修订的《环境保护法》通过创新权利义务制度体系和增设"信息公开和公众"一章,建立了"政府主导、企业主责、公众参与"的多元共治新体制。④ 2017年党的十九大报告将"推进国家治理体系和治理能力现代化"作为全面深化改革的总目标之一,提出"构建政府为主导、企业为主体、社会组织和公众共同参与的环境治理体系"作为加快生态文明体制改革的目标。2019年,党的十九届四中全会公报《中共中央关于坚持和完善中国特色社会主义制度 推进国家治理体系和治理能力现代化若干重大问题的决定》聚焦于国家治理体系和治理能力现代化的若干重大问题。2020年,党的十九届五中全会通过的《中共中央关于制定国民经济和社会发展第十四个五年规划和

---

① 习近平:《坚持和完善中国特色社会主义制度推进国家治理体系和治理能力现代化》,《求是》2020年第1期。

② 参见张文显《新时代中国社会治理的理论、制度和实践创新》,《法商研究》2020年第2期。

③ 参见张来明、李建伟《党的十八大以来我国社会治理的理论、制度与实践创新》,《改革》2017年第7期。

④ 参见吕忠梅、吴一冉《中国环境法治七十年:从历史走向未来》,《中国法律评论》2019年第5期。

二〇三五年远景目标的建议》在"'十四五'时期经济社会发展指导方针和主要目标"部分，进一步将"推进国家治理体系和治理能力现代化"作为"十四五"时期经济社会发展指导思想的重要内容，并将"加强国家治理体系和治理能力现代化建设"作为"十四五"时期经济社会发展必须遵循的原则的构成部分。

中央全面深化改革委员会第十一次会议于2019年11月26日审议通过，中共中央办公厅、国务院办公厅于2020年3月3日印发的《关于构建现代环境治理体系的指导意见》，是专门部署现代环境治理体系建设的纲领性文件，进一步将环境多元共治体制推向体系深化，提出"构建党委领导、政府主导、企业主体、社会组织和公众共同参与的现代环境治理体系"的体制改革目标。

通过上述简要梳理可知，我国在生态环境领域的国家治理体系现代化是以"政府主导、企业主体、社会组织和公众共同参与"为核心内容的环境多元共治体系。这一多元主体共同参与的环境治理体系并不能自动实现，需要依赖于精巧的法律机制设计。梳理我国当前对"环境多元共治"的研究，或在宏观上从整体论的视角阐释环境多元共治具有促成保障环境利益的法律秩序、实现公众与行政主体互动协作、提升环境行政的制度化能力等功能，[①] 或在微观上从还原论的视角分别阐释企业、公众等主体在环境治理中的功能，比如阐述在多元共治机制下企业的环境信息披露的治理，[②] 或论证地方政府环境履职的完善与制度保障[③]。宏观层面阐释环境多元共治的内涵与价值，微观角度解析多类型单一主体在多元共治理念下的环境保护职能职责与权利义务，均对我国环境多元共治机制的丰富与完善具有重要意义，但当前对于中观层面环境多元共治本身的层次架构与机制构造则鲜少讨论。实际上，政府、企业、社会组织和公民个人等各类社会主体一直以来以各种角色参与了生态环境保护与环境问题治理。当前推行的环境多元

[①] 参见秦天宝《法治视野下环境多元共治的功能定位》，《环境与可持续发展》2019年第1期。

[②] 参见吴真、梁甜甜《企业环境信息披露的多元治理机制》，《吉林大学社会科学学报》2019年第1期。

[③] 参见谢海波《环境治理中地方政府环保履职的完善与制度保障》，《环境保护》2020年第Z2期。

共治机制的旨趣与要义在于重新划定各类主体的关系框架,实现由传统的政府单维管制向社会多方主体参与模式的转变。长期以来,政府是履行国家环境保护职责的主体,环境多元共治机制强调"政府主导",其虽然调整了政府与其他社会主体在环境治理体系中的权责关系,但并没有改变行政主体在环境治理中的主导地位。因此,环境多元共治机制的关键在于重构环境私人治理法律机制,并借此牵引行政主体的环境监管权力配置与行使方式发生变革。因此,本节的研究目的是梳理与辨析环境多元共治机制下私人治理法律机制的内涵与构造,研究路径是从梳理与剖析《关于构建现代环境治理体系的指导意见》中的环境治理政策体系对环境私人治理机制的定位出发,剖析环境私人治理机制的内涵与要素,进而从政策目标与应然法理角度探讨理想状态的环境私人治理机制完善路径。在对环境私人治理进行法理分析后,进而以当前国家公园体制改革中的治理机制为个案,剖析环境私人治理在自然保护地领域的实现机制。

一 体系结构中的环境私人治理机制意蕴

《关于构建现代环境治理体系的指导意见》提出,构建"党委领导、政府主导、企业主体、社会组织和公众共同参与的现代环境治理体系",体现国家顶层设计要求企业、社会组织和公众等各类社会主体参与政府环境治理活动,形成全社会共同推进环境治理的良好格局。但是,这并没有也不预期转变政府在环境治理中主导性的地位与功能,而是需要政府让渡某些环境治理权力,这就要求在多元主体治理体系中辨析环境私人治理的指涉与意蕴。

(一)传统模式下私人主体参与环境治理的方式与本质

《关于构建现代环境治理体系的指导意见》中明确了"现代环境治理体系"的体系构成。若细致梳理,该体系包括一个二元结构,即"政府主导"与"企业主体、社会组织和公众共同参与"。基于论述目标,也为了行文方便,本节将多元主体概括为行政机关与私人主体,私人主体包括参与环境治理的企业、社会组织和公众。[①] 该二元结构实质上要求,环境

---

① "私人"在《辞海》等工具书的解释和日常用语中主要指"个人"。当前在行政法领域的一些专业问题研究中,"私人主体"也往往指称对应公权力主体之外的其他类型主体,比如,在对政府信息公开法的分析中,"私人主体"概指承担公共任务的其他组织、企业和个人,参见高秦伟《私人主体的信息公开义务——美国法上的观察》,《中外法学》2010年第1期。

治理体制改革的重点是转变环境问题治理主要依赖于行政管制的现状，重视发挥私人主体在环境治理中的功能。但是，并非私人主体以任何形式"参与"环境治理，均为契合现代环境治理体系要求的"共同参与"，若从过于宽泛的角度理解私人主体的"参与"，既削减了我国正在推进的"现代环境治理体系"在体制改革层面的重要意义，也遮蔽了环境治理的制度设计与法治实践的历史面相，可能会引致环境治理现代化体制构建中的方向性偏差。事实上，我国当前推动的现代化环境治理体系改革是一个渐进的过程，从 2014 年修订的《环境保护法》新增规定"综合治理"①、在制度建设和实践中引入"环境污染第三方治理"开始起步，渐趋完善。但是，在此之前，企业、社会组织和公众等类型的社会主体已经以多种形式参与到环境治理之中。

具体而言，企业一直以履行环境保护义务、承担环境法律责任的方式被动参与环境治理。20 世纪五六十年代产生于美国的环境法的规制对象与责任制度即直接指向大型工业污染源，②这成为当今世界各国环境法的"原型"，在此基础上根据时代发展和社会环境问题变迁而逐渐添加新的规制对象。即使当前我国《环境保护法》引入了"综合治理"原则、规定了守法激励制度，③但环境法律制度的基本逻辑还是如何有效规制企业的生产经营活动。比如，排污许可制度蕴含着对企业承担环境责任的法律约束与企业自律的要求。④我国环保组织长期以来以不同形式参与环境治理，其参与形式以是否存在法律依据分为两个阶段：第一阶段，以环境法律关系主体的"协助者"身份参与，这表现在环保社会组织在其环境法

---

① 《环境保护法》（2014 年）第 5 条规定："环境保护坚持保护优先、预防为主、综合治理、公众参与、损害担责的原则。""综合治理"原则是新增的一项环境法基本原则。"综合治理"原则的引入，"改变了以往主要依靠政府和部门单打独斗、事后监管的传统方式，明确了政府、企业、个人在环境保护中的权利与义务，建立了参与机制，体现了多元共治、社会参与的现代环境治理理念。"参见吕忠梅《〈环境保护法〉的前世今生》，《政法论丛》2014 年第 5 期。

② 参见［美］罗伯特·V. 珀西瓦尔《美国环境法——联邦最高法院法官教程》，赵绘宇译，法律出版社 2014 年版，第 30 页。

③ 参见巩固《守法激励视角中的〈环境保护法〉修订与适用》，《华东政法大学学报》2014 年第 3 期。

④ 参见赵惊涛、张辰《排污许可制度下的企业环境责任》，《吉林大学社会科学学报》2017 年第 5 期。

主体地位未予明确、"身份不明"的"草根"状态下，主要是以社会监督者和协助者的身份参与环境法律关系；① 第二阶段，以环境法律关系主体身份参与，这主要体现在我国 2012 年修订的《民事诉讼法》第 55 条概括性的规定和原则性地赋予"有关组织"的诉讼主体资格、2014 年修订的《环境保护法》第 58 条规定的环境公益诉讼条款进一步明确"社会组织"的诉讼主体资格之后，符合法定条件的社会组织可以作为主体提起环境公益诉讼、参与环境治理。公民个人一直以来也以承担环境保护义务的方式参与环境治理。学界对是否存在公民环境权、环境权的性质与内涵一直以来分歧众多，虽然有不少学者从学理上系统论证公民环境权是公民的一项基本权利，环境权是"环境法产生的权利基础、权威性问题，是环境法被信仰、被遵守的前提"②，但长期以来，立法机关并没有回应学界的这种理论主张，仅规定公民的检举、控告等程序性权利，规定"一切单位和个人都有保护环境的义务"。从 1979 年《环境保护法（试行）》开始到 1989 年、2014 年历次颁布与修订的《环境保护法》均没有规定公民环境权，"这个缺陷，可能使多元共治的环境治理体系难以建立"③。

通过上述梳理可知，一直以来，企业、社会组织和公民个人等类型的私人主体均以各种角色和方式参与我国的环境治理。虽然不同类型的主体参与方式各异，但总体概括，私人主体在当前法制语境和社会实践中参与环境治理主要呈现以下几个特征：（1）私人主体主要是以被管理者的角色参与政府环境管理。梳理我国的环境法律体系，当前我国的环境法律规范秉持环境管制逻辑展开制度设计，立法重心和制度体系大多属于行政规制制度，环境法律体系"重规范企业环境责任，轻规范政府环境责任"④。现行环境规范主要以对各级人民政府及相关职能部门的确权与授权、企业与公民个人作为被规制对象承担各种环境保护义务而展开制度设计。2014

---

① 有研究梳理了这一阶段环保组织在环境事件中的介入模式与角色定位，包括"依靠媒体动员，干预水电开发"和"介入环境纠纷，助力维权"，具体分析参见张萍、丁倩倩《环保组织在我国环境事件中的介入模式及角色定位——近 10 年来的典型案例分析》，《思想战线》2014 年第 4 期。
② 吕忠梅：《环境权入宪的理路与设想》，《法学杂志》2018 年第 1 期。
③ 吕忠梅：《〈环境保护法〉的前世今生》，《政法论丛》2014 年第 5 期。
④ 蔡守秋：《论修改〈环境保护法〉的几个问题》，《政法论丛》2013 年第 4 期。

年修订的《环境保护法》及相应修改的单行环境法律规范,固然在制度创新上包括完善市场机制与激励措施、创设第三方治理与多元治理机制,[①] 强化制约有关环境的政府行为等几个方面,[②] 但同等重要的创新之处在于,环境法律体系在规制上呈现"史上最严"的特征,这突出表现在管理制度上赋予生态环境执法部门实施查封、扣押措施和按日计罚制度的权力。因此,在制度设计层面,当前环境法律体系的修改也呈现对私人主体的规制更为严格、法网更为严密的特征。(2)制度模式以"命令—服从"为结构形态。当前的环境法律制度体系,折射出其遵循的管制逻辑与秉持的监管理念,制度结构与实施逻辑是按照自上而下的"命令—服从"以及"权威—依附"方式调整环境社会关系,这典型体现在政府通过发放排污许可证以配置环境容量资源、制定强制性生态环境标准以衡量污染物排放等行为是否受到规制等方式。在这一制度逻辑下,即使在环境治理中引入协商机制,其性质也属于在行政执法过程中、在传统的对抗的制度模式之外引入了协商制度模式,[③] 均属于具体的执法制度模式,难以从根本上改变其"命令—服从"型的制度性质。(3)环境治理实施中的单向性。环境法律制度预期实现被管制对象自觉治理污染,可以采取的制度类型有三种:第一,推动企业降低污染治理成本;第二,加大污染处罚力度;第三,提高环境监管效率。[④] 第一种制度类型主要是依靠市场发挥作用,通过立法建立环境保护的利益保护与主体激励机制,当前《环境保护法》规定的奖励制度、主体守法激励制度属于这类制度,但无论是从规范数量还是从现实适用来看,其不属于主流。后两种制度类型主要包括通过立法赋予政府及其职能部门体系完整的环境监管职权和多样性的行政执法手段。这种制度现状使得当前环境治理实践呈现鲜明的单向性特征,政府及其职能部门与私人主体之间整体上呈现命令与服从、标准与遵

---

① 参见刘超《管制、互动与环境污染第三方治理》,《中国人口·资源与环境》2015年第2期。

② 参见王曦《新〈环境保护法〉的制度创新:规范和制约有关环境的政府行为》,《环境保护》2014年第10期。

③ 对执法中协商与对抗这两种制度模式的分析,参见刘水林《规制视域下的反垄断协商执法研究》,《政法论丛》2017年第4期。

④ 参见吕忠梅《监管环境监管者:立法缺失及制度构建》,《法商研究》2009年第5期。

守、违法与处罚的二元关系结构。在环境治理过程中，即使公民针对其他私人主体实施的环境污染与生态破坏行为行使环境检举权，检举权制度设计机理与运行的现实逻辑也主要在于"弥补行政机关执法能力的不足"[①]。环保组织联合媒体参与环境事件的治理，也往往是预期督促与监督行政机关及时履行环境保护职责，故此，私人主体以这些形式参与的环境治理，并没有实质上改变环境治理过程的单向性特征。

因此，从制度内涵与环境法律关系模式来看，我国当前的环境治理主要采取环境行政管制机制。在此制度逻辑下，即使各类私人主体以多种方式参与环境治理，也并没有从根本上冲击与改变环境治理适用的管制模式，私人主体在环境治理过程中仍处于被管制者的地位，私人主体参与环境治理，这实际上属于在行政管制逻辑下追求更理想环境执法效果的变通方式。

（二）环境私人治理机制的内涵

如前归纳，无论是作为环境法律关系的主体还是作为协助者、监督者，私人主体在我国的环境治理中从未缺席。因此，我国当前所推动的现代环境治理体系改革，重点不在于重新引入了企业、社会组织和公众等私人主体参与环境治理，而在于重新确立了不同类型主体在环境治理中的权力/权利结构。梳理《关于构建现代环境治理体系的指导意见》中提出的"全社会共同推进环境治理的良好格局"的政策目标，多元共治的框架体系可以分为两部分内容：（1）传统环境治理模式下的制度强化与绩效优化。这要求完善各类主体在既有的环境法律体系中承担的法定义务制度，并在现实中贯彻实施。比如，政府承担的监管执法、市场规范、资金安排、宣传教育等职责的完善与生态环境保护督察制度的优化；企业在依法实行排污许可管理制度、推进生产服务绿色化、提高治污能力和水平、公开环境治理信息等方面的完善以优化企业在环境治理中的主体责任；强化社会组织和公民在社会监督中的主体作用。（2）环境治理模式的创新。《关于构建现代环境治理体系的指导意见》在"总体要求"中提出的"政府治理和社会调节、企业自治良性互动"的体制机制完善，以及在"基本原则"中提出的"强化环境治理诚信建设，促进行业自律"的市场导

[①] 参见沈跃东《环境保护检举权及其司法保障》，《法学评论》2015年第3期。

向机制,均超越了既有的以政府主导的命令控制型的环境治理制度模式与运行逻辑,要求在多元主体互动模式下进行环境治理制度的更新。若将《关于构建现代环境治理体系的指导意见》中原则性的政策话语转换为法律表达,即《关于构建现代环境治理体系的指导意见》要求构建环境私人治理机制、改造环境行政管理体制以形成现代化环境治理体系,在我国已经构建完整的环境行政管理体制的语境下,《关于构建现代环境治理体系的指导意见》要求构建的现代化环境治理体系的关键在于构建环境私人治理机制。

治理理论中"治理"是一个含义丰富的现代话语,很多研究者在多种语境下对"治理"进行了界定,其中,较有权威性和代表性的界定是全球治理委员会在其发布的研究报告《我们的全球伙伴关系》中的界定:治理是各种公共的或私人的个人和机构管理其共同事务的诸多方式的总和。[①] 从词源考察,作为一种理论与范式的"治理",是对依靠政府威权或制裁进行支配和管理的社会控制形式的升级与替代,是对"统治"方式的新发展,其核心在于打破公私部门在社会公共事务治理中界限分明的主体分工,"它要创造的结构或秩序不能由外部强加,它之所以发挥作用,是要依靠多种进行统治的以及互相发生影响的行为者的互动"[②]。《中共中央关于全面深化改革若干重大问题的决定》首次提出的创新社会治理体制,从"社会管理"转向"治理"的关键在于政府治理与社会自我调节、居民自治的良性互动;《决胜全面建成小康社会 夺取新时代中国特色社会主义伟大胜利》在"打造共建共治共享的社会治理格局"的原则下明确指出"构建政府为主导、企业为主体、社会组织和公众共同参与的环境治理体系"。这些环境治理体系现代化的改革目标,均不局限于治理方式更新与手段创新层面,而是对传统环境管理体制下形成的权力结构的改造。因此,可以归纳,环境治理体系现代化改革以构建环境私人治理机制为重心,而构建环境私人治理机制的旨趣并不仅在于引入多元私人主

---

① 对"治理"这一概念基本含义的多种界定的详细梳理,以及对全球治理委员会对"治理"的经典定义的具体介绍与分析,参见俞可平《治理和善治引论》,《马克思主义与现实》1999年第5期。

② 格里·斯托克:《作为理论的治理:五个论点》,华夏风译,《国际社会科学杂志》(中文版)2019年第3期。

体以遵守政府管理规则、服从管制秩序的方式，浅层次地被动地参与；其要旨在于通过机制设计，将多元私人主体引入环境公共事务的治理框架中，形成多元主体互动的治理机制。因此，环境私人治理机制的内涵包括：

1. 私人主体属于环境多中心治理中的一极

环境治理体系现代化是多中心的治理，"政府之外的治理主体须参与到公共事务的治理中，政府与其他组织的共治、社会的自治成为一种常态"[①]。这要求改变传统环境管制模式下政府与私人主体之间的"执法—守法"或"命令—服从"的单向关系结构，环境治理规则的制定、治理决策的实施与行动选择不再唯一取决于政府的单方权力，私人主体可以在环境治理的议程设置与规则运行等阶段，分享与行使一些政府让渡的权力。

2. 私人主体参与环境治理的法制化

当前的以环境管制制度为内核的环境治理体制中，政府是行使管理权力的单极主体，私人主体以公民对某一环境违法行为行使举报权、环保组织以发布调研报告等方式实现对排污企业的环境违规监督、相关私人主体参与听证等方式参与环境治理，带有因人而异、个案触动、因案而殊的特征，能否取得理想效果，既没有可预期的规律，也往往取决于政府主体的接纳程度。因此，环境私人治理机制要求将私人主体参与环境治理的权力法制化，这样方可实现定型化与精细化，"把国家治理制度的'分子结构'精细化为'原子结构'，从而增强其执行力和运行力"[②]。

3. 私人主体参与环境治理的组织性

《关于构建现代环境治理体系的指导意见》要求环境治理机制实现政府与私人主体的"良性互动"，在传统环境管制模式下，主要是政府主体对多元的、分散的私人主体的命令与压制。而治理指向"自组织"，即多元主体在其各自的机构和系统之间的自组织调控，无须借助外部力量而产生和维持稳定有序的机制运行结构，实现"自组织的人际网络、经谈判

---

① 王诗宗：《治理理论与公共行政学范式进步》，《中国社会科学》2010年第4期。
② 张文显：《法治与国家治理现代化》，《中国法学》2014年第4期。

达成的组织间协调以及分散的由语境中介的系统间调控或驾驭"①。因此，环境私人治理机制还要求通过制度设计，以利益共同点为连接点形成具体机制中成员之间的关系网络，也可以组织分散的个体成员对政府权力形成组织化的压力，②形成任务明确的"战略联盟"，以有助于各类性质的主体参与治理资源竞争与治理权力制衡。

二 环境私人治理机制的核心要素

环境私人治理机制是规范私人主体在环境公共事务治理过程中的制度体系按照特定调控方式运行的结构体系。在当前的生态文明建设的政策手段日益更新、制度不断创设的背景下，需要明确界定环境私人治理机制的核心要素，以作为评估与检视相关制度的标准。

（一）角色定位：环境私人主体的运作自主权

"环境治理"作为"环境管理"的升级与替换的概念，理论基点在于"多中心化"或"去中心化"，核心指涉为转变环境管理制度遵循的"政府命令—私人主体服从"命令控制模式，调整政府作为唯一权力中心的关系结构，在合作主义理念下，形成多元社会主体参与环境公共事务治理的多中心结构。因此，环境私人治理机制的核心要义在于突破传统环境管制模式下私人主体作为被管制者的定位，私人主体在环境治理中享有话语权和决定权，这被鲍勃·杰索普教授界定为各种机构享有的"运作自主权"③，即私人主体以环境治理的参与者和环境公共事务的管理者、环境治理制度的执行者等身份参与环境治理。

环境私人治理机制的基点在于赋予环境私人主体的运作自主权，不是停留在将私人主体参与环境治理作为增强环境执法效果的一种方式，也不是在环境管理的框架下由政府单方面决定私人主体参与的阶段与时间，而是提供私人主体在特定环境公共事务治理中的决定权与选择权。这背后的理念与逻辑是公共利益观与法律模式的变迁。传统的环境管制模式下，政

---

① ［英］鲍勃·杰索普：《治理的兴起及其失败的风险：以经济发展为例》，漆燕译，《国际社会科学杂志》（中文版）2019年第3期。
② 参见杜辉《环境公共治理与环境法的更新》，中国社会科学出版社2018年版，第23页。
③ 具体界定与分析，参见［英］鲍勃·杰索普《治理的兴起及其失败的风险：以经济发展为例》，漆燕译，《国际社会科学杂志》（中文版）2019年第3期。

府是环境公共事务的单一权力中心,这基于行政机关被认为是环境公共利益的最佳代表者和判断者。但是,这种公共利益观遭到质疑和否思,"可确定的、先验超然的'公共利益'是不存在的,社会中存在不同个人和团体的独特利益"①。现实中,环境问题涉及广泛的利益冲突,环境保护中的地方保护主义、环境公共利益部门化和规制俘虏往往导致了环境管理中的"九龙治水"的治理困境,这些都彰显了行政机关作为环境公共利益唯一代表者的制度设计的偏差,需要多元社会主体行使环境治理中的运作自主权。

(二)运行机制:环境私人治理机制遵循沟通与协同模式

《关于构建现代环境治理体系的指导意见》对现代环境治理体系提出的总体要求是实现"政府治理和社会调节、企业自治良性互动",形成多元主体在环境治理中的工作合力,这种治理机制创新目标要求环境私人治理机制以沟通与协同作为机制运行模式。传统环境管制模式下,政府是环境治理的主导者,依靠命令式的管理制度安排实现管理目标,行政权力的单向度运行内生的封闭性特征体现为以下几个方面:第一,制度逻辑上,通过命令控制制度维持环境行政秩序,政府之外的主体被定位为秩序的服从者;第二,制度工具上,主要适用标准、许可、禁令、配额和处罚等制度工具,私人主体在这些制度工具实施中很少有表达个人意愿与利益的制度空间;第三,制度实施上,行政权力运行具有明显的科层制特征,政府的命令控制目标自上而下层层传导,为了保证传统的常规制度的执行而适用的生态环境监察机制和执法检查机制,强化了环境执法的科层结构,其所传导的压力诱导了环境执法异化为"一刀切"的弊病。由于管制模式固有的单向性与封闭性特征,传统环境管理执法中的弊病很难解决,增进执法效果、矫正环境执法中"一刀切"等弊病只能寄希望于行政自由裁量权的合理行使。

因此,出路在于通过环境私人治理机制实现沟通与协同模式的治理。环境私人治理机制是一种在现代环境治理体系下增设的"新治理"模式,其产生的时代背景和政策诉求以多元主体之间的良性互动与互助合作为指

---

① [美]里查德·B. 斯图尔特:《美国行政法的重构》,沈岿译,商务印书馆2011年版,第67—68页。

向，有别于传统环境管理遵循的科层结构，不再强调单向度的"命令—控制"管控，而是致力于实现治理主体和对象的相互沟通、协调。[①] 环境法的沟通与协调机制包括环境法与传统法律部门以及环境法体系内部之间的沟通与协调，[②] 也包括环境治理机制具体构成及其运行方式之间的沟通与协同机制。具体而言，环境私人治理机制内含的沟通与协同机制主要包括两个层面的内容：（1）环境私人主体与政府之间的沟通与协同。在环境公共事务权主要由政府行使的背景下，环境私人治理机制的运行，首先是多方主体在环境治理中相互的沟通与协同。有研究认为，环境多元共治实现"各环境利益主体的地位平等"[③]，笔者认为，在既有法律体系确立的制度框架以及《关于构建现代环境治理体系的指导意见》的机制改革体系中，首先强调与尊重政府始终是环境治理的主导主体，进而在此基础上，环境私人治理机制中的私人主体行使政府让渡的部分环境治理权力。因此，环境私人治理机制运行中，私人主体与政府之间的沟通与协同就是题中应有之义，私人主体与政府就不同性质的环境治理机制所实施的领域、不同类型主体的环境利益诉求、环境治理法律与政策的颁布实施等事项进行充分沟通。（2）环境私人治理机制中私人主体之间的沟通与协同。环境私人治理机制区别于政府治理机制的突出特征在于摒弃"权力—服从"的命令控制型治理模式，而是提供多方利益主体充分进行利益表达的机制空间。环境私人治理机制中多方参与者均为私人主体，在机制运行中可以避免严格的行政程序桎梏，能够以治理目标为导向，在治理机制运行中可以全过程与程序灵活地适用利益表达、风险沟通、行为调适等沟通与协同机制。

（三）约束机制：环境私人治理机制的可问责性

一般而言，责任性是指主体对自己的行为负责。治理机制中的可问责性是指行使治理权力的主体对自己实施的行为承担相应的法律后果，从而

[①] 参见侯佳儒、尚毓嵩《大数据时代的环境行政管理体制改革与重塑》，《法学论坛》2020年第1期。

[②] 参见吕忠梅《论环境法的沟通与协调机制——以现代环境治理体系为视角》，《法学论坛》2020年第1期。

[③] 参见秦天宝《法治视野下环境多元共治的功能定位》，《环境与可持续发展》2019年第1期。

约束决策与行为的恣意性。近些年来，我国通过修改环境法律规范或出台新规定等方式向各种私人主体授权，环境私人主体在一些环境治理领域逐渐行使治理权力。此一权力结构的变迁改变了传统的"政府管理—私人主体被管理"的关系结构。在赋予私人主体环境治理权力的同时，也需要对其施加足够的约束。约束机制可以分为两种：一种是事前的管理型控制，这可以体现为政府主体在让渡环境治理权力过程中的监督；另一种是通过责任机制的事后监督。在我国环境治理体系现代化改革进程中，密集出台的政策与更新的制度越来越多地将政府治理权力下放、授权或外包，私人主体从之前的管制对象、决策咨询者和监督者等身份转换为行使决策权的主体。这固然是环境治理体制的改进，但在此过程中，以各种方式享有和行使环境治理权的私人主体的责任性问题却没有受到足够的关注与重视。一直以来，环境私人主体履行环境事务公共职能中的责任性的缺失，是很多学者对之持有审慎态度、很多国家和地区采取保守做法的原因，而以对政府行为进行司法审查的传统行政法在回应私人主体时存在局限性，无法在一个权力分散于不同政府层级与无数私人主体之间的制度中确保责任性。[①] 这也是当前私人主体参与环境治理但问责机制普遍缺失的重要原因。

　　问责性涉及"谁当被问责""向谁负责""就什么事项负责"这几个问题：关于"谁当被问责"这一问题，法院倾向于审查所有涉及公权运用的决定，即使这些权力由私有主体行使；"向谁负责"这一问题在法律问责中指就有关公平、合理、合法等法律价值向法院负责；"就什么事项负责"这一问题，指称问责过程保障的经济价值、社会和程序价值、持续性或安全价值。[②] 环境私人治理机制也需要问责性制度作为约束机制：私人主体接受政府的让渡行使环境治理权，就有责任对其行为负责，若其从事环境治理行为但由政府等其他主体承担责任，则难以对其行为的合法性与合理性进行评估；同时，法院应当对私人主体在环境治理中实施的行为是否契合合法、合理和公平等价值进行司法审查。

---

① 参见 [美] 朱迪·弗里曼《合作治理与新行政法》，毕洪海、陈标冲译，商务印书馆2010年版，第394页。

② 体系化分析，参见 [英] 科林·斯科特《规制、治理与法律：前沿问题研究》，安永康译，宋华琳校，清华大学出版社2018年版，第291页。

三 当前环境私人治理机制之检讨与完善

在风险时代常态化管理生态环境风险，要求环境治理理念与机制从后果控制升级到风险控制，环境风险发生的不确定性、交互性要求建立全过程、多层级的防范体系和整合式管理体制，《关于构建现代环境治理体系的指导意见》因应环境治理的这一时代需求，系统重构环境治理体系。在我国传统的环境治理体系秉持行政中心主义、生态环境法治围绕行政权力行使展开的语境下，[①]《关于构建现代环境治理体系的指导意见》重构的现代化环境治理体系以重塑公私互动的治理结构、优化私人主体在环境治理中的制度功能为特色与重心。这一环境治理结构既非凭空产生也非一蹴而就，因为私人主体从未在环境治理中缺位，私人主体以环境义务履行者、环境法律责任承担者、环境公共事务参与者等多种身份参与环境治理。我国当前正推进的系列法律制度与政策措施逐渐创设、拓展和深化了多种类型的私人主体参与环境治理的制度工具，可以认为，我国环境私人治理机制正在渐趋深入的改革过程中。因此，本书主张的"环境私人治理机制"区别于传统的私人主体参与环境治理的关键在于是否契合前述分析的环境私人治理机制的核心要素、形成私人治理机制，以前述归纳的环境私人治理机制必备的核心要素作为评判标准，可以审视与检讨我国现行的环境私人治理机制。

（一）环境污染第三方治理制度

环境污染第三方治理制度是我国创设的一项典型的环境私人治理制度。我国环境法律规范与政策体系中规定了广义与狭义或实质上与形式上的两类环境污染第三方治理制度。广义的或者实质的环境污染第三方治理制度是我国一些环境保护单行法中规定的环境代履行制度。综合考察相关法律规定，环境代履行制度的内涵是指环境违法者不履行整治恢复环境义务，经各级人民政府或者其授权的相关职能部门责令限期改正，逾期仍拒不整治恢复的；或者违法者虽然进行了整治恢复，但整治恢复不符合国家的有关规定，即处置不当或者延迟处置的，相关部门有权对违法者产生的

[①] 参见肖爱《生态守法论——以环境法治的时代转型为指向》，《湖南师范大学社会科学学报》2020年第2期。

污染与破坏环境的行为按照国家有关规定代为实施整治恢复或指定有治理能力的单位代为治理，所需费用由违法者承担。① 虽然我国1989年《环境保护法》以及2014年修订的《环境保护法》均未具体规定该项制度，但该制度却以多种形式规定于数部单行法中。立法例包括：《水污染防治法》（2017年）第85条规定的"代为治理"、《固体废物污染环境防治法》（2016年修正）第55条规定的"代为处置"、《放射性污染防治法》（2003年）第56条规定的"代处置"、《森林法》（2019年）第81条规定的"代为履行"、《草原法》（2021年）第71条规定的"代为恢复"，等等。散见于各单行法中的环境代履行制度分享了相同的制度逻辑与适用机制：当环境违法者没有履行或者没有完全履行相关职能部门依据职权作出的行政命令或行政处罚时，行政机关可以自行或者指定第三方主体代为履行，由违法者承担费用。其中，引入的"有处置能力的单位"往往是有专业能力的企业，这是执法主体与执法对象之外的独立第三方，属于私人主体参与环境治理的一种形式。

狭义的或者形式上的环境污染第三方治理制度，肇始于2013年《中共中央关于全面深化改革若干重大问题的决定》提出的"推行环境污染第三方治理"。2015年国务院办公厅发布的《国务院办公厅关于推行环境污染第三方治理的意见》系统规定了环境污染第三方治理的适用领域与机制体系，并明确界定了"环境污染第三方治理"是"排污者通过缴纳或按合同约定支付费用，委托环境服务公司进行污染治理的新模式"。体系化构建的"环境污染第三方治理制度"从规范创制而非仅从学理阐释层面超越了传统的监管者与污染者之间"管制—服从"的封闭的二元关系结构，通过市场机制引入"有处置能力的单位"（主要是环境服务公司）作为第三方参与环境治理，实现了"排污"与"治污"的分离。因此，该制度是我国构建的在外观与内核上最为典型的环境私人治理机制。

但是，结合现行环境污染第三方治理的制度内涵，可归纳现行环境污染第三方治理制度存在如下问题：（1）第三方主体运作自主权的缺失。实质的或者说处于雏形阶段的环境代履行制度在我国环境法律体系中并非

---

① 参见刘超《矿业权行使中土地损毁第三方治理制度之证成与展开》，《甘肃社会科学》2018年第5期。

一项基本的、独立的污染防治法律制度,是否适用完全取决于行政机关的决定。专门的"环境污染第三方治理制度"的升级与进步在于赋予了排污者自行承担治理责任抑或委托环境服务公司进行污染治理的选择权,但这只是在环境执法中增加的形式灵活性,以及在执法框架下授予被执法对象有限度的自主权。(2)环境私人治理机制运行中沟通与协同的不足。在环境代履行制度中,多方主体沟通与协同的空间缺失,是否适用该制度或选择哪个第三方主体,完全取决于政府的单方决定。在环境污染第三方治理制度中,提供了参与环境治理的私人主体(第三方的环境服务公司)与治理对象(排污者)之间进行沟通的制度通道,以双方达成合意的方式追求最佳治理效果,但由于《国务院办公厅关于推行环境污染第三方治理的意见》规定的原则性,在其确立的权责框架中,政府角色定位模糊,权力内容不够具体,从而不能提供私人主体与政府之间的沟通机制,这必然导致的问题是:排污者委托第三方环境服务公司实现的污染治理效果,是否达到行政机关对污染治理的监管标准?(3)最大的问题是责任性规定的模糊与实践的争议。传统的环境法理与制度体系秉持"污染者负担原则",由污染者承担环境治理的法律责任。但环境污染第三方治理制度引入了在现行污染防治法律制度之外的第三方主体参与环境污染,则责任如何承担?换言之,在污染者需要承担法律责任但其委托第三方服务公司进行污染治理、经第三方治理后治理效果未符合政府监管标准的情况下,第三方机构需要对污染者承担违约责任没有争议,但治理效果没有达到监管标准的环境法律责任由谁承担?这成为环境污染第三方治理制度内生的争议问题。已有研究通过司法判例梳理出了现实中持有的两种矛盾观点:第一,第三方机构只对污染者承担约定的契约责任,不承担因不正常运行治理设施或超标排污所引发的公法责任;第二,第三方机构应当独立承担因不正常运行治理设施或超标排污所引发的公法责任。[①]而对这一重要问题,《国务院办公厅关于推行环境污染第三方治理的意见》的规定是,"排污企业承担污染治理的主体责任,第三方治理企业按照有关法律法规和标准以及排污企业的委托要求,承担约定的污染治理责任"。

[①] 具体案例及其分析,参见王社坤《第三方治理背景下污染治理义务分配模式的变革》,《吉林大学社会科学学报》2020年第2期。

原环境保护部（现生态环境部）2017年印发的《关于推进环境污染第三方治理的实施意见》在其"明确第三方责任"的"责任界定"中也未涉及这一问题，仅增加了"第三方治理单位在有关环境服务活动中弄虚作假，对造成的环境污染和生态破坏负有责任的"，要承担环境行政处罚责任和与其他责任者之间承担连带责任。质言之，当前的环境污染第三方治理制度只要求第三方服务公司承担契约责任，而由排污企业承担经第三方治理后依然可能产生的污染治理责任。这种制度设计极大降低了可问责性，作为第三方的私人主体在参与环境治理中基本上游离于环境污染治理的责任体系之外，导致责任分配的失衡，既影响了第三方治理市场的健康有序发展，也影响到环境私人治理机制的效果。

虽然在制度要素与外观上，环境代履行制度尤其是环境污染第三方治理制度是典型的环境私人治理制度，但上述分析表明，其难以符合环境私人治理机制的核心要素标准。在环境治理体系现代化的诉求下，减少制度创新成本的最佳方式是改造现有制度。由于我国现行的环境代履行制度长期存在、散见于多部单行法中，且无论是在性质定位还是在学理阐释上，环境代履行制度多被定位为一项法律责任实现方式，没有赋予其独立的制度价值，并未将其纳入环境多元治理制度的构成部分。故此，本节内容重点从环境私人治理机制视角探究环境污染第三方治理制度的完善：(1) 针对环境污染第三方治理制度中第三方主体运作自主权的缺失的问题，建议进一步细分委托治理服务型和托管运营服务型这两种模式，进而在此基础上明确每种模式中第三方分别在污染治理设施产权、服务内容上的差异，基于这些差异，不同模式下的第三方公司可以在与监管者沟通（基于私人主体参与公共事务治理的权力来源于政府让渡）、与排污者分工的基础上选择污染治理的范围、方式与程度，进而与排污者签订协议，矫正其在现行制度框架内单纯地处于受委托者的地位。(2) 针对环境污染第三方治理中沟通与协同的不足，应在制度体系中明确政府及其职能部门在环境污染第三方治理的角色定位，并梳理与列举其权力清单，形成公权力主体与排污者、第三方就环境污染事项、环境污染治理程序与进展的沟通与协作模式。(3) 针对环境污染第三方治理机制对私人主体问责性缺位的弊端，除了继续按照既有的制度框架适用第三方对排污者的契约责任，还应通过立法赋予第三方主体独立的法律主体地位，使其在一定条件下能够作为行政相对人独自承担相应的行政责任,并不能因为环境服务公司是受托人而由排污企业代替其承担部分行政责任。① 申言之,通过在特殊法律关系中赋予第三方以法律主体地位,使其行为接受法律机制审查,以形成有效的行为约束机制。

(二) 环境民事公益诉讼制度

在我国现行制度框架中,环境公益诉讼划分为民事公益诉讼与行政公益诉讼。根据《民事诉讼法》《行政诉讼法》的规定,检察机关是提起环境行政公益诉讼的唯一适格原告,环境民事公益诉讼的原告包括检察机关与社会组织。社会组织提起环境民事公益诉讼,是近年来我国贯彻落实环境公众参与原则的一项重要制度安排,这在《环境保护法》将其规定于"信息公开和公众参与"一章的立法结构安排中得到印证,也是学界与实务界认定为环境多元共治的一项制度创新。社会组织是本章界定的私人主体,②作为私人主体的社会组织提起环境公益诉讼,是我国当前推进环境私人治理机制建设的一项重要制度设计。根据《民事诉讼法》(2021年)第55条和《环境保护法》(2014年)第58条的规定,符合法定条件的社会组织可以向人民法院提起环境公益诉讼,这是明确赋予了环保组织的法律主体资格,使得大量民间环保组织能够摆脱长期以来所处的身份不明的"草根"状态与窘境,在之前的旁观者、监督者和协助者身份之外,获得法律关系主体资格。但环境公益诉讼"开闸"后,制度设计之初曾被社会各界担忧与顾虑的环境公益诉讼案件井喷甚至是泛滥的情况并未如期而至,尤其是环保组织每年提起环境公益诉讼的案件数量只有寥寥数十件,与学界预期相去甚远。从环境多元治理视角观之,环保组织提起

---

① 参见周珂、史一舒《环境污染第三方治理法律责任的制度建构》,《河南财经政法大学学报》2015年第6期。

② 虽然在现实的环境民事公益诉讼案件中,"社会组织"主要就是环保组织,但最高人民法院2015年1月6日发布的《最高人民法院关于审理环境民事公益诉讼案件适用法律若干问题的解释》(法释〔2015〕1号)第2条规定:"依照法律、法规的规定,在设区的市级以上人民政府民政部门登记的社会团体、民办非企业单位以及基金会等,可以认定为环境保护法第五十八条规定的社会组织。"2020年12月23日,最高人民法院审判委员会第1823次会议修改通过的《最高人民法院关于审理环境民事公益诉讼案件适用法律若干问题的解释》(法释〔2020〕20号)第2条调整为:"依照法律、法规的规定,在设区的市级以上人民政府民政部门登记的社会团体、基金会以及社会服务机构等,可以认定为环境保护法第五十八条规定的社会组织。"

环境民事公益以维护环境公益、实现环境治理的收效甚微。学界与实务界已经从环保组织提起环境民事公益诉讼性质定位、[①] 举证责任分配等制度设计,[②] 以及动力机制检讨等方面予以反思。基于论述主题,本节不预期重述对当前环境民事公益诉讼制度的系统性反思,而是从环境私人治理机制视角检视环保组织提起的民事公益诉讼制度。

结合我国当前的社会组织提起环境民事公益诉讼的制度设计与司法实践,对照前述环境私人治理机制的核心要素,可知其在实现私人主体参与环境治理中存在内生困境:(1)羸弱的主体地位与有限的自主权。我国《环境保护法》第58条及《最高人民法院关于审理环境民事公益诉讼案件适用法律若干问题的解释》(法释〔2020〕20号)第2—5条规定了环保组织可以作为原告提起环境民事公益诉讼的适格条件。根据民政部门相关数据统计,截至2017年年底,我国共有生态环境类社会组织6000多个,其中,符合提起环境公益诉讼资格的民间组织有700多家,但现实中提起环境民事公益诉讼的只有中华环保联合会、自然之友和中国生物多样性保护与绿色发展基金会等数家。如此低的比例本身已经说明环保组织这一类私人主体通过提起环境民事公益诉讼这种方式参与的环境治理,存在着主体上的羸弱性。这种状态之所以出现,是因为环保组织难以承担环境公益诉讼高昂成本、缺乏专业人才处理环境公益诉讼的专业问题、环保组织的资金来源不稳定等因素,严重影响了环保组织提起环境民事公益诉讼的意愿,客观上约束了环保组织作为私人主体有效地行使自主权。(2)环保组织作为私人主体参与激励不足。据有关统计数据,在履行职能时仅有30%的环保组织首选环境公益诉讼作为维护环境公益的途径,57%的环保组织对选择环境公益诉讼比较谨慎,11%的环保组织明确表示不选择公益诉讼。[③] 环保组织主动提起环境民事公益诉讼积极性不高,其中很重要的原因是现行的环境民事公益诉讼制度设计中,环保组织作为环

---

① 参见巩固《环境民事公益诉讼性质定位省思》,《法学研究》2019年第3期。

② 参见江国华、张彬《中国环境民事公益诉讼的七个基本问题——从"某市环保联合会诉某化工公司环境污染案"说开去》,《政法论丛》2017年第2期;王秀卫《我国环境民事公益诉讼举证责任分配的反思与重构》,《法学评论》2019年第2期。

③ 参见吕忠梅《环境司法理性不能止于"天价"赔偿:泰州环境公益诉讼案评析》,《中国法学》2016年第3期。

境公益诉讼的原告,仅对诉讼结果享有名义上的利益而不享有实际利益,"使得环境公益诉讼原告既无利可图,也缺乏初始委托人的激励与约束"①,严重影响了环保组织这类私人主体通过环境民事公益诉讼机制参与环境治理的积极性。(3) 问责性的缺失。与上述内容相关,在我国现行的环境民事公益诉讼制度中,环保组织提起环境公益激励机制的缺失与问责机制的缺位并存,激励机制的缺失抑制了其提起环境公益诉讼的积极性,而符合法定条件的社会组织在提起环境公益诉讼中问责机制的缺位,又放纵了其通过提起环境公益诉讼参与环境治理中的消极,同时,问责性的缺位还存在诱致环保组织在提起环境公益诉讼时懈怠、轻忽、随意处置环境公益的道德风险。

环保组织提起环境公益诉讼是其他国家和地区中私人主体参与环境治理的典型制度实践,也是环保组织这一类特殊性质的私人主体参与环境治理的最佳方式之一。针对其存在的制度缺陷,需要相应地予以制度优化:(1) 针对环境私人治理机制中主体地位羸弱与自主权限制的弊端,因应现实中真正提起环境公益诉讼的环保组织数量极少的现状,应当通过完善立法中的法定资质条件设定,或者通过更新司法解释放宽对环保组织作为环境民事公益诉讼适格原告的法定条件的限制。当更多的环保组织符合原告资格条件时,也就提供了更多主体针对不同领域环境事务的专业性而行使自主权的机制空间,避免环保组织在提起环境民事公益诉讼参与环境治理时"有心无力"的状态。(2) 针对激励机制的不足,建议甄别与选用"败诉方负担"、胜诉酬金和公益诉讼基金等方式,形成激励机制;② 针对问责机制的不足,建议采纳"败诉方负担"规则以实现评价、惩罚与矫正行为的功能。

四 结语

在国家大力推进生态文明建设战略的宏观背景下,短短数年间,我国密集地更新或创设了诸多以"环境多元共治"为指向的制度措施。这些

---

① 陈亮:《环境公益诉讼激励机制的法律构造——以传统民事诉讼与环境公益诉讼的当事人结构差异为视角》,《现代法学》2016 年第 4 期。

② 对几类环境公益诉讼激励方式的分析,参见陈亮《环境公益诉讼激励机制的法律构造——以传统民事诉讼与环境公益诉讼的当事人结构差异为视角》,《现代法学》2016 年第 4 期。

制度措施的共性特征是反思并矫正传统环境管制模式下，政府单维行使环境治理权力的命令控制型的制度体系。《关于构建现代环境治理体系的指导意见》提出，现代环境治理体系的目标是"实现政府治理和社会调节、企业自治良性互动"，在我国当前主要适用政府主导的环境治理机制背景下，实现环境治理体系现代化的关键在于构架完善的环境私人治理机制，以承接政府让渡的部分环境治理权力，形成"政府治理—环境私人治理"良性互动与竞争的格局。

环境私人治理机制，并不是指私人主体参与到环境治理中，因为私人不会在任何形式的环境治理过程中缺席，只是在传统环境监管模式下以被管理者的身份存在。环境私人治理机制的内涵包括私人主体属于环境多中心治理中的一极、私人主体参与环境治理的法制化、私人主体参与环境治理的组织性。总之，环境私人治理机制冲击与矫正了传统的封闭的政府单方管理的权力结构。构建完善的环境私人治理机制要从私人主体享有运作自主权、机制运行贯彻沟通与协同模式以及主体的可问责性等几个方面去衡量。从此角度而言，我国当前很多被认为体现了环境多元治理机制的制度，不过是"新瓶装旧酒"的尝试，比如，生态环境损害赔偿磋商制度在性质上仍属于传统的环境规制工具，环保约谈制度是延循科层结构的行政措施。我们不能否认这些制度的创制意义与社会功能，但辨析其不属于机制性质上的创新，是预期彰显环境私人治理的结构变革性意义。

梳理我国环境治理制度"工具箱"，环境污染第三方治理制度和社会组织提起环境民事公益诉讼制度属于较为典型的环境私人治理制度，均具备了环境私人治理机制的基本要素，但若从环境私人治理机制应当具备的核心要素检视，则其在私人主体运行自主权和责任性等方面均存在亟待改进的空间。除了既有制度的再造，其他国家和地区正在实施的诸如环境治理权力的外包、环境公共服务的民营化、私人主体行使环境标准设定的权力等，亦属于重要的环境私人治理方式。总之，在我国推进国家治理体系和治理能力现代化进程中，环境私人治理机制的丰富与完善是在我国构建现代环境治理体系的重要组成部分。不仅是机制本身，机制建设背后体现的理念，也应当成为自然保护地治理机制建设的基础与渊源。

第二节　国家公园环境私人治理机制的证成与构造

建设以国家公园为主体的自然保护地体系，是一个包括自然保护地划定与体系构建、统一规范高效管理体制建设、自然保护地建设发展机制创新、生态环境监督考核制度与保障措施建设等综合性的系统工程，其中，对自然保护地体系进行有效治理，是自然保护地体系建设的题中应有之义。在我国将"推进国家治理体系和治理能力现代化"作为全面深化改革的总目标之一，进而将坚持和完善生态文明制度体系、促进人与自然和谐共生作为新时代发挥制度优势、提高治理水平的13类重点任务之一的背景下，构建以国家公园为主体的自然保护地体系，属于我国生态文明建设与体制改革中的重要组成部分，当然也要在自然保护地体系建设中实现环境治理体系与治理能力的现代化。2019年党的十九届四中全会公报《中共中央关于坚持和完善中国特色社会主义制度　推进国家治理体系和治理能力现代化若干重大问题的决定》部署的我国国家治理体系和治理能力现代化的总体要求和路线蓝图需要在自然保护地体系建设这一具体领域得以贯彻落实，中共中央办公厅、国务院办公厅于2020年3月3日印发的《关于构建现代环境治理体系的指导意见》对环境治理领域的总体要求、责任体系、行动体系、市场体系、监管体系和政策法规体系的规定，既需要在自然保护地体系建设这一具体领域贯彻落实，又成为自然保护地体系建设中实现环境治理体系现代的指导。

基于此，在前述内容已经从法理层面梳理与阐释了环境私人治理机制内涵的基础上，本节内容预期以自然保护地体系建设这一具体领域为分析对象，探究环境私人治理机制在自然保护地体系建设中的具体贯彻落实。更进一步，如前述内容所言，我国当前进行的自然保护地体制改革，是一个以国家公园为主体、自然保护区为基础、各类自然公园为补充的自然保护地的综合体系，其中，国家公园是我国计划系统建设的自然保护地体系中生态价值和保护强度最高的最有典型性和代表性的部分，对国家公园建设、保护与管理构建的治理机制，既要体现自然保护地体系建设的一般规律，同时，又要在彰显国家公园特殊性的基础上，体现机制建设的核心功能与预期。所以，本节内容在前述内容基础上，进一步具体地针对性展开论述国家公园环境私人治理的实现机制。

一 国家公园建设对环境私人治理的机制需求

现代环境治理体系是对既有的行政管制型环境治理体系的升级与替换，在我国环境治理坚持"政府主导"的传统下，现代环境治理体系机制创新的关键在于创设环境私人治理机制。建立以国家公园为主体的自然保护地体系，是我国当前在生态文明建设领域正在积极推进的机制创新，也应贯彻与落实现代环境治理体系。

我国近几年来密集出台的关于国家公园体制建设的中央政策文件均在强调国家公园保护与管理"国家主导"的前提下，多次重申多元主体"共同参与"的政策目标与机制诉求。《指导意见》在"基本原则"部分提出了"坚持政府主导，多方参与"原则，要求"建立健全政府、企业、社会组织和公众参与自然保护的长效机制"。这对在国家公园保护与管理领域构建现代治环境理体系提出了具体机制诉求。在我国国家公园建设坚持"国家主导"原则的前提下，因应需求的国家公园私人治理机制便凸显了其特殊价值。

（一）国家公园多元价值对私人治理机制之内生需求

在《指导意见》划分的国家公园、自然保护区、自然公园这三种自然保护地类型中，国家公园属于在自然生态系统原真性、整体性、系统性等方面具有最重要生态价值的自然保护地类型，需要采取最高强度的保护措施。我国《建立国家公园体制总体方案》界定的国家公园内涵中，国家公园以国家利益为导向，坚持国家所有、全民共享和全民公益性。申言之，我国国家公园体制建设以生态保护第一、国家代表性和全民公益性为基本价值目标。为了实现该价值目标，《建立国家公园体制总体方案》《指导意见》明确了政府治理在国家公园保护管理中的地位：（1）在国家公园体制建设的"基本原则"中明确"国家主导"原则，由中央政府代表国家行使国家公园的管理权，即使在国家公园体制试点期间暂时由省级政府代理行使国家公园中全民所有的自然资产所有权，也需要在条件成熟时，逐步过渡到统一由中央政府直接行使。（2）明确了政府在国家公园等自然保护地规划、建设、管理、监督、保护和投入等方面的"主体"

作用。(3) 我国当前的自然保护地零散设置的现状,不但遮蔽了自然保护地生态系统整体性,而且不能针对不同类型的自然保护地管理目标以实现差异性和针对性的管理保护,引致多个管理机构之间管理事权的割裂、重叠、冲突、缺位与错位。[①] 为了矫正这一问题并凸显国家公园的全民公益性,应成立专门的国家公园管理机构统一行使国家公园管理事权。

由上述简要梳理可知,现行关于国家公园的系列政策从主体地位、机构设置、权力配置等几个方面彰显了国家公园建设、保护与管理中的政府治理机制。在我国现行的法律规范体系与制度框架中,国家公园"政府治理机制"的内涵具体可以通过自然资源国家所有权制度、环境监督管理制度、环境管理权配置制度等予以法律表达,综合体现了国家公园具有的国家代表性和全民公益性。强化"政府治理"机制、实现国家公园的国家代表性和全民公益性的目标背后的理念是,政府是环境公益的最优代表者与代理者,行政机关相对于其他主体在法律创制与公共事务处理中在日常性、数量以及专业性、经验方面更具优势。[②]

虽然国家公园的首要功能是保护重要自然生态系统的原真性、完整性,但这并非国家公园的唯一功能。《建立国家公园体制总体方案》规定国家公园同时兼具科研、教育、游憩等综合功能。虽然国家公园建设中无人居住的"黄石模式"被很多论者认为是国家公园建设的"理想模式",但这从来只是理想,不符合当前各个国家和地区国家公园建设的真实状况,也遮蔽与忽视了自然资源对于人类同时产生的多重价值。国家公园的多重价值的实现,意味着对国家公园不能采取"无人模式"的保护与管理,而是需要在国家公园中允许多类主体采取多种形式的开发利用行为。

政府治理机制主要通过划定国家公园的范围、归并优化自然保护地以保障国家公园的主体地位、编制国家公园规划、制定国家公园的管理机制来实现。因此,国家公园的政府治理机制的运行秉持整体主义进路,需要

[①] 参见刘超《以国家公园为主体的自然保护地体系的法律表达》,《吉首大学学报》(社会科学版) 2019 年第 5 期。

[②] "行政机关相对于立法机关与司法机关的法律创设活动而言,在日常性、数量以及经验方面的优势似乎在所难免。"[美] 杰里·马肖:《贪婪、混沌和治理——利用公共选择改良公法》,宋功德译,毕红海校,商务印书馆 2009 年版,第 168 页。

政府（尤其是中央政府）作为环境公益的代表者与代理者承担主导功能。与此同时，国家公园承载科研、教育、游憩等多元价值，这些价值的享有主体是多元的、分散的，价值的表达与利益的诉求是个人主义的，应当在环境私人治理机制中提供多元主体"自下而上"的利益诉求与表达机制。质言之，除了政府主体，多种类型的私人主体也会进入国家公园区域从事生产生活行为，这些行为会对自然生态系统造成不同程度的影响，需要对人类在国家公园实施的环境影响行为进行控制与约束，这就提出了环境私人治理机制的需求。

（二）国家公园事权统一思路下私人治理机制之补足功能

政府间事权配置是国家公园体制建设中的重要内容。《指导意见》规定："按照生态系统重要程度，将国家公园等自然保护地分为中央直接管理、中央地方共同管理和地方管理三类，实行分级设立、分级管理。"这一规定根据各类自然保护地承载与保护的生态价值高低，确立事权配置的政府层级及其权力位阶，国家公园是自然保护地中生态系统价值最高、具有国家代表性的部分，需要由中央政府直接管理。《建立国家公园体制总体方案》规定建立国家公园的统一事权、分级管理体制：建立国家公园统一管理机构统一行使国家公园事权；在当前划定的国家公园体制试点区域以及拟建设的国家公园区域内存在多种自然资源所有权类型（国家所有权与集体所有权并存）的背景下，可以由中央政府和省级政府分级行使所有权。但这被定位为中间过渡阶段的权力行使状态，其最终目标是，"逐步过渡到国家公园内全民所有自然资源资产所有权由中央政府直接行使"。

由上述梳理可知，我国国家公园体制建设将集中统一管理作为核心内容。在2018年的国务院机构改革中，组建的国家林业和草原局加挂国家公园管理局牌子，统一行使国家公园的管理职责。这表明国家公园体制改革以及《国家公园法》将国家公园事权定位为国家事权，并统一上收由国家公园管理局行使。这一事权配置直接针对的是改革前我国自然保护地事权分散配置的现状及其弊端，我国当前存在自然保护区、风景名胜区、森林公园、湿地公园等多种类型自然保护地，由生态环境行政主管部门、文化和旅游部门、林草部门等中央政府职能部门以及地方人民政府分散行使管理事权，事权分散配置导致了管理上交叉重叠、政策标准不一、多方管理主体"争权、争利、推责"的弊端。①

　　国家公园事权体制改革，固然要发挥政府治理机制在国家公园保护与管理中的主导功能，但基于国家公园被赋予的全民公益性与国民代表性的价值目标，私人治理机制的价值与功能不可忽视：（1）从国家公园事权配置与运行的现实需求考察。国家公园建设、保护与管理以生态系统的价值位阶为标准划分的特定"区域"为前提，这是一个整体性的空间概念，迥异于传统的环境与自然资源法以单一环境要素展开制度设计的路径。因此，被划定的国家公园中存在着多种类型的自然资源与环境要素，对其进行建设、保护和管理是一个非常复杂的系统工程。《建立国家公园体制总体方案》不完全列举了国家林业和草原局（国家公园管理局）统一行使的管理事权包括生态保护、自然资源资产管理、特许经营管理、社会参与管理、宣传推介等，还有代表国家行使全民所有自然资源国家所有权，这些管理职责与所有权的行使难以完全满足国家公园建设、保护与管理的诸多需求，况且，单一主体的国家公园管理局在人员数量、职权分配、执法资源配置等方面，均难以应对全国所有国家公园的管理的现实需要，亟待引入多元主体参与国家公园管理，通过权力下放、服务外包、民营化等多种方式构建政府与私人主体之间的公私协力机制，可以弥补单一主体在行使国家公园事权中存在的不足。（2）从国家公园事权的配置规律考察。一般而言，在央地事权配置中，各级政府承担的公共服务职责遵循"以事定权、权随事配"的原则，政府公共服务或提供公共物品的影响范围、受益范围、重要程度以及各级政府职能分工是配置央地事权的重要标准。② 自然资源环境事权配置背后的逻辑与规律是基于环境资源赋存区域与受益范围。国家公园的全民公益性既是一个整体概念也是一个聚合概念，国家公园的全民公益性既由统一管理机构代表，也应当由多个私人主体享有，私人主体作为国家公园的受益者应当参与国家公园事权行使环节，需要发挥私人治理机制在国家公园保护与管理中的功能与价值。（3）从国家公园事权的配置逻辑考察。国家公园体制改革延循自然资源

---

① 参见唐芳林、王梦君、孙鸿雁《自然保护地管理体制的改革路径》，《林业建设》2019年第2期。

② 参见刘超《〈长江法〉制定中涉水事权央地划分的法理与制度》，《政法论丛》2018年第6期。

环境事权从地方政府向中央政府流动与倾斜的配置思路，这直接针对当前的自然保护地事权分散配置的内生困境。但我们也需要客观评价，这种事权配置思路与当前央地政府权力配置从等级制的权利配置制度转向契约制的权利配置制度和网络制的权力配置思路不尽一致。[①] 申言之，公共管理理论的发展和公共事务治理经验均昭示，环境事权配置应当从央地政府的等级关系转向契约关系、网络关系，进而呈现一种多中心关系，这种多中心关系不应局限于政府治理机制中各级政府内部，也应当拓展至全社会领域。《建立国家公园体制总体方案》等规定由统一管理机构行使国家公园的事权配置结构，矫正了之前由多个中央政府职能部门与地方政府分散享有与行使自然保护地管理事权的现状，但这依然属于不同层级政府之间事权配置结构的内部调整，没有改变传统的自然管理与环境治理秉持的管理模式。若预期矫正与弥补传统管制模式下政府治理机制存在的不足，需要在中央政府向地方政府梯度分权、权力下放以及政府向私人主体进行权力让渡的思路下，引入私人治理机制参与国家公园的建设、管理与保护。

（三）国家公园土地权属复杂性与私人治理机制的转换功能

《建立国家公园体制总体方案》在界定国家公园空间布局时明确提出"确保全民所有的自然资源资产占主体地位"。在自然资源资产产权制度改革中，土地资源权属制度既是自然资源资产产权制度的有机构成部分，也是体制改革的重点和难点。因此，在国家公园建设与体制改革中确保全民所有的土地资源（国家土地所有权）占主体地位，是我国国家公园建设的前提和关键。在我国《宪法》《民法典》等立法规定的土地所有权制度中，土地所有权包括国家所有权和集体所有权。国家公园体制建设目标就是要实现国家公园中国家土地所有权占有主体地位，其意义可以表现为三个层面：第一，国家公园中全民所有的土地占有主体地位，才能在自然资源权属制度层面而非仅仅在理念层面体现国家公园的国家所有、国家象征、全民共享和全民公益性等价值；第二，土地资源是最基本的自然资源，也是其他类型自然资源的基础，因此，国家公园中全民所有的自然资

---

① 对当前央地政府权力配置应当从等级制的权利配置制度转向契约制的权利配置制度和网络制的权力配置制度的具体分析，参见李文钊《中央与地方政府权力配置的制度分析》，人民日报出版社2017年版，第191—200页。

源占主体地位,依附于土地资源的其他类型自然资源也才有可能占主体地位;第三,我国在国家公园体制改革目标中将国家公园事权确立为国家事权,由国家林业和草原局(国家公园管理局)统一行使管理职权,只有全民所有的以土地资源为代表的自然资源占有主体地位,方能便于管理机构统一行使管理职权。

国家公园体制建设中空间布局要求"全民所有的自然资源资产占主体地位",这一目标的关键在于全民所有的土地资源资产占主体地位。但我国疆域辽阔,各地之间自然资源状态极不均衡,使得土地资源所有权结构复杂。在我国2015年开始的国家公园体制试点中,各个试点国家公园的土地所有权结构呈现较大差异性,其中,有些试点国家公园中国家土地所有权占比较高,比如三江源国家公园(100%)、神农架国家公园(85.8%)、普达措国家公园(78.1%)、长城国家公园(50.6%),这些国家公园较能体现全民所有的自然资源资产占主体地位。而另一些国家公园中集体所有权土地占比较高而国家所有土地占比较低,比如南山国家公园中国有土地占41.5%、武夷山国家公园中国有土地占28.7%、钱江源国家公园中国有土地占20.4%,[①] 这些试点国家公园不符合全民所有的自然资源资产占主体地位的要求。为了实现国家公园体制建设中的"确保全民所有的自然资源资产占主体地位"的空间布局目标,需要针对划定为国家公园范围内集体所有土地占比较高、管理难度较大的情况进行改造。从理论上看,在国家公园土地权属复杂,尤其是集体所有土地占比过高的背景下实现国有土地占有主体地位的改造,有两种制度路径:第一,通过单方征收的方式,将集体所有的土地征收为国家所有;第二,采取多方合意的方式,通过赎买、置换、租赁、补偿、签订地役权等方式。在前一种制度类型下,主要通过政府单方主体意志即可实现,这是在传统的环境资源单方管制模式下实现预期目标的制度路径;而在后一种制度路径下,无论具体是采取何种方式,均需要多方主体(不仅是土地资源的集体所有权主体,也包括集体土地使用权主体)的广泛参与,这对国家公园建设、保护与管理中私人治理机制的引入和运行提出了现实需求,私人

[①] 我国当前国家公园试点区土地所有权结构的面积与比例,参见黄宝荣、王毅、苏利阳、张丛林、程多威、孙晶、何思源《我国国家公园体制试点的进展、问题与对策建议》,《中国科学院院刊》2018年第1期。

治理机制需要为国家公园中集体所有土地上的多方权利主体表达意愿与利益诉求提供制度空间与机制保障。

二 国家公园体制建设中环境私人治理机制的框架展开

前述内容辨析了我国国家公园体制建设适用私人治理机制的必要性与特殊价值,这不仅是我国推进的现代环境治理体系在具体领域贯彻落实的需要,更是因为国家公园体制建设中的价值目标的复合性、事权配置的集中性和土地权属的复杂性对私人治理机制提出的特殊需求。私人治理机制与政府治理机制协力作用,实现多方主体共同参与国家公园保护与管理的体制建设目标。本部分将进一步阐释国家公园体制建设中私人治理机制的框架展开。自然保护地治理问题长期以来在国际层面受到广泛关注,IUCN 从促进自然保护地体系发展的角度提出与推荐了多种有效的治理方式,依据治理方式的差异划分了自然保护地治理类型:政府治理、共同治理、公益治理和社区治理。① 治理机制本身包含治理主体的确定、治理决策过程与程序的展开等复合内涵,这些均从不同角度定义了治理机制,可以提供有益启发。也有研究将私人主体参与环境治理的模式概括为集体式、双边式和单边式三种类型。② 这些学理研究或者政策实践对环境私人治理机制的类型划分虽然形式有异,但均有异曲同工之妙,即注重从私人主体参与自然资源环境治理的数量与互动关系切入。以此为参考,本部分对国家公园体制建设中私人治理机制框架的分析也主要从类型化视角展开。

(一) 国家公园的私人主体公益治理

IUCN 定义的"公益治理"类型的自然保护地是指包括个人、合作社、非政府组织或公司控制和管理的自然保护地,其管理可以是按照非营利或营利方式实施,其出发点是对土地的尊重以及维持其美学和生态价值

---

① 参见 [英] 达德里主编《IUCN 自然保护地管理分类应用指南》,朱春全、欧阳志云等译,中国林业出版社 2016 年版,第 52 页。

② 参见杜辉《环境私主体治理的运行逻辑及其法律规制》,《中国地质大学学报》(社会科学版) 2017 年第 1 期。

的心愿。① IUCN 划分"公益治理"类型的自然保护地存在的背景与前提是存在以土地为代表的自然资源私人所有权，在土地私人所有权的法制语境下，原住民、地方社区、私人个体、非政府组织、公司等多种类型主体，由不同的需求、利益、价值观和期望驱动，均采取了自愿保护自然生态系统的措施。在我国法制语境中，私人个体、非政府组织、公司等私人主体均不享有自然资源所有权，所以在我国国家公园这类自然保护地的治理中既不存在 IUCN 界定的"公益治理"自然保护地类型，也很难在完整意义上适用公益治理方式。但是，IUCN 所界定的自然保护地公益治理方式依然具有借鉴意义。IUCN 归纳的公益治理或私人保育有四种方法：第一，个人土地所有者自愿同意正式保护地的指定，根据制定的保育目标和保护地类型保留所有权并行使管理职责；第二，为保存特定保育价值，个人土地所有者向政府让渡某些使用私人财产的法定权利，同时保留所有权以及其他兼容的非保育使用的权利（如维持居住）；第三，非政府组织接受慈善捐款以及募集私人或公共资金为保护而购买土地，或者直接从捐赠者处接受并为保育而管理土地；第四，营利性公司为保育而留出、捐赠或直接管理一片区域以建立良好的公共关系，或者作为其他活动的让步或抵消。② 虽然作为适用这些方法之前提的个人土地所有权在我国不存在，但这些方法具有的共性特征是，私人主体为政府的生态系统保护目标而自愿采取保护措施、限制自己的权利效力、约束自己的行为，以符合生态系统管理目标。这种自然保护地的治理方式在行政法学上也被称为"自我规制"。

IUCN 所界定的自然保护地治理类型中，公益治理是一种非常灵活的环境私人治理方式，它提供了开放空间，能最大限度地肯定私人主体的利他主义精神和环境公益意愿，为发挥私人主体在生态系统保护中的主观能动性和积极主动性提供了参与空间与制度通道。但我国当前在环境治理过程中对这一治理方式没有予以足够重视。在我国国家公园体制建设目标提出"确保全民所有的自然资源资产占主体地位"，而现实中我国自然资源

---

① 参见［英］达德里主编《IUCN 自然保护地管理分类应用指南》，朱春全、欧阳志云等译，中国林业出版社 2016 年版，第 53 页。

② 参见［美］巴巴拉·劳瑞《保护地立法指南》，王曦、卢锟、唐瑭译，法律出版社 2016 年版，第 101—102 页。

权属复杂、地域差异性较大、多个试点国家公园土地权属结构以集体土地所有权为主的现实背景下，应重视参考和借鉴公益治理机制的价值与功能。具体而言，在我国国家公园体制建设中，可从以下几个方面阐释作为一种环境私人治理机制的公益治理机制的内涵，并发挥其功能：

（1）私人主体在国家公园治理中实施的公益治理本质上属于"自我规制"，是以国家确立的国家公园保护与管理目标进行的自我行为约束和权利限制，而不是在传统环境管制模式下作为被管理对象，被动地从事的一些行为或者在其享有的自然资源权利（包括所有权与使用权）上承担的一些义务。

（2）公益治理方式下，国家公园区域内的私人主体自愿采取保护生态系统的行为并不改变自然资源原有权属关系，这就要求对"全民所有的自然资源资产占主体地位"进行广义解释与实质理解，不能仅从狭义角度理解为国家享有所有权的自然资源的面积、数量在国家公园区域内占有绝对数据比例意义上的多数和主体地位，而应当从实质层面考察国家在实际控制意义上的主体地位，[①] 进而可以在不变更原有权属结构的基础上，通过其他权利主体限制权利行使等方式，服务于国家公园建设目标。

（3）具体而言，公益治理方式可以具体表现为：国家公园区域范围内的集体土地所有权人通过自主限制权利行使的范围、方式和程度以满足国家公园管理的需要；国家公园区域内商品林的权利主体通过对商品林中经济产品的产出与经营的自我限制来实现国家公园保护与管理宗旨等。概括而言，多种类型的对国家公园区域内的自然资源享有权利的主体，通过自愿放弃使用或削减行使自然资源物权及管理权的方式，满足政府确立的国家公园管理目标。

（4）没有通过签订契约或者设置问责性指标的自我规制方式，约束力有限，因此，若引入公益治理方式作为国家公园私人治理的正式机制，必须通过正式的协议使得政府与愿意承担公益治理的私人主体之间形成权利、义务与责任的确定法律关系。

（二）国家公园的私人主体与政府的共享治理

"共享治理"或者"共管"是 2003 年第五次 IUCN 世界公园大会

[①] 参见秦天宝《论国家公园国有土地占主体地位的实现路径——以地役权为核心的考察》，《现代法学》2019 年第 3 期。

(WPC)在关于自然保护地治理方法议题中要求增加的一项实现保育目标的手段,意指利用由原住民、地方社区、地方政府、非政府组织、资源利用者以及私营部门自行支配的重要财产以及各种保育相关的知识、技能、资源和制度,并要求为此提供授权性法律和政策框架。[①] 实际上,IUCN 倡议的自然保护地"共管"并非一项新的制度工具,在社会很多领域只要有两个以上的主体参与的事务,往往会适用"共同治理"机制。

在国家公园建设、保护与管理中适用"共管"或"共享治理"机制,虽然与前述多个领域以利益相关者理论为基础展开的共同治理分享了形式上的共同性与程序上的相似性,但在内在机理与现实需求等方面存在特殊性:(1)国家公园共享治理的机制性。在我国系统推进现代环境治理体系的背景下,本节主张的国家公园共享治理具有机制性,即国家公园中多元主体参与"共管"不仅是为改进传统延续至今的政府治理机制的实施效果而引入的一种方法与工具,而应为一种稳固机制,该机制的适用不是对政府治理机制的补位。(2)国家公园共享治理的结构性。传统社会问题治理领域,在民主理念下均注重引入利益相关者参与治理决策与治理程序,典型如在环境影响评价的专项规划编制过程中,《环境影响评价法》要求在规划草案报送审批前举行论证会、听证会或者其他形式征求有关单位、专家和公众的意见。[②] 这种公众参与治理的方式虽有意义,但本质上属于为增加政府治理的科学性、民主性、接受度和可执行性而采取的一种措施。而作为环境私人治理机制的共享治理,则是以"合作治理"新理论为指导,国家公园中参与"共享治理"的主体与政府主体在国家公园治理中形成一种机制上的结构,"这些主体直接参与决策过程而不仅仅是公共机构的顾问,协商的公共舆论空间组织化运作并要求共同参与,协商

[①] 参见[美]巴巴拉·劳瑚《保护地立法指南》,王曦、卢锟、唐瑭译,法律出版社 2016 年版,第 104 页。

[②] 《环境影响评价法》(2018 年)第 11 条:"专项规划的编制机关对可能造成不良环境影响并直接涉及公众环境权益的规划,应当在该规划草案报送审批前,举行论证会、听证会,或者采取其他形式,征求有关单位、专家和公众对环境影响报告书草案的意见。但是,国家规定需要保密的情形除外。编制机关应当认真考虑有关单位、专家和公众对环境影响报告书草案的意见,并应当在报送审查的环境影响报告书中附具对意见采纳或者不采纳的说明。"

目的在于达成共识,采取共同决策"①。(3)国家公园共享治理的法制化。IUCN 推荐的共享治理,主要指向为之提供授权性法律和政策框架,即将治理方式进行法制化建构。国家公园建设、保护与管理中适用的共享治理,不仅是一种理念、手段与选项,更需要通过法制化方式将其纳入私人治理机制体系,因此,在我国已在制定进程中的《国家公园法》以及正在启动研究的《自然保护地法》中,应当在环境私人治理机制体系中明确规定共享治理机制。

共享治理机制要求多元主体作为意志表达者和利益诉求者,与政府主体共同参与国家公园治理,其形式具有灵活性与多样性,其过程需要通过协商协议或合作关系的制度安排,其类型及内容可以概括为以下几个方面:

1. 私人主体与政府之间签订共管合同

《建立国家公园体制总体方案》确立国家公园空间布局的目标是"确保全民所有的自然资源资产占主体地位",从实质和功能层面理解该体制建设的目标,并非简单在形式上要求国家公园区域内国家所有的自然资源在面积、数量上占绝对多数比例,否则在有些自然资源集体所有权比例较高的国家公园,体制建设成本过高、难度过大,该目标意义指向"管理上具有可行性"。国家公园内自然资源的私人主体(政府之外的其他主体)为了满足国家公园建设、保护与管理的需要,在不改变自然资源权属现状的前提下,与政府签订共管合同,约束自身行为、限制或削减自己的自然资源权利(包括集体所有权与其他主体的用益物权),政府可以提供按照标准计算的经济补偿。共管合同主要以国家公园保护与管理需求下私人主体的权利客体与权利行使方式承担约束与限制为内容,即在明确保护对象与保护目标的基础上,通过共管合同明确列举保护需求与行为清单,分别针对私人主体权利客体中需要被列入保护对象的类型与范围,以及每种保护对象提出的保护需求,在此基础上,具体列举对私人主体的鼓励行为、限制行为与禁止行为清单。② 私人主体的主体性与自主权表现

---

① 王名、蔡志鸿、王春婷:《社会共治:多元主体共同治理的实践探索与制度创新》,《中国行政管理》2014 年第 12 期。

② 对国家公园内保护需求与行为清单的具体梳理,可参见苏杨、何思源、王宇飞、魏钰等《中国国家公园体制建设研究》,社会科学文献出版社 2018 年版,第 108—113 页。

在，其可以选择是否参与共管合同、是否接受政府主体提出的保护需求与约束，也可以在合同签订过程中就具体行为清单设定与政府进行充分沟通和协商。

2. 保护地役权制度

保护地役权较为普遍地被认为是在国家公园内存在复杂自然资源权属结构下，平衡私人主体利益与国家公园生态系统价值公益的激励性制度工具。已有研究对国家公园内保护地役权的法律构造进行了专门讨论，① 笔者此处强调的是，作为一种私人治理机制的保护地役权制度，保护地役权并非要求供役地人限制所有行为，而是以满足特定保护目的而进行的权利的削减与行为的限制。在保护地役权合同签订与履行过程中，应当注重提供私人主体的意愿与利益表达空间，国家公园治理中通过保护地役权实现的保护与管理，其特殊性在于实现国家公园管理目标的同时，还需要尊重私人主体生计发展的需求，为供役地权利人提供资金补偿与非资金补偿（比如提供就业机会、优先获得特许经营权等）等多种补偿方式。

3. 特许经营机制

国家公园特许经营机制即根据国家公园的管理目标，为提高公众游憩体验质量，由政府经过竞争程序优选受许人，依法授权其在政府管控下开展规定期限、性质、范围和数量的非资源消费性经营活动，并向政府缴纳特许经营费的过程。②特许经营机制是我国自然资源保护与管理领域常用的一种法律机制，我国《武夷山国家公园条例（试行）》（2017年）第16条等地方国家公园立法相关法律条文也规定了国家公园特许经营权制度。笔者曾以页岩气特许权为例，详细检讨了在我国当前制度语境下，自然资源特许经营权机制设计存在特许经营权沦为自然资源国家所有权的附庸而无独立性、对特许经营权人行为全过程控制的疏忽以及对特许权人权利保障的阙如等弊病，由此导致既无法实现特许经营机制的内生目标，也难以保障私权主体的权益而进一步引发特许经营权主体激励不足、短期行

---

① 参见秦天宝《论国家公园国有土地占主体地位的实现路径——以地役权为核心的考察》，《现代法学》2019年第3期。

② 参见张海霞《中国国家公园特许经营机制研究》，中国环境出版集团2018年版，第6页。

为等负面效应。① 若延循既有制度逻辑设计与实施国家公园特许经营权制度，则预期通过特许经营机制以保护国家公园生态价值、兼顾公众游憩等多元价值的目标将难免落空。因此，在拟出台的《国家公园法》中应当注重完善国家公园特许经营机制设计，从确定特许经营范围、保障特许经营权独立性与权利效力、监督特许经营权利运行过程等方面完善制度设计。

三 结语

长期以来，我国环境法律体系在因应不断涌现的新型环境问题，与时俱进地更新法理、完善制度的发展过程中，逐渐补足了传统的以行政管制型制度为主体的治理机制，陆续引入多元主体参与环境治理过程。现代环境治理体系重申政府治理的主导地位，这就意味着需要审视、梳理与重整现有的多元主体参与环境治理的制度与程序，系统性地重构与创设环境私人治理机制。环境私人治理机制指涉多元主体共同参与、适用丰富性的治理手段，并形成多元主体的共享治理权力。

国家公园体制建设是我国当前在自然资源保护领域的体制创新，在逻辑上看，国家公园建设、保护与管理中也要适用现代环境治理体系；从特殊需求而言，国家公园承载的生态价值这一首要功能之外的科研、教育、游憩等综合功能对私人治理机制提出了内生需求。国家公园事权统一配置在适用中的困境亟待私人治理机制发挥弥补功能，国家公园体制建设的"确保全民所有的自然资源资产占主体地位"在土地权属复杂的背景下亟待私人治理机制发挥转换功能。国家公园的私人治理机制包括私人主体与政府之间签订共管合同、保护地役权制度设计、特许经营权机制这些具体机制实施制度。除此之外，还有赎买、租赁、置换、服务外包等具体的环境私人治理机制实现方式。

---

① 参见刘超《页岩气特许权的制度困境与完善进路》，《法律科学》2015年第3期。

第四章　自然保护地之保护机制创新

虽然早在20世纪50年代从广东省成立鼎湖山自然保护区开始，我国就开始探索和建立各种类型的自然保护地，但由于没有"自然保护地"的保护理念与政策体系，我国的自然保护地建设长期处于零散与割裂的状态，没有形成类型划分合理、政策体系完整和制度逻辑周延的管理体制与治理体系。从2013年党的十八届三中全会报告《中共中央关于全面深化改革若干重大问题的决定》首先提出"建立国家公园体制"、2017年党的十九大报告首次部署"建立以国家公园为主体的自然保护地体系"开始，我国正式从顶层设计层面全面推进自然保护地体系建设。

《指导意见》从基本原则、管理体制、发展机制、保障措施等方面为我国的自然保护地体系重构与体系化建设规划了蓝图与路线、确立了目标与路径。《指导意见》在自然保护地的管理体制建设中提出了自然保护地治理机制的创新目标与路径，即在"建立统一规范高效的管理体制"中提出"探索公益治理、社区治理、共同治理等保护方式"，这是前所未有的、亟待阐释的治理机制创新。《指导意见》是中央宏观政策文件，其规定的具有高度抽象性、原则性与指引性的政策体系，需要通过具体政策予以贯彻落实、表达为法律制度实施，这需要将政策话语转换为法律话语，辨剖宏观抽象的政策术语的具体内涵与实际指涉。

在我国当前的自然资源与环境管理与保护领域主要遵循政府治理为主导的治理模式下，《指导意见》提出的"探索公益治理、社区治理、共同治理等保护方式"的具体内涵与机制诉求需要在当前的制度语境中予以阐释。《指导意见》将"探索公益治理、社区治理、共同治理等保护方式"作为分级行使自然保护地管理体制的有机构成部分，这至少折射与揭示了以下几个问题：第一，"公益治理、社区治理、共同治理等保护方式"被定位为属于"分级行使管理职责"的组成部分，而所谓"分级行使管理职责"是对各级政府在自然资源保护与管理中的事权配置的原则与要求,这就意味着《指导意见》要求探索的新的治理模式是服从于服务于政府主导的治理方式;第二,既然《指导意见》要求"探索"公益治理、社区治理、共同治理等保护方式,这同时也佐证公益治理、社区治理、共同治理等方式是之前没有适用于自然保护地领域的新的治理机制,也即应摒弃一些研究或者实践对"公益治理、社区治理、共同治理等保护方式"的似是而非或望文生义或路径依赖式的理解与适用,在辨析自然保护地建设的政策内涵与归纳现实提出的规则需求的基础上,探究自然保护地建设中"公益治理、社区治理、共同治理等保护方式"的内涵与体系。本章内容即预期分三节内容分别阐释自然保护地法治建设中公益治理、社区治理、共同治理的内涵与机制构造。

第一节 自然保护地公益治理机制梳辨

作为一种机制或一个概念,《指导意见》提出的"公益治理"这种自然保护地治理模式,属于在我国规则体系中首次出现,亟待辨析。基于研究的渐进性与主题设定,也基于在我国当前的治理研究中,"社区治理""共同治理"相对而言得到了较多的研究与适用,[①] 而作为一个专业术语与治理机制类型的"公益治理"则鲜少得到关注与讨论,[②] 这使得"公益

[①] 《指导意见》提出探索任务的"公益治理""社区治理""共同治理"这三种保护方式与治理机制中,当前"社区治理"得到较多的关注与研究,我国已经出台了多部关于"社区治理"的政策文件,典型如中共中央、国务院于2017年6月12日印发并实施《中共中央国务院关于加强和完善城乡社区治理的意见》,学界亦有较多关于社区治理的理论基础与适用领域的研究论著。作为一种治理机制的"共同治理"也已有一定的相关研究,主要在公司治理、大学治理和全球治理等领域得到较多讨论。当前学界关于"社区治理""共同治理"的理论基础、实施机制与实践运行的讨论,为在自然保护地领域适用"社区治理""共同治理"奠定了基础和提供了借鉴。

[②] 笔者在关于国家公园与自然保护地的系列研究过程中,检索了大量相关领域的研究著作,但就笔者检索范围来看,尚未检索到以"公益治理"这一核心概念为题的研究著作;笔者在中国知网上以"公益治理"作为"篇名""主题"与"关键词"分别进行文献检索,也未检索到直接相关的研究论文。这至少意味着,在2019年《指导意见》颁布实施前,《指导意见》中提出的"公益治理"这种"保护方式"或治理模式,是我国之前的管理机制、治理实践与相关研究中未出现过的新生事物。

治理"成为《指导意见》中全新引入的、专门适用于自然保护地保护与管理的治理机制,没有现成的制度经验可资借鉴。因此,"公益治理"这一概念亟待厘清与界定,"公益治理"机制内涵与构成亟待研讨,这成为探索、展开与适用"公益治理"机制的前提与基础。故此,本节的研究目标是梳理与辨析《指导意见》提出的"公益治理"的概念内涵与机制构造。

一 "公益治理"的体系定位与概念溯源

《指导意见》在其第三部分"建立统一规范高效的管理体制"中,将"探索公益治理、社区治理、共同治理等保护方式"作为建立自然保护地管理体制任务的重要组成部分。但揆诸我国当前的规则体系,未见"公益治理"这一政策术语的概念表述;我国各类自然保护地的建设与制度实践也未有"公益治理"这一特定模式。因此,需要先考察作为专门术语的"公益治理"进入政策文件的来源与依据,进而在此基础上辨析其内涵。

(一)"公益治理"的体系定位

《指导意见》将探索"公益治理"与"社区治理、共同治理"作为建立"统一规范高效的管理体制"的有机构成部分,以丰富自然保护地的保护方式。这意味着"公益治理"是一种前所未有的、需要去探索的自然保护地的保护方式。虽然作为我国当前生态文明体制改革重要构成部分的自然保护地管理体制于2013年才开始启动,指称特定自然资源区域的专业术语"自然保护地"于2017年才进入我国政策体系,但从20世纪50年代开始,虽未使用"自然保护地"这一核心概念,却实质上承担自然保护功能的多种类型的自然保护地陆续建设,[1] 长期以来,"自然保护地"在我国实质是一个包容性而非排他性的专用名词。[2] 因此,历经60

---

[1] 有研究认为,我国现行的"自然保护地"包括自然保护区、风景名胜区、森林公园、地质公园、矿山公园、湿地公园、城市湿地公园、水利风景区、沙漠公园、海洋公园、海洋特别保护区、水产资源保护区12种类型,数量达11800多处,面积占陆域国土面积的18%以上,具体分析参见张希武《建立以国家公园为主体的自然保护地体系》,《林业建设》2018年第5期。

[2] 对"自然保护地"应该是一个包容性还是一个排他性的专用名词的阐释与讨论,参见[英]达德里主编《IUCN自然保护地管理分类应用指南》,朱春全、欧阳志云等译,中国林业出版社2016年版,第2页。

多年来的实践探索，虽然"自然保护地"并未进入立法与政策体系，但实质上"自然保护地"的内涵与外延是"由下至上"来塑造与定义的。[①] 我国当前正在进行的自然保护地管理体制改革，是以建设"国家公园"这一在我国属于全新类型的自然保护地作为主体，并通过整合交叉重叠的既有的自然保护地、归并优化相邻自然保护地的方式，重构我国的自然保护地体系。申言之，我国当前的自然保护地体制改革，并非从无到有地创设"自然保护地"，而是从增设"国家公园"、整理既有的多种类型的实质意义上的自然保护地使之分属"自然保护区""自然公园"这两种路径实现自然保护地体系的重构。当前对"自然保护地"的经典定义多援引自 IUCN 的界定："一个明确界定的地理空间，通过法律或者其他有效方式获得承认、得到承诺和进行管理，以实现对自然及其所拥有的生态系统服务和文化价值的长期保护。"[②]《指导意见》的定义为："自然保护地是由各级政府依法划定或确认，对重要的自然生态系统、自然遗迹、自然景观及其所承载的自然资源、生态功能和文化价值实施长期保护的陆域或海域。"若如前分析揭示，我国当前的自然保护地体制改革中自然保护地体系并非凭空产生，而是对既有的各种自然保护地的重构，则以一定价值、功能与属性为标准（如按照自然保护地生态价值和保护强度高低）被纳入"自然保护地"这种特定命名内的陆域或海域，是以已经纳入各种类型、适用各种管理机制的自然保护地为基础的，无论是从这些既有的自然保护地已在持续适用的管理机制考察，还是从保持管理制度实施的连贯性、减少制度创新成本的角度考虑，重构后的自然保护地的管理机制与治理模式，不可能对我国既有的自然资源管理机制与治理模式推倒重来，而自然保护地承担的保护自然资源与生态系统的功能和目标，也使得自然保护地的管理体制镶嵌在我国已经通过一系列自然资源法律法规形塑的管理机制与制度体系中，若在管理体制与治理模式上重起炉灶，制度创新成本太大，也不现实。前述分析表明，虽然我国当前建立以国家公园为主体的自然保护地体系是一个综合系统工程，但从政策目标中核心概念的

---

① 参见刘超《以国家公园为主体的自然保护地体系的法律表达》，《吉首大学学报》（社会科学版）2019 年第 5 期。

② ［英］达德里主编：《IUCN 自然保护地管理分类应用指南》，朱春全、欧阳志云等译，中国林业出版社 2016 年版，第 6 页。

内涵与指涉来看，建立"自然保护地"更多是一种"新瓶装旧酒"的重构工作，从规则延续性和制度可预期性角度出发，适用于自然保护地体系的自然资源管理机制与制度体系固然需要创新，但也需要以尊重既有的管理机制与制度体系为前提。从此角度审视，《指导意见》预期探索的"公益治理"等治理模式的一个预设前提是以既有的治理模式为基础，在边际上追求补正与创新。综合梳理我国现行的自然资源管理体制，我国当前通过《环境保护法》《自然保护区条例》《风景名胜区条例》等法律法规确立的自然资源管理体制遵循的是权威型环境治理模式，其性质是以政府为主导的管制型环境模式，强调政府通过法律手段对污染企业进行严格管制。① 在权威型环境治理模式秉持的管制型制度逻辑下，制度目标围绕环境行政管理监管被监管者为主线、制度类型以自上而下的"命令—服从"或"权威—依附"型制度为重心。② 《指导意见》在确立自然保护地的建设与治理中，确立了"政府主导，多元参与"原则，要求"建立健全政府、企业、社会组织和公众参与自然保护的长效机制"。

因此，虽然《指导意见》列举了由"政府、企业、社会组织和公众"等类型的主体参与的长效机制，但在我国当前秉持的政府管制型的治理模式下，《指导意见》实质上是确立了一个自然保护地治理的二元结构：一极是"政府主导"的治理机制；另一极是由"企业、社会组织和公众"作为治理主体的治理机制。企业、社会组织和公众等非政府主体可以统称为"私人主体"，③ 由私人主体主导的自然保护地治理机制本质上属于一种环境私人治理机制，这属于一种新的环境治理机制类型，《指导意见》规定于基本原则中的、与"政府主导"相并列且对应的"多方参与"，就要求企业、社会组织和公众等私人主体在传统的环境管制型治理模式下参与传统行政程序，这种行政程序上的"参与"是为了增加行政权力行使

---

① 参见杜辉《环境公共治理与环境法的更新》，中国社会科学出版社 2018 年版，第 52 页。
② 参见刘超《管制、互动与环境污染第三方治理》，《中国人口·资源与环境》2015 年第 2 期。
③ "私人"在日常用语中主要是指"个人"，但在专业解释的语境中有更为丰富的内涵，比如，在当前的一些行政法专业问题研究中，"私人主体"在一些著述中被用以指称公权力主体之外的其他主体，比如，在关于政府信息公开法律制度的研究中，"私人主体"概括指称的是承担公共任务的其他组织、企业和个人，参见高秦伟《私人主体的信息公开义务——美国法上的观察》，《中外法学》2010 年第 1 期。

的正当性、行政决定的可接受度，本质上是内嵌于环境行政管制模式中的、无改其机制性质的一种程序机制。而环境私人治理机制则具有机制的独立性，其机制构造意义在于企业、社会组织和公众等私人主体不仅或不再是作为传统管制型治理模式中政府主体的"协助者"，而是私人主体在公共事务治理中"作为主体进行一定的作用分担"。① 环境私人治理机制具体到《指导意见》确立的自然保护地管理机制中，即体现为"探索公益治理、社区治理、共同治理等保护方式"，"公益治理"与"社区治理""共同治理"一起，均属于对应传统政府主导的管制型治理机制的自然保护地私人治理机制的具体构成部分。

质言之，从体系定位上考察，"公益治理"属于《指导意见》预期构建的自然保护地管理体制中的具体构成部分，"公益治理"与"社区治理""共同治理"等几种具体的新的自然保护地保护方式协力形成新的治理机制，以补足与丰富传统的政府管制型治理机制，共同落实《指导意见》关于自然保护地建设需要遵循的"政府主导，公众参与"的基本原则。一言以蔽之，在《指导意见》预期构建的自然保护地管理体制中，"公益治理"被定位为一种新型的、性质上属于环境私人治理机制的自然保护地保护方式。

（二）"公益治理"概念溯源

从文本梳理和体系解释来看，《指导意见》提出需要探索的"公益治理"属于环境私人治理机制在自然保护地建设与管理领域的具体体现，是一种具体的自然保护地私人治理机制。但这仅为从规范分析角度进行的逻辑推导，作为一种自然保护地保护方式的"公益治理"的内涵指涉与机制构造如何尚待进一步阐释与展开，其前提是阐释"公益治理"这一概念的渊源与内涵。笔者检索我国现有的法律规范、政策体系与研究文献，发现"公益治理"并非一个专业的法律概念或政策术语，也未作为一个核心概念进入我国当前学界研究视野，由此产生的问题是：作为一个指称一种"保护方式"或治理机制的"公益治理"从何而来？进一步扩大检索范围，可知《指导意见》中使用的"公益治理"是从 IUCN 借鉴来的概念，"公益治理"在《指导意见》发布实施之前，从未出现在我国

---

① ［日］盐野宏：《行政法总论》，杨建顺译，北京大学出版社 2008 年版，第 245 页。

的法律规范与政策文件中，它是一个《指导意见》首次规定的、纯粹适用于自然保护地体系建设与管理体制改革的"舶来品"。

IUCN是当今世界上规模最大、最权威的非营利性环保机构，致力于研究全球最紧迫的环境与发展问题，以珍视和保护自然、确保自然资源公平与有效地使用和治理、为自然资源的保护与管理制定各种策略与方案为工作重心，以鼓励、促成和帮助世界各个国家和地区建立国家公园和自然保护地，以保护自然资源的完整性与多样性为重要使命。IUCN的工作目标通过制定与修订自然保护地分类指南、管理类别与治理类型并推荐使用等方式实现，管理类别与治理类型需要同时运用。梳理历史进展和政策演进，IUCN承认四大自然保护地类型：政府治理、共同治理、公益治理和社区治理，定义自然保护地类型的基础是谁拥有权威和责任，并能为自然保护地的关键决策负责。[①] 正因为IUCN推荐的自然保护地策略与方案中，往往将自然保护地的管理类别与治理类型同时适用，所以，在IUCN的政策框架中，"公益治理"往往在两种语境中适用：第一，作为一种治理机制的"公益治理"，其指称的是私人土地拥有者出于对土地的尊重、源于保有土地美学和生态价值的想法或基于社会责任感，提出了实施土地保护的要求、制定土地环境保护的目标、实施保护计划、履行对环境保护的承诺，政府通过不同方式提倡、激励和认可私人主体的这一行为；第二，作为一种自然保护地类型的"公益治理"，即根据治理类型来划分的自然保护地类型，根据IUCN确定的75%原则（主要管理目标应至少适用于3/4的自然保护地），在IUCN提出的四种治理类型中，"公益治理"型的自然保护地包括私人、非政府组织或企业控制和/或拥有的自然保护地，这类自然保护地常常被称作"私有自然保护地"。[②] 申言之，这类自然保护地是在私有土地上设置的自然保护地，这些土地私有者基于各种原因或偏好而自愿在其享有权利的土地上采取自然保护措施。

IUCN承认并推荐了政府治理、共同治理、公益治理、社区治理这四种治理类型。《指导意见》首先确立了自然保护地建设"坚持政府主导，

[①] ［英］费耶阿本德等编著：《IUCN自然保护地治理——从理解到行动》，朱春全、李叶、赵云涛等译，中国林业出版社2016年版，第44页。

[②] 参见［英］费耶阿本德等编著《IUCN自然保护地治理——从理解到行动》，朱春全、李叶、赵云涛等译，中国林业出版社2016年版，第56页。

多方参与"的基本原则，进而在具体的"建立统一规范高效的管理体制"部分提出了"探索公益治理、社区治理、共同治理等保护方式"，这些新型保护方式的探索是以"坚持政府主导"为前提的。因此，对照IUCN推荐的四种治理类型与《指导意见》中的规定可知，《指导意见》确立的自然保护地管理体制的改革目标，是参考与借鉴IUCN关于自然保护地的治理模式类型，《指导意见》提出探索的"公益治理、社区治理、共同治理"这三种为贯彻落实其提出的"多方参与"原则、性质上属于环境私人治理机制的自然保护地治理模式，在概念与类型上直接从IUCN的策略和方案中移植而来，这就是出现于《指导意见》中的"公益治理"的概念来源，虽稍显突兀，但其来有自。因此，借鉴自IUCN推荐的自然保护地治理类型的"公益治理"机制，以首次被规定于《指导意见》的方式进入我国环境公共事务治理视野，但政策文件的原则性与抽象性导致《指导意见》对之语焉不详，与此同时，"公益治理"在《指导意见》之前从未以一个专业术语或核心概念出现于我国规则体系与法治实践，没有对应参照物与坐标系对之进行清晰定位。《指导意见》规定的探索"公益治理"的体制建设目标若要在规则体系上进一步展开与深化、在实践中进一步贯彻与运行，则需要回溯至该概念制定与适用的语境中探究其内涵与特征。

二 公益治理模式中国化的内生桎梏与适用空间

通过上述内容对《指导意见》中规定的"公益治理"的体系定位与概念溯源的分析可知，"公益治理"是一个政策制定者直接从IUCN推荐的自然保护地建设策略和方案中直接借鉴与移植的概念。该概念所概括与表征的治理机制既非根植于中国的自然资源保护与管理实践，也并非从中国长期形成与累积的自然资源管理和保护的规则体系迭代演进而来，作为治理模式的"公益治理"，其蕴含的机制诉求难以在我国《环境保护法》《自然保护区条例》等法律规范综合构建的自然资源管理制度体系中找到对应制度。但是，作为我国自然保护地体制改革顶层设计的《指导意见》明确提出了探索自然保护地"公益治理"的改革目标，这就需要在我国当前的自然资源管理机制体系中审视"公益治理"，评估引入这一新兴治理机制是会导致"南橘北枳"的排异效应抑或产生"他山之石"的镜鉴功能。

（一）公益治理模式中国化的内生桎梏

如前所述，《指导意见》中列举的需要探索的三种环境私人治理机制中：我国已经出台了开展与规范"社区治理"的专门文件、推动了社区治理的实践，也有关于社区治理的理论基础、模式与路径的丰富研究，[①] 这些均可以为构建我国的自然保护地社区治理机制提供基础；"共同治理"当前在教育机构治理、企业治理和全球气候变化等领域多有研究，这些也为自然保护地的共同治理提供了理论资源参考与制度设计借鉴。但是，《指导意见》中提出的"公益治理"则是一个未见适用于其他社会公共事务领域的、仅由 IUCN 推荐适用于自然保护地治理的全新治理理论与机制。因此，预期厘清、评估与展开《指导意见》提出的"公益治理"机制，必须先辨析与归纳 IUCN 自然保护地管理方案框架中公益治理的内涵与实质。

若从描述角度而言，可以阐释 IUCN 归纳的"公益治理"的诸多形式特征。若从 IUCN 划分的四种自然保护地治理类型之间的区分及其标准审视，则可以归纳出，治理机制内涵与运行的私人性是"公益治理"质的规定性，这是由公益治理型自然保护地是在私人所有或控制的土地上建设与管理这一特性决定的。在私有土地上建立的公益治理型自然保护地、适用公益治理机制，内在规定了自然保护地公益治理机制的内涵及其特征，而这些内涵与特征决定了在我国既有的土地等自然资源权属约束下构建与适用自然保护地公益治理机制存在一些内生桎梏与抵牾，现结合 IUCN 推荐方案中公益治理机制的内涵与特征予以剖析：

1. 公益治理机制在我国缺失独立适用的土地权属基础

基于在很多国家和地区，土地及其上的自然资源属于私人主体所有或者由私人主体控制的情况较为普遍，而"公益治理"是一种只能适用于私人主体所有或控制的自然保护地上的治理模式，土地私人所有权的普遍存在使得公益治理需要作为一种经常适用的、独立类型的自然保护地治理机制。因此，在 IUCN 划分的自然保护地四种治理类型中，公益治理机制

[①] 参见魏娜《我国城市社区治理模式：发展演变与制度创新》，《中国人民大学学报》2003 年第 1 期。

的构建与运行以普遍存在私人土地所有权作为前提和基础,是最典型的自然保护地私人治理机制。

而我国实行土地公有制,《宪法》第 10 条规定,城市的土地属于国家所有,农村和城市郊区的土地,除由法律规定属于国家所有的以外,属于集体所有。《民法典》物权编进一步详细规定了土地的国家所有权与集体所有权。因此,在我国,土地及依附土地的其他自然资源均属于国家所有或者集体所有,不存在私人所有权。作为 IUCN 公益治理机制存在前提的私人土地所有权不存在,这就从根本上使得 IUCN 治理类型划分语境中的"公益治理"在我国土地权属约束下,不具备存在的前提与基础,也就使得在贯彻落实《指导意见》过程中,若秉持机械化的思路去"直译"IUCN 推荐方案中的"公益治理"机制,只会使得"公益治理"成为一种口号、理念,或者被曲解附会,最多是得其形而忘其意,借鉴公益治理的方式而很难使其成为一种独立的自然保护地治理机制。

2. 我国自然保护地建设的整体性思路挤压公益治理适用空间

我国当前进行的建立以国家公园为主体的自然保护地体系,其体制改革的框架与路径具有鲜明的规划性与整体性特征。所谓规划性与整体性,即我国自然保护地体系重构的体制改革过程注重从建设生态文明和维护国家生态安全的整体任务目标的高度,在生态战略定位与宏观思路中确定自然保护地的改革目标、建设原则、类型划分、体制建设,这典型体现在《指导意见》关于总体目标、基本原则、类型划分、管理体制和保障措施的规定中。我国自然保护地建设与管理中的规划性基于以下两个层面的原因:(1)镶嵌于我国的公共事务治理传统而产生的路径依赖。中国在很多事务处理中关注制订计划以彰显计划的战略特性,"具有制定中长期计划的意愿与能力,这已被过去几十年的历史所证明,这是中国体制的巨大优势之一"[1]。(2)我国自然保护地体系建设与管理亟待应对的问题的特殊性。我国自然保护地建设具有鲜明规划性的一个现实契机与需要解决的中国特色问题在于,通过自然保护地体系重构着力解决我国当前既有的十几种名称、形式与目标各异的自然保护地之间积弊已久的交叉重叠的弊

---

[1] 王绍光、鄢一龙:《大智兴邦:中国如何制定五年规划》,中国人民大学出版社 2015 年版,第 42 页。

端。我国当前自然资源保护中存在的问题不在于缺失自然保护地，问题症结在于分散设置与管理的自然保护地中，约有占总体面积18%的多种类型的自然保护地之间呈现交叉重叠的现状。① 自然保护地设置中的交叉重叠进一步导致了管理机构设置、管理事权配置上的分散凌乱与架床叠屋，掣肘了自然保护地管理的效果，造成了资源浪费。基于这些原因，我国《指导意见》部署的自然保护地改革方案体现了鲜明的规划性特征，包括但不限于：第一，规划了自然保护地建设的阶段及对应时间表，最终目标是于2035年全面建成中国特色自然保护地体系，我国当前进行的国家公园体制试点的阶段性也从属于、服务于自然保护地体系建设的路线图与时间表；第二，划定自然保护地类型，要求按照生态价值与保护强度的位阶依次划分为国家公园、自然保护区与自然公园；第三，根据建设目标确立了整合交叉重叠自然保护地与归并优化相邻自然保护地这两种重构方式及其具体路径。

由此可见，我国当前的自然保护地体系的建设方案与过程具有鲜明的规划性，自然保护地建设在体制改革与制度设计中遵循"自上而下"的整体主义路径，这使得虽然在"多方参与"原则下探索多种私人治理性质的治理模式，但实质上其他治理模式需要服从于政府治理模式的主导性地位。自然保护地政府治理模式的主导性根源于我国的自然资源权利制度。我国《宪法》《民法典》等规定了自然资源属于国家所有（即全民所有），由法律规定属于集体所有的森林和山岭、草原、荒地、滩涂除外。从立法目的、价值选择和制度逻辑上总结，我国法律体系对于自然资源国家所有权是概括的规定，国家所有的自然资源是最为广泛的，我国国家（全民）对于一切关系国计民生的自然资源享有所有权，而法律有明确规定的才属于集体所有。② 国家概括享有自然资源所有权的制度设计承载了国家对于关系国计民生的自然资源进行整体规划的诉求，自然资源国家所有权是"借道"私权制度设计实现管制目标与自然资源利用秩序的制度路径，所以，有研究主张自然资源国家所有权的"公权说"、认为自然资

---

① 参见马童慧、吕偲、雷光春《中国自然保护地空间重叠分析与保护地体系优化整合对策》，《生物多样性》2019年第7期。

② 参见刘超《气候资源国家所有权的社会功能与权利结构》，《政法论丛》2014年第3期。

源国家所有权是形成资源利用秩序的前提。① 在我国的自然资源权属体系及自然资源现实结构中，法律明确规定属于集体所有的土地等自然资源才属于集体所有，除此之外，所有的自然资源属于国家所有，在这些区域建立自然保护地上实现国家对自然保护地的类型划分与管理体制，具有坚实的权利基础。我国自然保护地体系建设预期实现的保护生物多样性、保存自然遗产、改善生态环境质量和维护国家生态安全等功能，主要是发挥与保障自然资源的生态功能，自然保护地管理体制建设主要维护自然资源的整体性与公益性，自然资源的公益性功能和整体性价值的实现通过自然资源国家所有权这种制度设计具有正当性和便捷性。申言之，我国自然资源概括属于国家所有的制度设计是自然保护地建设与治理秉持政府主导治理模式的前提与依据。自然资源具有全民公有财富或者全民公共利益载体的属性，既为国家通过享有所有权的方式进行自然资源利用方式的干预赋予了合法性；与此同时，借助私法上所有权制度的精巧规则设计，也是实现国家预期通过建立自然保护地这种通行有效的方式保护自然生态系统、发挥自然资源生态功能和公益价值的便捷制度路径。质言之，自然保护地建设的规划性、整体性与自然资源国家所有权的制度设计能够相互证成与支撑，这在本质上使得政府治理机制之外的其他治理机制不具备体系构成上的不可或缺性和现实运行上的紧迫性。

因此，我国自然保护地建设整体性思路的实现路径主要是通过以自然资源国家所有权为支撑的政府治理机制，这根本上挤压了公益治理等私人治理机制的适用空间。我国自然保护地建设的整体性思路在建设与管理中具体体现为：确立自然保护地分类系统、制定类型划分标准、确认自然保护地边界勘定方案、勘界定标并建立矢量数据库、重要地段与部位设立界桩和标识牌等关涉我国自然保护地体系建设的重要工作领域与步骤，均由政府相关职能部门按照管理程序统一组织实施，其他主体只能在此框架内以各种方式参与。根据《指导意见》的规定，对"划入各类自然保护地内的集体所有土地及其附属资源"，可以探索多种自然保护地的治理机制，既实现自然保护地的多元化保护，又丰富产权人权益的维护方式。因此，这是一种"自上而下"的整体性思路，即使建立与适用各种私人治

---

① 参见巩固《自然资源国家所有权公权说》，《法学研究》2013年第4期。

理机制，也是以政府治理机制划分了自然保护地的类型与区域为前提。但是，IUCN 的公益治理机制的前提则是"自下而上"的微观思路与机制运行路径——以广泛存在的私有土地为前提，私人主体基于各种缘由与考量而自愿将其拥有权利的土地设置为自然保护地使之成为"自发自然保护地"，其特征是：第一，土地所有权人或者控制者自愿将其土地纳入一种自然保护地类型；第二，一旦私人主体为其土地选择了一种自然保护的类型，就需要接受与履行该自然保护地类型对应的管理目标；第三，公益治理机制是在该土地私权主体中实施的一种类型的治理机制，因此，哪种类型的自然保护地适用公益治理机制，在此意义上并无一定之规，取决于该土地私权主体对于自然保护地类型的选择；第四，虽然大多数情况下建立私有自然保护地是土地所有者的自愿行为，[①]但政府往往通过签订协议、财政或经济激励措施来提倡这一行为。总之，自然保护地公益治理机制的产生与适用是以土地私人所有权的存在为前提、以尊重土地私权主体对自然保护地类型及对应管理目标的选择为要义，这导致其很难单独适用于我国自然保护地建设与治理实践。

（二）公益治理模式中国化的适用空间

如前所述，溯源《指导意见》中规定的"公益治理"，这是从《IUCN 自然保护地治理指南》中直接移植的一种自然保护地治理模式。在 IUCN 对自然保护地的类型划分的语境中，"公益治理"（Private governance）又被翻译为"私人治理"，其核心指涉以及区别于其他三种治理类型的关键在于，这种治理模式是由"私人"来享有自然保护地的决定权与管理权，形成专门类型的"私有自然保护地"或"自发自然保护地"。"公益治理"机制适用于公益治理型自然保护地的前提和基础在于有广泛存在的土地私人所有权。因此，IUCN 政策体系中的"公益治理"有两个层次的内涵：第一，公益治理指称一种类型的自然保护地，这种类型的自然保护地主要是由私人土地权利人自愿履行环境保护义务而成立；第二，公益治理指称一种适用特定类型自然保护地的治理模式，由私人主体行使自然保护地的决定权与管理权。公益治理这两个层次的内涵是紧密联系、

[①] 参见［英］费耶阿本德等编著《IUCN 自然保护地治理——从理解到行动》，朱春全、李叶、赵云涛等译，中国林业出版社 2016 年版，第 56—57 页。

相互证成、互为支撑的。这决定了，源头意义上与本质意义上的自然保护地"公益治理"模式在我国没有适用的机制基础，会出现"水土不服"：第一，"公益治理"的理想原型是在私人所有的土地上设置自然保护地，由土地私权主体按照自然保护地管理目标履行生态环境保护义务，而我国实行土地公有制，不存在土地私人所有权，这就使得公益治理中土地私权主体行使自然保护地决定权和管理权，设置自然保护地的前提不存在；第二，设立"公益治理"类型的自然保护地贯彻"自下而上"的路径，即由土地私权主体自愿遵守自然保护地管理规范、履行环境保护义务的方式来设置，这种类型的自然保护地必然是分散的，而我国自然保护地体系建设秉持整体主义思路，贯彻国家规划、"自上而下"的路径。

虽然"公益治理"不是内生于我国公共事务治理逻辑与传统，也难以得到我国自然资源权利体系制度的支撑，但以下几个原因决定了公益治理模式在我国自然保护地建设与管理中具有适用空间：（1）《指导意见》是我国关于自然保护地建设的专门的顶层设计文件。《指导意见》明确提出了要探索公益治理机制，这使得在我国构建与适用自然保护地公益治理机制，在现阶段已不是一个是否需要的问题，而是具体如何构建与实施的问题。当前阶段核心任务已经转换为如何结合自然保护地体制改革需求和既有的制度约束，设计契合我国现实需求的具有可行性的公益治理机制体系。（2）虽然移植于《IUCN自然保护地治理指南》的"公益治理"的理想原型是在私人享有所有权的土地上贯彻落实自然保护地管理目标，但这是自然保护地公益治理机制的"核心地带"和公益治理型自然保护地建立的主要来源，却并非唯一来源，IUCN公益治理型自然保护地的来源还包括私人享有控制权的土地（比如，非政府为了环境保护而拥有、租赁或管理的土地）。这给我们的启发是，虽然在我国，私人主体不享有土地所有权而只享有土地使用权，土地使用权人不享有完整权能而只能享有部分权能。但是，若从权能只不过表征的是权利人特定的行为方式的角度去理解，[1]则相较土地所有权人，土地使用权人以受到更多限制的方式支

---

[1] "因为所有权权能不过是列举所有权人特定的行为方式，而所有权确认所有人在支配所有物时可以想其所想、做其所做，无论其方式如何怪异少见，都是所有权的表现形式。"孟勤国：《物权二元结构论——中国物权制度的理论重构》（第三版），人民法院出版社2009年版，第149页。

配作为权利客体的土地。因此，土地使用权人作为私权主体也可以为达成政府通过自然保护地体系确定的生态环境保护目标而自愿采取保护措施，限制自己支配土地、从土地获益的行为，只是其行为方式比土地所有权人更少、力度更小。若从此角度分析，则公益治理机制在我国自然保护地治理中也有存在与发挥作用的空间，虽然已不同于 IUCN 确立的公益治理模式的内涵。

三 我国自然保护地公益治理的机制构造

IUCN 的大量实证研究证明，在域外的自然保护地建设和管理中，公益治理在一些国家和地区以多样化的具体形式实施，取得了良好治理效果，在环境公共事务领域形成权力重构和利益重置的新格局。我国在《指导意见》中将"公益治理"作为自然保护地管理体制创新的重要机制，在检讨公益治理在我国自然保护地体系适用的内生困境、剖析其可能的适用空间的基础上，需要进一步探究我国自然保护地公益治理机制的具体要素与构造，为公益治理机制在自然保护地体系建设与管理中的适用探寻具体实施路径。

（一）自然保护地公益治理的构成要素

"公益治理"是一种典型的私人治理，私人主体在特定类型的自然保护地决策和管理中享有权威和责任。因此，对比于其他治理类型，公益治理的核心指涉与独特要素在于私人主体在自然保护地治理中的主体作用，但是这并不意味着只要私人主体在生态环境保护中承担主要功能即为公益治理。传统管制模式下的环境治理主要适用政府治理机制，其焦点是末端治理，管理手段以许可、审批、标准控制等"命令—控制"型的手段为主，[①] 环境法律规范主要围绕对政府及其职能部门进行确权与授权，对公民、法人等私人主体进行规制而展开制度设计，广大私人主体承担与履行环境保护的义务与责任，成为实现环境法律保护和改善环境立法目标的主要制度路径。因此，在政府治理模式运行中，大量私人主体也通过承担环境保护义务、履行环境法律责任的形式实现其在环境问题治理中的功能，

[①] 参见李挚萍《环境法的新发展——管制与民主之互动》，人民法院出版社 2006 年版，第 6 页。

这在形式上与公益治理模式中私人主体承担生态环境保护责任、为自然保护地的关键决策负责具有相同之处。申言之，不管是在哪种环境治理模式中，至少从外观上和实践中看，私人主体都要承担生态环境保护责任，这就意味着私人主体遵从自然保护地管理目标、实施生态环境保护行为，并不足以定义公益治理模式，需要具体辨析自然保护地的公益治理机制的构成要素。

1. 私人主体享有决策自主权

IUCN自然保护地治理类型框架中的公益治理，不仅是私人主体采取自然保护地的保护与管理措施，更为核心的要素在于土地私人主体（包括所有权人与控制权人）对于自然保护地的管理享有决策权，这根本上区别于在基于传统环境管制逻辑的政府治理模式下，私人主体作为被管制者履行各项管制指令的权力关系，私人主体在自然保护地治理中享有话语权和决定权，这属于私人主体享有的"运作自主权"。[①] 具体到自然保护地公益治理，私人主体的决策自治权体现为：第一，公益治理模式下，"私有自然保护地"的建立是土地所有者或者控制者采取自愿行为的结果，并非基于公权力机关的规划与管制权力的行使；第二，不同的国家或地区建立了形式与类型各异的自然保护地，土地所有者可以自愿选择一种类型的自然保护地，进而将其享有所有权或者控制权的土地纳入该类自然保护地的管理目标系统中；第三，实践中，广泛且分散存在的私人主体可能基于多种目的与动机选择为保护自然而设置自然保护地，动机在所不论，故往往通过与政府签订协议的方式用以交换激励条件，[②] 私人主体可以在此过程中评估自己的预期是否能够实现来决定是否签订协议、接受各种私人与行为的限制。

2. 市场导向原则下的协商性规范

IUCN自然保护地治理类型框架下的公益治理类型是与政府治理并列的治理类型。中共中央办公厅、国务院办公厅2020年3月3日印发的

---

① 对各种主体在治理中享有的"运作自主权"的具体界定与分析，参见[英]鲍勃·杰索普《治理的兴起及其失败的风险：以经济发展为例》，漆燕译，《国际社会科学杂志》（中文版）2019年第3期。

② 参见[英]费耶阿本德等编著《IUCN自然保护地治理——从理解到行动》，朱春全、李叶、赵云涛等译，中国林业出版社2016年版，第56页。

《关于构建现代环境治理体系的指导意见》部署创新环境治理机制，在传统政府主导治理机制的基础上，实施多方共治，坚持市场导向原则，"形成全社会共同推进环境治理的良好格局"。当今社会治理的要义在于规则之治，公益治理是一种对应政府治理的具体的环境私人治理机制，其基本制度逻辑是私人主体基于非正式的权力和程序，应用相关的知识、方法从事有利于环境的经济行为或以标准、契约方式直接进行污染治理，以实现公共环境利益和私人利益的共赢。[①] 公益治理机制的构成要素还体现为在市场导向原则下主要适用协商性规范，具体到自然保护地公益治理机制中，自然保护地公益治理机制的构成与实施亟待提供如下类型规范的制度供给：（1）激励性与引导性规范的供给，这些规范的功能是提供经济激励（如税负减免、税费抵减）、道德激励（环境公益、慈善贡献）与精神激励（美学与生态价值维护），引导与鼓励私人土地所有者选择将其所有或控制的土地设置为"私有自然保护地"；（2）技术规范与准入规范，国家会在已被列入立法规划的《国家公园法》以及拟制定的《自然保护地法》等法律法规中制定各类自然保护地的成立条件与标准，但与此同时，亟待制定集体土地主动申请纳入自然保护地体系的技术规范，这一规范本质上属于国家关于自然资源的管制性规范，但同时属于可供在国家规划的自然保护地边界或邻近的私人主体自愿选择纳入自然保护地管理体系的准入性规范，为自然保护地公益治理提供制度空间。

3. 政府的确认程序

自然保护地公益治理机制实施过程中，私人主体出于各种动机，通过与政府签订协议，自愿选择将其享有所有权或控制权的土地纳入自然保护地管理体系。这一治理机制的关键环节之一还在于政府的确认，即政府经过审核与评估等程序肯定与认可私人享有权利的土地符合自然保护地体系的设置标准、私人采取的自然资源保护与管理措施符合自然保护地的管理目标，才会予以正式确认并通过签订协议提供各种激励条件。否则，社会中大量的分散主体也会出于各种动机、目的和考量在私人享有权利的土地上采取环境保护措施，但并不都能被认定为自然保护地公益治理机制的实

[①] 参见杜辉《环境私主体治理的运行逻辑及其法律规制》，《中国地质大学学报》（社会科学版）2017年第1期。

施。事实上，在很多国家和地区，很多自发性保护的土地常常没有被正式认可和受到法律的保护，或者不被认定为国家自然保护地体系的一部分，尽管这些土地符合 IUCN 自然保护地的定义，其关键就在于这些被私人主体采取"自发性保护"或"辅助性保护"的土地没有受到政府的肯定与确认。因此，自然保护地公益治理机制中，政府对"私人自然保护地"的确认程序也属于公益治理机制的内生必备要素。

（二）自然保护地公益治理机制的层次结构

移植于《IUCN 自然保护地治理指南》的"公益治理"的"核心地带"与"理想原型"因我国没有土地私人所有权基础而不能适用，这使得作为一种自然保护地类型的"公益治理"在我国没有存在空间。但是，作为一种治理机制类型的"公益治理"具有丰富的构成要素，昭示了先进的、开放性的自然资源治理理念，这使得我国自然保护地建设不可能也没必要完整平移 IUCN 公益治理机制，但可以吸收借鉴其中的见容于我国自然资源权属体系和管理体制的内容，对"公益治理"机制进行本土化的改造。《指导意见》提出的探索公益治理的目标任务则为这项工作提出了现实需求。基于前述分析，本书建议，中国自然保护地体系建设中的公益治理机制应当包括以下三个层次：

1. 提供私人主体自愿遵从自然保护地管理目标之制度空间的机制理念

IUCN 治理框架中的公益治理也用以指称一种类型的自然保护地，这类自然保护地独立设置的前提是私人土地所有者或者控制人自愿选择某一类型的自然保护地、遵从其管理目标，将其享有私权（所有权或者控制权）的土地设置为"私有自然保护地"，私人主体在该自然保护地上按照目标进行管理是公益治理机制。因此，公益治理机制之精髓在于土地私权主体在自然保护地的设置与管理中享有自主决策权、管理主导权，这是一种为私人主体提供了充分的自由意愿发挥的制度空间的治理机制，机制运行的后果是公益治理型自然保护地得以"自下而上"地设置并蔚为大观。而在我国当前的以《指导意见》为统领的自然保护地政策体系与法律体系中，自然保护地体系以及以国家公园为主体为典型代表的具体类型的自然保护地的设置，均源于国家自然资源管理思路下的整体规划，采取"自上而下"的自然保护地规划、分类设置思路和政府主导的整合、归并优化思路，私人主体主要以接受规划目标和履行义务的身份参与，挤压了私人主体发挥主观能动性、通过限制私权行为维护环境公益的制度空间与通道。因此，《指导意见》提出的探索公益治理机制对我国自然保护地体系建设最基本也是最根本性的要求与启发在于，应当通过正在研究制定的《自然保护地法》这一自然保护地领域的"基本法"，[①] 通过法律基本原则、管理体制和权利义务制度设计的规定提供一定的制度空间：私人主体可以自愿选择将其享有权利（比如集体土地所有权、土地承包经营权、土地经营权）的土地根据一定的标准与条件（比如与国家规划的自然保护地的地理位置关系等），纳入特定自然保护地类型进行管理，自愿按照该类型自然保护地管理目标承担环境保护义务、限定自身权利行使行为。

2. 平等协商的程序制度

在一些国家和地区的自然保护地管理实践中，土地私权主体之所以会自愿遵从管理目标将土地设置为"私有自然保护地"，综合归纳，基于多种原因：或出于私人主体对土地尊重、对土地美学价值和生态价值的追求、对环境公益的维护，这是基于利他主义的动机；或出于企业或社会组织的社会责任感、对公众的环境保护的承诺；或出于经济效益的考量，比如有的土地设置为特定类型的自然保护地可以建设生态旅游项目或狩猎项目，有的可以减免或抵减税费等。总之，多种原因与动机均可能促成私权主体自愿成为自然保护地的所有者与管理者，但若要使其成为一种常态而非偶发现象，比如由政府正视、肯定并提供激励，经验证明，私人主体往往通过与政府签订协议用以交换激励条件。在公益治理机制中，私人主体自愿通过限定权利和约束行为的方式设置自然保护地，政府主体则通过提供激励条件的方式鼓励并认可私人主体的行为，这需要经过双方平等协商进而达成合意、签订协议。因此，在公益治理机制中，机制实施的关键环节在于构建平等协商的程序机制，以保障双方能平等地充分表达利益诉求、寻求利益叠合。这种平等协商程序制度在我国制度语境中的适用，应当包括以下几个方面：（1）建立自然保护地体系的本质是重构自然资源保护与管理方式，并不否定与取代既有的自然资源管理制度，因此，公益

---

① 参见吕忠梅《以国家公园为主体的自然保护地体系立法思考》，《生物多样性》2019年第2期。

治理机制虽然充分尊重与调动私人主体在自然保护地决策与管理中的积极性与主体作用，但这一机制运行的前提是其仍是在法治主义的原则和法律规则的指引下运行的，① 政府与私人主体之间在此过程中呈现两个阶段与层次的关系：第一，环境管制关系，即私人主体要履行《环境保护法》等法律法规规定的环境义务、遵守环境管理法律制度；第二，平等协商关系，在私人主体履行环境保护基本义务的基础上，可以基于各种动机，选择进一步限定自己的权利、约束自己的自然资源利用行为，与政府签订协议或获得各种激励条件，此时，政府与私人主体之间的关系转换为平等关系，政府在此阶段为"非权力行政方式"，在法律关系上属于公法关系，在性质上属于非权力作用，不以国家权力来单方性地拘束行政相对人，② 而是实施不具有强制命令性质的非权力作用，政府管理自然保护地体系的目标与追求需要与私人主体在平等协商程序中进行充分的、反复的沟通。(2) 私人主体可以根据自身行使土地权利的性质（比如集体所有权或者土地承包经营权），自愿选择将土地纳入某一类型的自然保护地管理体系，选择自然保护地类型既取决于不同自然保护地类型的划分标准与管理制度，也与该地块所处地理位置直接相关，还取决于不同类型自然保护地管理对私权限制与行为约束的程度，这些都需要私人主体在与政府及其相关职能部门平等沟通协商基础上作出抉择。(3) 在资源稀缺的背景下权利相互性是常态，自然保护地公益治理机制具有正当性和有效性的前提是，一个开放性的、包容性的利益表达与沟通协商机制，即提供一个私人主体、政府这双方主体之外的与该地块存在利益关联的主体的平等参与程序机制。

3. 利益衡量导向的实体制度

根据世界上一些实施自然保护地公益治理机制的实践经验和 IUCN 的归纳，公益治理机制主要有以下四种方法：第一，个人土地所有者自愿同意正式保护地的指定，根据制定的保育目标和保护地类型保留所有权并行使管理职责；第二，为保存特定保育价值，个人土地所有者向政府让渡某

---

① 参见王锡锌《规则、合意与治理——行政过程中 ADR 适用的可能性与妥当性研究》，《法商研究》2003 年第 5 期。

② 参见王勇《基于协商行政的自愿性环境协议研究》，中国社会科学出版社 2018 年版，第 140 页。

些使用私人财产的法定权利,同时保留所有权以及其他兼容的非保育使用的权利(如维持居住);第三,非政府组织接受慈善捐款以及募集私人或公共资金为保护而购买土地,或者直接从捐赠者处接受并为保育而管理土地;第四,营利性公司为保育而留出、捐赠或直接管理一片区域以建立良好的公共关系,或者作为其他活动的让步或抵消。①

结合已有的机制运行经验和我国《指导意见》确立的自然保护地治理类型、土地等自然资源权属体系,我国自然保护地治理机制应当以参与主体的利益衡量与均衡为实质目标诉求,制度内容包括:(1)国家划定的自然保护地区域范围内或自然保护地勘界定标后设立界桩和标识牌周边的集体土地所有权人与政府签订协议,双方协商确定该地块可以纳入的自然保护地类型,集体土地所有权人要承担的管理目标、自主限制集体土地所有权行使的范围、方式和程度,国家提供的激励条件与措施。(2)参照上述协商框架,国家或集体所有土地的使用权人(建设用地使用权、土地承包经营权、土地经营权、宅基地使用权主体)与政府、利益相关者(比如政府、土地经营权人与集体土地所有权主体)共同协商,约定将土地纳入自然保护地管理框架下多方的权利义务。(3)自然保护地区域内商品林的权利主体通过对商品林中经济产品的产出与经营的自我限制来实现自然保护地保护与管理宗旨。(4)《指导意见》规定了"依法清理整治探矿采矿、水电开发、工业建设等项目,通过分类处置方式有序退出",适用公益治理机制达致这一治理目标的制度安排可以设定为:提供划定在自然保护地范围内需要分类处置与退出的探矿采矿、水电开发、工业建设等项目的土地使用权主体与政府平等协商的制度空间与程序机制,这些土地使用权人为满足自然保护地管理目标的需求可以进行多种选择:基于环境公益的追求、企业声誉与社会影响力的考量而自愿放弃土地使用权,基于某些丧失的价值而协商转变土地使用权的行使方式(比如,建设项目因为处于自然保护地范围,实质上加大了经济收益获取的获取成本,可以协商转换为生态旅游等权利实现方式),获得更多其他支持(比如土地置换)或经济

---

① 参见[美]巴巴拉·劳瑙《保护地立法指南》,王曦、卢锟、唐瑭译,法律出版社2016年版,第101—102页。

补偿而退出自然保护地范围。

四 结语

《指导意见》提出探索"公益治理"保护方式，这是我国顶层设计政策提出的自然保护地治理模式与机制创新目标。从体系解释角度阐释，"公益治理"是一种环境私人治理机制；从概念溯源角度考察，"公益治理"移植于《IUCN自然保护地治理指南》，其指称的是私人土地所有者或者控制者为保护自然同意一定的自然保护地管理目标、自愿将其土地设置为自然保护地的治理机制。从此角度阐释，公益治理机制适用于土地公有的中国，既存在内生桎梏，也有一定的适用空间，在《指导意见》提出探索"公益治理"治理机制目标的语境下，体制改革关键在于对移植于IUCN的这种自然保护地治理模式的中国化。构建中国化的自然保护地公益治理机制，首先是明晰自然保护地公益治理的构成要素，自然保护地的公益治理，需要赋予和保障土地私人主体享有决策自主权、创设和实施市场导向原则下的协商性规范、构建政府的确认程序。公益治理机制中国化的关键节点在于根据中国特殊的土地权利结构，构建自然保护地公益治理机制的层次体系：首先，公益治理是一种治理理念，这需要通过《自然保护地法》等立法与政策体系提供私人主体自愿遵从自然保护地管理目标的制度空间；其次，公益治理以多元主体之间的平等协商程序制度为特色机制；最后，需要根据我国自然保护地体系中土地和其他自然资源的权利配置与实施状态，针对性地制定与实施以利益衡量为导向的实体制度体系。

第二节 自然保护地社区治理机制的逻辑与构造

《指导意见》在管理体制的构建部分，提出"探索""公益治理、社区治理、共同治理"保护方式，这表明这几种保护方式是前所未有的自然保护地治理机制。其中，"社区治理"作为扩大公众参与、发挥基层自治力量、促进基层群众共建共享的重要方式，被广泛应用于公共管理与治理领域。在环境治理领域，我国在这方面的专门探索与实践较少，环境治理模式以政府的单向行政命令与管理为主，"私人主体主要是以被管理者的角色参与政府的环境管理,制度模式以'命令—服从'为结构形态"①。但这种治理模式在长期的运行过程中,也产生了诸多问题,如管理体制混乱、人地矛盾突出、保护与发展冲突凸显、原住民权利保护与社区发展问题尖锐。探索多种治理方式,对于缓解人地矛盾、促进社区共建共享、弥补政府的单向管控缺陷,具有重要作用。由于"社区治理"相较于其他公众参与途径,其具有更明显的地域和空间依附性,拥有更加广泛、稳定的参与环境治理的传统、条件和基础,在此背景下,构建合理有序的自然保护地社区治理机制,对于形成完善的环境多元共治体系,实现以国家公园为主体的自然保护地体系的公益性和共建共享机能,具有重要意义。

自然保护地社区治理机制,应是以自然保护地体系建设的目标与特征为基础,内涵明确、外延清晰,运行方式及法律责任明晰的法律机制。这种治理机制的构建,势必与传统的在公共管理领域广泛适用的"社区治理"相区别,必须紧紧围绕自然保护地体系建设的目标与特征展开机制构建,这其中需要注意两个方面的问题:一是这种治理机制的构建是一种全新的探索,自然保护地社区治理机制具有作为一般治理方法的共性,但并不是对公共治理领域的"社区治理"的简单移植;二是探索构建自然保护地社区治理机制还应回归 IUCN 语境中的"社区治理"的源头进行探讨。我国当下的自然保护地体系建设注重借鉴与参考适用 IUCN 推荐的规则体系与原则理念,《指导意见》中所提出的"公益治理、社区治理、共同治理"保护方式亦是 IUCN 对于治理类型的划分方式,体现出我国对于国际经验的尊重与包容。然而,IUCN 倡议的"社区治理"模式,与我国自然保护地"社区治理"模式的制度背景并不完全相同,因此,需在客观认识制度差异的情况下,辩证吸收其机制构建经验。

在此背景下,探索构建自然保护地社区治理机制,需在根植于我国的"社区治理"通行概念及治理机制内涵的基础上,分析当前自然保护地"社区治理"的形式及不足,系统归纳、吸收借鉴 IUCN 构建的"社区治

---

① 刘超:《环境私人治理的核心要素与机制再造》,《湖南师范大学社会科学学报》2021 年第 2 期。

理"模式的精髓,使得我国能在开放包容、吸收借鉴的同时,结合我国《指导意见》规划的管理机制体系,梳理与厘清自然保护地社区治理的逻辑,探究其应然的、合理的构造,实现"自然保护地社区治理模式"的中国化。

一 自然保护地"社区治理"的实践进展及其内生困境

《指导意见》提出的"探索公益治理、社区治理、共同治理等保护方式",是镶嵌在《指导意见》规划的"建立统一规范高效的管理体制"之中的系统工程,这并不代表我国之前的自然保护管理中,从未适用过拟探索的几种保护方式或其雏形。指称一种特定区域(国土空间)的专门概念的"自然保护地"虽然于2017年才正式进入我国政策体系,但实质意义上的自然保护地在我国却有超过60年的建设与管理历史,在自然保护区等实质意义上的自然保护地建设与管理中,我国也适用了多种类型的管理机制、保护方式,包括对"社区治理"方式的初步探索。因此,在《指导意见》规划的"探索公益治理、社区治理、共同治理等保护方式"语境与体系中展开"社区治理"机制系统阐释之前,需要分析作为一般治理方法的"社区治理"内涵及特征,梳理我国在自然保护地的建设与管理中已经开展的"社区治理"探索,总结我国已在自然保护地管理中适用"社区治理"的雏形与经验,检讨其存在的不足与困境,为系统构建与适用自然保护地社区治理机制奠定基础。

(一)作为一般治理方法的"社区治理"

广泛适用于公共管理领域的"社区治理"方法,为我国自然保护地社区治理机制的构建提供了基本的模型和参考,其概念的范围界定、体现的多元共治理念,是当前在自然保护地体系中构建社区治理机制所应遵循的理论框架。同时,作为一般治理方法的"社区治理"与自然保护地体系中的社区治理机制既有联系又有区别,尤其应客观认识二者在治理目标上的区别,从而明确机制间差异化构建的方向。

梳理当前的研究理论,可对自然保护地"社区治理"中的"社区"范围做出限定。国内外学者对于"社区"的概念做出了不同的阐释,使得"社区"概念的内涵与外延极为丰富,呈现一种明显的多元化特征。有学者通过对文献梳理发现,大多数中国学者所提及的"社区"就是

"居住在同一地区有一定生活交往的群体"①，侧重于强调一定民众生活的地理空间。② 学术界普遍认为，社区是进行一定社会活动、具有某种关系和共同文化维系力的人类群体及其活动区域。③ 基于此种概念预设，可以将社区按照不同的标准划分为不同的类型，例如按照区位标准或者综合标准可以分为"城市社区"与"乡村社区"，按照人的社会组织和空间分布划分可以分为"社会性社区"和"空间性社区"，按照社区的形成方式划分可以分为"自然性社区"和"法定社区"，等等。④ 由于与自然保护地在地理位置上相关联的社区大多为乡村社区，因此本节所探讨的"社区治理"将以"乡村社区"为基础。

"社区治理"通常是指在一定区域范围内政府与社区组织、社区公民共同管理社区公共事务的活动。⑤ 从中折射出的内涵有二：（1）参与社区治理的主体呈现多元化特征，既不是政府的单独管理，也不是社区作为唯一的治理主体。这为自然保护地社区治理机制的构建奠定了重要基础。社区"治理"不同于"管理"，社区"管理"突出行政色彩，主要指政府采用行政手段对社区事务进行单向管理，政府是社区事务中的唯一权威主体。而社区"治理"，强调政府与其他主体的多元互动，此时政府只是社区事务的权力主体之一。治理一般是通过合作协商、建立伙伴关系、确立共同目标等方式实施对公共事务的管理，其权力格局是多元的、平等的，而不是单一的和自上而下的。⑥ 2017年发布的《中共中央 国务院关于加强和完善城乡社区治理的意见》将"城乡社区治理体系"描述为"充分发挥基层党组织领导核心作用、有效发挥基层政府主导作用、注重发挥基层群众性自治组织基础作用、统筹发挥社会力量协同作用"，政府不再是决定社区事务的唯一力量，而是强调要在政府主导下构建多元共治体系，是在"党领导下的政府治理和社会调节、居民自治良性互动"。（2）社区

---

① 吴晓林：《理解中国社区治理：国家、社会与家庭的关联》，中国社会科学出版社2020年版，第29页。
② 参见陈光《法治社会与社区治理多元规范》，中国社会科学出版社2021年版，第32页。
③ 参见张艳国、聂平平主编《社区治理》，武汉大学出版社2020年版，第86页。
④ 参见张永理编著《社区治理》，北京大学出版社2014年版，第20—21页。
⑤ 参见魏娜《我国城市社区治理模式：发展演变与制度创新》，《中国人民大学学报》2003年第1期。
⑥ 参见张永理编著《社区治理》，北京大学出版社2014年版，第106页。

治理的客体是社区公共事务，呈现其治理目标的综合复杂性。这与自然保护地社区治理机制最大限度上实现生态效益的治理目标相区别。社区治理所涵盖的工作面极广，包含了社区生活的方方面面，其治理内容的复杂性就对社区治理的成效提出了更为复杂多元的要求与标准。社区治理要求面面俱到，但是实践中由于社区治理能力的限制和治理成效的考量，难免会对其治理内容进行重要性排序，最能体现治理成效的社区经济、社区服务、社区保障等内容往往成为治理的重要方面，而其他诸如社区环境等内容，仅仅只是将其看作满足社区存在的工具。实践中，由于社区是以家庭为单位构成的，每个独立的家庭出于"理性经济人"考虑，往往更加注重与自身利益密切相关的社区经济、社区服务、社区保障等方面。若将家庭的这种直接获益看作私人净边际产品，而对于社区环境这一类公共资源保护成效看作整个社区的社会净边际产品，由于生态环境资源的外部性问题，私人为了提高家庭经济收入获取私人净边际产品，而不惜加大对自然资源的利用强度，造成总体的社会净边际产品减少，不利于生态环境的持续保护和发展。[①] 这也从侧面表明，欲以生态环境保护作为社区治理的核心目标，则应当以其他的形式补偿社区主体的这种不利益，亦即后文所论述的通过构建生态补偿机制保护社区主体的利益。

(二) 现行自然保护地"社区治理"模式及其不足

公共管理领域的"社区治理"的对象涵盖社区生活的方方面面，社区的环境治理，只是其治理内容的一个面向，此时的社区环境，仅仅只是作为社区群众生存发展的一个载体，社区环境治理的目标，往往只是通过人为干预，提高社区群众的生活质量，为群众创造安全、整洁、舒适的社区环境。此时的"环境"概念指涉，不仅包含生态环境，还包括人文环境等，社区环境治理的结果，并非以生态环境为中心而是以人为中心来衡量保护成效，环境治理是手段而不是目的。

这种广泛适用于公共管理领域的"社区治理"的理念与模式，逻辑延伸与具体适用于我国已经开展的实质意义上的自然保护地，便形塑了我国既有的自然保护地建设与管理中的"社区治理"的多种样态与机制雏形。由于系统的自然保护地体系建设开展时间较晚，在自然保护地中开展

---

① 参见李晟之《社区保护地建设与外来干预》，北京大学出版社2014年版，第50页。

的系统的社区治理实践较少,但实践中在环境治理领域以各种方式存在形式上的社区治理机制。例如作为自然保护地体系建设起点的"自然保护区",其自1956年在我国建立了第一个自然保护区即"广东鼎湖山自然保护区"以来,经过几十年的发展,目前已建立自然保护区2740多个,总面积约占陆地国土面积的14.8%,保护了我国超过90%的陆地自然生态系统类型,约89%的国家重点保护野生动植物种类。[1] 为了充分实现自然保护区的生态环境保护等管理目标,我国早年间在自然保护区上开展了以构建"社区共管"机制、"自然保护小区"为代表的社区治理实践。以下内容将结合我国已经开展的自然保护地多种形式的"社区治理"探索的实践,剖析我国自然保护地建设与管理中已开展"社区治理"探索的特征及困境。

1. 功能上的补正性

总体而言,在自然保护地建设与管理中引入社区主体参与治理,是为了矫正之前我国在建设和管理各种形式的自然保护地时,政府管理存在的内生困境,具有机制功能上的补正性。这种内生困境,主要体现为政府单向管控的不足,以及对于社区原住居民权益保护的缺位。

一方面,保护地面积广泛,管理主体对保护地的封闭式行政保护模式展现出传统行政管控的弊端。遵循传统行政管理模式的各类自然保护地,往往将社区群众视为被管理的对象,在自然保护地设立之初并未考虑社区群众的意见,在保护地建设过程中要求其搬迁或对其行为进行严格控制,甚至将其视作问题产生的源头。这种以"封闭式"保护为代表的行政管理模式,对保护对象严防死守,禁止一切开发利用行为,[2] 使得社区群众将自然保护地的发展目标与自身的个体利益相对立,甚至产生更多的乱砍盗伐自然保护地林木、乱捕滥猎野生动物的违法犯罪活动,导致的结果是,保护地管理机构虽配备大量专业设施、投入大量的人力、财力、物力,却未能取得良好的管理成效。在此背景下,政府意识到行政力量在自然保护区治理方面的不足,开始重视发挥社会公众的力量,注重动员社区

---

[1] 参见曹巍、黄麟、肖桐、吴丹《人类活动对中国国家级自然保护区生态系统的影响》,《生态学报》2019年第4期。

[2] 参见刘金龙、徐拓远、则得《自然保护区"封闭式"保护合理性研究——西双版纳亚洲象肇事事件反思》,《林业经济问题》2020年第1期。

力量参与保护地治理。

另一方面,由于对原住居民权益缺乏关注,形成保护地上原住居民事实上的弱势地位。由于保护地的建立往往会选择具有原始自然状态、生物多样性丰富、环境状况保持良好的区域,这些区域大多地处偏远,处于原保护地范围内的社区原住居民对于保护地自然资源依赖度高。囿于交通状况,加之由于地理环境导致的信息闭塞,居住于保护地上的原住居民谋生渠道往往较为单一,体现出"靠山吃山、靠水吃水"的依附性特征。而自然保护地往往实行严格的管控目标,对人的行为进行严格控制,在不同程度上剥夺了原住居民对自然资源的利用权利,使得原住居民的生存、发展利益,让步于国家管控目标。对原住居民的经济利益、生态利益、文化利益等造成的削减,已在事实上形成其弱势地位,造成了实质上的不平等。此时,为了救济因保护地设置而陷入贫困、弱势状态的原住居民,政府开始考虑注重社区的利益,考虑让社区主体参与管理活动而维护自身权益。

然而,这种为了矫正政府管理存在的内生困境应运而生的"社区治理"方式,本质上仍然只是为了补足政府治理的短板,此时的社区并未被赋予主体地位,其参与治理是被动的、无充分自主权的,在整个机制功能上仅仅发挥"补正"作用,非"自主治理和管理"。例如,在《建立国家公园体制总体方案》将"建立社区共管机制"作为与"健全生态保护补偿制度""完善社会参与机制"并列的具体规则对"构建社区协调发展制度"作出细化,在"建立社区共管机制"条文规定中,要求社区的配套设施应"征得国家公园管理机构同意""周边社区建设要与国家公园整体保护目标相协调",可以看出此时将"社区"主体置于政府管理语境之下,社区被赋予了配合管控要求的义务,并非强调对社区治理"主体地位"的保障,仅仅是将其作为实现社区协调发展的手段与途径。而《指导意见》将"社区治理"置于"建立统一规范高效的管理体制"的内容统摄之下,这种将社区主体置于治理主体地位的机制构建与当前在环境治理领域存在的"社区治理"机制的"补正性"角色完全不同。

2. 机制的缺位性

《指导意见》提出"探索""社区治理"保护方式,表征其在当前的制度体系中,具有创新性特点,但这并不意味着自然保护地的社区治理方式是一种从无到有的创立。事实上，我国存在着以"社区共管"为代表的各类社区治理实践，通过对这些实践经验的梳理总结，可以为当前的机制构建提供经验。面对自然保护区保护目标与社区发展之间的冲突问题，我国在实践层面开始了鼓励社区参与管理、创建"社区共管"机制的探索。自 1992 年，我国原林业部和世界银行开展 NRMP 项目，将牛背梁、鄱阳湖等自然保护地作为试点对象开始社区共管模式初步探索以来，[①] 我国开始了长达近 30 年的保护地"社区共管"模式探索。"共管"是"合作管理"的简称，[②] 最重要的是把社区这个基本的利益相关群体包含到保护区的整个管理过程中，即社区共管。当前的法律规范与政策文件均未就"社区共管"的概念内涵做出确定，仅有学者从理论层面对"社区共管"进行定义。[③] 然而，事实上，当前的"社区共管"与学者定义的"实现权利、责任和利益共享"的理论目标并不相符，还存在着如前文所述的"功能补正性"问题。同时，通过梳理可以发现，当前在自然保护地体系中的这种社区治理实践与作为稳固的治理机制相去甚远，以"社区共管"为代表的形式上的"社区治理"，具有明显的机制缺位性特征，这种机制缺位性，主要体现为静态上缺乏稳固的核心概念统摄、动态上缺乏系统的社区治理规范体系保障、机制的法制化程度不足。

（1）自然保护地社区治理机制的核心概念用语规范不统一，呈现机制边界不清、内涵模糊的弊端。作为一种保护措施或工具的社区治理与作为一种机制的社区治理是完全不同的，后者需要通过系统构建制度体系，以满足其作为机制的稳定性、结构性特征。其中，对于核心概念的界定，就是该机制构建的基础。概念乃是解决法律问题所必需和必不可少的工具，没有限定严格的专门概念，我们便不能清楚地和理性地思考法律问题。[④] 当前与自然保护地体系建设有关的法律文件中，对于何为"社区治

[①] 参见张文方《我国自然保护地社区共管的模式选择与制度保障》，《山西科技报》2022 年 6 月 6 日第 A06 版。

[②] 参见国家林业局野生动植物保护司编著《自然保护区社区共管指南》，中国林业出版社 2002 年版，第 1 页。

[③] 参见张引、庄优波、杨锐《世界自然保护地社区共管典型模式研究》，《风景园林》2020 年第 3 期。

[④] 参见［美］E. 博登海默《法理学：法律哲学与法律方法》，邓正来译，中国政法大学出版社 2017 年版，第 504 页。

理"鲜有提及,其规范的概念表述及阐释更是呈现一种缺位状态。例如,2021年12月颁布的《湿地保护法》规定"县级以上地方人民政府可以采取定向扶持、产业转移、吸引社会资金、社区共建等方式,推动湿地周边地区绿色发展",其中所提及的"社区共建",从体系解释角度观之,并非意指一项系统的社会治理机制,而仅仅是政府治理的一种方式和手段。而作为国家公园专项政策规定的《建立国家公园体制总体方案》虽提及应"建立社区共管机制",但该种"社区共管机制"存在着如前文所述的"功能上的补正性"问题,无法就"社区治理"实践提供系统的指导。可见"社区治理"机制核心概念的缺失,造成了各类规范性文件的用语混乱和不统一,亟须对概念内涵进行分析和统一表述以避免法律适用的困惑。

(2) 自然保护地社区治理机制缺乏系统的规范体系保障。"机制"意指一个工作系统的组织或部分之间相互作用的过程和方式,强调其有关组成部分之间的联系和互动。从此角度观之,自然保护地社区治理机制应通过构建完善的规范体系,使得其内部规范之间形成有机联系的整体,实现政府与社区作为治理主体之间的良性互动。审视当前的自然保护地"社区治理"形式,可以发现其与"体系性"目标相去甚远。囿于核心概念的缺位,当前的"社区治理"实践普遍呈现一种松散的状态,规范内容过于抽象且相关规定之间缺乏联系,难以促进治理目标的实现。如《自然保护区条例》(2017年) 第5条原则性地规定"应当妥善处理与当地经济建设和居民生产、生活的关系",《国家级文化生态保护区管理办法》(2018年) 第20条要求"应当尊重当地居民的意愿,保护当地居民权益"等,无论是"妥善处理与居民生产、生活的关系"还是"保护当地居民权益"都太过抽象原则,而《三江源国家公园条例》(2020年) 规定的"三江源国家公园内村民委员会配合做好生态保护工作"等内容,与其他法律规定之间缺乏联系性,难以形成体系性机制构建。同时,《风景名胜区条例》(2016年) 第11条规定了对原住居民财产权的保护,并确认了对所有权、使用权限制的补偿,虽是对原住居民权益保护的重大突破,但是其相较于整个"社区治理"机制构建而言,仍显得内容过于单薄。综上,我国当前的自然保护地"社区治理"实践,尚缺乏体系化的机制保障。

(3) 自然保护地社区治理机制法制化程度不足。"社区治理"机制作为一种国家层面的体制机制创新，唯有将其用法律的形式固定下来，才可以为社区主体参与治理提供稳定的预期与保障。这种机制的法制化，既体现为在高位阶的法律中确定社区主体的治理权利与义务，也体现为在相应下位法中就该体制机制作出进一步规定。综观当前的立法状况，与"社区治理"相关的概念未能进入高位阶的"法律"中，如作为法律的《湿地保护法》与作为中央政策文件的《建立国家公园体制总体方案》中提及的"社区共管"并非对作为一种治理机制的"社区治理"的系统规定。而地方性立法虽可能就"社区共管"做出了较多规定，如《三江源国家公园条例》（2020年）规定"聘用国家公园内符合条件的居民为生态管护员""完善三江源国家公园生态补偿机制"，并设"社会参与"专章，规定"鼓励和支持……通过社区共建、协议保护、授权管理和领办生态保护项目等方式参与三江源国家公园的保护、建设和管理"，然而由于其仅为地方的立法尝试，其规定无法在全国范围内适用，且由于欠缺上位法的系统指导，其规定稍显零散，对于原住居民的权益保护，也出于"法律保留"原则的考量，并没有太多突破。

3. 法律定位的模糊性

法律定位的模糊性，亦是当前环境治理领域"社区治理"机制实践所面临的一个重要问题。这主要体现为以"社区保护地"和"自然保护小区"为代表的机制实践所呈现的在自然保护地体系中角色定位不清的问题。2003年第五届世界保护大会指出，原住民和当地社区作为保护重要参与者的管理作用应该得到充分认可，自此，"社区保护地"概念进入了研究视野。根据IUCN的定义，"社区保护地"是"自然和（或）经过人为改变的，具有重要的生物多样性价值、文化价值与生态服务功能，并被当地社区和原住民通过传统习俗或其他有效方式自发保护的生态系统"。[1] 而"自然保护小区"，就是具有中国特色的社区保护地，是一种经政府批准认定的、由非政府保护力量管理的自然保护地。自然保护小区一般面积较小，主要包括由县级以下（含县级）的行政机关设定保护的自然区域、在自然保护区的主要保护区域以外划定的保护地段和由于历史文化或传统等因素自发形成的小型保护区。由于其与自然保护区相比，设置

---

[1] 参见李晟之《社区保护地建设与外来干预》，北京大学出版社2014年版，第1页。

程序简单,管理灵活高效,大多由村民自愿主动设立,往往遵循"自筹、自建、自管、自受益"的创建原则,且对生态系统碎片的保护颇有成效,而被学者认为在现行自然保护区体系之外发挥着重要的补充作用。[①] 然而,遗憾的是,现行法律体系对于"社区保护地""自然保护小区"的关注不足。通过检索发现,"社区保护地"概念并未被纳入当今的法律、政策体系之中。而"自然保护小区",自从作为地方政府规章的《广东省社会性、群众性自然保护小区暂行规定》(1993 年)于 2017 年被废止后,现行的制度体系中未见"自然保护小区"的专门规定,但仍在法律法规中以具体条文的形式对其设立做出规定,如《江苏省野生动物保护条例》(2020 年)第 14 条规定,"对野生动物种群密度较大、栖息地分布零散的区域,县级人民政府可以将其划为自然保护小区,对野生动物予以保护"。由此产生的问题是,"社区保护地""自然保护小区"在当前的法律体系当中,扮演着何种角色?是位于自然保护地范围内且受认可与规范、支持、监督的社区治理模式,还是位于自然保护地体系之外的一种社区的自发性保护机制?欲解决这些问题,亟须就当前所欲构建的自然保护地"社区治理"机制的外延进行明确。

二 《指导意见》中社区治理机制的内涵阐释与机制需求

通过前述梳理,可以看出,我国在数十年来未以"自然保护地"术语统摄、实质意义上的自然保护地建设中,已经实践探索了多种形式的"社区治理"方式。整体上看,这些"社区治理"方式预期补正政府治理存在的不足,具有的功能上的补正性、机制的缺位性、法律定位的模糊性等特征,使得当前自然保护地社区治理机制的构建具有更多特别的价值诉求与优化需求。在此背景下,探索构建《指导意见》中所提出的"社区治理"机制,就应当首先以这些价值诉求与优化需求为基础。由于我国所提倡的这种"社区治理"机制,是尊重和吸收 IUCN 国际经验的产物,因此,还必须追溯自然保护地"社区治理"机制的源头,回到 IUCN 规定的制度本源,去探讨自然保护地"社区治理"机制的构建原型,并在结合我国自然保护地体系建设要求的基础上,辨析自然保护地"社区治理"

---

① 参见张风春《自然保护小区助力生物多样性保护》,《中华环境》2017 年第 10 期。

机制的应然逻辑。

（一）自然保护地"社区治理"机制概念溯源

IUCN 根据谁拥有权威和责任，并能为自然保护地的关键决策负责，将自然保护地的治理类型分为四种：政府治理、社区治理、公益治理和共同治理。其中，政府治理是一种在自然保护地上长久适用的、最基础的传统治理方法。社区治理、公益治理反映了日益增长的全球自愿保育措施行动，被称为新治理方法。而共同治理可能涉及前三种治理类型的任意组合。[1] IUCN 将社区治理这一治理类型定义为：自然保护地的权威和责任通过各种形式的惯例或法律、正式的或非正式的机构或规则归属原住民和/或当地社区。并将其划分为两种类型：原住民保护的领土和地区及当地社区保护的领土和地区。[2] 其保护的领地和地区又被称为原住民和社区保育地或社区保护地（ICCAs）。IUCN 对于该种社区治理方式的规定，具有如下特点：(1) 社区治理的主体主要表现为原住民和地方社区。在我国的制度语境下，如何解释"原住民"和"地方社区"实体，应当进行探讨和明确。(2) 由社区自愿主动设立，出于多种动机自发采取保育行动，强调社区对管理的充分的自主权，侧重于社区"独管"，政府对其管理行为的干预较小。原住民和地方社区往往基于长远经济效益、宗教信仰、文化风俗、生态利益等因素考量，而自发采取集体行动，制定社区管理规则，限制社区居民的资源获取和利用方式，从而直接或间接地有利于生物多样性保护目标的实现。在该种治理类型下，社区所拥有的权威、责任和义务主要表现为：地方政府认可或转移全部权威和责任给当地角色；社区保留或承担全部管理权利和责任，坚决保持独立；将管理决策完全交给地方角色，[3] 这种治理类型和由政府完全掌握决策自主权的"政府治理"模式恰恰相反。(3) 存在于现有的正式自然保护地体系之内或之外，被认为是现有自然保护地体系建设的重要补充。政府对这种社区保护地可

---

[1] 参见［美］巴巴拉·劳瑨《保护地立法指南》，王曦、卢锟、唐瑭译，法律出版社 2016 年版，第 91—104 页。

[2] 参见［英］费耶阿本德等编著《IUCN 自然保护地治理——从理解到行动》，朱春全、李叶、赵云涛等译，中国林业出版社 2016 年版，第 61 页。

[3] 参见［英］费耶阿本德等编著《IUCN 自然保护地治理——从理解到行动》，朱春全、李叶、赵云涛等译，中国林业出版社 2016 年版，第 70—71 页。

能采取三种态度：第一，当社区保护地符合保护地定义和其他标准时，政府将其纳入正式保护地体系；第二，鉴于在更广阔的陆地景观或海洋景观中对保护的支持作用，承认正式保护地体系之外的自愿保护行动；第三，由于自愿保护行动没有达到承认的要求，或者由于正式承认可能破坏或扰乱自愿保护行动，或者由于社区不希望得到正式承认，不给予正式承认。[①] 这与我国在实践中建立的"自然保护小区"有相似之处。

（二）自然保护地"社区治理"机制内涵与外延的廓清

治理模式的选择，应当是动态调整和因地制宜的，是自然保护有效性与可持续的重要因素，决定了相关责任主体和成本效益分担，是预防或解决社会冲突的关键，影响着来自社会、政治和财政各方面的支持。[②] IUCN 推荐的治理类型，为我国自然保护地"社区治理"机制的构建提供了重要的参考和借鉴。但是，由于我国自然保护地类型更为复杂，自然保护地体系建设还处于改革探索之中，因此不能简单地移植国际经验，而是应当在总结我国既往"社区治理"的实践经验之上，参酌 IUCN "社区治理"的机制构成，总结提炼出适合我国国情的自然保护地"社区治理"机制的内涵。

1. "多元共治"理念下的"社区治理"

现行适用的多种形式的自然保护地"社区治理"是对政府治理机制内生不足的补正，这与《指导意见》在其"基本原则"中所传递和倡导的"多元共治"理念并不相符。作为管理体制构成部分的"社区治理"机制，应当始终以多元共治理念为价值指引具体展开制度设计，理由如下：（1）以自然资源国家所有权为基础构建的"政府治理"模式在我国自然保护地体系建设中应占主导地位。由于我国的自然保护地体系建设遵循"自上而下"的整体主义路径，《指导意见》规定"发挥政府在自然保护地规划、建设、管理、监督、保护和投入等方面的主体作用"，可见，政府在我国的自然保护地治理体系中，仍是拥有权威、承担责任、拥有决

---

① 参见［美］巴巴拉·劳瑙《保护地立法指南》，王曦、卢锟、唐瑭译，法律出版社 2016 年版，第 94 页。

② 参见乔刚、蔡晓琼《国家公园体制下自然保护地治理模式探析》，载《新时代环境资源法新发展——自然保护地法律问题研究：中国法学会环境资源法学研究会 2019 年年会论文集》（上），海南，2019 年 10 月，第 75—83 页。

策权的主要角色。(2)"社区"应为环境多元治理体系语境下的重要有权主体之一。《指导意见》中的"社区治理"概念是在"建立统一规范高效的管理体制"内容之下被明确提出的,从中可以窥探当前的制度体系将社区置于管理主体语境之下,意欲通过鼓励社区积极主动参与自然保护地管理活动,推动其整体保护目标的实现。这种机制构建,与当前在环境治理领域实践中"社区主体"有限地参与社区治理活动发挥其矫正功能的角色定位完全不同。(3)我国自然保护地的"社区治理"机制最本质特征是自然保护地中的多元主体共同参与自然保护地治理。作为自然保护地体系建设中的社区治理机制,其应当秉持作为"一般治理方法"的最大"治理"特征,强调既不是政府的单独管理,也不是将社区作为唯一的治理主体,而是"多元共治"。IUCN推荐的"社区治理"模式的精髓是应充分尊重社区的决策自主权,社区是有关生态环境管理决定的作出者和管理活动的主要实施者,这与《指导意见》规定的由行政主体"统一管理自然保护地"的规则相违背,因此,社区只是作为"多元共治"的主体之一,而非社区"独管"。IUCN总结的"共同治理"模式,相较于"政府治理"模式而言,鼓励其他合作伙伴参与进来,如非政府组织和当地社区等。共同治理应具备三种不可或缺的要素,主要包括协商过程、共管协议、由多方共同构成的治理机构(即共管委员会)。[①] 从这个层面来看,"共同治理"模式与我国当前所欲构建的环境多元治理体系有相似之处,契合当前我国环境治理体系改革的目标。由于以国家公园为主体的自然保护地体系应当以维护生态功能和文化价值如发挥科研、教育、游憩等方面的目标为主,科研、教育、游憩等多元价值的价值主体是多元的、分散的,价值表达与利益诉求是个体的,[②] 此时社区作为这些多元价值的主要承担者,应当对于这种治理机制予以系统规范。

2. 自然保护地"社区治理"机制内涵的厘清

以"多元共治"理念为指引,为合理界定自然保护地"社区治理"机制的角色定位提供了基础,也是对当前"社区治理"实践功能"补正

[①] 参见[英]费耶阿本德等编著《IUCN自然保护地治理——从理解到行动》,朱春全、李叶、赵云涛等译,中国林业出版社2016年版,第51页。

[②] 参见刘超《国家公园体制建设中环境私人治理机制的构建》,《中州学刊》2021年第4期。

性"特征的进一步深化与转变。体制机制的构建，在明晰机制功能后，最重要的就是要以完善系统的法律制度，为机制的运行提供基本的保障与指引。围绕前述总结的"机制的缺位性"特征，当前的自然保护地"社区治理"机制由于缺乏"核心概念"的指引与统摄，难以形成体系性与系统性的机制保障。因此，就法律机制的构建而言，亟须先就自然保护地"社区治理"机制的概念内涵进行明晰。具体来说，就是应当统一规范表述、明确概念的语义内涵：

（1）统一规范表述。统一概念表述方式，是构建明确、稳固的法律机制的第一步。实践中对于"社区治理"的表达方式多样，无论是"社区共管"还是"社区共建"等多种概念表达，都会导致规范适用的混乱。其中，"社区共管"虽与其理论目标具有较大差距，实践中的"社区共管"呈现明显的机制缺位性特征，但其与"社区治理"概念在理论上具有一定相似性。从理论上来看，二者均强调社区作为多元主体之一共同参与决策、承担责任，一定程度上具有同等含义。但不可将二者完全等同，从语义的形式表达上来看，"社区共管"与"社区治理"仍具有一定差别。"社区治理"的语义内涵直指"治理"性质，可以简洁明了地表明制度目的与定位。为了避免相似语义词汇不同形式的重复表达带来的适用困惑，应将这些概念表述进行统一，即将"社区共管""社区共建"等概念统一规范表达为"社区治理"。

（2）明确概念的语义内涵，将"社区治理"的主体确定为"原住居民"和"社区组织"。IUCN将"社区治理"模式的主体表述为"原住民"（indigenous peoples）和"地方社区"（local communities），在我国的制度语境中意指哪些主体需要进行明确，这涉及拥有社区管理自主权的权利主体和义务承担对象的划分。我国法律和现有政策体系对于何为"原住民"与"地方社区"并没有进行明确，对于"原住民"概念的表达也并不统一。"indigenous peoples"翻译为中文主要指"原住民"或"土著居民"，主要强调世代居住的状态。由于我国不需要考虑殖民和征服历史，因此也不需要考虑"土著居民"与"原住民"的用语差别，二者具有同样的特征，大多被翻译为"原住民"。《建立国家公园体制总体方案》将"原住民"表述为"当地居民"，而《指导意见》将其表述为"原住居民"，2021年12月颁布的《湿地保护法》从法律层面上，将"原住民"表述为"当地居民"。究竟是适用"当地居民"还是"原住居民"作为其规范表达，目前尚无定论。我国国家林业和草原局2022年8月发布的《国家公园法（草案）（征求意见稿）》对于该概念的使用上也存在不统一之处，亟待辨析与统一。其第22条使用了"居民"，第39条和第40条第1款使用了"社区居民"，第40条第2款使用了"原住居民"。"原住居民"一词更多的是一个历史概念，它是指特定地区和国家的非外来、非移居的长期居住居民，"原住"强调的是长期居住状态，与民族、种族无关。[①] 其核心特征就是强调最早居住于该地区。而"当地居民"更侧重于地域特征，但是"居民"本就有居住于该土地之义，与"当地"合用，会有语义重复之嫌。因此，相较而言，"原住居民"概念更加契合IUCN对于"原住民"进行规范的精神要义。结合《指导意见》的规定，"原住居民"应当是指，在自然保护地建设以前就长期居住在自然保护地内的居民。而对"当地社区"（local communities）应当作何理解，IUCN强调在这种类型下得到承认的社区通常需要拥有集体身份和集体权利，在我国主要体现为各种形式的"社区组织"，主要可以归类为三种类型，即村级党政性组织（村两委）、社区正式组织（村民小组、村合作经济组织、村民会议与村民代表会议）和社区非正式组织。[②] 综上，可以将自然保护地"社区治理"的概念定义为："为实现自然保护地生态保护与可持续发展的双重目标，行政主体与社区原住居民、社区组织实现权利、责任和利益共享的过程。"

对概念统一规范表述、明确概念的语义内涵，方可为自然保护地"社区治理"法律机制的构建奠定坚实的逻辑框架。其后所有的机制构建都应当紧紧围绕概念的核心内涵进行构造。从法律形式的构造来说，应当至少要将自然保护地"社区治理"机制概念内涵置于高位阶的"法律"之中进行明确规定，再将其他更具体的"社区治理"形式进行统一概括指导，并由其他法规、规章等下位法进一步细化和落实，以形成法律机制的体系性构建。其具体的法律构造展开形式，将在后文进一步阐述。

[①] 参见李一丁《整体系统观视域下自然保护地原住居民权利表达》，《东岳论丛》2020年第10期。

[②] 参见李晟之《社区保护地建设与外来干预》，北京大学出版社2014年版，第75—79页。

3. 自然保护地"社区治理"机制外延的明晰

对自然保护地"社区治理"的内涵进行厘清后，还需要就其外延进行明晰，这既是对当下自然保护地社区治理实践存在的"法律定位模糊性"问题的回应，也是完善体制机制构建的必然要求。如前文所述，由于"自然保护小区"等概念在自然保护地体系中的定位并不清楚，这种"法律定位模糊性"问题由此引发了对于自然保护地适用范围即外延的思考。建立适用范围清晰、层次明确的自然保护地"社区治理"机制，是避免实践中法律适用混乱的必然要求。结合自然保护地"社区治理"机制的机制功能定位，可以将其适用范围划分为三层级，随着层级的递增，政府对于社区的决策影响力度逐渐减弱，以配套适应自然保护地体系的综合管控目标。概言之，自然保护地"社区治理"的适用范围可以分为以下三层级：自然保护地体系范围内、周边社区（缓冲区和生态廊道内）、其他地区。

（1）第一层级为自然保护地体系范围内的区域，是自然保护地"社区治理"机制构建的核心地带。由于"社区治理"机制设立的最终目标，便是使社区以主体身份参与治理、共构"多元共治"治理格局，因此应充分鼓励、规范社区承担科研、教育、游憩等多样的文化价值，此时位于自然保护地体系内的社区，是"社区治理"机制规范的主要地域范围。《指导意见》要求"实行自然保护地差别化管控""核心保护区内禁止人为活动，一般控制区内限制人为活动"，对于位于自然保护地范围内的社区，可结合自然保护地的分类管控措施，对"社区治理"的形式进行分类。

（2）第二层级为自然保护地周边社区，应通过明确设置缓冲区和生态廊道（或环境廊道），将自然保护地周边社区纳入治理范围。由于自然保护地无法以孤岛状态生存，所有自然保护地无论如何都将受到边界以外事物的影响。然而许多保护地被周围环境中断，那里的土地利用和经济活动规划不考虑对保护地的影响，忽略了物种的运动、养分和其他环境的跨界流动等因素对自然保护地体系建设的影响。欲解决这一问题，要求在概念上从作为"岛屿"的保护地转变到作为"网络"部分的保护地。[1] 这

---

[1] 参见［美］巴巴拉·劳瑂《保护地立法指南》，王曦、卢锟、唐瑭译，法律出版社2016年版，第27—28页。

种强调保护地与周围生态系统相联系的理念，需要确保周围环境是为维护生物多样性保护而管理。《建立国家公园体制总体方案》提出"周边社区建设要与国家公园整体保护目标相协调""引导当地政府在国家公园周边合理规划建设入口社区和特色小镇"，这种协调周边社区发展的理念，可进一步规范和落实。可通过明确的规划，划定"缓冲区"和"生态廊道（或环境廊道）"的界限，明确"周边社区"的地理范围，加强对这些区域的社区管理，促进生态系统的整体保护和发展。

（3）第三层级为其他地区，对于既不处于自然保护地范围内，也不属于缓冲区和生态廊道范围内的其他地区的"自然保护小区"，应保持足够的关注，作为广义上"社区治理"的范围，鼓励其生态保护集体行动的发展。严格来说，狭义上的"社区治理"范围，应当以地界划分为识别标识，要求与自然保护地在地理和空间位置上紧密联系，但是由于自然保护地体系无法涵盖所有需要保护的生态系统，此时在自然保护地体系之外发挥社区的力量保护生态环境，可以从整体上有助于生物多样性保护目标的实现。此时，"自然保护小区"便可发挥其作用。《指导意见》指出应当"科学划定自然保护地类型""对现有的自然保护区、风景名胜区……自然保护小区等各类自然保护地开展综合评价……进行梳理调整和归类"，可见，从政策层面来看，我国关注到"自然保护小区"事实上的存在状态，对于符合条件的自然保护小区考虑纳入自然保护地体系进行规范，而对于那些未被纳入或者调整吸收进自然保护地体系范围的"自然保护小区"，也应当给到足够的关注，为其自发的保护行为提供保障和监督。此时，可以明确，"自然保护小区"应当是指位于自然保护地体系之外的"社区保护地"，而"社区保护地"概念由于不涉及具体的机制设计，其是位于保护地体系内还是体系外都没有影响，因此从理论层面上可对其暂不做区分。

对于自然保护地"社区治理"机制适用范围的层级划分，可以既保证对位于自然保护地体系范围内和周边社区的"社区治理"机制进行规范和监督，又能对位于自然保护地体系范围外的"自然保护小区"以法律上的关注，为下位法规范"自然保护小区"留够合理空间，确保整个生态系统维护目标的实现，是对当下环境治理领域"社区治理"机制存在的"法律定位模糊"问题的正面回应。从法律机制构建上来看，这种适用范围的规定，亦应当在高位阶的法律中予以明确，对于自然保护地体系范围内的社区以及周边社区可以作出较多细致规定，对于自然保护地体系范围外的"自然保护小区"可以作出概括规定。

三　我国自然保护地"社区治理"机制的体系构造

通过前文论述可知，以"多元共治"理念为指引构建自然保护地社区治理机制，是矫正当前自然保护地建设与管理中探索的多种形式的"社区治理"的不足、构建《指导意见》部署的"统一规范高效的管理体制"的关键。具体而言，包括通过以"多元共治"理念为指引构建完善的"社区治理"共管机制以转变"机制功能的补正性"为特征，构建规范系统的法律体系以填补机制的缺位性问题、消除法律定位的模糊性，通过责任机制的构建以保证社区治理的可问责性。

（一）"社区治理"机制的具体构成

以"多元共治"理念为指引，为从 IUCN 治理模型中寻找自然保护地"社区治理"机制合理的理论定位奠定了基础。在具体的机制构造设计过程中，应当结合 IUCN 的规则经验，将"多元共治"理念从源头融入机制设计的全过程，以实现社区主体"补正"功能的角色转变，确保其治理主体机制定位的充分实现。"社区治理"共管机制是自然保护地"社区治理"机制的主要表现形式，应通过创新共管模式，建立健全共管机制，使得社区主体可以在自然保护地治理中"享有权威、对重大决策负责"。

结合 IUCN 对于"社区治理""共同治理"治理模型的经验，为充分鼓励社区主体参与"共同治理"，我国当前的"社区治理"机制可以从贯彻参与式理念、健全共管合作机制、构建多元化生态补偿机制等方面具体展开。

1. 将参与式理念贯彻"社区治理"全过程

参与式理念产生于人们对传统发展理念（以经济为中心，忽略人、文化、社会等因素）的反思，将人纳入了发展考虑的范畴，在新的发展理念中，农村社区的发展目标就是要使弱势群体能够公平地掌握和控制资源，公平地获得发展的机会，公平地分享发展的成果。而要实现公平发展，其必然的途径就是参与。[①] 在自然保护地治理体系中，社区主体通过

[①] 参见李晟之《社区保护地建设与外来干预》，北京大学出版社 2014 年版，第 144—145 页。

对各种形式的共管机制的全过程参与，如参与式调查、参与式管理、参与式规划、参与式制图等，可以避免和消除社区治理的偏见，确保社区治理信息的公开透明、充分体现社区主体的意愿，实现治理过程和治理成效的实质公平。

2. 健全共管合作机制

由于我国自然保护地"社区治理"机制的本质应是社区在政府主导下参与治理的"共同治理"模式，因此，应当从如下三个方面构建完善的共管机制，确保社区有效参与治理活动：（1）在共管委共管模式中，注重共管委组织成员构成和决策的公平。在这种模式下，共管委员会包含了保护区管理局、政府部门、村委会等多元主体，[①] 对保护地的日常活动进行管理。为了充分保障共管委能真实表达社区意愿，应加强对村两委社区精英（即村支书和村主任）的监督。调整共管委员会组织成员结构和比例，吸纳社区利益相关者和潜在参与者，按照比例调整社区共管委员会成员结构，细化社区共管委员会表决程序。[②] 此外，还应注意完善利益分配机制，注重对社区边缘群体利益的考虑，[③] 让社区群众在集体行动中共享生态保护成效。（2）在协议共管模式中，应以法律形式明确协议内容，确保磋商程序和内容的公开。协议共管是IUCN推荐的重要共管形式之一，主要是指，由保护地管理部门或其他管理机构与社区签订共管协议，在不改变土地权属的情况下，明确权责利，实现多方合作，达到社区保护目标的社区保护模式。[④] 在协议共管模式下，社区主体不再是被动参与保护、单方面服从政府的行政指令，而是通过协议的签订，正式成为保护的主体。社区通过缔约合同，与政府构成平等的民事法律关系，使得社区拥有保护的权利和义务，也可以通过磋商，以协议的形式确定社区参与管理可以获得的利益。在此过程中，需要以立法的形式设置平等的协商或磋商

[①] 参见张引、杨锐《中国自然保护区社区共管现状分析和改革建议》，《中国园林》2020年第8期。

[②] 参见董新新、彭玮《基于我国自然保护地实践的社区共管机制研究》，《宜宾学院学报》2021年第9期。

[③] 参见张引、庄优波、杨锐《世界自然保护地社区共管典型模式研究》，《风景园林》2020年第3期。

[④] 参见［美］巴巴拉·劳瑭《保护地立法指南》，王曦、卢锟、唐瑭译，法律出版社2016年版，第117—118页。

程序，就协议的形式和内容在法律中明确，避免在实践中协议流于形式缺乏关键要件。为确保协议磋商的公平，还应当在磋商程序启动前、启动中和启动后就磋商协议的内容予以公开，涉及重大利益的，还应举行听证，确保社区居民的参与权、知情权、监督权实现。(3) 在项目共管中应注重主体建设。项目共管即是指社区通过开展内容多样的保护地建设项目来实现自然保护地管理目标的活动。这种共管模式往往有着明确的项目目标，各管理主体在项目活动中拥有平等的地位，可以项目建设为中心展开协商，具有更大的灵活性和针对性，往往能在短期内实现明显成效。但是也囿于项目资助者对于项目成效的可视性要求，导致项目共管也往往面临重视客体建设、轻视主体建设的问题。客体建设体现为开展生态监测、组织资源巡护、植树造林、发展替代生计项目等，这些建设项目往往为短期项目，而主体建设体现为村干部的决策受监督，社区能做到"民主选举、民主决策、民主管理和民主监督"，① 社区居民的环保意识与参与治理意识较强。只有重视主体建设，提高社区的治理能力和治理意识，才可以真正使得这些客体建设项目展现长期成效，保障社区主体参与"共同治理"具有不竭动力。

3. 构建多元化生态补偿机制

构建多元的生态补偿机制，既是解决环境治理外部性问题的重要方式，亦是确保社区以主体身份共同参与治理的重要形式。由于自然保护地的管控目标，使得核心区的原住居民搬离其世代居住的土地，一般控制区的原住居民活动范围和方式严重受限，极大影响了原住居民的经济、生态利益。为了确保保护成效长久维持，必须对原住居民的这种权益受损状态予以救济，即对原住居民进行多种形式的生态补偿。对于搬迁居住地和活动受限的原住居民给予一次性直接的经济补偿只能是方式之一，是"输血式"补偿，实践中的补偿标准往往难以涵盖原住居民所遭受的所有损失，必须建立多元系统的生态补偿机制，创新"造血式"补偿方式，使原住居民能在实现自然保护地保护目标的同时，维护自己的经济和生态利益。从支付方式来看，可以建立货币补偿、实物补偿、智力补偿、政策性

---

① 参见李晟之《社区保护地建设与外来干预》，北京大学出版社 2014 年版，第 103 页。

补偿和项目补偿等多样的补偿方式。① 引入市场补偿机制，以保护地役权制度、特许经营制度、生态税费制度等，鼓励社区主体以多元方式参与保护地建设、弥补其受损利益。同时，以为原住居民提供生态岗位、鼓励原住居民发展特色旅游、开展特色生态体验项目的方式，充分彰显其治理主体地位，鼓励其参与社区治理，降低其对自然资源的依赖程度，通过多种不影响生态的方式实现创收，确保"共同治理"成效的长久维护，实现"多元共治"新格局。

（二）"社区治理"机制的法律表达

预期从管理机制层面构建与实施自然保护地"社区治理"模式，就必须完成其从政策理念到法律制度体系的转化，为"社区治理"机制的长效运行提供制度保障。但是，政策法律化并非简单地将政策"搬家"至法律，而是需要立足于中国自然保护地体系建设目标，实现自然保护地体系建设从政策立场向法律态度的转化、从政策逻辑向法律体系的转化、从政策语言向法律概念的转化、从政策话语向法律制度的转化。② 具体而言，需要采取如下措施。

1. 自然保护地"社区治理"概念的法定化

在未来的《自然保护地法》中统一规定"社区治理"概念内涵、适用范围及共管运行机制、约束机制；同时，在已经启动制定的《国家公园法》中对于"社区治理"机制作出总体设计与明确规定。由于现行法律制度体系还存在对"社区治理"机制用语不统一、概念表达混乱的问题，欲构建系统完善的"社区治理"机制，首要任务就是在法律规范中明确规定"社区治理"机制，并明确其语义内涵，以稳定清晰的制度规定引领和指导实践发展。由于我国未来的自然保护地立法体系应该是"基本法+专类保护地法"的总分结构，《自然保护地法》将被定位为自然保护地建设和管理的基本法，③ 这为"社区治理"机制的法律化构建提供

---

① 参见曹明德《对建立生态补偿法律机制的再思考》，《中国地质大学学报》（社会科学版）2010年第5期。

② 参见吕忠梅《自然保护地立法基本构想及其展开》，《甘肃政法大学学报》2021年第3期。

③ 参见吕忠梅《以国家公园为主体的自然保护地体系立法思考》，《生物多样性》2019年第2期。

了契机，亦须妥善处理其可能面临的基本法与单项法之间的衔接矛盾和冲突。从立法逻辑考量，《自然保护地法》作为自然保护地法律体系中的"基本法"，应当对自然保护地体系建设的共性问题进行规定。其中，"社区治理"作为"多元共治"理念下的治理模式设计，对其概念内涵、适用范围及运行机制、约束机制的规定，具有普遍性，适用于所有保护地类型，因此应当将其作为基础内容，规定于《自然保护地法》之中。由于当前《自然保护地法》尚未进入立法程序，因此，还应将《国家公园法》作为制度设计的重点，可在为《自然保护地法》留足立法空间和衔接余地，在体系化承接概念内涵、适用范围、共管机制、约束机制的同时，还应结合国家公园的特点设置更具有针对性的"社区治理"法律机制。

2. 在自然保护地法律法规中体系化规定原住居民权利

在《自然保护地法》中概括规定原住居民权利体系，再由下位法对该权利体系做出细化规定。多元共治理念下的"社区治理"机制，治理目标的实现有赖于原住居民和社区组织，其中最终的管理行动都将落实到每一个社区原住居民身上。对其所享有的权益明确，可以确保其能充分地参与治理行动，在行使权利、维护其所拥有的权利的过程中，实现社区的管理目标。自然保护地往往实行严格的管控措施，对于原住居民的生产、生活行动设定了诸多限制，剥夺或影响了其根据传统习惯、文化习俗利用自然资源满足其经济利益、生态利益、宗教文化利益的权益，自然保护地管理部门、政府作为管理者，却无法为社区居民提供足够的经济补偿，使社区居民获得的利益与其支出成本不一致。[1] 因此必须在法律上对原住居民的权利进行明确，以实现实质公平。原住居民权利体系，应当包括实体权利和程序性权利。从实体权利观之，应创设以传统资源权和共同管理权为核心要素，兼含生态补偿权、特许经营权为补充内容的自然保护地原住居民权利体系，[2] 并在《自然保护地法》中概括规定该权利体系，再由下位法对该权利体系的内涵与保障、救济方式进行明确。而程序性权利，主要包括社区居民的参与权、知情权、监督权等，可在协议保护、共管委创

---

[1] 参见秦天宝《环境公益与经济私益相协调：保护地居民权利保障的基本原则》，《世界环境》2008年第6期。

[2] 参见李一丁《整体系统观视域下自然保护地原住居民权利表达》，《东岳论丛》2020年第10期。

设等机制构建过程中,将这些程序性权利予以体现和明确。

3. 体系化规定社区治理制度体系

在《国家公园法》等自然保护地专项法以及各地方立法中,可以根据其各自保护的自然保护地类型的生态价值特征、管理目标、资源权属等确立具体的多元治理类型与制度。[①] 例如,根据国家公园的分区管控措施,可进一步明确在不同的管控区域,社区原住居民的行为受限制程度及其所拥有的权利类型。

(三) 社区治理机制的约束效力

根据 IUCN 对"治理"的定义,社区主体作为自然保护地"多元共治"的重要主体之一,不仅要拥有治理的决定权和管理权,还应当对管理负责,[②] 即对其行为承担责任,构建问责机制。"多元共治"理念下社区治理的问责机制,就是要求社区主体作为责任承担主体,对其做出的环境管理决定、参与的环境管理行为负责。是否能为其管理行为负责,是判断社区是否享有治理主体地位的重要标志。传统的环境行政治理模式下,社区作为行政命令的接受者和服从者,仅仅对其参与环境管理的行为过程负责,而不用对最后环境管理的结果负责,最后的行为均由政府兜底。而在社区治理模式下,社区治理本就是行政权力下放至基层,赋权给社区的过程,社区分担了原有公权力的职责,因此就必须对其行为进行问责。应构建完善的环境民事、行政、刑事责任制度,以生态修复为主,明确损害赔偿或补偿的标准,构建社区居民和社区组织承担责任的权责划分体系。同时,还应当在法律中明确,对于违反共管协议不按照约定履行其管理职责且无法补救的,除了要承担民事、行政、刑事责任,还应偿还其从政府获得的财政利益或投资,退还优惠的税费或补贴。

四 结语

我国传统的以行政机关主导的"政府治理"模式在自然保护地体系

[①] 参见刘超《自然保护地体系结构化的法治路径与规范要义》,《中国地质大学学报》(社会科学版) 2020 年第 3 期。

[②] 参见 [英] 达德里主编《IUCN 自然保护地管理分类应用指南》,朱春全、欧阳志云等译,中国林业出版社 2016 年版,第 52 页。

建设过程中，暴露出了诸多问题，抢救式的资源保护和"一刀切"的管理模式，激发了自然保护地与周边社区的"人地矛盾"。在我国大力推进治理体系与治理能力现代化改革的今天，应当转变治理理念，由"政府独管"转向"多元共治"。在此背景下，《指导意见》提出探索"社区治理"保护方式，就是要在政府主导的治理体系中引入社区多元主体力量，共同构建"多元共治"新格局。同时，通过对概念进行溯源，经对比可知，我国所欲构建的自然保护地"社区治理"机制与IUCN 总结的"社区治理"类型，亦具有功能定位的差异。IUCN 的"社区治理"概念，强调社区在治理中发挥主导作用，具有"独管"地位，这与我国以政府主导为背景的环境治理体系并不相符。因此，应当将其界定为，是 IUCN 推荐的"政府治理"与"社区治理"相结合的共同治理模式更为妥当。以此核心概念为统摄与指引，可以从完善社区治理的共管机制、实现"社区治理"机制的法律化转化、构建法律保障机制、构建社区治理的问责机制等层面，展开自然保护地"社区治理"模式的机制构造。

第三节　自然保护地共同治理机制的定位及构建路径

政府治理、共同治理、公益治理和社区治理四种治理类型，是 IUCN 确定的四种自然保护地治理类型，划分标准是根据拥有自然保护地决定权、管理权以及负责主体的不同。《指导意见》将"探索"新型治理机制作为建立统一规范高效的自然保护地管理体制的重要内容，说明我国从《IUCN 自然保护地治理指南》借鉴并引入的自然保护地公益治理、社区治理和共同治理这三种类型，相对政府治理而言，缺乏立法依据和实践基础。

其中，"共同治理"在自然保护地治理之外的其他领域已有较为丰富的前期研究和制度实践。由此导致，《指导意见》要求"探索"的自然保护地"共同治理"机制虽源于《IUCN 自然保护地治理指南》，但一旦被引入我国，我国已经构建的环境"共同治理"机制便成为其逃离不开的制度背景与机制约束。申言之，借鉴于 IUCN 文件的自然保护地"共同治理"与源于本土的环境共同治理,在我国自然保护地体系与制度建设中相遇并耦合,共同成为中国自然保护地"共同治理"机制建设的渊源与依据。我国自然保护地"共同管理"机制建设,必须嵌入和对接我国已层累演进的环境共同治理机制,同时借鉴 IUCN 自然保护地四种治理类型划分语境中"共同治理"的机制要义,归纳自然保护地"共同治理"提出的特殊机制需求。这是我国构建自然保护地"共同治理"机制的应然逻辑,本节拟循此逻辑进路,探究我国自然保护地共同管理机制的体系定位与制度构造。

一 环境共同治理的内涵与要义

《指导意见》提出的自然保护地"共同治理"机制的直接依据是 IUCN 承认并推荐世界各个国家和地区采纳的一种类型的自然保护地治理机制,但在我国并非一项从无到有的机制创新。近些年来,我国在多领域的理论探究和实践试点基础上探索构建生态环境保护领域的共同治理机制,自然保护地体系建设是生态环境保护的重要领域和构成部分,从 IUCN 引入的"共同治理"机制一旦被纳入我国的自然保护地管理体制改革中,就需要有机融入我国正在渐趋体系化构建的环境共同治理机制。因此,在构建专门自然保护地共同治理机制时,需要以辨析我国正在构建的环境共同治理机制的内涵与要义为前提。

(一)"共同治理"的概念溯源及内涵

"共同治理"由经济学上的利益相关者理论发展而来,[①] 较早应用于公司治理领域,主要是指公司由利益相关者共同所有,通过一定的契约安排和制度设计分配给所有利益相关者参与企业控制权与所有权分配的机

[①] "利益相关者"这一概念最早是 20 世纪 60 年代,由美国斯坦福研究院作为经济学的概念首先提出的,认为"利益相关者就是那些没有其支持,就不可能生存的组织团体,包括股东、员工、顾客、供应商、分销商、债权人等"。利益相关者理论的基本主张包括:(1)所有利益相关者都有权利参与可能影响他们的企业决策;(2)管理者负有为所有利益相关者群体的利益服务的信托责任;(3)企业的目标是促进所有利益相关者(stakeholder)的利益,而不仅仅是股东(stockholder)的利益。See John R. Boatright, "Contractors As Stakeholders: Reconciling Stakeholder Theory with the Nexus – of – Contracts Firm", *Journal of Banking & Finance*, Vol. 26, No. 9, September, 2002, pp. 1837–1852.

会，实现相互牵制、约束，①从而实现长期稳定合作的目的。随着共同治理理念受到广泛认可，共同治理从最初在企业治理结构改革、高校治理等专门领域逐渐拓展到社会治理这一更为广阔的领域，近些年来，在抗灾救灾应急管理、扶贫和慈善事业发展、食品药品安全生产等领域，②得到普遍适用，相关研究也开始将"共同治理"作为一个社会命题纳入研究对象。

1. "共同治理"模式的理论阐释

多个领域实施的"共同治理"以具有"多元决策中心"为主要特征，是社会治理领域的一种理想型组织架构。经典文献曾通过长期的社会实证研究，认为公共事物的治理既没有彻底的私有化，也没有完全受到政府权力的控制，③而应当摆脱单中心治理方式，建立有社会参与的多中心治理模式。"多中心"意味着在形式上存在诸多相互独立的决策中心，相互竞争又相互合作，以连续的、可预见的互动行为模式，从事合作性活动或者利用核心机制来解决冲突，④有效克服单一依靠政府或市场的不足。

在这种多中心治理格局中，政府不再通过简单地发号施令或采取行政措施垄断性地解决问题，而是更频繁地与市场、社会互动。其中，市场机制能够促进公共物品供给与需求之间的平衡，提高公共物品的供给效率和效能；社会维度则可以由个体组织通过自筹资金与自主合约的形式进行自主治理，规避公共事物的治理困境。⑤这种治理模式趋向治理权力下放，尤其注重发挥社会组织的积极作用、不同主体的优势以及主体之间的沟通

---

① 参见杨瑞龙、周业安《论利益相关者合作逻辑下的企业共同治理机制》，《中国工业经济》1998年第1期。

② 例如，汶川地震后"绵竹市灾后援助社会资源协调平台"的搭建即为资源融合、多元主体的合作互动提供了载体。在这一应急管理过程中，政府与社会组织、企业等主体之间形成了平等合作关系，协同进行了灾后应急管理工作。参见王名、蔡志鸿、王春婷《社会共治：多元主体共同治理的实践探索与制度创新》，《中国行政管理》2014年第12期。

③ 参见［美］埃莉诺·奥斯特罗姆《公共事物的治理之道——集体行动制度的演进》，余逊达、陈旭东译，上海三联书店2000年版，"译序"第3页。

④ 参见［美］埃莉诺·奥斯特罗姆、帕克斯、惠特克《公共服务的制度建构》，宋全喜、任睿译，上海三联书店2000年版，"中文版序言"第11—12页。

⑤ 参见李平原《浅析奥斯特罗姆多中心治理理论的适用性及其局限性——基于政府、市场与社会多元共治的视角》，《学习论坛》2014年第5期。

与协调效能。①

2. "共同治理"的政策内涵

"共同治理"在我国从公司治理领域向公共治理领域的引入,最早出现在《国民经济和社会发展第十二个五年规划纲要》(2011年)中,"创新社会管理体制"一章将"坚持多方参与、共同治理"作为完善社会管理格局、创新社会管理机制的原则之一。2014年《政府工作报告》中强调在推进社会治理创新中"注重运用法治方式,实行多元主体共同治理"。2019年《中共中央关于坚持和完善中国特色社会主义制度 推进国家治理体系和治理能力现代化若干重大问题的决定》在社会治理制度方面,强调"完善党委领导、政府负责、民主协商、社会协同、公众参与、法治保障、科技支撑的社会治理体系",建设社会治理共同体。

因此,从政策体系上来看,一方面,"共同治理"承认多元主体地位的合理性以及不同主体之间合作的可能性,将明确政府、市场与社会的职能分工和作用边界作为多元主体共同治理的前提,要求以法治为共同治理的基本方式和基础,厘清不同治理主体的权利(力)、责任内容及冲突的解决机制,② 对共同参与的公共事务达成共识,提高社会治理效能。另一方面,社会治理共同体的建设,为不同主体充分发挥各自优势和功能提供了空间,一定程度上限制了公权力的扩张。尤其是群团组织、社会组织、行业协会商会等机构具有社会性、民间性和相对独立性的优势,相比政府而言,面临较低的体制失灵风险;相比市场力量而言,又因并非完全外生于体制而不存在对抗的危险,这种"独立于体制之外又表现出体制内吸"的特性,③ 使之被期待逐渐成为社会治理的重要主体。

因此,无论是学理研究中的"共同治理"模型,还是我国政策体系中的"共同治理"模式,其共性在于改变政府单中心发挥作用的方式,

---

① See Claudia Pahl-Wostl, "A Conceptual Framework for Analysing Adaptive Capacity and Multi-level Learning Processes in Resource Governance Regimes", *Global Environmental Change*, Vol. 29, No. 3, 2009, pp. 354-365.

② 参见王春婷《社会共治:一个突破多元主体治理合法性窘境的新模式》,《中国行政管理》2017年第6期。

③ 参见王名、蔡志鸿、王春婷《社会共治:多元主体共同治理的实践探索与制度创新》,《中国行政管理》2014年第12期。

强调形成以政府、企业、社会组织和公众等多元主体协同协作、互动互补的治理格局和多元决策中心，不同主体在一定规则的约束下以不同形式共同行使治理权，以实现治理力量的合理均衡。①

（二）环境共同治理的机制内涵

世界各国环境立法之初，都以政府是环境公共利益的最优代表者与代理者为基本共识，建构了以行政管理制度为主线的法律体系。② 我国的《环境保护法》确立的环境治理模式以政府对企业的监管为主导，以公众参与为补充。在环境治理规范上，以政府环境责任和企业环境义务为主体内容，而公众和社会组织作为治理主体的相关规范内容相对缺乏。③ 但是，随着社会结构多元化，"命令—服从"的权威型管制模式和"执法者—企业"二元关系模式中制度抵牾、机制断裂、结构封闭等内生缺陷日益显现，④ 社会力量狭窄的参与空间和阻塞的表达渠道使环境单向管理本身的盲点与缺陷难以得到纠正。⑤

为探索有效、可持续的环境治理模式，《关于构建现代环境治理体系的指导意见》《中华人民共和国国民经济和社会发展第十四个五年规划和2035年远景目标纲要》先后强调构建、健全"党委领导、政府主导、企业主体、社会组织和公众共同参与"的现代环境治理体系，为环境共同治理的机制构建与实践运行指引了方向，即要求以多方共治为主要原则，在明晰政府、企业、公众等各类主体权责的基础上，形成多元主体共同参与、平等合作的互动环境治理模式，以促进不同主体之间通过平等表达利益诉求达成共识，共建环境多元共治格局。进一步展开阐释，环境共同治理机制的内涵包括以下几个方面：

---

① 参见夏锦文《共建共治共享的社会治理格局：理论构建与实践探索》，《江苏社会科学》2018年第3期。

② 参见吕忠梅《习近平法治思想的生态文明法治理论》，《中国法学》2021年第1期。

③ 参见陈海嵩《生态环境治理体系的规范构造与法典化表达》，《苏州大学学报》（法学版）2021年第4期。

④ 在现实中表现为地方生态环境保护目标的虚化与悬置、运动式环境执法的"常态化"、执法者与污染者合谋的法律规避等现象。参见刘超《管制、互动与环境污染第三方治理》，《中国人口·资源与环境》2015年第2期。

⑤ 参见苟丽丽、包智明《政府动员性环境政策及其地方实践——关于内蒙古S旗生态移民的社会学分析》，《中国社会科学》2007年第5期。

（1）政府职能转型与权力让渡。政府虽然在环境治理中仍占据主导地位，但是其定位从全能型的管理者、命令控制者逐渐向服务者、激励者、监督者转变，① 作为多元主体共同治理网络中的利益协作平衡点和连接点，通过权力下放充分调动非政府主体的环境治理自主性、积极性，以公平有序地参与环境治理。一方面，政府作为服务者、激励者，更加注重发挥非行政手段的作用，通过环境税费、绿色补贴等利用市场的工具以及排污权交易、碳排放权交易等创建市场的工具，② 激励企业提高污染处理和环境保护能力，以克服政府几乎包揽所有环境治理工作导致的监管无动力、无能力、无压力等不足。③ 另一方面，政府作为协调者和监督者，通过引入第三方实现间接治理，即主要由第三方发挥其在专业技术上的优势，排污企业付费购买该第三方企业的专业环境服务，规模化、集约化完成污染治理任务，提高环境治理效率。④

（2）企业从受制主体到治理主体。企业在环境共同治理中，不再仅作为引发环境负外部性主要行为人的受管制者、治理对象，而成为积极、主动参与环境治理的主体，如通过开展技术创新、推行清洁生产、实施环境认证等方式履行其社会责任，实现自我规制和自主治理。或者与政府之间通过谈判协商签署自愿环境协议⑤，克服信息不对称的弱势地位，享有充分的发言权与决策权，与政府之间平等合作，双方就污染防治等问题达成共同目标与共同行动方案。

（3）社会组织和公众作为环境共同治理的主要参与主体，并非停留在传统环境管制模式下人大和政协监督、公众信访和集体抗争等形式上的参与，而是通过完善公众监督和举报反馈机制，引导具备法定资格的环保组织提起环境公益诉讼活动等更加丰富的形式和途径，实质参与环境决

---

① 参见梁甜甜《多元环境治理体系中政府和企业的主体定位及其功能——以利益均衡为视角》，《当代法学》2018年第5期。

② 参见朱德米、周林意《当代中国环境治理制度框架之转型：危机与应对》，《复旦学报》（社会科学版）2017年第3期。

③ 参见齐晔等《中国环境监管体制研究》，上海三联书店2008年版，第3页。

④ 参见刘超《管制、互动与环境污染第三方治理》，《中国人口·资源与环境》2015年第2期。

⑤ "自愿环境协议"是指企业和政府为达到环境治理具体目标而订立的协议，需要政府与企业之间进行正式协商，在一致同意的基础上确立双方在生态环境保护领域中的权利义务关系。

策、执行监督等过程，发挥社会组织和公众的特殊治理功能。① 例如，工会、共青团、妇联等群团组织，可借助组织凝聚力等优势积极动员；行业协会、商会等，可利用自身专业影响力和资源整合能力，创制绿色贷款标准、环境信息披露标准等作为参与环境治理的策略，发挥桥梁纽带作用。此外，推进环境保护教育，加大环境公益宣传力度等，引导公民加强环保意识、提高环保素养、自觉履行环境保护责任，是环境共同治理全民行动的关键环节。

因此，在环境共同治理机制中，虽然多元治理主体各自代表不同利益，但基于生态价值意识认同感和生态环境保护共同目标，通过信任、互惠、协调、合作的互动模式寻求利益契合着力点，形成多中心的环境治理网络，并应用多样的环境治理手段，使该网络呈现与一方独享决策权限的科层制不同的多层次关联性，② 从而推动环境共同治理体系结构稳固发展、互动有效运转。

二 自然保护地共同治理的体系定位及其适用范围

IUCN 通过总结自然保护地治理实践区分了政府治理、共同治理、公益治理和社区治理四种治理类型和方法，均可与《指导意见》基于管理目标和效能的不同确定的国家公园、自然保护区和自然公园三类自然保护地类型相关联，这为实现我国自然保护地治理目标提供了制度空间。为此，应当首先厘清共同治理机制在我国自然保护地管理与保护中的体系定位与适用范围，这不仅是源于顶层设计的明确部署，而且是自然保护地本身提出的治理需求。

（一）自然保护地共同治理机制的体系定位

《指导意见》规定由政府发挥其在规划、建设、管理、监督、保护和投入等自然保护地体系相关方面的主体作用，并将共同治理等方式界定为分级行使自然保护地管理职责的具体实施机制，回应并强调了以政府为主导的自然保护地治理原则。因此，结合自然保护地治理的内生需求，分析

---

① 参见吕忠梅《习近平生态环境法治理论的实践内涵》，《中国政法大学学报》2021 年第 6 期。

② 参见杜辉《环境私主体治理的运行逻辑及其法律规制》，《中国地质大学学报》（社会科学版）2017 年第 1 期。

政府治理的不足与共同治理模式的主要特征即为明确共同治理机制定位的前提。

自然保护地政府治理是历史上的传统方法，即政府基于公共信托理论直接、单独负责对保护地的管理，保护地立法也通常基于这一模式来界定政府管理自然保护地的权力、义务和责任，这一类型下，政府对保护地的保护目标与管理计划单独地享有决策权和执行权。[1] 然而，近年来，从地方到全球，社会和生态发生了前所未有的变化，对自然保护地功能和服务的需要也随之改变，自然保护地治理日益复杂，需要用创新的方法来管理和保护保护地。[2]

根据《指导意见》对"自然保护地"内涵的界定，[3] 有效的治理机制应当在以下两方面回应自然保护地的客观需要：第一，与单一环境要素或具体自然资源类型不同，自然保护地是一个生态区域，"自然保护地"是一个整体性空间概念，自然保护地治理应当充分考虑区域内部生态系统的关联性、完整性，以系统观、整体观回应其治理需求；第二，自然保护地除了具有生态价值，能够提供生态服务和维护国家生态安全，还兼具文化价值等功能，自然保护地治理应当综合考虑保护地表现在科研、教育、休闲娱乐等具体领域的多重价值发挥。然而，政府自然保护地管理机构在专业能力、职责分配、执法资源配置等方面难以因应自然保护地管理中的多元现实需求，[4] 单一政府治理模式逐渐难以满足自然保护地的建设和保护目标。

社区治理、公益治理以及共同治理均为克服政府治理模式不足而创新探索的新型治理机制，为私主体在自然保护地治理中拥有一定内容的权责、发挥主体性功能提供了制度空间。其中，社区治理的自然保护地由相

---

[1] 参见［英］费耶阿本德等编著《IUCN自然保护地治理——从理解到行动》，朱春全、李叶、赵云涛等译，中国林业出版社2016年版，第46页。

[2] See Kevin S. Hanna, Douglas A. Clark, D. Scott Slocombe, *Transforming Parks, Protected Areas: Policy and Governance in a Changing World*. London, New York: Routledge, 2007, pp.39-61.

[3] 《指导意见》规定，"自然保护地是由各级政府依法划定或确认，对重要的自然生态系统、自然遗迹、自然景观及其所承载的自然资源、生态功能和文化价值实施长期保护的陆域或海域。"

[4] 参见刘超《国家公园体制建设中环境私人治理机制的构建》，《中州学刊》2021年第4期。

关原住民或地方社区作为集体共有财产进行管理。公益治理也称私人治理，此种类型下的自然保护地由个人、合作社、非政府组织或公司控制和/或所有，以营利性或非营利性的方式实施管理。① 二者均主要由私主体享有决定权与所有权（或管理权）。

自然保护地共同治理是调动和整合相关治理资源的"最有效方法之一"。② 在治理主体层面，共同治理涉及两个或两个以上权利持有方和利益相关方在保护地治理上的合作，由众多赋权的政府或非政府部门之间实现管理权力和责任的分享，③ 与环境共同治理机制的内涵相通。因此，共同治理既与由政府单独拥有实质性决策权力的政府治理不同，也与由私主体享有所有及管理权能、承担相应责任的公益治理存在差异，还与将主要治理主体限定为原住民和/或地方社区的社区治理明显不同，它是前述三种类型组合而形成的一种动态合作序列。④

自然保护地共同治理的主要优势在于治理主体范围广泛、参与灵活，多方治理主体在自然保护地治理中能够立足各自角色定位发挥优势，通过整合知识、技能、资源和制度优势产生协同效应，形成合力，减少单方治理失败的风险，提高治理效能。同时，多方主体的参与可以通过相互制衡促使决策更加透明，通过平等协商促使决策更加合理、可接受，一定程度上可以克服政府治理在专业能力、职责分配、资源配置等方面的局限性导致在回应自然保护地综合治理和多元需求上的不足。

IUCN 承认的四种自然保护地治理类型实际上是一组动态的治理体

---

① 参见［美］巴巴拉·劳珊《保护地立法指南》，王曦、卢锟、唐瑭译，法律出版社 2016 年版，第 101 页。

② 2003 年，第五届世界自然保护联盟世界公园大会（IUCN-WPC）要求增加共同治理（co-managed governance or shared governance）作为实现保育目标的应用手段，共同治理因充分利用了由原住民、流动和地方社区、地方政府、非政府组织、资源利用者以及私营部门自行支配的重要财产以及各种保育相关的知识、技能、资源和制度，而被大会强调为"调动……保育相关资源最有效的方法之一"。参见［美］巴巴拉·劳珊《保护地立法指南》，王曦、卢锟、唐瑭译，法律出版社 2016 年版，第 104 页。

③ 参见［英］达德里主编《IUCN 自然保护地管理分类应用指南》，朱春全、欧阳志云等译，中国林业出版社 2016 年版，第 52—53 页。

④ 参见［英］达德里主编《IUCN 自然保护地管理分类应用指南》，朱春全、欧阳志云等译，中国林业出版社 2016 年版，第 92 页。

系。首先，实践中自然保护地的建立和现行的治理模式，均是历史、文化等因素以及地方政府、社区等组织机构相关作用的结果，有相应的立法或规则支撑保障。其次，不同主体以不同方式参与保护地治理的不同方面，为应对快速变化的生态环境和社会环境，及其对自然保护地不断变化的需求，自然保护地治理体系有待更新甚至重构，以形成更加稳固、适应力强、可持续的动态治理体系结构。因此，从这一功能主义角度考虑，自然保护地治理体系仍应当以传统政府治理机制为主导，以共同治理为代表的新型治理机制为辅助和补足，结合实践中的具体情况择优或组合应用。①

（二）自然保护地共同治理的适用范围和治理主体

我国自然资源权利制度基础，以及自然保护地的全民公益性特征，决定了政府主导原则的正当性，也使共同治理机制区别于主要由私主体参与决策或执行的社区治理与公益治理，成为实践中可以且有必要得到广泛适用的自然保护地治理机制。

《指导意见》部署的自然保护地体系建设，实质上是一个按照新型标准体系重构既有分散设立、名称各异的自然保护地和设置新型自然保护地的系统工程。我国 60 多年来陆续建立各级各类自然保护地 1.18 万处，占国土陆域面积的 18%，领海面积的 4.6%，陆域自然保护地在数量和面积上占有绝大多数，以此为基础，未来的自然保护地体系中陆域自然保护地也会占有多数。② 陆域自然保护地依附于土地，根据我国《宪法》和《民法典》的制度安排，土地所有权类型包括国家所有权和集体所有权。一方面，国家所有土地上的自然保护地不具备"公益治理"

---

① 例如，面积广阔、历史情况复杂的自然保护地，其中包含的小范围独特自然保护地仍有可能适用共同治理、公益治理或者社区治理等多种治理类型。并且，治理类型的配置可能随时间的推移而变化，如始于政府治理等独管模式的自然保护地，在下一阶段也可以根据具体需要改变为其他治理模式。参见沈兴兴、曾贤刚《世界自然保护地治理模式发展趋势及启示》，《世界林业研究》2015 年第 5 期；[英] 达德里主编《IUCN 自然保护地管理分类应用指南》，朱春全、欧阳志云等译，中国林业出版社 2016 年版，第 55 页。

② 以国家公园为例，国家林草局、财政部、自然资源部、生态环境部 2022 年年底联合印发《国家公园空间布局方案》，遴选出 49 个国家公园候选区（含正式设立的 5 个国家公园），总面积约 110 万平方千米，其中陆域面积约 99 万平方千米、海域面积约 11 万平方千米。

的基本前提，①且原住居民尚不具备决策和执行自然保护地治理相关事宜的能力，需要政府加以引导和指导，可通过探索特许经营制度、引入志愿服务机制等途径参与自然保护地的治理。另一方面，建设于集体所有土地上的自然保护地虽然在实践中占有较大比例和面积，但是由于自然保护地是由各级政府依法划定或确认的，政府不可避免地作为治理机制中的一方，在政府相对强势的主导基础上，较难适用社区治理模式实现社区（农村集体）对于保护地管理的共同主导或主要主导。相反，集体所有土地的所有权人、使用权人均为非政府主体，对于划入各类自然保护地内的集体所有土地及其附属资源，②农村集体、集体成员或相关权利主体可以就实施机制中对于自然保护地管理目标的确定、接受何种补偿或激励措施等权利义务内容，采取共同治理方法，与政府进行充分协商，共同做出决策、签订协议、共享收益。此外，实践中已经有了多元主体共同参与自然保护地治理的经验。例如，《西安市秦岭北麓生态环境保护地域网格化管理实施办法》构建了四级网格化管理平台，其主体包括政府、当地社区和企事业单位三类，市、县（区）、镇（街）、村（居）委会四级，当地居民和志愿者等作为网格员实质参与巡查检查等网格化管理，同时通过公示栏公开网格长及网格员联系方式及巡查内容等有关信息，为公众搭建举报监督平台，形成了"政府领导+行业牵头+区域负责+社会协同+公众参与"的网格化管理格局，提升了秦岭自然保护地治理的规范化、精细化、效能化水平。

综上对比分析可知，公益治理和社区治理在我国当前的自然保护地治理中适用范围和程度均较为有限，需要进一步探索试验。共同治理的适用不受土地所有权类型和自然保护地类型的限制，相对而言具备一定的实践基础、政策空间和制度环境，可以进一步形成稳定机制予以适用。

自然保护地共同治理中的治理主体为权利持有方和利益相关方，前者

---

① 《指导意见》中提出的探索的"公益治理"是从 IUCN 指南中直接移植的"舶来品"，指称私人主体自愿将其所有或控制的土地设置为"私有自然保护地"并负责管理。具体分析参见刘超《自然保护地公益治理机制研析》，《中国人口·资源与环境》2021 年第 1 期。

② 《国家公园法（草案）（征求意见稿）》第 23 条第 3 款规定："国家公园范围内集体所有土地及其附属资源，按照依法、自愿、有偿的原则，通过租赁、置换、赎买、协议保护等方式，由国家公园管理机构实施统一管理。"

主要指那些享有土地、水或其他自然资源使用权等合法权利的主体，后者是对土地、水和自然资源持有直接或间接利益和关注，但不一定享有法律或社会赋予其权利的主体。① 具体而言，除政府以外，共同治理机制中的非政府角色主要包括以下几类：（1）土地等自然资源相关权利人。包括直接或间接依赖自然保护地土地及其他自然资源的原住居民和当地社区（农村集体）；自然保护地范围内土地等各类自然资源所有权人、用益物权人；从划入自然保护地的土地上被迫搬迁的居民，或被迫移居到自然保护地区域内的居民。（2）市场主体。包括特许经营市场主体、对自然保护地及其范围内的自然资源有开发利用意向的企业等。（3）有关社会组织和公众。包括关注自然保护地治理的公共基金、私人基金和捐赠方；前来休闲游憩的访客和游客；关注自然保护地和生态环境保护的民间社会组织、机构和个人；以利用或研究为主要目的的行业科研机构、高等院校、社会团体和个人。② 这些非政府实体一旦获得作为治理主体的合法地位，通过立法明确不同类型主体的作用、权利与相应的义务和责任，将有利于合理配置资源和权责，减少内部冲突，共同治理机制也将得到更多的信任和更好地实施。

三　我国自然保护地共同治理的机制构造

在我国多种类型的自然保护地建设过程中，自然保护地的设立大多由政府直接决策并实施，且在建设前期和初期并未经过严格的、综合的、科学的考察和论证，导致政府在管理过程中与其他利益相关主体的利益冲突加剧，公信力逐渐下降，③ 自然保护地治理有效性欠佳。在环境治理规范体系与制度实践中，政府长期占据绝对主导地位，社会与市场力量参与不足，这是我国自然保护地体制改革亟待解决的核心问题之一，是《指导意见》提出探索共同治理等新型机制的重要原因，也是自然保护地共同

---

① ［英］费耶阿本德等编著：《IUCN自然保护地治理——从理解到行动》，朱春全、李叶、赵云涛等译，中国林业出版社2016年版，第23页。

② 参见［英］费耶阿本德等编著《IUCN自然保护地治理——从理解到行动》，朱春全、李叶、赵云涛等译，中国林业出版社2016年版，第29—30页。

③ 参见黄宝荣、马永欢、黄凯、苏利阳、张丛林、程多威、王毅《推动以国家公园为主体的自然保护地体系改革的思考》，《中国科学院院刊》2018年第12期。

治理机制的着力方向与建设重心。

国际上认可的"自然保护地良好治理原则"勾勒了理想的自然保护地共同治理机制要素，主要包括以下方面：（1）保证非政府主体参与治理的合法性和发言权。政府将管理权力下放，培育市场和社会主体积极参与支持自然保护地，确保所有权利持有方和利益相关方能够基于一致的自然保护地长期愿景和保护目标，就自然保护地管理目标和策略展开平等对话和集体讨论；（2）确保清晰、恰当的自然保护地参与治理的主体角色，并形成明确的责任体系，保证"决策中什么最重要""哪个过程或机构能施加影响""谁对什么负责"等信息能被及时获取、监督和反馈；（3）在建立和管理自然保护地时各方主体共担成本、共享利益，注重维护决策公平性，以及争端出现时得到公平公正的裁决；（4）能够有效保护生物多样性、维护生态系统稳定性，同时回应各利益相关方的需求，妥善利用资源，促进社会可持续性和风险管理能力的提升。[①] 随着《建立国家公园体制总体方案》《指导意见》的施行，各地陆续对公私多元主体共同参与不同类型的自然保护地治理展开了不同程度的探索实践，虽初显成效，但也因尚未形成稳定的机制，而缺乏制度保障和激励，面临着可持续发展的挑战，应当通过国家层面的自然保护地立法对其进行确认和规定。

共同治理机制的显著特征及优势在于多元主体的平等参与，构建自然保护地共同治理机制的重点和难点在于确认非政府主体参与治理的合法地位，明确其参与治理的权责内容、冲突解决的依据等具体机制构造。故此，本部分对我国自然保护地共同治理的机制构造的论述，以自然保护地建设与保护领域几种重要的非政府多元主体参与自然保护地治理权责作为逻辑主线，即各个部分分别展开对自然保护地原住居民、企业个人等私主体、社会公众这三类非政府主体参与自然保护地治理中的权责制度设计。在每类主体参与自然保护地治理权责规范制度论述中，参考"良好治理原则"，结合前述归纳的共同治理的特征、定位以及地方立法实践探索，以《国家公园法（草案）（征求意见稿）》《自然保护区条例（修订草案）（征求意见稿）》等实体立法为载体与对象，有针对性地提出构建自

[①] 参见 [英] 达德里主编《IUCN自然保护地管理分类应用指南》，朱春全、欧阳志云等译，中国林业出版社2016年版，第56—57页；[英] 费耶阿本德等编著《IUCN自然保护地治理——从理解到行动》，朱春全、李叶、赵云涛等译，中国林业出版社2016年版，第92—94页。

然保护地共同治理机制的具体建议。

(一)建构我国自然保护地原住居民参与治理的规范体系

我国自然保护地范围内的原住居民多以附着于土地上的各种类型自然资源为主要生产生活方式的载体,人地关系紧密,使得当地社区和原住居民成为自然保护地治理中的核心利益相关者,其权利体系的内容构造与保护地的规划、建设、运营等全过程紧密相关。因此,原住居民及社区参与保护地治理是共同治理理念的应有之义。目前,我国自然保护地相关立法已经对原住居民参与保护地治理的相关权利内容有所关注和规定,初步建立了有原住居民参与的共同治理机制。主要包括:

第一,建立生态管护制度。《三江源国家公园条例》《海南热带雨林国家公园条例(试行)》《神农架国家公园保护条例》《武夷山国家公园条例(试行)》等纷纷建立了生态管护制度,设置生态管护公益岗位,优先聘用国家公园内符合条件的居民,协助国家公园管理机构对生态环境进行日常巡护和保护,报告并制止破坏生态环境的行为,监督保护措施执行情况。《三江源国家公园条例》《神农架国家公园保护条例》还进一步明确了管护补助与责任、考核与奖惩、劳动报酬与绩效奖励相结合的管理机制。

第二,通过签订合作保护协议等共同治理方式实现原住居民对保护地保护和管理的参与。《海南热带雨林国家公园条例(试行)》《神农架国家公园保护条例》规定,国家公园管理机构可以与周边社区或乡镇人民政府、村(居)民委员会等通过签订合作保护协议等方式,共同开展自然资源保护工作,保护国家公园周边自然资源。《云南省国家公园管理条例》《武夷山国家公园条例(试行)》明确县级以上人民政府应当通过采取建立社区共管共建机制等方式,鼓励和引导当地社区居民参与国家公园的保护和管理。

第三,鼓励原住居民通过从事特许经营活动参与共同治理。《海南热带雨林国家公园特许经营管理办法》规定,原住居民利用享有所有权或使用权的房屋开展餐饮、住宿等经营服务活动,可以不通过竞争方式确定特许经营者,可以免收或减收特须经营使用费。对于企业等其他类型的特许经营市场主体,鼓励其通过向原住居民分享特许经营收益、聘用原住居民等方式,促进居民增收。《神农架国家公园保护条例》规定,国家公园管理机构应当支持生态搬迁的移民参与特许经营活动,保障、改善其生产生活条件。

通过梳理发现,我国自然保护地原住居民权利规范整体呈现规定位阶较低、上位法律法规条文简单粗略等特征。原住居民参与治理的权利内容多体现在地方性法规或地方政府规章中,而上位法中,不论是现行《自然保护区条例》还是经过修订的《自然保护区条例(修订草案)(征求意见稿)》,仅对妥善安置确有必要迁出的原住居民以及开展必要居民生产生活活动等基本权利做宣示性规定,缺乏对居民参与保护地治理的机制保障。《国家公园法(草案)(征求意见稿)》在上述权利的基础上,对生态管护制度和原住居民的特许经营权进行了概括性规定,虽然有一定的改善,但仍存在亟待完善的空间:第一,尚未将地方立法中相对成熟且普遍适用的立法经验上升到国家层面立法中予以确认;第二,对于原住居民参与治理的权利应当通过何种方式、措施或者手段予以实施以及保障缺乏相应规定,不利于行政法规和地方保护地立法在接下来的修改或修订中明确、具化原住居民治理权利的实施机制。

为矫正现行机制不足,在《自然保护区条例》修订和《自然保护地法》《国家公园法》立法过程中,应当建构自然保护地原住居民参与治理的规范体系,具体而言,包括以下几个方面:(1)《自然保护地法》等立法明确原住居民参与治理的实质权利内容,通过在管理机构中吸收一定比例的原住居民代表等方式,确保原住居民能够参与享有对自然保护地保护和管理中各个必要环节的决策权、协商权、监督权等。一方面,允许原住居民对影响其自身权益的决策事项发表意见、提出建议,并规定其权利主张及诉求应当得到充分讨论和平衡;另一方面,自然保护地管理机构及当地人民政府的保护地监管工作应当受到原住居民及社区的监督。(2)《自然保护地法》等立法应当鼓励原住居民或社区与政府机构以签订协议或合同为载体,建立共同治理机制。其中,共管协议应当明确各方治理主体的权责内容及边界等,作为原住居民或社区主张实现权利或申请权利救济的主要依据。在较难实现自然保护地中集体所有土地完全变为全民所有之前,暂不改变集体所有性质的自然保护地土地权利主体,可以采取签订地役权合同的方式,通过限制原住居民对集体所有土地利用的方式,从消极层面上实现一定程度上的自然保护地治理,同样地,合同中应当明确地役权人的权利和供役地人的义务、补偿方式以及救济路径等内容。① 以此促进公私主体以平等合作的身份参与自然保护地的共同治理。(3) 应当适当明确由原住居民享有的特许经营权的种类、期限、经济利益分享方式和可分享范围,② 以及特许经营权行使原则等,使地方立法可根据国家立法的原则性规定结合区域特点制定具体规则。

(二) 完善私人主体参与自然保护地治理的制度通道

在我国长期以来的生态环境治理和既有的自然保护地体系建设、管理与保护中,企业、公民等私人主体主要以被管理者、协助者等身份参与其中。自然保护地共同治理意指企业、公民个人等私人主体作为自然保护地多中心治理中的一极,强调私人主体参与自然保护地治理的法制化和组织性,③ 这就要求私人主体参与自然保护地治理必须有明确完善的制度通道。综合梳理现行政策法律和制度逻辑,该制度通道可依托自然保护地特许经营制度承载。根据《海南热带雨林国家公园特许经营管理办法》的规定,国家公园特许经营是指"国家公园管理机构依法授权公民、法人或者其他组织在一定期限和范围内开展经营活动,特许经营者依照特许经营协议和有关规定履行相关义务的行为"。因此,自然保护地特许经营是以生态保护为基础,兼顾资源利用效率与生态保护目标的特殊商业活动,特许经营制度是结合市场机制与行政监管的特殊共同治理机制,④ 是公民、企业或者其他组织等私主体以主体身份参与自然保护地共同治理的重要制度机制。

现行多部自然保护地相关立法和政策文件均开始重视特许经营制度。在政策层面,自然保护地政策文件重视部署和规划特性经营制度,比如,《建立国家公园体制总体方案》提出了完善特许经营制度体系的要求和目

---

① 参见冯令泽南《自然保护地役权制度构建——以国家公园对集体土地权利限制的需求为视角》,《河北法学》2022年第8期。

② 参见曾彩琳《我国自然保护地居民权利保障法律制度研究》,《大连理工大学学报》(社会科学版) 2012年第3期。

③ 参见刘超《环境私人治理的核心要素与机制再造》,《湖南师范大学社会科学学报》2021年第2期。

④ 参见刘翔宇、谢屹、杨桂红《美国国家公园特许经营制度分析与启示》,《世界林业研究》2018年第5期。

标,即通过制定相关法律法规让特许经营管理者、经营者以及消费者在特许经营活动中都有法可依。在立法层面,既有的中央立法主要是《风景名胜区条例》(2016年)对经营项目、特许经营者的确定方式等内容进行初步规定,真正开始重视针对性制度探索的是我国开始国家公园体制改革试点后的地方立法。比如,《云南省国家公园管理条例》明确了特许经营的方式、程序和具体要求;《三江源国家公园条例》明确了特许经营收入仅限用于生态保护和民生改善;《武夷山国家公园条例(试行)》确定了不纳入国家公园特许经营范围的项目等。除此之外,还制定了《武夷山国家公园特许经营管理暂行办法》《神农架国家公园特许经营管理办法(试行)》《海南热带雨林国家公园特许经营管理办法》《三江源国家公园总体规划》等针对特许经营领域的专门地方性法规、规章或规范性文件。

虽然我国自然保护地政策体系均提出了完善特许经营制度的系统规划和明确要求、一些地方立法也进行了针对性的制度创新与实践,但总体而言,作为一项保障企业、公民等私人主体参与自然保护地共同治理的制度设计,当前自然保护地立法体系对特许经营制度的体系化、机制化设计尚存较大完善空间:(1)制度内容不明确。《国家公园法(草案)(征求意见稿)》仅在第45条规定了特许经营者的选择方式,明确通过签订特许经营协议的形式建立合作关系。然而,由于国家公园特许经营中私主体承担部分公共行政责任,作为"采特许模式的契约型公私合作,"[1] 其协议的法律性质始终存在较大争议,如何保障协议的履行、保护私主体的合法权益不受侵害,以及具体救济路径等内容的缺失,将大大降低私主体通过特许经营活动参与保护地共同治理主动性与积极性。(2)试点制度有冲突。国家公园体制试点的重要任务是为国家体制改革和制度建设提炼经验做法与共性制度积极试点探索。虽然试点地区均重视在地方立法中规定特许经营制度,但不同试点地区制定了标准不一的特许经营制度规范,对于公益性项目是否纳入特许经营范围等问题,在不同国家公园立法中做法不同,这仍亟待通过国家立法统一规范相关程序和标准。(3)制度效力有待强化。实践中较为普遍地存在经营主体分散、范围有限等不足。对于公

---

[1] 李霞:《论特许经营合同的法律性质——以公私合作为背景》,《行政法学研究》2015年第1期。

权力主体而言，部分地方政府和管理机构仍然直接或间接参与经营，导致职能混淆，现行规定的不明确既不利于发挥公权力主体的监督管理职能，也限缩了有竞争力的市场主体参与共同治理的空间。对于私人主体而言，其追求经济利益的实质目的容易与保护生态环境公共利益产生矛盾，从而影响治理效能，还需进一步通过制度保障规范其经营行为。

为进一步完善特许经营机制，为私主体参与自然保护地共同治理提供制度保障和激励，《国家公园法》等国家层面立法应当明确特许经营的原则和目标，划定特许经营的范围，明确合同履行机制及可供协议主体选择的法律救济途径。在此基础上，鼓励不同类型不同地区的自然保护地分别制定符合自身客观情况的项目清单，并在立法中规定合同期限的合理区间、特许经营准入门槛、特许经营权转让原则及其程序规范，为地方立法细化特许经营审批、运行规范及配套保障机制等制度设计提供参考依据。

（三）健全公众参与自然保护地共同治理的法律机制

治理理论框架下的自然保护地公众参与相较于传统行政法意义上的程序参与而言，更强调全面的实质参与。为此，在我国尚未形成自然保护地稳定的共同治理机制时，有必要将公众参与保护地共同治理确立为刚性的制度，赋权公众对相关立法或具体保护地治理决策制定、治理行为和治理评估进行实质性介入，增强政府和公众的互动性，这成为保护地治理转型的重要突破口。[①]

各国家公园地方立法初步建立了社会主体参与的共同治理机制，归纳如下：（1）多部地方性法规明确保障社会公众的知情权、参与权、监督权。《三江源国家公园条例》还规定了征求公众意见的形式，要求国家公园规划以及技术规范和标准等，应当及时向社会公布，接受社会监督，通过座谈、听证等公开形式，征求社会公众意见。（2）建立志愿者服务制度。《海南热带雨林国家公园条例（试行）》第35条规定："制定志愿者招募与准入、教育培训、管理与激励的相关政策和措施，鼓励和支持志愿者、志愿服务组织参与海南热带雨林国家公园的生态保护、解说教育、科普宣传等志愿服务工作。"《云南省国家公园管理条例》也明确鼓励和支

---

① 参见杜辉《环境公共治理与环境法的更新》，中国社会科学出版社2018年版，第177页。

持公民、法人和其他组织以志愿服务等形式参与国家公园的保护、科学研究、科普教育等活动，为社会公众参与国家公园保护与治理提供了有效渠道。(3) 明确社会监督的具体机制。《三江源国家公园条例》等地方立法强调任何单位（组织）和个人均有保护生态环境、自然资源和人文资源的义务，以及制止、举报和投诉破坏行为的权利；《海南热带雨林国家公园条例（试行）》进一步规定了举报和投诉的处理主体及相应职责，即"国家公园管理机构或者海南热带雨林国家公园所在地市、县、自治县人民政府及其有关部门应当按照各自职责受理举报、投诉事项，及时依法处理"。

通过梳理，上述规定总体而言尚处于宣示层面，对于公众而言，仍然缺乏实质参与自然保护地治理的常态化机制。公众作为治理主体参与保护地建设的决策、运行、监督，是自然保护地全民共享性和社会公益性的内在要求和外在体现。"社会参与"即使已经取得了一定进步，如通过专章形式规定于多部国家公园地方立法中，但在实施中仍然是自然保护地治理的薄弱环节，主要表现在这种"参与"长期停留于科普教育与宣传等表面环节，《国家公园法（草案）（征求意见稿）》仍然对保障公众的知情权、参与权和监督权作宣示性规定，至今未取得明确保障机制的突破性进展；规定了"公众服务"专章强调国家公园的公众服务功能，即仍然将公众作为"对象"而非"主体"，缺乏相对固定的工作机制让社会公众力量实质介入保护地治理的主要环节。具体而言，沟通协商机制可以减弱公众与政府、专家之间因认识差异造成的信息不对称，缓解公众、企业、社会组织对政府的不信任情绪，还可以通过社会组织的参与实现专业知识和信息的优势互补；利益协调机制可以在公私利益博弈和发生冲突时，从共同目标和利益契合点出发，明确和重申共同利益，不断扩大共识、消弭分歧，充分尊重、回应和尽量满足公众的合法利益诉求。[①]

因此，在将上述地方立法中具有合理性的创新性内容适当上升规定于国家立法中之外，还有必要在《自然保护地法》《国家公园法》等法律体系中探索建立公众实质参与共同治理的沟通协商和利益协调机制：

[①] 参见王帆宇《生态环境合作治理：生发逻辑、主体权责和实现机制》，《中国矿业大学学报》（社会科学版）2021年第3期。

(1) 构建沟通协商机制，建议公众代表与国家林业和草原局（国家公园管理局）、自然资源部、生态环境部及相应的地方管理机构、专家顾问、当地居民、社区代表、行业协会和公益组织共同性、常态化地就自然保护地治理重要事项进行议事决策的工作机制进入相关立法。由于相关治理主体较多，条件允许的情况下，还可以借鉴美国国家荒野风景河流体系（NWSRS）成立协调管理委员会（IWSRCC）作为协调、沟通的管理组织，并以召开定期会议为主要工作机制的做法，保障公众和社会组织的参与，加强不同主体之间的信任，促进多元主体之间的友好协商与平等合作。[①] (2) 利益协调机制应当充分吸收公众参与治理决策的意见建议，并对是否采纳及具体理由作出相应反馈，保障公众利益诉求的及时、顺畅表达，为公众实质参与保护地治理提供机制性保障，以此为自然保护地土地上多方权利主体表达利益诉求提供制度保障，同时为行政法规、规章和地方立法具化相关细则提供立法空间。

四 结语

《指导意见》中提出的对自然保护地共同治理机制的探索对于以国家公园为主体的自然保护地体系重构的需求而言，不仅可行，而且必要。"共同治理"作为一种新型社会治理理念与治理模式，从理论到实践有其较为丰富的基础和历史，逐渐在具有专业性、复杂性特征的环境治理领域，以公私主体合作互动为主要方向并得到了广泛应用，强调不同主体基于不同角色定位，协同提高治理效能。以国家公园为主体的自然保护地体系建设具有突出的公共服务功能和社会公益性，这一属性决定了自然保护地的有效治理离不开多元主体的实质参与，以打破传统政府治理模式的局限性。通过考察我国自然保护地共同治理的现状，目前主要面临缺乏保障多元主体有效参与共同治理的法律机制困境，应当以明确其在治理体系中的定位为前提，注重非政府角色在保护地治理中的功能发挥，以完善多元利益相关主体参与治理的制度和机制保障为主要目标，实现自然保护地共同治理机制的法制化、稳固性和结构化，促进自然保护地设立和治理目标的实现。

[①] 参见李鹏、张瑞、赵敏、戴向前《自然保护地非完全中央集权政府治理模式研究——以美国荒野风景河流体系为例》，《北京林业大学学报》（社会科学版）2019年第1期。

第五章 自然保护地之治理制度构造

构建自然保护地体系的立法保障机制，必须重视具体的法律制度设计。自然保护地法律体系中的制度体系是对自然保护地建设、保护与管理提出的规则需求的立法表达。自然保护地法律制度体系，既包括对前述章节归纳的自然保护地治理机制的法律规范呈现，也应当包括对我国《指导意见》等宏观政策文件规划与部署的自然保护地体系建设、保护与管理的理念更新、机制革新和方式创新的制度归纳。故此，本章内容重点研究自然保护地在保护与管理的新理念下的制度构造。

我国当前正全面推进的自然保护地体系建设，是依据自然生态体系自然规律确定的新型分类体系，在国土空间上划定特定生态空间类型分别进行建设、保护与管理。这种在国土空间上划定特定地域开展治理活动的保护方式与治理模式，既要适用现有的生态环境与自然资源管理制度以保护自然保护地内的环境要素与资源要素，更需要针对特定地理空间作为治理单元提出的生态空间治理需求，构建自然保护地空间治理制度。

因此，本章第一节内容预期研究自然保护地省际协作保护制度，建议从在自然保护地立法中引入自然生态空间概念、选择自然保护地立法中采取"概括规定+专项机制"立法模式、厘清自然保护地省际协作保护机制的立法重点等方面，系统构建自然保护地省际协作保护法律制度。

自然保护地的空间治理规律还内生性地提出了自然保护地分区管控的需求。自然保护地法律体系的治理对象是根据自然生态系统的原真性、整体性、系统性及其内在规律作为标准划分的空间单元，自然保护地类型划定后，需要根据各类自然保护地的功能定位进一步合理分区，并分别针对功能分区制定差异化的管控制度。我国《指导意见》概括地将各类自然保护地原则上划分为核心保护区和一般控制区，并要求分类分区制定管理规范。基于国家公园在自然保护地体系中居于主体地位、具有典型性，且我国正在制定进程中的《国家公园法》的颁布实施指日可待，故本章第二节内容将重点分析国家公园分区管控的制度逻辑与具体构造。

《指导意见》将"特许经营制度"定位为一项自然保护地的自然资源使用制度。基于自然保护地承载生态系统服务、公共服务等多重功能，自然保护地法治建设在本质上是对特殊自然地理空间的保护与开发行为的选择与确认。作为一种通过合同或单边行为将提供公共产品或者公共服务的管理职能委托给第三方的市场经营机制，自然保护地特许经营制度实质上是对国土空间在特定的时空范围内开发利用行为的许可，因此，该制度本质上也属于自然保护地空间治理制度构成之一。因此，本章第三节将重点分析自然保护地特许经营制度的应然逻辑、现实问题与体系构造。

第一节 自然保护地省际协作保护制度之证成与构造

建立以国家公园为主体的自然保护地体系，要求以自然生态系统的保护需求为目标，推动各类自然保护地科学设置，建立自然生态系统保护的新体制新机制新模式。《指导意见》要求创新自然保护地管理机制体制，明确改革以部门设置、以资源分类、以行政区划分设的旧体制，建立自然保护地统一设置、分级管理、分区管控的新体制，这是对我国生态环境保护领域立法在理念更新和制度创新层次提出的系统需求。对比于既有法律体系，《自然保护地法》《国家公园法》等自然保护地领域立法的鲜明特色在于其立法对象的特殊性，需要针对自然保护地、国家公园、自然公园这些大尺度环境空间展开立法，对自然保护地范围内的自然资源、环境要素与自然生态系统的管理与保护，突破既有的保护体系，矫正行政区划管理带来的内生弊端。其中，省际协作保护机制是我国在国家公园机制改革试点过程中，正在探索的一项制度。因此，本节预期在环境空间视域下，探究我国自然保护地省际协作保护制度的内在机理与立法构造。

一 我国现行自然保护地管理体制的制度逻辑与内生不足

《指导意见》在"总体要求"中提出"理顺管理体制，创新运行机制"，将"构建统一的自然保护地分类分级管理体制"作为目标之一。为实现该目标,《指导意见》进一步从统一管理自然保护地、分级行使自然保护地管理职责、合理调整自然保护地范围并勘界立标、推进自然资源资产确权登记和实行自然保护地差别化管控等几个方面,提出具体改革措施。宏观政策必须转化与落实为具体法律制度,在自然保护地管理领域亦如此,政策先行与法制确认,二者缺一不可,否则便难以形成适应保护地管理需要的科学有效的规范体系。[①]《指导意见》部署与规划的自然保护地管理体制改革的方向和措施,指向自然保护地分类科学、布局合理、保护有力、管理有效的目标,这要求在政策与法律的共生和互动体系以及法律机制运行的逻辑与体系中,探究实现自然保护地管理体制改革目标的制度设计。

(一) 自然保护地管理的机制类型与制度逻辑

自 2017 年党的十九大报告《决胜全面建成小康社会 夺取新时代中国特色社会主义伟大胜利》提出"建立以国家公园为主体的自然保护地体系",作为专业术语的"自然保护地"首次进入我国的政策体系。2019 年颁布的《指导意见》具体界定了"自然保护地"的内涵,即"由各级政府依法划定或确认,对重要的自然生态系统、自然遗迹、自然景观及其所承载的自然资源、生态功能和文化价值实施长期保护的陆域或海域"。从自然生态保护的概念体系演进历史考察,"自然保护地"这一概念在我国政策体系与法律体系中属于新生事物,但其实质指称的"实现对自然及其所拥有的生态系统服务和文化价值的长期保护"的"地理空间",[②] 却在我国已有数十年的建设与保护管理的历史。倡导和设置多种类型的自然保护地,并分别实施针对性的治理方案,形成一个分类合理、逻辑自洽的完整治理框架,是自然生态保护的国际通行经验。[③] 从 20 世纪 50 年代在广东省设立第一个自然保护区(鼎湖山国家级自然保护区)开始,我国就陆续成立了自然保护区、风景名胜区、森林公园、地质公园、湿地公

---

① 参见于文轩《生态环境协同治理的理论溯源与制度回应——以自然保护地法制为例》,《中国地质大学学报》(社会科学版) 2020 年第 2 期。

② 参见 [英] 费耶阿本德等编著《IUCN 自然保护地治理——从理解到行动》,朱春全、李叶、赵云涛等译,中国林业出版社 2016 年版,第 6 页。

③ 对 IUCN 推荐的自然保护地治理类型及其内涵的具体解析,参见 [美] 巴巴拉·劳瑁《保护地立法指南》,王曦、卢锟、唐瑭译,法律出版社 2016 年版,第 88—108 页。

园、沙漠公园、海洋公园、水利风景区、水产种质资源保护区等各级各类的自然保护地。只是，数十年来，未有一个上位的概念来统摄这些形式多样的实质意义上的自然保护地，我国的自然保护地建设处于多头并进、"野蛮生长"的状态，多个机构在各自的职责范围内设置多种类型的自然保护地，我国的自然保护地整体呈现一种数量众多、"有实无名"的状态。① 因此，《指导意见》系统提出并部署的"建立以国家公园为主体的自然保护地体系"，并非从无到有地在国土空间上划定一些保护区域，而是以正式的、通行的"自然保护地"概念统摄并重构我国类型多样、名称各异、形式繁复的实质意义上的自然保护地体系。

从改革目标现实指向层面，自然保护地体系建设不是凭空产生的，而是对既有的多达 1.18 万个各级各类实质意义上自然保护地体系化的重整。既有的自然保护地体系是依据陆续制定的《自然保护区条例》《风景名胜区条例》等规范体系形成的管理机制来建设与管理的，现有的自然保护地管理机制规范和保障了大约覆盖了我国陆域面积的 18%、领海的 4.6% 的名目繁多的自然保护地，②"形成了四级九类的自然保护地网状结构"③。当明确了《指导意见》确立的"建立以国家公园为主体的自然保护地体系"，本质是通过整合、优化、归并等方式实现对既有的自然保护地的重构时，《指导意见》提出的"建立统一规范高效的管理体制"的实质指涉就更为清晰，它既不是也不可能对现行的自然保护地体制机制推倒重来、另起炉灶，而是对现行的自然保护地管理机制进行的改造与创新。因此，系统梳理现行的自然保护地管理机制现状、剖析其内在逻辑、检讨其不足，是在《国家公园法》《自然保护地法》等立法中，建立"统一规范高效"的管理体制的前提与基础。

我国开始启动以"自然保护地"这一概念统摄自然保护地体系建设

---

① 具体分析参见刘超《"自然保护地"法律概念之析义与梳正》，《暨南学报》（哲学社会科学版）2020 年第 10 期。

② 对我国当前的各级各类自然保护地的类型、数量、面积等内容的介绍，参见李俊生等编著《国家公园体制研究与实践》，中国环境出版集团 2018 年版，第 3—5 页；唐芳林、王梦君、孙鸿雁《自然保护地管理体制的改革路径》，《林业建设》2019 年第 2 期。

③ 秦天宝、刘彤彤：《自然保护地立法的体系化：问题识别、逻辑建构和实现路径》，《法学论坛》2020 年第 2 期。

之前，由不同地区、不同部门设立的各类自然保护地有 20 多种，[①] 我国现行的自然保护地管理体制是针对这些分散设立的自然保护地制定的管理制度的统称。具体而言，我国针对分散、多头设立的多样化的自然保护地制定的行政法规和部门规章主要有：《自然保护区条例》（国务院 1994 年颁布、2017 年修改）、《风景名胜区条例》（国务院 2006 年颁布）、《国家级森林公园管理办法》（原国家林业局 2011 年发布）、《地质遗迹保护管理规定》（原地质矿产部 1995 年发布）、《国家湿地公园管理办法》（原国家林业局 2017 年发布、有效期至 2022 年 12 月 31 日）、《海洋特别保护区管理办法》（原国家海洋局 2010 年发布）、《水利风景区管理办法》（水利部 2004 年发布）、《关于申报国家矿山公园的通知》（原国土资源部 2004 年发布）、《水产种质资源保护区管理暂行办法》（原农业部 2010 年发布）、《畜禽遗传资源保种场保护区和基因库管理办法》（原农业部 2006 年发布）、《国家沙化土地封禁保护区管理办法》（原国家林业局 2015 年发布）、《国家沙漠公园管理办法》（原国家林业局 2017 年发布）。[②] 这些由不同部门分散制定颁布的行政法规、规章及部门规范性文件，对不同层次的管理主体分别进行广泛授权，形成了自然保护地管理体制现状。根据管理机制及其对应的自然保护地，我国现行的自然保护地管理的机制类型及其对应的制度逻辑可以归纳如下：

1. 第一类为特殊要素管理型的专业类自然保护地

这种类型的管理机制是针对某种关键环境要素实施专门管控与专业性保护为着眼点与出发点，根据关键环境要素的管理与保护需求，将这些要素的载体及其核心关联空间划定为某种自然保护地。这一类型的自然保护地是各专业部门从要素专业性管理与核心区位重点保护的逻辑出发，设立专业类自然保护地。[③] 这类自然保护地及对应适用的管理机制包括：原国家林业局针对森林这一关键环境要素设立的森林公园，进而颁布的《国

[①] 参见李俊生、朱彦鹏、罗遵兰、罗建武、辛利娟、李博炎编著《国家公园体制研究与实践》，中国环境出版集团 2018 年版，第 3—5 页。

[②] 对作为我国现行自然保护地的主要管理依据的梳理，参见吕忠梅《自然保护地立法基本构想及其展开》，《甘肃政法大学学报》2021 年第 3 期。

[③] 高黑、吴佳雨、唐乐乐等：《自然保护地体系空间重构——政策背景、技术方法与规划实践》，化学工业出版社 2020 年版，第 11 页。

家级森林公园管理办法》；原国家林业局针对湿地设立的国家湿地公园，进而颁布的《国家湿地公园管理办法》；原地质矿产部针对地质遗迹设立的地质遗迹保护区，颁布的《地质遗迹保护管理规定》。

2. 第二类为区域综合管理型的综合类自然保护地

这种类型的管理机制秉持以区域统筹管理内部环境要素的思路，对划定的由多种环境要素组成的特定区域实施综合管理，在区域综合管理机制下划定的自然保护地为综合类自然保护地，典型如自然保护区和风景名胜区。自然保护区的区域综合管理机制机理体现为，从自然生态系统功能的整体性与要素的耦合性出发，对具有重要生态功能的生态系统进行区域性整体保护；风景名胜区的区域综合管理机制机理体现为，从审美和休憩需求出发，对我国的自然和人文景观资源进行系统性、区域性的整体性保护与综合利用。[①]

3. 第三类为生态环境单行法中规定的特殊区域

在前述两种专业型和综合型的自然保护地之外，还有散见于污染防治和自然资源单行法中的特殊区域，单行法针对各种环境要素、资源要素规定了特殊区域及对应保护制度。比如，《野生动物保护法》规定的禁猎（渔）区，《渔业法》规定的禁渔区、水生动物苗种重点产区、水产种质资源保护区，《海洋环境保护法》规定的海洋特别保护区，《水污染防治法》《水法》规定的饮用水水源保护区。2018 年颁布的《土壤污染防治法》体现出强烈的生态价值追求，[②] 较为普遍地使用了"地块"概念，特别是第 71 条规定的"污染地块"，但总体上看，《土壤污染防治法》的相关规定依然服务于"防治土壤污染"的立法目的，其"风险管控和修复"一章在制度适用范围的创新是基于对"土壤污染风险"的界定，对各种土壤用途"地块"以及"污染地块"的规定，均指向"土壤"这一种环境要素的风险管控与修复。[③] 因此，这些散见于现行生态环境单行法中的特殊区域及对应的保护制度的规定，能否在广义上属于自然保护地尚存在

[①] 具体分析参见高黑、吴佳雨、唐乐乐等《自然保护地体系空间重构——政策背景、技术方法与规划实践》，化学工业出版社 2020 年版，第 11 页。

[②] 参见巩固《绿色发展与环境立法新思维——兼评〈土壤污染防治法〉》，《法学论坛》2018 年第 6 期。

[③] 参见刘超《环境法典污染控制编空间法律制度的构建》，《法学论坛》2022 年第 2 期。

争议,但这些在实质上关于一些空间尺度较小的环境空间的保护制度,至少以自然生态系统内在规律为依据保护特定区域,也可以作为自然保护地立法的基础。

(二) 现行自然保护地管理机制之内生不足

我国在 2017 年正式提出"建立以国家公园为主体的自然保护地体系"之前,并非没有自然保护地,只是未统摄于"自然保护地"这一概念之下,《指导意见》提出的建立以国家公园为主体的自然保护地体系,实质上是一种糅合了部分创新、体系重构的工作。《指导意见》在"加快推进自然保护地相关法律法规和制度建设"之前,我国已进行了实质的自然保护地保护法制建设。《指导意见》提出推动制定的《自然保护地法》《国家公园法》等必须以检视和矫正当前的自然保护地法律机制为前提。综合梳理,现行自然保护地管理机制存在以下弊端:

1. 规范体系性缺失

现行的实质意义上的自然保护地法律规范分别针对分散成立的自然保护地制定管理制度,而现有的描述性意义上的"自然保护地"名称各异、类型众多,[①] 是多头设置、自下而上形成的一个"包容性"概念体系。现实中从不同维度承载自然保护地保护与管理功能的自然保护区、风景名胜区等自然保护地概念,[②] 未能形成一个在逻辑上体现相互之间内在联系、在现实中反映各自指称区域的空间结构的概念体系。预期保护自然生态系统的原真性、整体性、系统性的自然保护地法律规范之间不能彼此无关联,应当在发现它们与法秩序的主导原则之间的意义脉络的基础上形成关联结构,而法律概念是实现法律规范之间体系建构的建筑材料。[③] 现行自然保护地概念体系的零散性导致了自然保护地法律规范未能实现体系化。

[①] 一直以来,有在"包容性"与"排他性"二元相对的语境中修饰和使用"自然保护地"概念,参见 [英] 达德里主编《IUCN 自然保护地管理分类应用指南》,朱春全、欧阳志云等译,中国林业出版社 2016 年版,第 2 页。

[②] 有研究认为我国当前的自然保护地包括自然保护区、风景名胜区、森林公园、地质公园、矿山公园、湿地公园、城市湿地公园、水利风景区、沙漠公园、海洋公园、海洋特别保护区、水产资源保护区,参见张希武《建立以国家公园为主体的自然保护地体系》,《林业建设》2018 年第 5 期。

[③] 对于法学中概念和法律规范体系之间关系的论述,参见 [德] 卡尔·拉伦茨《法学方法论》(全本·第六版),黄家镇译,商务印书馆 2020 年版,第 548—563 页。

2. 制度衔接性阙漏

前述内容已经梳理了现行的自然保护地规范体系，这些规范是以自然保护地概念未形成体系、设置类型未经统一规划、管理机构过于分散、管理事权配置不统一为基础的。在此种分散立法体制下形成的自然保护地法律规范，授权不同职能部门设立与管理不同类型自然保护地，在保护对象、主管部门、规划利用与管理制度上以现实中的分散设立的多种类型的自然保护地为基础，并予以固化，这进一步导致了自然保护地管理体制在现实运行中出现的管理职责交叉、重叠、缺位等诸多问题。[①]

3. 立法效力不强

与我国多个职能部门分头设立与管理多种类型自然保护地的现状相适应，作为我国自然保护地管理依据的规范体系在立法时间上渐次制定、跨度漫长；在法律位阶上效力层次较低，除了《自然保护区条例》《风景名胜区条例》两部行政法规，其他大多数为部门规章、地方行政法规、地方政府规章以及国务院相关行业主管部门发布的规范性文件。况且，由于大多数自然保护地立法制定于我国系统推进生态文明建设之前，生态文明建设与体制改革后的"山水林田湖草沙是一个生命共同体""人与自然是生命共同体"等生态文明建设的先进理念、"多元共治"国土空间用途管制、生态保护修复等原则和制度均付之阙如。

二 空间视域下自然保护地省际协作保护制度之证成

当前自然保护地立法存在规范体系性缺失、制度衔接性缺漏、立法效力不强的困境，症结在于现行自然保护地立法秉持的未经规划、分散制定的立法思维与路径。鉴于此，《指导意见》语境中的自然保护地立法，固然要创新机制、更新制度，但更为基础的立法理念更新和立法对象拓展在于引入空间视角，重视自然保护地的空间治理，具体可以聚焦于创新自然保护地省际协作保护机制，理由如下。

（一）大尺度环境问题对空间治理的现实需求

现行自然保护地立法引致多头管理、事权配置交叉重叠和执法冲突的

[①] 参见刘超《以国家公园为主体的自然保护地体系的法律表达》，《吉首大学学报》（社会科学版）2019年第5期。

实施后果,在法理层面根源于现代意义上的环境法从产生之初直接指向大型工业污染源,① 根据大气、水、生物等环境要素、资源要素的划分制定污染防治与资源保护单行法的立法路径,这是生态环境法律体系的"基因"与"底色"。虽然《自然保护区条例》《风景名胜区条例》等特殊区域立法拓展了立法对象与范围,但这些特殊区域环境保护法针对划定区域内的环境要素依然主要适用的是单行法确定的制度体系。申言之,当前的包括自然保护地立法在内的生态环境法律体系以"点源污染"等小尺度环境问题作为"环境问题"的对象与原型,由此也塑造了现行立法体系的调整对象。然而,单一环境要素遭受的污染或破坏虽然是环境问题产生的逻辑起点和显性样态,却不是终点和全部,环境要素之间的内在联系、相互依存的整体性特征与污染物本身具有的在不同环境介质间迁移扩散的特性,使得环境问题必然超越了单一环境要素具有整体性。《指导意见》定义的"自然保护地"是以自然生态系统的整体性、系统性为划定与分类依据、以保护代表性或典型性自然生态系统为核心目标的复合概念,"自然生态系统"是由特定区域的环境要素形成的空间结构,提出为各种要素交织所形成的静态秩序与动态关系提供治理规则的内在需求,②"生态空间"应作为环境治理的核心概念之一。③ 因此,超越单一环境要素的空间呈现是环境问题的真实样态,这是自然保护地管理亟待应对的核心问题。

现实中,虽然各类自然保护地的名称与划定标准不统一,但基本都是从"区域""场所"等空间的角度予以界定,于其中发生的环境问题很多都是大尺度环境问题。比如,最高人民检察院 2021 年发布的检察公益诉讼起诉典型案例中有发生在自然保护地的案件,在"海南省人民检察院第一分院督促履行自然保护区监管职责行政公益诉讼起诉案"中,违法侵占林地的行为人在省级自然保护区范围内长期实施套种槟榔等经济林"蚕食"天然林、天然次生林占用林地等违法行为,导致原有天然森林植被部分灭失,生物多样性生态系统功能遭受破坏。最高人民法院、最高人

---

① 参见[美]罗伯特·V. 珀西瓦尔《美国环境法——联邦最高法院法官教程》,赵绘宇译,法律出版社 2014 年版,第 30 页。
② 参见刘超《完善环境空间治理规则》,《人民日报》2020 年 7 月 27 日第 5 版。
③ 具体分析参见刘超《生态空间管制的环境法律表达》,《法学杂志》2014 年第 5 期。

民检察院 2018 年公布的十大典型案例中，某公司在梵净山国家级自然保护区实施破坏性开采行为造成资源浪费（资源毁坏率达 80%）、生态环境严重破坏（废渣碎石压覆植被）。"重庆市石柱县水磨溪湿地自然保护区生态环境保护公益诉讼案"是最高人民检察院 2018 年发布的检察公益诉讼十大典型案例之一，某工业园区规划重叠湿地保护区面积 336.285 公顷（占该保护区总面积的 20.85%），改变了重叠区域生态系统的结构、性质与功能，并对湿地生态系统和保护区内动物产生一定影响。[1]

（二）生态学创新的理论指引

环境法属于与外部性高度相关的法律类别，通过规制人类活动来限制威胁公共卫生和生物多样性等不良生态影响，[2] 生态学规律是环境法律制度建设的理论基础。长期以来，生态学以小尺度、单一现象和单一过程为研究对象，[3] 成为现行生态环境法律规范的生态学基础。而当前社会的气候变化、自然退化、生物多样性丧失、污染和废弃物危机等环境问题越来越多的是大尺度环境问题，提出了大尺度区域及流域尺度的环境问题治理需求。现实需求促进了大尺度宏观生态学的兴起，生态系统概念和生态系统管理理论的广泛运用，驱使自然和生态系统管理从单一目标的分散管理模式向综合目标的多尺度覆盖、多领域融合、多途径集成、多利益方协作的区域联合及网络化管理模式发展。[4] 以此角度审视，我国近些年来正在推进的生态红线、国家生态功能区、自然保护地的实践与制度建设，内合了生态学最新的理论发展，是我国对生态系统管理理论的具体运用。

具体到自然保护地建设，《指导意见》划定的"自然保护地"是"特定陆域或者海域"，这些大尺度生态系统是地球系统表面的自然地理单元。该尺度的生态系统是典型的自然—经济—社会复合生态系统，不仅有

---

[1] 具体案情介绍及分析，参见王国飞《环境行政公益诉讼诉前检察建议：功能反思与制度拓新——基于自然保护区生态环境修复典型案例的分析》，《南京工业大学学报》（社会科学版）2020 年第 3 期。

[2] 参见［美］理查德·拉撒路斯《环境法的形成》，庄汉译，中国社会科学出版社 2017 年版，第 2 页。

[3] 参见吕一河、卫伟《区域生态学时代来临——第十八届中国生态学大会区域生态专题研讨会述评》，《生态学报》2020 年第 3 期。

[4] 参见贵瑞、杨萌、陈智、张雷明《大尺度区域生态环境治理及国家生态安全格局构建的技术途径和战略布局》，《应用生态学报》2021 年第 4 期。

其独特的资源、环境和生态学问题，也是政府发展经济和生态环境管治的空间尺度。[1] 这一生态学理论创新的启示和要求是，自然保护地体系建设与管理应通过嵌入生态网络的要求实现生态系统管理，自然保护地立法应纳入生态连通性的规范。[2] 对于自然保护地立法而言，省级行政区域内的生态环境系统管理可以通过我国已经规定或正在改革进程中的机制得以实现，这些机制包括省级以下环境监测机构垂直管理体制、生态环境保护综合行政执法改革等，可以一定程度上承载大尺度生态系统环境问题应对功能。而另有一些跨省域的自然保护地的建设与管理，亟待针对性的机制创新与制度供给，比如，我国 2021 年已经建成三江源国家公园、大熊猫国家公园、东北虎豹国家公园、海南热带雨林国家公园、武夷山国家公园，这五个国家公园都跨越了两三个省域或者对相邻省份的协同保护治理提出了需求，需要构建省际协作保护机制。

（三）政策规划的法律表达

之所以建议在我国自然保护地立法中规定自然保护地省际协作保护机制，也是对我国宏观自然保护地建设与管理政策目标和规划的法理提炼与法律表达。《指导意见》以"自然保护地"的内涵界定、功能定位与类型化标准为基础，构建了自然保护地体系建设与管理的政策体系。该政策体系对比现有的自然保护地体系，最本质的创新在于以自然保护地维护的自然生态系统的内在规律为基础、以自然生态系统的生态价值为目标、以不同区域实现生态价值的功能与保护强度需求的高低为标准进行类型化。因此，政策规划中自然保护地体系的建设以及管理体制、发展机制、监督考核机制建设的核心价值与标准在于最优地遵循自然生态系统的生态规律、实现其生态价值。从法理角度审视，这些政策目标要求在自然保护地体系建设与管理中处理好自然生态空间划分与行政区划之间的关系。

我国已经建设的自然保护地体系是由不同政府部门根据职能进行设置并管理的，而在已经制定的数量众多的自然保护地立法中，基本上都采取

---

[1] 参见于贵瑞、杨萌、付超、王秋凤、陈智《大尺度陆地生态系统管理的理论基础及其应用研究的思考》，《应用生态学报》2021 年第 3 期。

[2] 参见汪再祥《自然保护地法体系的展开：迈向生态网络》，《暨南学报》（哲学社会科学版）2020 年第 10 期。

"中央—地方"的分级设立与管理机制。① 这种自然保护地建设与管理的事权配置模式,内生于传统的科层制管理体系,在特殊历史时期具有正当性和可操作性。然而,行政区域与自然生态系统形成的地理单元天然存在不匹配之处,② 这使得依行政区划设定的生态环境管理事权难以契合自然生态系统的生态规律,导致自然生态空间的割裂,难以应对大尺度空间环境问题。因此,《指导意见》专门提出:"对同一自然地理单元内相邻、相连的各类自然保护地,打破因行政区划、资源分类造成的条块割裂局面,按照自然生态系统完整、物种栖息地连通、保护管理统一的原则进行合并重组,合理确定归并后的自然保护地类型和功能定位,优化边界范围和功能分区,被归并的自然保护地名称和机构不再保留,解决保护管理分割、保护地破碎和孤岛化问题,实现对自然生态系统的整体保护。"这是直接针对现行的自然保护地体系建设与管理依赖行政区划配置管理事权的顽疾,直面痛点,要求以自然生态系统整体保护为核心目标进行自然保护地的体制改革。

《指导意见》进一步在"建立统一规范高效的管理体制"中提出分级行使自然保护地管理职责,这一"分级行使"的概念与外观,相较《自然保护区条例》(2017 年)第 11 条、《风景名胜区条例》(2016 年)第 8 条中的规定,似乎并无特别之处,但是,细致梳理,该政策表述从以下几个方面提出了相关制度需求:(1)"分级行使"中的"分级"更为明确、具体,即中央与地方,其中,地方这一级的自然保护地设立与管理主体明确为"地方管理的自然保护地由省级政府批准设立,管理主体由省级政府确定",以前自然保护地立法体系中规定的地方各级各类主体均不再符

---

① 比如,《风景名胜区条例》(2016 年)第 8 条第 1 款规定:"风景名胜区划分为国家级风景名胜区和省级风景名胜区。"《自然保护区条例》(2017 年)第 11 条第 1 款规定:"自然保护区分为国家级自然保护区和地方级自然保护区。"国家林业和草原局 2022 年 8 月公布的《自然保护区条例(修订草案)(征求意见稿)》依然采取了国家级—地方级的分级管理体制,其第 12 条规定:"自然保护区分为国家级自然保护区和地方级自然保护区。在国内外有典型意义、在科学上有重大国际影响或者有特殊科学研究价值的自然保护区,列为国家级自然保护区。其他具有典型意义或者重要科学研究价值的自然保护区,列为地方级自然保护区。"

② 历史中国长期坚持"山川形便"和"犬牙相入"这两条行政区划基本原则,既强调行政区划尊重自然地理形成的地方区域,也特意用行政区划上的"犬牙相入"来打破"山川形便"。参见苏力《大国及其疆域的政制构成》,《法学家》2016 年第 1 期。

合最新的政策精神与要求；（2）明确了"分级行使自然保护地管理职责"的划分标准，即"生态系统重要程度"；（3）为进一步解决自然保护地跨行政区域保护与管理的机制创新奠定了基础。申言之，《指导意见》在"建立统一规范高效的管理体制"中关于"分级行使自然保护地管理职责"的规定已经非常明确具体，应当进入《自然保护地法》等相关立法，与此同时，应当以此制度为基础，构建针对跨省际行政区域的法律机制，即自然保护地的省际协作保护机制。

三　自然保护地省际协作保护制度的具体构成

前述内容论证了我国自然保护地立法中创设自然保护地省际协作保护制度的必要性，这既是应对大尺度环境问题空间治理的现实需要，也是在具体领域适用大尺度宏观生态学理论创新的必要结果，还是科学合理表达我国自然保护地宏观政策目标与规划的必然选择。在我国自然保护地立法中构建自然保护地省际协作保护制度，可以从以下几个方面展开。

（一）创新基础：自然保护地立法中引入自然生态空间概念

本节所论述的自然保护地省际协作保护制度，本质上是一种以自然保护地的自然生态系统属性为基础、以保护承担特定生态功能的区域为目标、以应对大尺度空间环境问题为指向的空间治理机制。并且，前述内容已经论证，自然保护地立法中的省际协作保护制度是《指导意见》关于自然保护地管理机制中的"分级行使自然保护地管理职责"政策目标的法律表达，根据《指导意见》在其"（十一）分级行使自然保护地管理职责"中的表述，自然保护地的分级设立、分级管理机制应当按照生态系统重要程度适用于"国家公园等自然保护地"。质言之，省际协作保护制度应当作为一种具体的自然保护地分级设立与管理机制，适用于所有类型的自然保护地。在当前学界普遍认为自然保护地立法应当在以《自然保护地》基本法为主干、以《国家公园法》等不同类型的自然保护地法规规章为基础的背景下，[①] 应在《自然保护地法》中规定自然保护地协作保护机制作为自然保护地保护与管理基本制度之一。

法律概念和规则的创新是表述某种类型的基本关系，以彰显背后支配

---

① 参见吕忠梅《关于自然保护地立法的新思考》，《环境保护》2019年第Z1期。

该基本关系的主要理念。① 申言之，规则创新是立法理念创新的外在表达，在自然保护地法治建设中，对比于既有自然保护地法律体系，这种理念是应对大尺度环境问题的空间治理理念。因此，需要在自然保护地立法中确立空间治理理念并进行规范表述，以作为创新空间治理法律机制体系的基础，这种立法目标可以借助《自然保护地法》中的一般规定的条文表述予以承载。

具体而言，在《自然保护地法》的一般规定条款中体现自然保护地空间治理理念，首先可以在"自然保护地"的立法定义中引入"自然生态空间"这一概念作为立法对象。其理由如下：

1. 建立"自然保护地"作为一种国际上通行的自然保护机制提出的内生需求

在我国系统提出建设"以国家公园为主体的自然保护地体系"之前，《自然保护区条例》《风景名胜区条例》从多个维度实现了对传统的以单一环境要素、资源要素作为立法对象的升级与超越，以"区域""场所"作为立法对象。② 这种关于自然保护地本质属性的立法/政策界定，在《指导意见》中实现了统一，即统一将各种类型的自然保护地界定为"实施长期保护"的特定"区域"，这一定程度上实现了立法对象的概念统一，为体系化展开自然保护地制度设计奠定了良好基础，定义方式也体现了立法对象的"空间多维"（"区域"）和"时间延拓"（"长期保护"）属性，在立法理念上取得了重大进步。但是，值得重视的是，自20世纪60年代以来，尤其是90年代以来，IUCN通过《IUCN自然保护

---

① 参见苏永钦《只恐双溪舴艋舟，载不动许多愁——从法典学的角度评价和展望中国大陆的民法典》，载郭春镇主编《厦门大学法律评论》（2020年卷总第32辑），厦门大学出版社2021年版，第17页。

② 《自然保护区条例》（2017年）第2条将自然保护区界定为"区域"："本条例所称自然保护区，是指对有代表性的自然生态系统、珍稀濒危野生动植物物种的天然集中分布区、有特殊意义的自然遗迹等保护对象所在的陆地、陆地水体或者海域，依法划出一定面积予以特殊保护和管理的区域。"《风景名胜区条例》（2016年）第2条第2款将风景名胜区界定为"区域"："本条例所称风景名胜区，是指具有观赏、文化或者科学价值，自然景观、人文景观比较集中，环境优美，可供人们游览或者进行科学、文化活动的区域。"《森林公园管理办法》（2016年）第2条将森林公园界定为"场所"："本办法所称森林公园，是指森林景观优美，自然景观和人文景物集中，具有一定规模，可供人们游览、休息或进行科学、文化、教育活动的场所。"

地管理分类应用指南》《IUCN 自然保护地治理指南》等指南在世界范围内倡导、推荐并被广泛接受的"自然保护地"的分类和治理体系中,"自然保护地"的定义是"一个明确界定的地理空间,通过法律或其他有效方式获得承认、得到承诺和进行管理,以实现对自然及其所拥有的生态系统服务和文化价值的长期保护"①。并且,这种"地理空间"是一种"三维空间",自然保护地的立法需要制定保护自然保护地免受空中、地下和水下活动干扰的通用法律条款。② 因此,建议我国《自然保护地法》中关于"自然保护地法"的立法界定,一步到位,明确规定"自然保护地"地理空间的本质与内涵。

2. 实现生态文明建设机制体系衔接与协调的现实需要

从体系定位而言,《指导意见》系统部署的自然保护地体系建设,是我国生态文明建设的重要内容。以定义"自然保护地"为基点的自然保护地立法,是我国生态文明体制机制建设的重要组成部分,从概念之间关系体现规范逻辑结构的角度考察,如何通过命名体现自然保护地的地理空间性质的概念,关涉自然保护地体制改革与其他生态文明体制建设之间的衔接与协调。从我国现行的政策体系与专业术语来看,体现自然生态系统的地理空间属性的概念已经成为相关领域体制机制建设的核心概念,可以参考借鉴。比如,我国《自然生态空间用途管制办法(试行)》中使用的"自然生态空间"概念,③ 成为自然生态空间用途管制机制体系的核心范畴,可以作为《自然保护地法》中的立法概念。在此基础上,结合《指导意见》对"自然保护地"的内涵阐释,具体界定《自然保护地法》中"自然保护地"的立法定义。由此,能够建立生态文明体制改革领域关联制度之间的相互协调配合关系,减少制度创新成本。

---

① [英] 费耶阿本德等编著:《IUCN 自然保护地治理——从理解到行动》,朱春全、李叶、赵云涛等译,中国林业出版社 2016 年版,第 6 页。

② 参见 [英] 达德里主编《IUCN 自然保护地管理分类应用指南》,朱春全、欧阳志云等译,中国林业出版社 2016 年版,第 19 页。

③ 原国土资源部(现自然资源部)于 2017 年印发的《自然生态空间用途管制办法(试行)》第 2 条第 1 款对"自然生态空间"进行了界定:"本办法所称自然生态空间(以下简称生态空间),是指具有自然属性、以提供生态产品或生态服务为主导功能的国土空间,涵盖需要保护和合理利用的森林、草原、湿地、河流、湖泊、滩涂、岸线、海洋、荒地、荒漠、戈壁、冰川、高山冻原、无居民海岛等。"

(二) 路径选择：自然保护地立法中采取"原则规定+专项机制"立法模式

自然保护地立法中规定的省际协作保护机制，本质是一种贯彻《指导意见》在指导原则中提出的"改革以部门设置、以资源分类、以行政区划分设的旧体制"要求的机制创新，是打破因行政区划导致自然保护地管理事权配置与执法割裂的制度因应。需要予以重视的是，我国现行的生态环境法律体系中，从不同角度、不同程度预期矫正生态环境监管执法条块分割现状、契合自然生态系统内在规律的制度已陆续制定，这些制度可以为自然保护地省际协作保护机制构建提供有益借鉴和参考。

1. 跨行政区域协作制度的类型与经验

在我国生态环境法律体系中，有多部法律规范规定了多个领域、多种性质的跨行政区域的生态环境保护协作机制。其中，有些是规定有关省、自治区、直辖市人民政府生态环境（环境保护）主管部门会同同级水行政等部门和有关市、县人民政府编制跨省、自治区、直辖市江河、湖泊的流域水污染防治规划，[①] 这是关于跨区域多元主体共同编制流域水污染防治规划的规定，暂不列入本节拟重点聚焦的跨区域监管执法机制的讨论范围；有些规定集中于规定建立自然保护地的跨行政区域合作机制，基本上都是由有关行政区域人民政府协商一致后提出申请，[②] 或者由相关区域地方人民政府职能部门协商后共同申报或者由其共同上级主管部门申报，[③] 因为《指导意见》明确了地方管理的自然保护地由省级政府批准设立、管理主体由省级政府确定，因此前述自然保护地中的相关规定已经不符合最新的政策定位，亟待修改完善。故此，笔者遴选一些可资参考借鉴的跨区域协作保护机制的立法规定予以归纳，主要包括以下几种立法模式：

（1）立法关于跨行政区域建立协作机制的概括规定。这种立法模式

[①] 参见《水污染防治法》（2017年）第20条。
[②] 参见《自然保护区条例》（2017年）第12条第3款。
[③] 参见《水产种质资源保护区管理暂行办法》（2016年）第10条；《水产种质资源保护区管理暂行办法》（1995年）第10条第4款。

典型如《环境保护法》（2014年）第20条的立法路径,① 其概括规定了重点区域、流域的环境问题构建专门的跨行政区域的"联合防治协调机制+一般跨行政区域环境问题由上级人民政府协调解决、有关地方人民政府协商解决"的二元机制，其中，没有进一步明确联合防治协调机制的具体内容，从立法体系定位及其效力上看，《环境保护法》（2014年）第20条的规定为生态环境保护具体领域的专门的针对性立法提供了制度依据和立法空间，但是，在制度的具体性和可操作性层面还有待细化。

（2）立法关于跨行政区域协作治理主体及内容的概括规定。这种立法模式典型如《大气污染防治法》（2018年）第92条的立法路径,② 该规定对比于《环境保护法》（2014年）第20条的规定，虽然也属于概括规定，但更进一步明确了跨行政区域的协作治理主体为"国务院生态环境主管部门和国家大气污染防治重点区域内有关省、自治区、直辖市人民政府"，跨区域协作内容为"可以组织有关部门开展联合执法、跨区域执法、交叉执法"。

（3）立法关于跨行政区域协作治理机制"授权立法规定+专门机制构建"的规定。有些立法采取授权立法的规定，典型如《固体废物污染环境防治法》（2020年）第8条第2款的立法路径，主要规定的内容是授权省、自治区、直辖市之间可以协商建立跨行政区域固体废物污染环境的联防联控机制，也同时概括规定了机制建设内容为"统筹规划制定、设施建设、固体废物转移等工作"。更进一步的是《长江保护法》（2020年）第80条的立法路径,③ 规定了构建联合执法机制的主体为"国务院有关部门和长江流域地方各级人民政府及其有关部门"，也概括规定了构

---

① 参见《环境保护法》（2014年）第20条："国家建立跨行政区域的重点区域、流域环境污染和生态破坏联合防治协调机制，实行统一规划、统一标准、统一监测、统一的防治措施。前款规定以外的跨行政区域的环境污染和生态破坏的防治，由上级人民政府协调解决，或者由有关地方人民政府协商解决。"

② 参见《大气污染防治法》（2018年）第92条："国务院生态环境主管部门和国家大气污染防治重点区域内有关省、自治区、直辖市人民政府可以组织有关部门开展联合执法、跨区域执法、交叉执法。"

③ 参见《长江保护法》（2020年）第80条："国务院有关部门和长江流域地方各级人民政府及其有关部门对长江流域跨行政区域、生态敏感区域和生态环境违法案件高发区域以及重大违法案件，依法开展联合执法。"

建联合执法机制的立法对象为"长江流域跨行政区域、生态敏感区域和生态环境违法案件高发区域以及重大违法案件"。为了落实该规定，长江流域相关地方立法机构积极探索流域层面以地方立法方式促进协调配合、联防联控的协同立法模式。比如，云南省、贵州省、四川省探索了赤水河流域保护"条例+共同决定"的联合立法模式，三省人大常委会于2021年分别审议并通过了《关于加强赤水河流域共同保护的决定》，并分别制定了《云南省赤水河流域保护条例》《贵州省赤水河流域保护条例》《四川省赤水河流域保护条例》，这三部地方立法，都共同规定了一款内容："省人民政府与邻省同级人民政府共同建立赤水河流域联席会议协调机制，统筹协调赤水河流域保护的重大事项，推动跨区域协作，共同做好赤水河流域保护工作。"

2. 自然保护地省际协作保护制度的立法路径与重点

前述内容梳理了我国现行生态环境法律体系中关于跨行政区域协作治理的立法模式。其中，第一种对跨行政区域建立协作机制予以概括规定，涵摄性强，但操作性有待在具体领域进一步细化；第二种对跨行政区域协作治理主体及内容予以概括规定，但仅此规定，现实制度适用中依然有待进一步具体化规定；第三种机制建设模式对跨行政区域协作治理机制建设主体予以授权立法规定，并配套构建专门机制。笔者认为，第三种模式能同时兼顾和平衡国家立法的明确性与概括性、机制建设整体适用的涵摄性与具体配套机制建设的针对性，可以作为自然保护地省际协作保护制度建设的立法模式。此种立法模式下自然保护地省际协作保护制度的具体立法路径包括以下三个层面：

（1）国家立法作出自然保护地省际协作保护机制的一般规定，建议在我国拟制定的《自然保护地法》中概括规定自然保护地协作保护机制，对跨省域的自然保护地所在的省、自治区、直辖市协商建立自然保护地省际协作保护机制提出明确要求，并进行立法授权。

（2）在《自然保护地法》中概括规定自然保护地省际协作保护机制涵摄的内容，具体可以参考《武夷山国家公园条例（试行）》（2017年）第14条第2款的规定："武夷山国家公园管理机构应当与相邻省份建立省际协作保护机制，加强信息沟通、信息共享和执法协作，做好省际间生态环境保护工作。"在《自然保护地法》中从定期会商、信息沟通、信息共享、应急联动、联合执法等方面概括规定省际协作保护的机制范围。

（3）为具体贯彻落实《自然保护地法》概括规定的省际协作保护制度，要求和授权跨省域自然保护地所在的省、自治区、直辖市建立自然保护地的协同立法机制，由自然保护地所在的相关省、自治区、直辖市协商确立该自然保护地保护的"条例+共同决定"的联合立法模式，[①] 即相关省级人大常委会分别审议通过共同加强该自然保护地共同保护的决定，同时审议通过各自的自然保护地保护条例。在省际协作保护机制的具体构成上，自然保护地所在的相关省市协同探索联席会商制度、联合巡查制度、执法联络员制度、协作共治机制、应急协同机制等联合管理机制的具体内容。

四　结语

《指导意见》是我国在生态文明建设纵深推进背景下，关于我国自然保护地体系建设的专门的宏观政策，预期以体系化界定"自然保护地"为逻辑基点，实现对新型自然保护地的创设和既有自然保护地体系的重构。在此背景与诉求下的自然保护地立法，承载着整合优化既有的自然保护地法律机制和创设新型机制、为自然保护地体系建设提供法治保障的使命。自然保护地体系立法，不仅需要立法技术的创新和法律制度的更新，也需要在尊重自然生态系统内在规律的基础上实现立法理念更新，以统摄新型制度体系、为自然保护地立法体系化提供逻辑主线。自然保护地建设预期应对大尺度空间的环境问题，这对在自然保护地立法中引入空间治理理念、增设省际协作保护机制提出了现实需求。从综合立法基础和机制需求来看，我国自然保护地立法应当采取在《自然保护地法》中概括规定"跨行政区域协作治理机制+专门配套机制构建"的立法模式。因此，在《自然保护地法》中引入省际协作保护机制，只是一个开端，系统的机制构建有赖于从地方协同立法到联合执法等方面体系化地展开。

---

① 参见吕忠梅《促进流域高质量发展　有力推动共抓大保护——〈长江保护法〉实施一周年回顾与展望》，《中国环境报》2022年3月1日第6版。

第二节　国家公园分区管控制度的选择及展开

《指导意见》将"分级管理、分区管控"确立为自然保护地建设的基本原则之一，并将"实行自然保护地差别化管控"作为一种重要的自然保护地管理体制。《指导意见》将合理分区作为实行差别化管控的前提，并总体上将自然保护地进行核心保护区与一般控制区的二元划分，根据功能分区制定管理规范。从自然保护地建设与管理的实践操作和国际经验看，对自然保护地进行合理分区和差别化管控是国际上自然保护地管理制度建设的通行立法经验，是展开自然保护地管理制度设计的逻辑主线。

《指导意见》概括地将我国正全面启动的自然保护地体系建设原则上划分为核心保护区和一般控制区，要求分别制定管理规范，"国家公园和自然保护区实行分区管控，原则上核心保护区内禁止人为活动，一般控制区内限制人为活动。自然公园原则上按一般控制区管理，限制人为活动"。这就要求所有类型的自然保护地原则上按照核心保护区与一般控制区进行二元分区，这同时意味着，我国正在进行的自然保护地法治建设、制定或者修改的自然保护地立法要根据核心保护区与一般控制区的二元划分，分别制定管理制度，实施差别化管控。国家林业和草原局 2022 年 8 月公布的《国家公园法（草案）（征求意见稿）》即以此为依据规定了国家公园的分区管控制度，其第 26 条规定："国家公园实行分区管控，划分为核心保护区和一般控制区。"并在第 27 条和第 28 条分别规定了国家公园核心保护区和一般控制区的管理制度。

从《指导意见》对自然保护地体系建设管理体制建设的规划与要求可知，分区管控制度将是普遍适用于所有类型自然保护地的建设与管理的一项基本制度，应当规定于《自然保护地法》中，并且《指导意见》确立的核心保护区与一般控制区的二元划分标准也适用于各类自然保护地（自然公园原则上按一般控制区管理）。基于以下几点理由，本节内容将重点以国家公园的分区管控制度为研究对象，展开对自然保护地分区管控制度研究：（1）从政策定位上看，《指导意见》预期重构的自然保护地体系是一个有内在逻辑关联和层次结构的系统。其中，"以国家公园为主体、自然保护区为基础、各类自然公园为补充"，这就意味着国家公园分区管控制度是自然保护地分区管控制度的典型代表和制度原型，国家公园分区管控制度虽然并不能等同于整体意义上的自然保护地的分区管控制度，但整体意义上的分区管控制度是由国家公园、自然保护区和自然公园等具体类型的分区管控制度组成的，并且国家公园的分区管控制度集中且典型性地体现了自然保护地分区管控制度的立法精神与制度逻辑。（2）从分区管控实践层面看，我国于2015年开始的"国家公园体制试点"建设的试点国家公园，无一例外地对国家公园进行了分区并分别实施分区管控，试点期间的实践操作和制度经验，可以为我们在此基础上系统研究国家公园分区管控制度的设计提供研究样本和比较分析对象。（3）从立法进展上看，虽然作为一项自然保护地管理基本制度的分区管控制度应当规定于《自然保护地法》中，从而为国家公园、自然保护区和自然公园等具体类型自然保护地的分区管控制度设计提供法律依据与制度建设。但从立法机关的立法选择与现实进展看，《国家公园法》的制定与颁布应会优先于《自然保护地法》，国家林业和草原局2022年8月公布的《国家公园法（草案）（征求意见稿）》已经用第26、27、28条一个制度群规定了国家公园的分区管控制度，既为超越学理意义上的分区管控制度研究提供了分析对象，同时，又是已经公开征求意见的《国家公园法（草案）（征求意见稿）》修改完善亟待针对性予以研究探讨的需求。（4）从现实立法需求看，我国已于2021年10月正式设立第一批国家公园，第二批国家公园已进入建设关键时期，我国国家公园的建设实践亟待尽快提供分区管控制度的立法支持。因此，基于上述原因，本节内容将重点从国家公园分区管控制度的理论、逻辑与制度构造方面展开研究。

一 作为自然保护地体制改革核心的分区管控

《指导意见》系统规定"以国家公园为主体、自然保护区为基础、各类自然公园为补充的自然保护地"的改革目标与措施体系。中共中央办公厅、国务院办公厅2017年印发的《建立国家公园体制总体方案》提出："国家公园的首要功能是重要自然生态系统的原真性、完整性保护，同时兼具科研、教育、游憩等综合功能。"故此，根据自然保护地体制改革目标，国家公园是我国自然保护地体系中最重要的类型，其首要功能是实现重要生态系统的原真性和完整性的最严格保护。与此同时，国家公园还要承载科研、教育和游憩等综合功能,要同时实现多功能的目标诉求。要实现国家公园的多目标管理,就需要在空间上进行功能区划,把国家公园划分为多个不同的功能分区,实施差别化的管理措施,发挥各功能区的主导功能。① 分区管控是国际上通行的自然保护地管理方式,可以借此兼顾与平衡国家公园承载的多重功能。

构建体系完善、逻辑自洽的分区管控制度,是国家公园体制建设的内在需求。2017 年的《建立国家公园体制总体方案》在"实施差别化保护管理方式"部分规定了"合理划定功能分区,实行差别化保护管理",其对国家公园的功能分区规定的是重点保护区域与其他区域的二元划分。2019 年的《指导意见》对国家公园、自然保护区等自然保护地类型规定的分区管控制度规定得更为明确清晰。《指导意见》提出"实行自然保护地差别化管控","国家公园和自然保护区实行分区管控,原则上核心保护区内禁止人为活动,一般控制区内限制人为活动"。也即《指导意见》将国家公园和自然保护区划分为核心保护区和一般控制区。《指导意见》对国家公园分区管控的规定具有抽象性和原则性,其规定的分区管控原则需要通过具体政策和法律制度予以贯彻落实。揆诸现实,国家林业和草原局 2022 年 8 月公布的《国家公园法(草案)(征求意见稿)》以《指导意见》为依据,在第 26 条规定:"国家公园实行分区管控,划分为核心保护区和一般控制区。"并在第 27 条规定了国家公园核心保护区、第 28 条规定了国家公园一般控制区的管理制度。《国家公园法(草案)(征求意见稿)》将国家公园划分为核心保护区与一般控制区,并分别规定对应的管理制度,是对《指导意见》的分区管控规定的直接立法表达,但有两个问题需要进一步追问:第一,作为自然保护地领域的宏观政策的《指导意见》规定的功能分区的原则及分区管控思路,是否可以直接移植转换为《国家公园法》中规定的分区管控制度?第二,我国从 2015 年开始推动的国家公园体制试点过程中,在试点国家公园通过地方立法和实践操作试行的国家公园分区管控制度,是否需要以及应当以何种方式,将试点的制度建设经验吸纳进《国家公园法》的相关制度规定中?

从 2015 年开始的国家公园体制改革试点过程中,我国已经颁布实施

---

① 参见唐芳林、王梦君、黎国强《国家公园功能分区探讨》,《林业建设》2017 年第 6 期。

或者试行了几部地方国家公园立法、陆续试点建设的 11 个试点国家公园的建设与管理，均重视了国家公园的分区管控制度建设与实践。但无论是在区域划分还是在制度建设层面，均存在不统一之处，试点的国家公园在功能分区及其对应的管控措施上也不尽统一。由此提出的问题是，国家公园分区管控制度有何内在立法需求？国家公园分区管控制度是否需要统一？在分区管控制度应当作为自然保护地管理的基本制度已成基本共识、《国家公园法》颁布实施已经指日可待的背景下，分区管控制度在《国家公园法》中该如何进行具体制度表达？本节即以这些问题为研究目标，探究我国国家公园立法中分区管控的法理与制度问题。

二 当前我国国家公园分区管控制度建设的梳理与检讨

"国家公园"在我国是新生事物，直至 2013 年才正式进入中央宏观政策表述中。因此，我国国家公园的体制改革与实践建设于近几年才密集推进。由于迄今为止我国尚无专门的国家公园正式立法，国家公园体制改革中的制度建设散见于一些政策文件、地方立法和国家公园体制试点中，因此，对国家公园分区管控制度的梳理主要以现行的政策文件、地方立法和试点实践为对象具体展开。

2015 年，国家发展和改革委员等 13 个部门联合印发了《建立国家公园体制试点方案》，2016 年我国正式启动国家公园体制试点，至 2017 年我国已设立三江源、东北虎豹、大熊猫、祁连山、神农架、武夷山、钱江源、南山、长城和普达措 10 处国家公园体制试点。2019 年 1 月 23 日，中央全面深化改革委员会第六次会议审议通过《海南热带雨林国家公园体制试点方案》，海南热带雨林国家公园成为我国第 11 个国家公园体制试点区。试点国家公园在编制总体规划和建设中均重视科学规划空间布局、明确功能分区及其功能定位与管理目标。现对 11 个试点国家公园的分区现状及其管理目标分别予以梳理。

（一）试点国家公园分区情况汇总

我国从 2015 年开始进行国家公园体制试点后，陆续设立的 11 个国家公园体制试点地区均重视了国家公园总体规划以及专项规划的编制工作，整合在既有的多种类型自然保护地基础上切割形成的碎片化管理区域，设立专门管理机构，明确管理边界和管控区域，实行功能分区分类管理。在探析我国国家公园分区管控制度的"理想型态"之前，首先需要汇总与梳理我国当前试点国家公园的功能分区现状。

细致梳理我国各个国家公园体制试点的总体规划、地方立法和功能分区实践经验，现将各试点国家公园的功能分区现状概括如下：三江源国家公园划分为核心保育区、生态保育修复区和传统利用区；东北虎豹国家公园划分为核心保护区、特别保护区、恢复扩散区、镇域安全保障区；祁连山国家公园划分为核心保护区和一般控制区；大熊猫国家公园划分为核心保护区和一般控制区；钱江源国家公园划分为核心保护区、生态保育区、游憩展示区和传统利用区；神农架国家公园划分为严格保护区、生态保育区、游憩展示区和传统利用区；武夷山国家公园划分为特别保护区、严格控制区、生态修复区和传统利用区；普达措国家公园划分为严格保护区、生态保育区、游憩展示区和传统利用区；长城国家公园、南山国家公园和海南热带雨林国家公园这三个试点国家公园的功能分区及每种类型功能区的面积与比例等数据资料尚未能从公共渠道获取。

(二) 试点国家公园分区现状剖析与检视

通过前述内容对我国试点国家公园功能分区现状的梳理，可以归纳我国国家公园体制试点区功能分区具有以下一些特征：

1. 功能分区依据阙如

我国在国家公园体制试点期间分散设立的多种类型自然保护地存在交叉与重叠的弊病，国家公园体制建设预期针对这一弊病，进行以归并与整合既有多种类型自然保护地为重心的体制改革。对国家公园进行功能分区和分类管理，是国家公园体制改革的重要组成部分。从实践中看，试点的11个国家公园的体制建设均没有明确具体的法律依据，但由于试点国家公园承担体制改革试点任务，因此，除了未能从公共渠道检索到的长城国家公园、南山国家公园和海南热带雨林国家公园这三个国家公园的总体规划或地方立法，其他8个试点国家公园均采取了自生自发的功能分区试点。由于没有国家层面的统一立法规范国家公园体制建设，每个国家公园的总体规划编制中存在较大差异。我国颁布了《建立国家公园体制总体方案》，中央全面深化改革委员会审议通过每个试点国家公园的试点方案，在此基础上，开始编制每个国家公园的总体规划。但是，由于上位法依据的阙如，每个试点国家公园在编制总体规划过程中也不统一。比如，

《祁连山国家公园总体规划（征求意见稿）》是由国家林业和草原局会同青海省和甘肃省编制，《东北虎豹国家公园总体规划（2017—2025年）（征求意见稿）》是由国家林业局（现国家林业和草原局）会同吉林省人民政府、黑龙江省人民政府编制，《三江源国家公园规划》是由国家发展改革委编制。这些国家公园总体规划的编制主体也存在差异。

2. 功能分区类型多元

试点期间，试点国家公园在体制试点中均进行了功能分区，但由于没有上位法作为依据，这些功能分区的类型划分不统一。除了祁连山国家公园和大熊猫国家公园这两个国家公园划分为核心保护区和一般保护区，神农架国家公园和普达措国家公园均划分为严格保护区、生态保育区、游憩展示区、传统利用区四种类型，其他几个国家公园的功能分区均不一致：三江源国家公园划分为核心保育区、生态保育修复区和传统利用区三类；东北虎豹国家公园划分为核心保护区、特别保护区、恢复扩散区和镇域安全保障区四类，其中，镇域安全保障区又分为固定镇域安全保障区和临时镇域安全保障区；钱江源国家公园划分为核心保护区、生态保育区、游憩展示区、传统利用区；武夷山国家公园划分为特别保护区、严格控制区、生态修复区和传统利用区这四种类型。进一步分析，试点国家公园的功能分区可以归纳为以下几种类型：

第一类，宽泛粗略的形式意义上的功能分区。这以祁连山国家公园和大熊猫国家公园为典型，这两个国家公园总体规划将试点区的管控分区划分为核心保护区和一般保护区，在管控措施上，核心保护区中依法禁止人为活动，逐渐消除人为活动对自然生态系统的干扰，一般控制区中依法限制人为活动。这种核心保护区和一般控制区的二元划分较为宽泛粗略，具有形式意义特征，其分别对应的禁止人为活动—限制人为活动的二元管控措施，仅仅提出的是一种分区框架。这种较为原则的、粗略的管控分区模式后来被吸纳到我国2019年颁布实施的《指导意见》中，这也反证其是一种原则性的管控分区划分标准。

第二类，具体的实质意义上的功能分区。除前述国家祁连山和大熊猫国家公园的分区，其他国家公园总体规划均尝试从实质意义上对国家公园进行具体的功能分区。这些国家公园的管控分区中，多数将国家公园划分为四种类型，仅有三江源国家公园在管控分区中划分为核心保育区、生态保育修复区和传统利用区三类。进一步分析：（1）在这些试点国家公园的功能分区中，均划出实行更加严格保护的基本生态空间、禁止或者严格限制人类活动的区域。但是，不同国家公园总体规划中对该类管控分区的表述有所差异，如神农架国家公园和普达措国家公园中这些区域表述为"严格保护区"，三江源国家公园中为"核心保育区"。（2）有的试点国家公园在管控分区中专门划出了"游憩展示区"（神农架国家公园、普达措国家公园和钱江源国家公园），该区域"可以开展与国家公园保护目标相协调的游憩活动"，这种功能分区最为典型地体现了进行国家公园体制改革试点、实现国家公园分区管控的改革目标。（3）多个试点国家公园的管控分区中设置了专门的传统利用区，该区域为生产和生活的区域，允许对自然资源进行可持续性利用。传统利用区的功能定位与管理措施可以根据每个国家公园自然资源禀赋特征进行具体化，比如《三江源国家公园总体规划》中规定的其传统利用区为"适度发展生态畜牧业，合理控制载畜量，保持草畜平衡"。

从上述梳理与分析可知，我国国家公园体制改革试点地区在制度建设与实践层面，均重视分区管控，分别规划与建设了类型多元的功能分区，这对探索我国国家层面的国家公园分区管控制度具有重要制度试点意义。在体制试点过程中，仅有宏观政策提出改革目标与政策任务，没有上位法作为依据和具体政策以指导实施，在此背景下，国家林业和草原局会同不同省份根据每个国家公园的地域特色、自然资源禀赋特征所编制的总体规划中体现出管控分区的差异性，这无可厚非。并且，在我国国家公园体制建设没有现成的成熟模式可以参考借鉴的背景下，国家公园体制改革试点中功能分区的设置，本身也承载了为全国国家公园体制建设积累经验、展示绩效的使命。试点过程中不同国家公园管控分区的多样性同时提出了两个层面的问题：第一，《国家公园法》该如何规定国家公园管控分区制度？是仅规定管控分区的原则以预留较大的制度操作解释适用空间，还是规定统一的国家公园管控分区具体类型及其管理措施？第二，若需要在国家立法层面规定统一的国家公园管控分区制度，则如何对既有的国家公园体制改革试点中呈现的多种分区类型进行甄别与抉择？

3. 功能分区标准各异

我国试点国家公园总体规划及建设实践在国家公园功能分区上存在差

异，体现了丰富性和多样性。各个试点国家公园在功能分区中的差异性与多样性是呈现出来的表象，其背后的深层次机理在于，在我国国家公园国家立法缺位的背景下，试点建设的国家公园虽然共享了"国家公园"这一名称，但多大程度上具有同质性？或者说，在当前各个试点国家公园均通过颁布实施"总体规划"以进行体制建设试点中，哪些机制与制度属于内生于"国家公园"本质属性的必备之选？又有哪些机制与制度属于无关"国家公园"的质的规定因而可以自由设定的灵活选择？这是亟待研讨的问题，也是基于试点但需要超越试点的意义所在。在国家公园体制尚未进行完善的顶层设计、没有形成自上而下的国家公园制度建设的背景下，根据试点国家公园地区具体情况的实际需要与差异性进行自下而上的体制建设试点，本身承担了为国家层面的国家公园立法提供经验、呈现多样性以供甄别与选择的功能。在国家公园分区管控制度方面，《国家公园法》立法以及以已经颁布实施的《指导意见》为代表和统领的中央层面的政策体系也已进行原则性规定，并且必将体系化地具体规定我国国家公园的分区管控制度。其中，采取何种分区标准、如何进行具体分区，进而分别确定管控制度，是国家立法与顶层设计必须做出的选择。

前述内容梳理了当前试点国家公园在功能分区中存在的丰富性与差异性。进一步归纳，这些差异性可以表现为两个层面：（1）功能分区在形式及其命名上的差异性。比如，神农架国家公园和普达措国家公园的建设实践与地方立法将国家公园划分为严格保护区、生态保育区、游憩展示区、传统利用区，钱江源国家公园划分为核心保护区、生态保育区、游憩展示区、传统利用区。两相对比可知，前者划分的"严格保护区"与后者划分的"核心保护区"应当在内容、功能与目的指涉上具有相同范围与内涵，仅仅在形式与命名上存在差异。因此，这种功能分区中形式及命名的差异，不是本质差异，可以留待《国家公园法》立法予以回应与统一。（2）功能分区在实质标准上的差异。每个试点国家公园功能分区是依据特定的标准来划分的，若功能分区仅在形式与命名上存在差异，则可以反推其适用的划分标准一致或者基本统一；若功能分区在实质上存在差异，则可以反推这些国家公园在功能分区中适用的标准存在本质的区别。就前述内容梳理情况可知，我国试点国家公园在功能分区中除了有的仅有形式与命名上的差异，更有不少属于标准不同导致的本质差异。比如，神农架、普达措、三江源、钱江源、武夷山等国家公园体制试点功能分区中划分了"传统利用区",而祁连山、大熊猫和东北虎豹等国家公园则没有划分"传统利用区"。具体研究已经公布的试点国家公园的"总体规划"中的分区管控制度,可知这些国家公园的功能分区及其设定的管控目的与措施,与该国家公园的性质与定位紧密相关。申言之,每个试点的国家公园在实现保护自然生态系统的原真性、完整性等共性目标上具有共同性,因此,包括分区管控制度在内的所有制度设计均要贯彻落实这一目标。但是,就实践来看,每个试点国家公园在共性目标的前提下也具有个性和特殊性,这在每个试点国家公园的名称上即可体现。比如,根据《大熊猫国家公园总体规划(征求意见稿)》,"建立大熊猫国家公园,有利于增强大熊猫栖息地的连通性、协调性和完整性,实现大熊猫种群稳定繁衍"。根据《东北虎豹国家公园总体规划(2017—2025年)(征求意见稿)》,"在东北虎豹主要栖息地整合设立国家公园,把最应该保护的地方保护起来,有效保护珍稀物种、促进人与自然和谐共生"。研析这两个国家公园的"总体规划"可知,这两个试点国家公园的最重要以及最具特色的意义在于分别保护大熊猫栖息地以及东北虎豹的栖息地,这一目标即成为大熊猫国家公园、东北虎豹国家公园的总体规划、政策措施和制度建设的核心目标,这进一步决定了不同试点国家公园在功能分区上标准的选择需要服务于具有共性但也兼具个性的目标,因此,必然会适用实质的差异性功能分区标准。

三 《国家公园法》立法中分区管控制度建构的考量因素

近几年来通过国家公园体制试点探索构建与实施的国家公园分区管控制度,为我国国家层面的分区管控制度建设提供了有益探索,在此过程中呈现的不统一的、多样性的分区管控制度模式,本身是体制试点承载的功能。在试点已经结束、国家已于2021年10月正式设立第一批五个国家公园且亟待为国家公园建设提供法律依据之际,需要在归纳、分析与比较现行国家公园分区管控制度试点基础上,探究《国家公园法》中分区管控制度的立法需求与规律。

在此需要强调的是,已有多个学科方向研究对国家公园功能分区进行了探讨,生态学、生物学、分类学和资源经济学等学科方向均为国家公园与自然保护地分区提供了理论基础，物种分布模型法、景观适宜性评价法、最小费用距离计算法、聚类分析法、不可替代性计算法、层次分析法、宽度分析法、景观阻力面分析法等成为实践中不同类型保护区和具体功能区的区划方法。[1] 这些相关学科对自然保护地与国家公园功能区划的理论研究及基于此而设计的功能区划的设定原则与划分方法，为我国国家公园立法中的分区管控制度建设提供了理论资源、科学基础和方法借鉴，但其本身并不等于法律层面的功能分区制度，不能"平移"至《国家公园法》等相关立法中。这是因为，对自然保护地的管理与保护的功能区划，可以有三种边界划分方式：管理边界；生成边界，即人们对管理边界的反应引起的栖息地变化而产生的边界；自然边界，即生态学边界，边界可以通过地面或航测调查确定。[2] 本书预期目标是探析《国家公园法》中国家公园分区管控制度的理念与构造，需要在法制语境与法律体系中讨论国家公园分区管控制度，在此目标预期与论述语境下，建构国家公园分区管控制度需要考量的因素包括以下几个方面。

（一）分区管控制度与国家公园立法模式之选择

我国在国家公园立法中应当规定的分区管控制度是一项国家公园保护与管理的基本制度，也是国际通行立法经验。但是，该制度的设计原则与具体构成却没有一定之规，其他国家已有的国家公园分区管控制度的立法经验仅能提供一种借鉴。试点国家公园体制实践中多样化的制度建设展示了国家层面制度建设的多种面向与路径，有待甄别与选择，其关键之处取决于更宏观层面的国家公园管理体制与立法模式。国家公园的管理体制与立法模式紧密联系，一般而言，国家公园的管理体制是政治抉择，管理体制确定后便决定了相应的立法模式。综合梳理可知，世界上适用的国家公园管理体制主要有以下几种类型：（1）自上而下的垂直管理体制。这是世界上主流的国家公园管理体制，美国、英国、新西兰、瑞典、澳大利亚、韩国以及中国台湾地区均采取这种管理体制。（2）自上而下与地方自治相结合的管理机制。采取这种管理机制的典型国家是加拿大和日本。

---

[1] 参见何思源、苏杨、闵庆文《中国国家公园的边界、分区和土地利用管理——来自自然保护区和风景名胜区的启示》，《生态学报》2019年第4期。

[2] 参见王献溥《自然保护区简介（七）——自然保护区建立的原则和方法》，《植物杂志》1988年第5期。

在加拿大，其国家公园是由一个联邦、十个省政府、两个地区政府以及几个委员会和有关当局的管理保护区共同管理的，且联邦政府设立的国家公园和省立国家公园的管理体制不同；在日本，国立公园由国家环境省直接管理，国定公园、都道府县立自然公园则由都道府县进行管理。(3) 地方自治型管理机制。代表性国家是德国，其自然保护工作的具体开展和执行，公园的建立、管理机构的设置、管理目标的制定等一系列事务都由地区或者州政府决定，联邦政府仅为开展此项工作制定宏观政策、框架性规定和相关法规。[1]

不同的国家公园管理体制决定了不同的立法模式：（1）自上而下的垂直管理体制由中央政府或联邦政府设置专门的国家公园管理机构为统一的最高管理机构，出台国家层面的国家公园统一立法。以美国国家公园法律体系为例，美国国家公园立法全面，制定了《国家公园基本法》等多部针对国家公园体系的国会立法、授权法、单行法和部门规章。虽然美国国家公园法律体系内容庞大、形式丰富，但因为其实行的是自上而下的垂直管理体制，这是典型的中央集权型管理体制，国家公园所在的州政府、地方政府无权决定或干涉国家公园的管理，国家公园法律体系主要是国会成文法、总统令或者美国国家公园管理局根据《国家公园基本法》授权制定的法律文件。所以，这种管理体制下国家公园管理的基本制度是由国家层面立法统一规定的，具有在全国范围内所有国家公园一体适用的制度效力。（2）自上而下与地方自治相结合的管理体制下，既有国家级国家公园，也有地方级国家公园，前者是由中央政府或联邦政府的专门管理机构（如加拿大的联邦遗产部国家公园管理局、日本的环境省）负责管理，后者由地方政府管理。在这种典型的中央集权和地方自治相结合的管理体制下，既有国家层面的统一立法，也有地方立法，而这些国家公园法律体系中规定的基本制度并不完全统一，存在多样性。以加拿大为例，加拿大国家公园的法律体系中有国家级、省级、地区级和市级这四级政府的立法，以国家级和省级为主，省立国家公园由各省政府制定专门立法、成立管理机构进行管理，管理机构也并不接受联邦国家公园管理局的领导、管

---

[1] 具体的梳理与比较，可参见国家林业局森林公园管理办公室、中南林业科技大学旅游学院编著《国家公园体制比较研究》，中国林业出版社 2015 年版，第 212—215 页。

理与指导。(3) 地方自治型管理体制,以德国国家公园管理模式为典型代表。根据德国宪法的有关规定,由联邦政府和州政府共同负责自然保护工作,但德国联邦政府主要通过颁布实施《联邦自然保护法》等宏观政策和框架性法律负责制定国家公园统一立法,州政府拥有国家公园最高管理权,依据《联邦自然保护法》制定国家公园方面的专门法律,各州制定了《巴伐利亚州自然保护法》《科勒瓦爱德森国家公园法令》等"一园一法",分别规定各州国家公园的性质、功能、目标、管理机构和管理制度等具体事项。

通过以上的梳理可知,世界各国在国家公园保护与管理中,实行了不同的管理机制。管理机制的不同便决定了不同的国家公园立法模式,而不同的国家公园立法模式,决定了国家公园法律体系中国家公园基本管理制度的不同立法选择,国家公园分区管控制度镶嵌在这一管理体制与立法模式选择中。一般而言,若选择自上而下的中央集权型的国家公园管理体制,则在国家公园管理的央地立法权配置上以中央立法权为主,国家公园的性质、标准、范围、立法目标、管理机构和管理制度等事项需要由中央立法统一规定。如果选择地方自治型管理体制,则国家层面主要规定国家公园管理方面的一些宏观政策与框架性法律,具体管理事项与事权配置留待地方立法权规定。从我国国家公园体制改革目标、《建立国家公园体制总体方案》以及《指导意见》的相关规定考察,我国选择中央集权型的国家公园管理体制,自然保护地与国家公园建设的总体要求、范围划分、标准设定、管理体制、保障措施等都属于国家生态建设和生态文明体制改革中的有机组成部分,由国家统一规定。我国国家公园采取自上而下的中央集权型管理体制,决定了《国家公园法》是国家层面的统一立法,进一步决定了国家公园分区管控制度需要采取统一立法模式,《国家公园法》需要对分区管控制度作出实体的统一规定,以统摄全国国家公园的功能分区与管理。

当然,并非说实行国家公园地方自治型管理体制和立法模式的国家,其分散的国家公园立法以及建设实践中的分区管控制度就一定是差异性的。典型如德国,虽然德国不同的国家公园的分区管理方式不同,但一般来说,其国家公园大体划分为核心区、限制利用区和外围防护区这三个区。这里需要强调的是,实行国家公园地方自治型管理体制和立法模式的国家，在国家公园管理制度分散立法的语境下，其法律体系规定与实践中的分区管控制度在法理上可以不统一，虽然现实中可能会大致相同；但若是实行国家公园中央集权型管理体制和立法模式的国家，其国家公园法律体系中规定的分区管控制度则应当由国家层面的立法统一规定。

以此角度审视我国当前的国家公园体制试点，前述试点国家公园在分区管控制度上的不统一，除了各个试点国家公园在"总体规划"体制建设上的差异，另有一个很重要原因在于已经颁布国家公园地方立法规定的分区管控制度存在的不统一。试点国家公园的地方立法对分区管控制度的规定如表 5-1 所示。

表 5-1　　　　　　　　国家公园地方立法规定的分区管控制度

国家公园地方立法	条文	功能分区	分区管控制度
《云南省国家公园管理条例》（2015 年）	第 13 条、第 15 条	严格保护区	禁止建设建筑物、构筑物
		生态保育区	禁止建设除保护、监测设施以外的建筑物、构筑物
		游憩展示区	建设经营服务设施和公共基础设施的，应当减少对生态环境和生物多样性的影响，并与自然资源和人文资源相协调
		传统利用区	
《三江源国家公园条例（试行）》（2017 年）	第 25 条	核心保育区	强化保护和自然恢复为主，保护好冰川雪山、河流湖泊、草地森林，提高水源涵养和生物多样性服务功能
		生态保育修复区	以中低盖度草地的保护和修复为主，实施必要的人工干预保护和恢复措施，加强退化草地和沙化土地治理、水土流失防治、林地保护，实行严格的禁牧、休牧、轮牧，逐步实现草畜平衡
		传统利用区	适度发展生态畜牧业，合理控制载畜量，保持草畜平衡
《武夷山国家公园条例（试行）》（2017 年）	第 23 条、第 24 条、第 25 条	特别保护区	不得新建、扩建筑物、构筑物，或者设置餐饮娱乐场所、户外广告等
		严格控制区	
		生态修复区	除进行生态保护修复工程建设和不损害生态系统功能的居民生产生活设施改造，以及自然观光、科研教育、生态体验外，禁止其他开发建设
		传统利用区	新建、改（扩）建工厂、住宅及其他建筑物、构筑物，或者设置餐饮娱乐场所、户外广告的，应当经依法批准，并服从国家公园管理机构的统一管理

续表

国家公园地方立法	条文	功能分区	分区管控制度
《神农架国家公园保护条例》(2017年)	第17条	严格保护区	采取封禁和自然恢复的方式保护，除科学研究需要外，禁止任何人进入
		生态保育区	采取必要的生物措施予以保护
		游憩展示区	集中承担国家公园游憩、展示、科普、教育等功能
		传统利用区	允许对自然资源进行可持续性利用

从表5-1的梳理比较可知，在我国尚没有国家公园统一立法的背景下，由试点国家公园体制的云南省、福建省、青海省和湖北省的省级人大代表大会常务委员会制定的国家公园地方立法规定的国家公园分区管控制度上存在差异性：（1）在国家公园功能区类型划分上存在差异。《云南省国家公园管理条例》（2015年）和《神农架国家公园保护条例》（2017年）将国家公园划分为严格保护区、生态保育区、游憩展示区和传统利用区；《三江源国家公园条例（试行）》（2017年）将国家公园划分为核心保育区、生态保育修复区、传统利用区三个功能区；《武夷山国家公园条例（试行）》（2017年）将国家公园划分为特别保护区、严格控制区、生态修复区和传统利用区四个功能区。（2）在功能分区的划分依据上存在差异。根据《云南省国家公园管理条例》（2015年）第13条和《神农架国家公园保护条例》（2017年）第17条，二者对国家公园功能区划分的依据是"按照（生态）功能和保护目标"；《三江源国家公园条例（试行）》（2017年）第25条和《武夷山国家公园条例（试行）》（2017年）第23条则规定国家公园功能分区的依据是"按照生态系统功能、保护目标和利用价值"。（3）分区管控制度的具体内涵存在差异。不同地方立法中对于分区管控制度的具体规定参见表5-1的具体列举，这里需要强调的是，即使是《云南省国家公园管理条例》（2015年）和《神农架国家公园保护条例》（2017年）采取了相同的国家公园功能区划分的类型与命名，但在具体功能区的内涵、范围以及具体管控制度上依然存在差异。

地方国家公园立法中分区管控制度的差异，根本上源于我国国家公园体制建设中曾被很多学者主张和建议的"一园一法"的立法模式，建议每个国家公园制定独立的国家公园管理条例。① 表5-1梳理的几个国家公园地方立法在分区管控制度上的差异，是"一园一法"立法思路的制度表达。我们需要客观看待当前"一园一法"立法模式的效果。在国家没有制定统一的国家公园立法的法制语境下，地方积极行使地方立法权制定每个国家公园的地方立法，可以针对每个试点国家公园的地理位置、资源禀赋、资源权属、预期目标、保护重点等差异性，构建针对性的法律规范，从而为国家公园建设与管理提供法制保障，同时，这也是地方落实中央部署的国家公园体制试点任务的重要路径。但是，在我国《指导意见》等宏观政策已经系统规定了自然保护地与国家公园建设的总体目标、管理体制和保障措施的背景下，我国已经从宏观上确立了国家公园管理体制是中央集权型的垂直管理体制，这就要求我国国家公园的立法目的、基本原则、范围设定、基本制度都应当由国家立法统一规定。因此，现行国家公园地方立法应当被界定为我国国家公园立法的过渡阶段，地方"一园一法"的立法实践，"相对于依法建园管园，进行试点、为国家立法提供地方经验是更为优位的目标"②。申言之，现行的几个国家公园地方立法，并不是契合我国最新的自然保护地与国家公园体制改革目标的理想状态，其进行的制度建设属于有待甄选与扬弃的过渡阶段的立法，其积累的立法经验、呈现的实践绩效，为《国家公园法》的立法选择提供了机制试行的经验、制度试错的教训。

（二）国家公园分区管控制度与国家公园立法价值

国家公园的分区管控制度的立法选择还与国家公园的立法价值相关。立法活动需要体现和强调某些特定的社会价值，具体法律制度是立法价值的载体。国家公园立法价值集中体现了我国设置国家公园这种新型的自然保护地形式对我国国民的意义，国家公园法律规范的立法目的是对国家公园立法价值追求的最为直接和集中的法律表达。"环境法的目的性规定是立法理念在环境基本法上的概括性表现，它反映着一个国家在制定环境法时的立法指导思想和对处理环境问题的基本立场，同时也是对一国经济、

---

① 参见邓毅、毛焱、蒋昕、夏宝国《中国国家公园体制试点：一个总体框架》，《风景园林》2015年第11期。

② 秦天宝、刘彤彤：《国家公园立法中"一园一法"模式之迷思与化解》，《中国地质大学学报》（社会科学版）2019年第6期。

政治实力以及社会利益的均衡表现。"① 法律规范中具体法律制度的设计都旨在实现该法律规范的立法目的，一部法律明确了立法目的，"才能有效地进行具体的立法活动，否则，立法就是多余的或者失去方向"②。国家公园分区管控制度是一项基本的国家公园法律制度，其具体的方向选择和制度设计取决于立法目的与价值。

我国当前提出了重构自然保护地和建设国家公园的体制改革目标，这是我国在自然资源保护与管理领域的重要创新。《中共中央关于全面深化改革若干重大问题的决定》和党的十九大报告中提出的"建立国家公园"和"建立以国家公园为主体的自然保护地体系"的改革，将国家公园建设纳入我国生态文明体制改革的有机构成部分，国家公园体制改革与自然资源资产产权制度改革等均被定位为我国生态文明制度建设的重要内容。③ 因此，虽然重构自然保护地和增设国家公园均为自然资源保护领域的重要体制创新，但其承载与实现的社会功能却绝非以增进自然资源保护为唯一旨趣。固然，综合梳理我国当前密集出台的自然保护地与国家公园体制改革目标，其首要目标是严格保护具有国家代表性的重要自然生态系统，首要任务是生态修复。④ 但这并非自然保护地建设的唯一目标和任务。即使从狭义角度理解自然保护地的"自然保护"价值而言，其价值与功能也是多重的，比如 IUCN 归纳的所有自然保护地的共性目标包括以下几个方面：保护生物多样性，为区域保护战略做出贡献，维护景观或栖息地及其包含的物种和生态系统的多样性，具备足够大的面积确保特定的保护目标的完整性和长久维持、永久维护所拥有的价值，在管理计划以及监测评估项目的指导之下能够实现适应性管理的正常运转，拥有明确和公平的治理体系。⑤

国家公园实现的价值与功能是多重的。虽然在国家公园建设理念中，

---

① 汪劲：《环境法律的理念与价值追求——环境立法目的论》，法律出版社 2000 年版，第 320 页。

② 刘风景：《立法目的条款之法理基础及表述技术》，《法商研究》2013 年第 3 期。

③ 参见刘超《自然资源产权制度改革的地方实践与制度创新》，《改革》2018 年第 11 期。

④ 参见吕忠梅《以国家公园为主体的自然保护地体系立法思考》，《生物多样性》2019 年第 2 期。

⑤ 参见［英］达德里主编《IUCN 自然保护地管理分类应用指南》，朱春全、欧阳志云等译，中国林业出版社 2016 年版，第 24—25 页。

有论者为保护自然生态系统所主张的国家公园"荒野"模式一直被不少人视为国家公园的理想模式，①但基于自然资源对于人类同时具有的生态价值与经济价值，国家公园的"无人模式"是一种忽视人类生存和永续发展这一国家公园根本价值的幻象。② 现实中，很多国家的国家公园建设理念与实践均重视国家公园承载的多重价值和对人类实现的多重功能。国家公园的分区管控制度立法理念与制度设计也要体现国家公园的多重价值与功能。但我国当前在一些地方国家公园立法与分区管控制度实践中，既没有在立法价值上充分重视国家公园的多重价值，在具体功能分区上对国家公园的多重功能也重视不足：（1）国家公园立法价值上的单向性。我国体制改革目标将国家公园定位为重构后的自然保护地的"主体"。《指导意见》界定国家公园以保护具有国家代表性的自然生态系统为主要目的；《建立国家公园体制总体方案》也明确规定了国家公园"属于全国主体功能区规划中的禁止开发区域，纳入全国生态保护红线区域管控范围，实行最严格的保护"。据此，有研究和地方实践单向与片面地理解国家公园的价值与功能。比如，《神农架国家公园保护条例》（2017年）第1条规定国家公园的立法目的是"保护神农架自然生态系统的原真性和完整性，保障国家生态安全，促进生态文明建设"。（2）国家公园功能分区上对于其经济价值不够重视。比如，在国家公园体制试点时期的试点国家公园中，东北虎豹国家公园将国家公园划分为核心保护区、特别保护区、恢复扩散区、镇域安全保障区，这种分区没有重视国家公园同时具有的经济价值与功能，没有充分考虑原住居民的需求。"如果国家公园按相关要求全部划入生态保护红线范围内，原则红线范围内的区域为禁止开发区，那么先于国家公园设置的矿业权或其他开发项目，按照国家公园的管理，需要逐渐退出公园区，这些合法权益人的权益会受到损失。"③ 实际上，剖视我国相关宏观政策文件部署的体制改革目标，我国当前依然选择的是人

---

① 参见［澳］沃里克·弗罗斯特、［新西兰］C.迈克尔·霍尔编《旅游与国家公园——发展、历史与演进的国际视野》，王连勇等译，商务印书馆2014年版，第291页。

② 参见蔡华杰《国家公园的"无人模式"：被想象和建构的景观——基于政治生态学的视角》，《南京工业大学学报》（社会科学版）2018年第5期。

③ 余振国、余勤飞、李闽、刘向敏、姚霖等：《中国国家公园自然资源管理体制研究》，中国环境出版集团2018年版，第99页。

类中心主义的国家公园建设理念,赋予国家公园承载的多种价值与功能,这要求国家公园分区管控制度建设必须兼顾考虑自然资源保护与管理中的生态价值与经济价值,综合实现保护自然资源、保存物种与遗传基因、保护生态多样性、提供国民游憩、学术研究与环境教育、促进经济社会可持续发展等功能。我国《指导意见》也没有禁止国家公园内的人为活动,而是要求实行国家公园的分区管控,通过不同功能区内禁止人为活动与限制人为活动以实现差别化管控。

(三) 行为控制与分区管控

国家公园的功能分区,是一种按照国家公园设置目标来划分国家公园内部层次与结构的方法,是对国家公园进行空间上的管理、保护和利用的规则与手段。因此,国家公园功能分区是国家公园战略与具体运营计划的衔接点,还是总体规划及管理计划中必不可少的重要内容。[①] 故此,生态学、生物学、管理学、风景园林学等相关学科在研究国家公园的规划、设计、建设、保护、管理中均探讨了国家公园的功能分区。前述内容梳理了多个学科研究在国家公园功能分区中使用的分类标准与方法,标准不同便形成不同的国家公园功能分区结果。

一般而言,无论不同学科在国家公园功能分区的理论、方法、标准以及各国实践中存在何种差异,无外乎选择何种措施实现对自然资源的有效保护与合理利用,但理论基础、定位方向与侧重点的不同,还是会影响到功能分区的结果。梳理与归纳当前研究和实践中对国家公园的功能分区,主要有以下两种模式:(1) 定位于自然资源本身的标准设定与功能分区。这种功能分区的思维与路径的定位和重点在于追求国家公园中的自然资源的保护或者物种多样性的保存,即从管理与保护对象出发进行的功能分区。在此思路下,功能区划的标准与方法有物种分布模型法、聚类分析法等,实践中我国在自然保护区等类型的自然保护地分区中往往也采取国际"人与生物圈计划"建议的基于保护对象的核心区、缓冲区和实验区三分法。在我国国家公园体制试点中,有些试点国家公园的功能分区也往往定位为自然资源保护或者物种保护。比如,三江源国家公园功能分区中,

---

① 参见王梦君、唐芳林、张天星《国家公园功能分区区划指标体系初探》,《园林建设》2017年第6期。

"以自然环境因素为主,综合考虑人类活动因素,兼顾指标的重要性、系统性和可获得性",以此构建国家公园分区指标体系进行功能分区。[①] 钱江源国家公园功能分区评估研究中,"评估钱江源国家公园现有功能分区是否能满足区内首要保护物种黑麂的生态需求"[②]。这种从保护与管理对象出发进行功能分区的思维与路径,出发点是自然资源、物种多样性的保护,但实际监管中,"由于该模式对科研、教育、游憩等活动的区划方式与监管要求并不明确,难以合理布控各类功能区的实施重点、监管方式及设施建设"[③]。(2)从国家公园中自然资源的保护与利用程度的角度进行的功能分区。这是当前世界上很多国家与地区对国家公园功能分区采取的分区模式与路径。比如,美国国家公园划分为原始自然保护区、特殊自然保护区/文化遗址区、公园发展区和特别使用区,加拿大国家公园划分为特别保护区、荒野区、自然环境区、户外娱乐区、公园服务区,日本国家公园划分为特级保护区、特别保护区和普通区,我国台湾地区"国家公园"划分为生态保护区、特别景观区、史迹保存区、游憩区、一般管制区等。虽然这些国家和地区对国家公园功能分区的类型及其命名各有个性,但存在的共性是重视国家公园同时具有的生态价值与经济价值,因此,功能分区要兼顾保护与利用,功能分区在这二元目的与价值之间梯度递减,"保护程度逐渐降低,而利用程度及公众可进入性逐渐增强"[④]。

前述内容梳理了当前多种类型自然保护地与国家公园功能分区中功能分区的两种模式。这两种模式无所谓优劣,差异在于从何种立场出发进行的选择。一般而言,前一种模式立足于被划定为自然保护地(国家公园)范围内的自然资源本身,其使用的功能分区标准与方法更贴合自然保护地内自然资源本身的自然属性与资源禀赋,生态学、生物学、风景园林学等学科理论从此角度探究功能分区无可厚非。但笔者在本节中讨论的

[①] 参见付梦娣、田俊量、朱彦鹏、田瑜、赵志平、李俊生《三江源国家公园功能分区与目标管理》,《生物多样性》2017年第1期。

[②] 余建平、申云逸、宋小友、陈小南、李晟、申小莉:《钱江源国家公园体制试点区功能分区对黑麂保护的有效性评估》,《生物多样性》2019年第1期。

[③] 孙鸿雁、余莉、蔡芳、罗伟雄、唐芳林:《论国家公园的"管控—功能"二级分区》,《林业建设》2019年第3期。

[④] 黄丽玲、朱强、陈田:《国外自然保护地分区模式比较及启示》,《旅游学刊》2007年第3期。

是国家公园立法中的国家公园分区管控制度。从法律思维角度出发，法律规范注重通过规范与控制人的行为实现预期立法目标，这就要求，《国家公园法》在分区管控制度设计时，不能理想化地仅仅保护国家公园中的自然资源，而不重视公众在国家公园自然资源利用中实现的权益，同时，还要求通过不同的功能区设置以及不同功能区对应的管控制度的规定，实现设置国家公园的复合性的制度目标。根据《指导意见》提出的明确规定，要划分为核心保护区与一般控制区对国家公园进行分区管控，核心保护区内禁止人为活动，一般控制区内限制人为活动，限制人为活动也意味着可以进行受到一定控制的人为活动。《指导意见》对国家公园核心保护区与一般控制区的二元划分，虽然尚为原则性规定且较为简略，但也基本上遵循了一种行为控制思路，这要求在《国家公园法》立法中予以具体化的法律表达。

四　国家公园立法中分区管控制度的具体展开

我国当前全面启动的以建设国家公园作为"主体"的自然保护地体制改革，被放置于国家生态建设、维护国家生态安全的首要地位。《指导意见》要求国家公园建设以保护具有国家代表性的自然生态系统作为主要目的，为人民提供优质生态产品，但同时也要求"为全社会提供科研、教育、体验、游憩等公共服务"。《建立国家公园体制总体方案》规定国家公园的首要功能是保护重要自然生态系统的原真性和完整性，但也要求"同时兼具科研、教育、游憩等综合功能"。因此，国家公园作为在我国自然资源保护系统中出现的新型的自然保护地类型，在顶层设计之初便承载了虽有主次轻重，但也需要同时兼顾的多重功能。分区管控制度是我国《指导意见》等宏观政策明确规定的需要建立的国家公园管理机制，是世界各国通行的国家公园管理方式，是实现国家公园多重价值与功能的国家公园基本法律制度。前述内容梳理与反思了我国当前体制试点与制度建设中国家公园分区管控制度的立法现状与实施绩效，并剖析了国家公园立法中分区管控制度建构的考量因素，具体而言，我国以《国家公园法》作为基础法的国家公园法律体系中的分区管控制度，其立法要点和制度架构应当从以下几个方面展开。

（一）国家公园法律体系中分区管控制度的立法模式

梳理从 2013 年党的十八届三中全会《中共中央关于全面深化改革若

干重大问题的决定》部署建立国家公园体制至今的政策演进与体制创新历程,我国在中央宏观政策层面提出了建立国家公园体制和重构自然保护地体制,同步进行了地方国家公园体制试点,国家公园分区管控制度等基本的国家公园管理制度在地方国家公园体制试点和地方立法过程中得以确立,并在试点国家公园建设中实践。放宽历史视界,我国国家公园体制建设的这种路径,深嵌在我国长期以来形成的卓有成效的体制改革经验与路径中。政策试验的起点在于地方的政策试点,政策试验的目标在于将试点过程中的政策上升为国家层面的法律法规。因此,在国家公园体制试点过程中确立并实践的多样性的分区管控制度应视为过渡性与阶段性的制度试点,本质上是为国家层面的国家公园立法提供经验与素材以供甄选。《指导意见》《中共中央关于全面深化改革若干重大问题的决定》以及党的十九大报告均将建立国家公园体制定位为我国生态文明制度建设的构成部分,《宪法》《民法典》等法律规范中规定的自然资源国家所有权制度成为我国系统推进国家公园体制建设的法律基础,这些决定了我国选择的国家公园管理体制是自上而下的垂直管理体制,由国家林业和草原局(国家公园管理局)负责全国国家公园的设立、规划、建设和特许经营等工作。国家公园的管理体制和我国的立法体制决定了我国国家公园立法应当以中央立法权为主导、地方立法权根据中央授权或委托而行使的"集权—分权"模式。

具体而言:第一,我国《国家公园法》作为我国国家公园领域的专门的统一的立法,规定国家公园立法目的、原则、基本制度和法律责任,其中,国家公园分区管控等国家公园管理的基本制度,均应在《国家公园法》中进行明确规定;第二,由各国家公园所在地方的省级人民代表大会制定或者修改既有的地方国家公园立法,将其定位为国家公园法律体系中的实施性地方立法;第三,我国的国家公园体制改革并非独立的单项改革,而是镶嵌在整体的自然保护地体制改革中,因此,分区管控等关涉现行自然保护地管理体制改革的内容还应在更上位的自然保护地法律体系中予以原则性规定。具体到国家公园的分区管控制度,在我国当前规划的法律体系中应当遵循如下的立法模式与逻辑结构。

1. 《自然保护地法》中分区管控制度的立法重点

我国当前的国家公园与自然保护地体制改革遵循了从单一到综合、从具体建立国家公园体制到全面重构自然保护地机制体系的逐步深入演进的过程。我国在推动国家公园体制改革的背景下，2018年将《国家公园法》列入十三届全国人大常委会立法规划二类立法项目，国家林业和草原局2022年8月发布《国家公园法（草案）（征求意见稿）》。《指导意见》将建设国家公园体制纳入"形成以国家公园为主体、自然保护区为基础、各类自然公园为补充的自然保护地管理体系"的改革系统后，我国的自然保护地法律体系应当形成一个综合性、系统性的法律体系，构建"自然保护地基本法+专类自然保护地法"模式，专门制定《自然保护地法》作为基本法，以《国家公园法》以及现有的《自然保护区条例》等作为下位的自然保护地专类立法。① 申言之，在完整系统的自然保护地法律体系中，应制定《自然保护地法》作为我国自然保护地领域的"基础法"，《国家公园法》定位为《自然保护地法》下位的单项法和国家公园这一类自然保护地领域的"基础法"。在此法律体系中，《自然保护地》应当定位为自然保护地领域的"政策法"，不规定具体的法律技术规范，侧重于国家对自然保护地的政策宣示，明确保护地价值、功能、管理目标与原则，确定自然保护地的监管主体及权利义务，确定最基本的自然保护地分类体系及管理准则，确立自然保护地发展与运营的基本制度。② 基于分区管控是自然保护地管理中的基本制度，也是我国《指导意见》重点规定的自然保护地管理体制，因此，在改革目标中，所有类型的自然保护地均要按照《指导意见》的规定，实行自然保护地差别化管控，"根据各类自然保护地功能定位，既严格保护又便于基层操作，合理分区，实行差别化管控。"这就意味着，分区管控是应当在《自然保护地法》中予以统一规定的自然保护地管理体制。

具体而言，《自然保护地法》应当规定：各类自然保护地立法或规划应当根据管理目标实行分区管控制度；分区管控制度设计的原则要兼顾与平衡各类自然保护地的保护与利用；各类自然保护地在分区管控中原则上划分为核心保护区与一般控制区，并由各类自然保护地单项立法具体规定

---

① 参见刘超《以国家公园为主体的自然保护地体系的法律表达》，《吉首大学学报》（社会科学版）2019年第5期。

② 参见张振威、杨锐《中国国家公园与自然保护地立法若干问题探讨》，《中国园林》2016年第2期。

其核心保护区与一般保护区的划分标准、具体类型及管理制度。

2.《国家公园法》中规定的分区管控制度

《国家公园法》应当被定位为《自然保护地法》的下位法,是国家公园这一具体类型自然保护地的专门的单项国家立法。《国家公园法》应当明确地、体系化地规定国家公园的法律性质、划界原则、设定标准、立法目的、法律原则、管理体制、基本制度和法律责任等实体内容。作为国家公园管理的一项基本制度的分区管控制度,应当由《国家公园法》进行具体的体系化的规定:(1)基于我国对国家公园内涵与功能的定位,国家公园是"我国自然生态系统中最重要、自然景观最独特、自然遗产最精华、生物多样性最富集的部分",因此国家公园是一类只有国家级的自然保护地类型,必须由《国家公园法》规定分区管控制度等基本的管理制度。(2)只有由《国家公园法》统一规定分区管控制度,才能实现全国国家公园在规划、管理与保护方面的制度统一。(3)我国机构改革后已经确定由国家林业和草原局(国家公园管理局)作为国家公园统一管理机构,《国家公园法》统一规定的分区管控制度有利于国家公园管理局统一组织实施国家公园的设立、规划、建设和管理等各项工作。(4)由于国家公园划界原则是基于自然生态系统保护的需要,划定的国家公园可能会跨省域(比如,大熊猫国家公园涉及四川、甘肃、陕西三省,东北虎豹国家公园涉及吉林和黑龙江两省),只有在《国家公园法》中统一规定体系化的分区管控制度,才能为制度的统一有效实施提供法律基础。

3. 国家公园地方立法中规定的分区管控制度

《国家公园法》正式颁布实施后,由国家公园所在的省级人大出台的国家公园地方立法,在性质上应当界定为《国家公园法》的实施细则,这被有关研究界定为实质意义上的"一园一法"模式。[①] 根据《立法法》(2015年)第72条和第73条的规定,命名为特定国家公园"条例"的国家公园地方立法,属于地方为执行《国家公园法》,根据本行政区域的实际情况作具体规定的事项。具体到分区管控制度,《国家公园法》对分区管控制度包括分区标准、类型与实质管控制度进行具体规定,各国家公园

---

① 参见秦天宝、刘彤彤《国家公园立法中"一园一法"模式之迷思与化解》,《中国地质大学学报》(社会科学版)2019年第6期。

的地方立法在国家公园的区域划分、区域名称以及行为控制等实质制度层面必须严格遵循《国家公园法》的具体规定，"不适宜对具体保护地类别的普遍性基本问题进行立法"[①]。在根据特定国家公园的具体自然资源特征贯彻落实分区管控制度时可以进行补充性的、具体化的规定。其意义在于，在实现《国家公园法》统一规定的同时，从具体实施层面贯彻《指导意见》提出的"便于基层操作，合理分区，实行差别化管控"的要求。

（二）国家公园分区管控制度的二阶结构

既然论证作为国家公园管理基本制度的分区管控制度，应当主要在国家层面统一立法的《国家公园法》中进行体系化的实体规定，因此，此处及随后对该制度的建议主要针对《国家公园法》中规定的分区管控制度展开。前述内容已经梳理与辨析了分区管控是自然保护地与国家公园规划、建设、管理与保护中的重要手段与通行措施，所以，多个相关学科在理论研究、对策建议与社会实践中均重视从不同立场与视角切入对自然保护地和国家公园分区与管理的论证。保护与利用是需要兼顾与平衡的二元价值，从法律思维与路径审视，对国家公园中自然资源的利用强度与控制程度是《国家公园法》规定分区管控制度的出发点与主线。国家公园中人的行为控制亦与国家公园中自然资源及其构成的自然生态系统对于人类实现的价值与功能直接相关。

基于此，笔者建议，《国家公园法》在规定分区管控制度时，应当以人类行为控制作为立法宗旨，以人的行为控制程度作为国家公园分区的主线，在以人的行为控制程度即行为管控程度进行分区后，再进一步在管控分区中根据国家公园中自然资源承载的功能进行分区。质言之，《国家公园法》规定的分区管控制度应当呈现一种"管控分区—功能分区"的二阶结构，首先根据对人类行为管控程度来进行管控分区，再进一步对行为允许方式进行功能分区。

1. 首先是进行国家公园的管控分区

管控分区是在国家公园分区中处于第一位阶的分区，这一分区的标准是依据国家公园不同区域允许人类利用国家公园内自然资源的强度，制度背后的机理在于承认并体现国家公园内的自然资源对于人类同时具有的生

[①] 杜群等：《中国国家公园立法研究》，中国环境出版集团 2018 年版，第 54 页。

态价值与经济价值。在此位阶上的国家公园分区，仅概括地将国家公园承载的不同功能转换为对人的行为控制这个维度予以体现。《指导意见》提出的国家公园的"合理分区，差别化管控"的要求，实质是一种管控分区，即首先明确规定国家公园划分为核心保护区和一般控制区，核心保护区原则上禁止人为活动，一般控制区限制人为活动。明确核心保护区与一般控制区的二元管控分区，即确立了国家公园分区的基本原则和主线，这种对人类行为的控制路径普遍适用于所有国家公园，并且具有普适性，适用于所有类型的社会主体。

2. 其次进行国家公园的功能分区

在前述国家公园管控分区的基础上，再进行国家公园的功能分区，这是国家公园分区中第二位阶的分区。管控分区的依据是对国家公园从禁止人为活动与限制人为活动的角度进行划分，功能分区是在管控分区确立的行为管控类型的基础上，进一步对国家公园内不同区域承载的具体功能进行的分区。申言之，管控分区是从行为类型控制角度概括地兼顾实现国家公园的多重功能，而功能分区则是在此基础上进一步具体对应不同区域承载的各种功能。不同功能分区分别承载和共同实现国家公园同时对于人类具有的生态保护、科研、教育、游憩和社区发展等多重功能。就国家公园制度建设较为成熟的国家与地区的制度建设经验来看，虽然功能分区的类型与命名均有个体差异性，但在功能分区中无一例外地从严格保护到允许利用呈现梯度游移。严格保护的功能分区如美国国家公园中的原始自然保护区和加拿大国家公园中的严格保护区不允许公众进入；允许利用的功能分区如美国国家公园中的特别使用区（允许采矿或伐木）、日本国家公园中的普通区（允许当地居民居住）和韩国国家公园中的居住区（允许居住建筑）等，允许利用强度较大的人类活动。因此，我国《国家公园法》在功能分区上也应当摒弃有些试点国家公园功能分区中仅注重保护而忽视利用的制度建设经验，在功能分区上完整体现国家公园的多重价值与功能。

在功能分区的具体类型上，前述内容梳理了我国现有的四个国家公园地方立法规定国家公园功能分区的立法现状，其功能分区的划分类型、划分依据及具体内涵上均不统一，需要在前述剖析与比较的基础上，吸纳其制度规定的合理内容。我国原国家林业局（现国家林业和草原局）于

2018年发布与实施的林业行业标准《国家公园功能分区规范》（LY/T 2933—2018）为《国家公园法》功能分区提供了一些基本的参考依据，该标准将国家公园划分为"严格保护区、生态保育区、传统利用区和科教游憩区"，这种功能分区既兼顾了国家公园应承担的保护、科研、教育和游憩等多种功能，同时，也基本上能够兼容我国几个国家公园地方立法及实践中的功能分区，但功能分区的逻辑关系尚需根据国家公园从保护到利用的强度标准进行调整。因此，笔者建议，我国《国家公园法》的功能分区应当划分为严格保护区、生态保育区、科教游憩区、传统利用区。结合管控分区与功能分区，笔者建议，我国《国家公园法》中应完整规定的国家公园分区二阶分区及其对应的管控制度可以如表5-2所示。

表5-2　　　　　　　　国家公园分区管控制度二阶结构

管控分区（一级分区）	功能分区（二级分区）	管控制度
核心保护区	严格保护区	严格保护区是国家公园内自然生态系统中最完整、自然景观最独特、自然遗产最精华、生物多样性最富集的区域，采取封禁和自然恢复的方式保护，禁止建设建筑物、构筑物，禁止任何人进入
	生态保育区	生态保育区是国家公园内维持较大面积的原生生态系统以及已遭到一定程度破坏而需要修复的区域，采取必要的生态保护修复工程建设予以保护，禁止其他人为活动
一般控制区	科教游憩区	科教游憩区是集中展示自然风光和人文景观的区域，区域内建设经营服务设施和公共基础设施以服务于国家公园游憩、展示、科普、教育等功能为限度
	传统利用区	传统利用区是原住居民生产、生活集中的区域，以对区域内的自然资源继续可持续利用为限度

五　结语

对国家公园进行分区管控是国际上自然保护地管理的通行经验，世界上很多国家和地区均规定与实施了各有特色的分区管控制度。我国《指导意见》等政策文件将国家公园等自然保护地分区差别化管控规定为政策目标和管理措施。我国国家公园体制试点过程中，各试点国家公园的总体规划、地方立法和建设实践均出台与实践了分区管控制度，但现行的国家公园分区管控制度建设与实践整体呈现功能分区依据阙如、功能分区类型多元、功能分区标准各异等弊端。实践对完善统一的国家公园分区管控制度提出了立法需求。世界上很多国家与地区的国家公园管理体制可以分为自上而下的垂直管理体制、自上而下与地方自治相结合的管理机制、地方自治型管理机制这三种类型，我国选择的是中央集权型的管理体制。这要求我国在国家公园立法中将列入立法计划中的《国家公园法》定位为国家公园管理的"基础法"，在《国家公园法》中规定统一的分区管控制度，地方针对特定国家公园的"一园一法"只能作为补充性的执行细则。在不同的学科体系与研究视域中，国家公园分区有不同的理论基础、指导方法与标准体系，可以归纳为立基于客体（国家公园的保护对象）与主体（相关利益主体的实施行为）这两类分区管控模式。国家公园立法中规定的分区管控制度，应当选择行为控制模式，基于自然资源对于人类产生的多元价值和国家公园兼具的多重功能，我国《国家公园法》中规定的分区管控制度应当采取二阶分区管控制度立法模式。第一位阶层次是进行管控分区，以国家公园允许人类行为强度的类型作为标准划分为核心保护区与一般控制区，这一位阶层次的分区管控制度已被规定于 2022 年 8 月公开的《国家公园法（草案）（征求意见稿）》的第 26、27、28 条；第二位阶层次是进行功能分区，在管控分区的基础上，以国家公园不同区域分别承载的生态系统保护、科研、教育和游憩等多种功能及其分别对应的允许人类行为方式为标准划分为严格保护区、生态保育区、科教游憩区、传统利用区，进而在此基础上对应规定实质性的行为管控制度，这一位阶层次的分区管控制度，亟待在《国家公园法》立法中进一步予以精细化表达和具体展开。

第三节 自然保护地特许经营制度的逻辑与构造

《指导意见》对我国如何构建自然保护地体系、构建怎样的自然保护地体系作出了提纲挈领的指示与宏观部署。《指导意见》在"四、创新自然保护地建设发展机制"之"创新自然资源使用制度"中提出，"制定自然保护地控制区经营性项目特许经营管理办法，建立健全特许经营制度，鼓励原住居民参与特许经营活动，探索自然资源所有者参与特许经营收益分配机制"。这要求以《自然保护地法》为统领的自然保护地立法体系系统构建自然保护地特许经营制度。

在此背景下，于自然保护地体系中设立的特许经营制度应承载《指导意见》提出的体制改革目标，并以此为核心构建具有制度特色、紧密契合自然保护地建设目标的特许经营制度。其中，《指导意见》要求将原来分散设置、交叉重叠的各类保护地进行重构，以解决保护管理分割、保护地破碎和孤岛化问题，实现对自然生态系统的整体保护。因此，在具有系统性和协调性的自然保护地体系中构建的自然保护地特许经营制度，应当始终遵循自然保护地体制改革的整体目标，既能对《指导意见》划定的三类自然保护地适用特许经营制度应当遵循的基本规则与程序作出统一规定，又能为三类自然保护地根据自己的管理目标作出差异化规定留出制度适用空间，以形成协调统一、融贯适用的自然保护地特许经营法律制度。

对当前的研究进行检视，有部分学者注意到特许经营制度对于国家公园建设的贡献和必要性，如可以为访客欣赏和理解国家公园提供必要的服务和设施、承担部分国家公园运营成本等，[1] 并从国家公园特许经营制度的域外经验借鉴[2]、国家公园特许经营权的性质[3]、国家公园特许经营分析与运营模式选择[4]、国家公园特许经营法律规制[5]等角度，对在国家公园中实行的特许经营制度进行探讨。然而应知国家公园仅为自然保护地体系的类型之一，虽然在整个自然保护地体系中扮演着主体的角色，但是在国家公园中适用的特许经营制度并不能整体平移至整个自然保护地体系，自然保护地体系的层次化分类就决定了在每一自然保护地类型中，既有自然保护地的共性管理目标，亦应有其价值侧重点的不同。此时，意欲实现《指导意见》提出的"建立健全特许经营制度"目标，就应当从自然保护地体系的整体和宏观层面进行考量，梳理自然保护地特许经营制度的应然

---

[1] 参见陈朋、张朝枝《国家公园的特许经营：国际比较与借鉴》，《北京林业大学学报》（社会科学版）2019年第1期。

[2] 参见赵智聪、王沛、许婵《美国国家公园系统特许经营管理及其启示》，《环境保护》2020年第8期。

[3] 参见张平华、侯圣贺《国家公园特许经营权的性质》，《山东社会科学》2021年第2期。

[4] 参见耿松涛、张鸿霞、严荣《我国国家公园特许经营分析与运营模式选择》，《林业资源管理》2021年第5期。

[5] 参见闫颜、陈叙图、王群、王丹彤、罗伟雄《我国国家公园特许经营法律规制研究》，《林业建设》2021年第2期。

逻辑，系统检讨当前自然保护地特许经营制度构建的现状及问题，并以此为基础展开自然保护地特许经营制度的体系化构造。

一 自然保护地特许经营制度的应然逻辑

"政府特许经营"多指公共机构以合同或单边行为将通常应由其负责的全部或部分对某种服务的管理职能委托给第三方，由该第三方承担风险的经营机制。①"政府特许经营"与"商业特许经营"同属于"特许经营"的范畴，但"政府特许经营"相较于"商业特许经营"而言，在诸多方面存在区别，例如更强调社会公共利益，授权主体是拥有公用事业资源的政府等。由于在自然保护地体系中建立的特许经营制度，主要是指政府按照有关法律、法规规定，通过市场竞争机制选择某项公共产品或服务的投资者或经营者，明确其在一定期限和范围内经营某项公共产品或者提供某项服务的制度，②因此，其本质上应当是政府特许经营制度。从应然层面考量自然保护地特许经营制度，就是应当在参考政府特许经营制度特征的同时，紧密契合《指导意见》对自然保护地特许经营制度的体系定位与功能预期，为建立健全自然保护地特许经营制度提供逻辑构建框架。

（一）统合自然保护地的多元价值

结合《指导意见》的要求，在自然保护地体系中适用的特许经营制度，应当综合实现预期的保护、科研、教育、游憩等多元价值，这对制度的系统构建提出了特殊需求。

一方面，自然保护地对自然生态系统的严格保护目标就要求政府在自然保护地的经营和管理中应占据主导地位。《指导意见》系统擘画自然保护地体系的建设目标，将"坚持严格保护，世代传承"作为自然保护地体系建设的首要原则。我国所欲构建的自然保护地体系，预期实现的是保护基础上的持续利用，其核心与前提是保护，在保护的前提下可以通过提供优质生态产品，有限制地提供科研、教育、体验、游憩等公共服务以回

---

① 参见张海霞《中国国家公园特许经营机制研究》，中国环境出版集团2018年版。
② 参见张晓《对风景名胜区和自然保护区实行特许经营的讨论》，《中国园林》2006年第8期。

馈社会彰显其公益性。而对于这种产品和服务施加的具有公益性的环境保护限制，就决定了其无法由市场来进行配置。此时，可以将自然保护地从整体上视为公共产品，由于公共产品是社会福利性的而非获利性的，为社会共有产权，应依靠政府提供。[①] 这对政府的角色定位提出了两点要求：（1）从产品供给层面来说，政府应当通过加大财政投入，以财政拨款或转移支付等方式，保障其提供的这种生态产品和服务的公益性。（2）政府应当加强对特许经营项目的监管。由于自然保护地体系建设的公益属性和自然生态系统的脆弱性，其对于特许经营企业的监管应当更为严格。既要避免受许企业形成垄断地位限制市场竞争损害公益性，也要规范其经营管理行为以保障自然保护地可持续利用目标的实现。

另一方面，自然保护地体系的多元价值目标决定了其需要对各类自然保护地的利用限度作出层次化划分。《指导意见》要求自然保护地体系建设的首要目标是实现对自然生态系统的严格保护，但并不意味着排斥其他的多元价值目标。其依据管理目标与效能将自然保护地体系划分为三类，即国家公园、自然保护区、自然公园，这三类自然保护地同时承载多种价值，核心与共性目标都是实现对自然生态系统的保护，但是各类自然保护地的首要目标又各有侧重与不同，并以此成为各类自然保护地相互区别的基础。例如在自然保护地体系中占据主体地位的国家公园，以保护具有国家代表性的自然生态系统为主要目的，因此势必对其实行最严格的保护；自然保护区保护的是典型的自然生态系统等区域，其生态价值与保护强度应当低于国家公园；而自然公园是要"保护重要的自然生态系统、自然遗迹和自然景观"，其生态价值与保护强度在整个自然保护地体系中处于最次，应当以实现自然资源的文化价值、科学价值、景观价值为主，也就意味着其在分担科研、游憩、教育等功能方面可以发挥更多的作用。可见，《指导意见》在进行制度的顶层设计之初就对自然保护地的保护、经营和管理价值位序作出了安排，具体而言：（1）虽都应兼具科研、游憩等多元价值，但具有主体地位的国家公园作为"皇冠上的明珠"，其在维护国家生态安全关键区域中居于首要地位，因此对于在国家公园

---

① 参见李庆雷、陈英、明庆忠《公共物品供给视角下国家公园发展中的第三部门》，《北京第二外国语学院学报》2010年第7期。

中施行的特许经营项目应当尤为慎重和严格限制，切不可盲目因追求经济收益或为实现公众游憩价值而顾此失彼，造成国家公园生态价值的损失；（2）自然保护区的生态价值低于国家公园，因此可以适当降低对于特许经营项目的经营限制，以发挥自然保护地的公众服务功能；（3）自然公园由于生态价值与保护力度均最次，因此可以承担更多的公众游憩责任，在特许经营的范围方面亦可以更广。差异化的制度构建可从宏观层面综合实现自然保护地体系建设的多元目标与价值，实现对自然保护地的整体保护。

（二）平衡自然保护地的公益目的和原住居民权益

特许经营制度是平衡与协调自然保护地公益目的和原住居民权益冲突的纽带。自然保护地的划分要求是其应具有自然生态系统的原真性、整体性、系统性，这些地方往往远离城市、地处偏远，保护地范围内的原住居民谋生方式单一，体现出"靠山吃山、靠水吃水"的依附性特征。而自然保护地为了实现其管理目标，往往要求原住居民搬离其居住地或限制其生产生活方式，这实质上剥夺、限制了其生存发展权益，迫使原住居民的生产、生活利益让步于国家的宏观管控目标，这种对原住居民的经济利益、生态利益、文化利益等造成的削减，已在事实上形成其弱势地位，造成了实质上的不平等。为实现对原住居民的救济，我国应通过探索构建私人治理机制，[①] 创新自然保护地的社区治理、共同治理等治理机制，实现对原住居民的生态补偿。其中，国家公园体制试点中的特许经营制度在创新原住居民创收方式、构建社区反哺机制、吸纳原住居民参与经营活动以实现角色转变等方面发挥着重要作用，有效调和了在自然保护地范围内原住居民的发展权益和自然保护地的保护与利用整体目标之间的矛盾，促使原住居民将自然保护地的保护与可持续利用和自身的生存发展利益相结合，是平衡自然保护地的公益目的与原住居民发展权益的有效方式。由于社区原住居民的生产生活方式本身就是旅游、游憩产业中的旅游吸引物，是世界自然遗产地生态旅游中的知识生产者，[②] 因此在自然保护地特许经

[①] 参见刘超《国家公园体制建设中环境私人治理机制的构建》，《中州学刊》2021年第4期。

[②] 参见张朝枝《基于世界自然遗产地的生态旅游：社区的角色与地位》，《旅游学刊》2021年第9期。

营制度探索中，应当高度重视对原住居民的权益保护，通过多元化的制度设计让原住居民共享生态保护与管理成果。

（三）确立自然保护地惠益分享机制

自然保护地的公益属性内在要求构建自然保护地惠益分享机制。自然保护地的公益属性是体制机制改革的核心诉求和最重要的价值追求之一。《指导意见》提出要"突出自然保护地体系建设的社会公益性"，要"探索全民共享机制"，认为在保护的前提下，应"完善公共服务设施，提升公共服务功能"。国家林业和草原局于 2022 年 6 月印发的《国家公园管理暂行办法》，是最新的对国家公园管理作出系统规定的部门规范性文件，在该办法的第 1 条就规范目的明确表示"为加强国家公园建设管理，……实现全民共享、世代传承……制定本办法"。在《总体方案》中亦是更为明确地强调国家公园的公益性，[①] 可见，以国家公园为主体的自然保护地体系，除应承担保护职责以外，还具有社会服务的重要职能，要让全社会共享自然保护地的保护成果。全民共享、共有和共建就是全民公益性的体现，共享是全民公益性的核心。[②] 全民公益性，即全民福利、全民教育、全民参与。[③] 在此背景下，应通过惠益分享机制，真正实现全民共享自然保护地的生态保护和发展惠益。

从语义层面理解，"惠益"不同于"利益"，它强调将利益惠及他人。实践中，惠益也经常用于指称一方主体给另一方主体带来的好处，它强调了至少两方以上主体的关系，[④] 具有主体间的互动性，侧重于受益主体的广泛性。在自然保护地体系中，基于自然保护地从整体上来看的全民所有属性，所有社会公众均有权"享有"自然保护地的整体利益，对于保护地范围内自然资源的保护和利用所获得的回报与收益，亦应当通过一定的机制惠及全体社会公众。从这个层面来说，自然保护地范围内的惠益分

[①] 《总体方案》中强调"坚持全民公益性。国家公园坚持全民共享，着眼于提升生态系统服务功能，开展自然环境教育，为公众提供亲近自然、体验自然、了解自然以及作为国民福利的游憩机会"。

[②] 参见王社坤、焦琰《国家公园全民公益性理念的立法实现》，《东南大学学报》（哲学社会科学版）2021 年第 4 期。

[③] 参见张朝枝《基于旅游视角的国家公园经营机制改革》，《环境保护》2017 年第 14 期。

[④] 参见秦天宝《遗传资源获取与惠益分享的法律问题研究》，武汉大学出版社 2006 年版。

享,其实质就是对资源利益的再次分配。自然保护地特许经营制度中的惠益分享机制构建应当至少注意如下几个方面:(1)惠益分享的目的是实现全体社会公众的福祉。由于自然保护地从整体上来说属于国家所有,就应当注意对于全体社会公众的公平分配,以实现其公益性,保障资源享用的公平。这里的社会公众,既指自然保护地范围内的原住居民,也指生活在祖国大地上的每一个不特定个体;既指当代中国的公民,也指作为子孙后代的公民;既指整体"享有"自然保护地所有权的社会公民,也指实际"拥有"保护地范围内资源要素所有权的居民。(2)根据对社会公众的理解,惠益分享的主体可以被划分为两大类,以此展开不同主体间类型化惠益分享机制构建。一类是自然保护地体系范围内的原住居民,由于保护地的建立事实上剥夺了其经济利益、生存发展权益,因此必须通过鼓励原住居民参与特许经营,构建社区反哺机制等方式,弥补其经济利益以追求实质公平,真正实现社区居民共享发展成果,从自然保护地中受惠。另一类是自然保护地体系范围外的社会公众,应当充分保障每一个不特定社会公众通过游憩、教育等方式感受美好大自然的权益,不得通过高额收费等方式将一部分社会公众排除在外。这就要求加强对特许经营企业的监管,通过对特许经营项目的合理定价、对游憩过程的合理设置、对宣传教育解说词的规范要求,保障公众能平等地进入保护地,享受具有原真性、完整性自然生态带来的视觉震撼与精神体验。(3)惠益分享的方式包括货币惠益和非货币惠益。例如将特许经营收入反哺社区增加社区居民经济获益,减免社区原住居民的特许经营费等。非货币惠益主要体现为对社会公众提供的低价优质的生态服务、通过享用保护地完善的基础设施带来良好的游憩体验等。

二 我国现行自然保护地特许经营制度的现状及问题

我国已有的政府特许经营制度,是当前自然保护地特许经营制度建设的制度背景和适用前提。已经设置的各类自然保护地及其实施的特许经营制度,也是当前自然保护地体制改革和制度建设时必须重视的制度基础。从制度构建创新成本的角度考量,不能完全将其推倒重来,而是应当在当前的法律体系内变革与重构。这就需要在设计自然保护地特许经营制度时,梳理和检讨现行的自然保护地特许经营制度的现状与问题,在予以针对性地矫正和优化的基础上，建立健全的特许经营制度。

(一) 我国现行自然保护地特许经营制度的立法梳理

现行的自然保护地特许经营制度以一般的政府特许经营制度作为基础，并在各类自然保护地体系的分散立法中予以具体适用。因此，对自然保护地特许经营制度的统一立法和分散立法情况梳理是系统检视当前制度构建状况的重要方式。

1. 自然保护地特许经营制度统一立法阙如

当前的制度构建以一般的特许经营制度作为规范基础，缺乏满足自然保护地特许经营制度特殊要求的统一立法专项规制。(1) 由于自然保护地基本法和特许经营专门立法的缺失，当前的自然保护地特许经营行为在法律法规层面仅能遵循特许经营制度的一般要求。一方面，《行政许可法》(2019 年修正) 第 12 条从法律层面奠定了自然保护地范围内就有限自然资源的开发利用实行特许经营的合法性。另一方面，《基础设施和公用事业特许经营管理办法》就基础设施和公用事业特许经营应遵循的基本规定，特许经营协议的订立、履行、变更和终止等作出专门规范，是自然保护地特许经营行为可以参考的重要部门规章和规范依据。但是由于自然保护地的严格保护理念规制，加之保护地的权属性质更为复杂，需要平衡保护与可持续发展、原住居民权益等多元利益，使得在自然保护地中实行的特许经营制度更为独特，该管理办法难以满足在自然保护地体系中建立特许经营制度的实践需求。(2) 中央的政策文件是当前自然保护地特许经营制度的主要规范依据。如《建立国家公园体制总体方案》《指导意见》从宏观层面为系统构建自然保护地特许经营制度提供了指导，[①] 但是囿于宏观政策的抽象性与概括性，导致处于改革探索中的自然保护地特许经营行为并没有稳定的法律制度供给，缺乏稳定性与可预期性，影响了特许经营制度的成效和经营效率。实践中各地各异的探索方式并不利于从整体上实现自然保护地特许经营制度的预期目标，亟须通过法制化的构建将政策语言转换为法律语言，构建自然保护地特许经营的长效运行机制。

---

① 《建立国家公园体制总体方案》规定，"国家公园设立后整合组建统一的管理机构，履行国家公园范围内的生态保护、自然资源资产管理、特许经营管理、社会参与管理、宣传推介等职责，负责协调与当地政府及周边社区关系" "鼓励当地居民或其举办的企业参与国家公园内特许经营项目" "研究制定国家公园特许经营等配套法规"。

2. 自然保护地特许经营分散立法标准各异

由于自然保护地特许经营统一立法的缺失,各类分散专项立法和地方立法纷纷在各自的立法权限范围内就自然保护地特许经营的体制机制展开探索。就整个自然保护地体系而言,国家公园的机制创新更为广泛频繁,自然保护区拥有较长的制度发展历史,但特许经营制度的体系化和规范化不足,自然公园需统合各类森林公园、地质公园、海洋公园等,本底差异较大,还需提炼共性管理规定。总体来说,不同类型的自然保护地特许经营分散立法标准各异,制度探索的广度和深度各不相同,均呈现明显的地方立法探索先行的特征。然而,这种地方先行的制度构建模式与具有统一性和整体性的自然保护地立法体系存在内生龃龉,标准各异的分散立法并不利于对自然保护地体系的整体保护与利用。

(1) 顶层设计交叉混乱

中央层面的各类自然保护地专项立法呈现或空白或缺乏针对性的状态。由于预期作为自然保护地法律体系基本法的《自然保护地法》尚未出台,此时中央层面自然保护地体系的专项立法便成为规范全国该类自然保护地制度建设的重要依据。①系统梳理当前的制度构建,《国家公园法》还处在草案制定和修改过程中,无法就全国范围内国家公园体制的建设与特许经营制度的具体适用界限作出统一规制。遗憾的是,《国家公园管理暂行办法》作为最新的规范国家公园建设管理行为的部门规章,亦并未设置相关条文就国家公园特许经营制度作出专门规定。②《自然保护区条例》(2017年修订)作为规范自然保护区保护和管理的专项立法,亦并未就特许经营行为作出相关规定,自然保护区内的特许经营活动缺乏制度保障。仅总体规定"国务院环境保护行政主管部门负责全国自然保护区的综合管理",并规定拟订国家自然保护区发展规划,并对自然保护区实行分区管控,允许在自然保护区的实验区内开展参观、旅游活动并由自然保护区管理机构编制方案加强管理,并对生产设施建设提出要求等。总体而言,并未就在自然保护区内开展特许经营活动作出针对性规定,仅原则性规定"严禁开设与自然保护区保护方向不一致的参观、旅游项目"。法律规范的笼统授权与模糊性规定赋予了地方过大的操作权限,导致地方的特许经营探索缺乏明确的法律依据以及稳定的制度供给,并不利于自然保护地上存在的公益目的和多元价值的实现。③在《自然公园法》缺位,《国家级自然公园管理办法(征求意见稿)》公开征求意见但尚未正式出台的背景下,原有的各类实质意义上的自然保护地相关法律规则成了制度重要规范依据。然而,这些缺乏体系性与针对性的分散立法,已难以满足当前自然保护地特许经营制度的建设需求。在《风景名胜区条例》(2016年修订)中,第37、38、39条就特许经营的范围、方式、特许经营收入管理和用途限制、不得将行政管理职能进行委托等事项进行规范,有利于对在风景名胜区内从事的特许经营活动进行系统规范。但它规定由国务院建设主管部门负责全国风景名胜区的监督管理工作,与当前具有统一性的自然保护地体制改革要求不符。此外,在《森林公园管理办法》(2016年修改)和国家林业局印发的《国家湿地公园管理办法》(2017年修改)等部门规章和部门规范性文件中,普遍实行分区管理,提出由林业主管部门主管森林公园、国家湿地公园工作,《森林公园管理办法》(2016年修改)第9—11条规定森林公园的开发建设可以由森林公园经营管理机构单独或采取合资、合作等方式联合进行,并就资源利用行为的限度作出限制。《国家湿地公园管理办法》(2017年修改)仅在第11条笼统提及在国家湿地公园不同分区内的行为界限与利用要求,并未就特许经营制度作出专门要求。总体而言,这些分散立法在管理机构、资源利用方式、资源利用的界限等方面规定并不相同,对于特许经营行为的规定缺乏针对性,更是缺乏对于资源利用行为的约束机制构建。顶层设计的交叉、混乱,职责不清、定位不明,将进一步导致自然保护地特许经营制度地方立法标准不一的局面产生。

(2)地方立法标准不一

由于《自然保护区条例》(2017年修订)、《风景名胜区条例》(2016年修订)等行政法规的规定,根据立法权限要求,地方立法仅能为执行法律、行政法规的需要,根据实际情况作出细化规定。因此针对中央笼统授权,在用语含糊、界限不清的情况下,地方难以作出实质性突破和尝试,仅能回避与特许经营相关的关键问题或简单重复中央规定,不能作出创新规定。而处于探索中的国家公园由于并不存在形式上的上位法,在当前各国家公园普遍遵循"一园一法"的立法模式下,[①] 各国家公园试点纷

[①] 参见秦天宝、刘彤彤《国家公园立法中"一园一法"模式之迷思与化解》,《中国地质大学学报》(社会科学版)2019年第6期。

纷先后以地方立法的形式对国家公园的保护、建设和管理作出全面规定，其中，特许经营的管理规定普遍存在于各国家公园基本法与国家公园特许经营管理办法中。由于当前国家公园体制改革试点相较于自然保护区、自然公园而言比较系统，国家公园的制度探索和成文规定更多，为便于总结分析制度建设特征与规律，就以10个试点国家公园（包括三江源、普达措、东北虎豹、南山、钱江源、武夷山、海南热带雨林、大熊猫、神农架、祁连山）的相关法律规范作为主要研究对象，梳理自然保护地特许经营制度的规律和特征。

总体来说，各地方国家公园立法中对特许经营制度的基本内容规定不尽相同。一方面，特许经营的范围确定方式不一。如《武夷山国家公园条例（试行）》对特许经营的范围以"概括+列举"的方式进行明确，首先规定"国家公园管理机构对涉及资源环境管理与利用的营利性项目行使特许经营权"，并列举武夷山国家公园内的"九曲溪竹筏游览、环保观光车、漂流等营利性服务项目"实行特许经营制度，将特许经营范围进一步明确。而其他园区则多简单规定对园区内的经营性项目实行特许经营，如《云南省国家公园管理条例》《海南热带雨林国家公园条例（试行）》仅简单规定国家公园的"经营服务项目"或"经营性项目"实行特许经营制度。另一方面，就特许经营的监管机制来说，各国家公园地方立法的规定稍显不同，大部分并未涉及对特许经营内容和过程的规范与监管，仅有以《神农架国家公园保护条例》（2019年修正）等地方立法就监督管理要求进行明确，如规定"国家公园管理机构应当依法对特许经营规模、经营质量、价格水平等进行监督管理"。

各地出台的地方国家公园特许经营管理办法充分展现出在自然保护地中适用的特许经营制度差异较大。在我国设立的10个试点国家公园中，各地制定的如《海南热带雨林国家公园特许经营管理办法》《大熊猫国家公园特许经营管理办法（试行）》《湖南南山国家公园特许经营管理办法》《武夷山国家公园特许经营管理办法》《香格里拉普达措国家公园特许经营项目管理办法（试行）》等，就国家公园特许经营制度作出全面规范。具体来说，虽都基本包括特许经营管理的一般性规定、特许经营的范围、目录管理、特许经营者的确定、特许经营协议和相关义务、特许经营的方式和期限要求、特许经营的监督管理等内容，但各自的立法形式差异较大，具体规定标准不一，如《武夷山国家公园特许经营管理暂行办法》对特许经营权仅作出笼统规定，要求"特许经营期限一般为 5 年，最长不超过 10 年"，《大熊猫国家公园特许经营管理办法（试行）》对特许经营项目实行分类管理，不同分类下的特许经营活动经营期限亦不尽相同，设置了 2 年、5 年、10 年以及视投资额度一事一议的不同期限。对于特许经营期限的标准问题，将在后文进一步阐述。

（二）国家公园体制改革试点后特许经营制度实践检视

顶层立法的缺失给予各地方国家公园就特许经营进行充分探索的契机，部分地方虽暂无国家公园特许经营管理办法，在缺乏明确规范依据保障的同时也因限制较少产生了诸多有益的实践探索。这些实践探索的经验教训为自然保护地特许经营立法体系的设计提供了重要参考，是进行宏观立法时不可忽视的重要内容。

1. 地方先行的实践探索缺乏制度保障

由于自然保护地特许经营的发展状态事关我国生态产品供给能力和国家生态安全，对于自然资源的利用应当尤为谨慎，稳定的法律制度供给是确保自然保护地自然资源利用安全的前提和基础。当前的诸多实践探索，由于缺乏法律规范指引和总结，难以巩固实践探索成效。如三江源国家公园积极探索通过特许经营项目创新收入分配模式，发挥原住居民的治理主体作用。通过以昂赛乡雪豹自然体验为代表的特许经营项目，实现生态效益和社会效益的有机统一。对于接待访客所获得的项目经营收入，45%分配给接待向导，45%纳入社区基金，余下 10%用于本地生态保护。而公共基金也将用于昂赛乡全体牧民的医疗保险购买、困难家庭的补助和野生动物救助等，是自然保护地"共建共享"模式的典范。然而，这种实践探索的成功经验并非源于制度保障而是来自社会组织的有益探索，对于第三方的依赖过大，一旦脱离该社会组织就将失去制度适用的基础，制度成效难以保障。

2. 特许经营范围和权限划分不明易致角色错位

由于一般立法规则的缺乏，地方的特许经营模式与边界不明，经营权与管理权交织现象明显。普达措国家公园是我国探索国家公园体制改革最早的区域之一，经历了不同的发展阶段，且不同阶段的资源保护与利用方式不尽相同。总体来看，普达措国家公园的经营权演变有四个发展阶段：

从经营权内部转让阶段、经营权整体转让阶段、经营权部分转让阶段发展到现在的经营权企业分包阶段。① 在这种模式下，政府委托国有独资公司迪庆州旅游发展集团有限公司下设的普达措旅业公司在园区内组织开展所有经营性项目。② 普达措国家公园遵循着形式上管经分离的要求，大力引进企业在园区内特定区域从事自然教育、生态体验设施建设与经营服务。特许经营项目在优化访客体验的同时，其收入也用于反哺社区，以调和园区生态保护与居民经济发展之间的冲突。然而特许经营企业在为园区的经济发展、社区反哺做出贡献的同时，也由于特许经营的经营范围和权限划分缺乏明确规范限制，导致普达措国家公园将原本理应由行政主体负责的门票收取、科普教育、公共交通建设、经营服务质量监管等事项交由企业，实际上造成了以经营代替管理的问题。

3. 特许经营形式创新为制度变革提供参考

各地就特许经营形式的创新性探索亦为未来的制度构建提供重要经验参考，为缓和保护地上存在的保护和利用的矛盾提供了方案选择。自然保护地遍布全国，涵盖的各类自然生态系统差异较大，原住居民谋生渠道单一导致对自然资源的依赖较大，人地关系是影响自然保护地保护成效的重要因素。在自然保护地中适用特许经营制度，可有效缓和自然保护地上存在的经济发展矛盾。而如何保障地方在资源禀赋差异巨大的各类保护地上因地制宜开展特许经营，形成长效运行机制，有赖于制度的稳定供给。如武夷山国家公园为缓解园区内保护和发展的矛盾，转变发展方式、以创新特许经营制度为契机，在以茶产业和旅游业为主的特许经营项目中，以"公司+企业+农户"运行模式，按照"茶—林—草"混交的生态茶园种植方式，引导茶农建设复合型生态茶园，有效推动国家公园茶产业绿色发展，将园区内的生态保护与经济发展有机统一。这种制度探索的成功经验为全国各地特许经营探索提供了宝贵的参考模式，也启示着在进行自然保护地特许经营制度的体系构建时应为地方因地制宜地进行制度适用预留足够的发展空间。

---

① 参见张海霞《中国国家公园特许经营机制研究》，中国环境出版集团2018年版，第59—60页。

② 参见朱洪革、赵梦涵、朱震锋《国内外国家公园特许经营实践及启示——以东北虎豹国家公园为例》，《世界林业研究》2022年第1期。

（三）现行自然保护地特许经营制度的问题检讨

通过前述央地立法状况梳理和地方的特许经营实践经验总结，可以从以下两个方面就我国自然保护地特许经营制度问题进行分析与检讨。

1. 制度机理的错位

《指导意见》系统擘画自然保护地特许经营制度的逻辑结构与框架，为自然保护地体制改革以及自然保护地特许经营制度的构建奠定了基础。然而，基于前述立法现状的整体梳理，制度构建的实然状况与应然状态还存在着偏差，其中，制度机理的错位，模糊和扭曲了中央政策文件指引的制度改革方向。在全国范围内普遍适用的一般性标准缺乏，导致利益保障的范围和限度出现阙漏，利益调和机制缺位特征明显。

（1）制度保护目标的逃逸

自然保护地特许经营约束机制如绩效评估和生态保护成果的考核评价机制缺乏，致使该制度成为自然保护地体系保护目标逃逸的方向和途径。由于特许经营制度本身所具有的经营属性就会伴生经济利益，而位于自然保护地中的特许经营制度又被施加了更多保护的限制和要求，这种为实现社会公共利益而施加的保护限制与特许经营制度的经济利益在一定程度上相互对立。对相互对立的利益进行调整以及对它们的先后顺位进行安排，往往需要借助立法的手段予以实现。审视当前的制度构建，一般性立法规则的缺乏尤其是自然保护地特许经营制度约束机制的立法空白，易致经济利益与社会公共利益的保护界限和范畴模糊。有组织的社会在处理这一相互对立的利益冲突时，由于缺乏明确的标准，难免将利益衡量的天平向经济利益倾斜。

总体来说，当前的制度构建均缺乏对自然保护地特许经营制度的约束机制规定。无论是《国家公园管理暂行办法》还是《自然保护区条例》（2017年修订）均未涉及对自然保护地特许经营的成效监督和考核评价，仅笼统规定应当由国家公园管理机构为全社会提供优质生态产品以及科研、教育等公众服务，但对于实现该职能的方式和途径并未作进一步说明和限制。或概括规定自然保护区的管理机构负责加强对在本自然保护区内从事的参观旅游活动的管理，但并未涉及管理的成效与评价方式，仅要求严禁开设与自然保护区保护方向不一致的参观旅游项目。实践中，一味追求特许经营制度形式创新、追求经济成效，易致"保护优先"成为形式目标，片面地将追求经济效益成为衡量保护地成效的依据。总体来说，在自然保护地中实行特许经营制度事关保护地经济发展，是灵活利用自然资源，缓解保护地经济矛盾，为生态保护提供不竭人力、财力、物力的重要方式。但是由于缺乏对自然保护地特许经营绩效评估和生态保护成果的考核评价机制，管理机构未形成对特许经营企业的监督和外在约束机制，加之自然保护地的财权与事权挂钩，这对不同地区的财政压力影响各不相同，并且自然保护地日常的管护、生态监测、各类生态补偿费用是一笔庞大的开支，目前国家公园建设缺乏足额有效的资金投入，政府的财政拨款在一定的前提之下才能得到。[①] 园区为了减少保护地范围内生态保护与经济发展的矛盾，在缺乏外在监督的情况下，难以避免其管理理念的偏差，放松对特许经营企业的审核和监管，甚至"适当纵容"受许企业的一些对生态有不利影响的行为以换取特许经营收入缓解保护地的经济压力。这实质上偏离了自然保护地"严格保护"的管理目标和理念，不利于对自然保护地生态原真性、完整性的保护。

（2）经营权与管理权错位

由于制度理念的偏差，实践中也导致了自然保护地特许经营中经营权与管理权的错位现象，"以经营代替管理"现象频发。如前文所述，当前各国家公园通过出台特许经营管理办法，就经营权与管理权作出了清晰界定，并普遍要求实行"经管分离"，但是由于地方财政投入的不足，在国家亦未出台保护地的多元化资金筹措机制相关规定之前，尽管民间资本和社会公益资金有较强的意愿，国家公园亦不敢贸然创新通过其他渠道引入资本，此时产权虚位下的国家公园资源变成了特许政府主体部门谋取利益的对象，而由主管部门起草通过的法律规范只是监督别人的武器，自己除外。[②] 因此，一方面，由于管理机构确实缺乏足够资金去承担国家公园内的生态管护、自然资源管理、社会参与等职能；另一方面，为了充分支持特许经营企业的经营行为、扩大特许经营范围、增加特许经营收入，行政主体往往或主动或被动地弱视自己的管理职能，由特许经营企业自我监督

[①] 参见邱胜荣、赵晓迪、何友均、闫钰倩、段艺璇《我国国家公园管理资金保障机制问题探讨》，《世界林业研究》2020年第3期。

[②] 参见方玮蓉、马成俊《国家公园特许经营多元参与模式研究——以三江源国家公园为例》，《青藏高原论坛》2021年第1期。

自我规范其经营服务质量。由于企业的行为经常表现出盲目性、短期性和非公共性,[①] 这种"以经营代替管理"的行为严重破坏了自然保护地的生态保护和管理成效,不利于自然保护地公益目标的实现。

(3) 地方立法与上位法的抵牾

由于缺乏上位法明确授权,加之又受潜在的"实质上位法"掣肘,地方立法探索偏离预期制度轨道。根据我国《立法法》的规定,地方性法规不得同宪法、法律、行政法规相抵触,除法律保留的事项外,其他事项国家尚未制定法律或者行政法规的,可以先制定地方性法规。由于我国并没有制定统一的《自然保护地法》,亦并无中央层面的自然保护地特许经营管理办法,因此从表面上看各国家公园特许经营管理地方立法并无相关上位法规制,属于"实验性立法"或"创造性立法",[②] 拥有较大的立法创造空间。但实际上由于自然保护地特许经营的实质就是对自然资源的可持续利用,这种利用行为既涉及自然资源的管理体制问题,又涉及对政府特许经营行为的一般规制,看似是没有上位法的"创造性立法",却由于其管理对象的特殊性,又处处受"实质上的上位法"限制。例如,招标行为需要在《招投标法》的法律框架下进行,作为一种特殊许可,亦不得与《行政许可法》相抵触。在"不得与上位法相抵触"的立法原则要求下,此时潜在的各类上位法使得地方性立法难以作出实质性突破,部分演变成对《招投标法》等法律的细化。此时地方进行的立法探索是"戴着镣铐跳舞",无法满足自然保护地特许经营制度的特殊需求,甚至可能会偏离预期的制度目标。

2. 立法缺乏体系性

如前文所述,由于统一立法和顶层专项立法的缺失,当前的自然保护地特许经营制度设计总体较为粗疏,立法的精细化程度不足。地方立法探索标准各异,破坏了自然保护地特许经营制度立法的统一性和协调性。具体来说,各地的地方立法探索从整体上来看并不能满足整个自然保护地体系设计目标,在运行机制、监管机制等共性问题上的差异性规定容易导致

---

① 参见于海《行业协会与社会中间结构》,载范丽珠主编《全球化下的社会变迁与非政府组织(NGO)》,上海人民出版社 2003 年版。

② 参见沈寿文《"分工型"立法体制与地方实验性立法的困境——以〈云南省国家公园管理条例〉为例》,《法学杂志》2017 年第 1 期。

地方侧重经济效益而忽视生态保护。

(1) 运行机制各异

在运行机制上来说，各地在准入规定、特许经营的范围和期限、环境保护约束机制的构建上，均标准不一。

首先，各地对于国家公园的准入规定相差较大。作为一个系统整体的自然保护地，基于共性的保护理念，各保护地内对于特许经营者的准入门槛应是一致的，地方可以在此基础上对保护地特许经营的准入规则作出针对性调整和细化。然而，各地对于特许经营的受许人选择，并未作出统一规定，有的如《武夷山国家公园特许经营管理办法》规定，特许经营项目应当根据招标投标等法律法规规定，以公开招标方式确定特许经营者；《大熊猫国家公园特许经营管理办法（试行）》对特许经营的准入规则作出限制，要求凡是在全国统一的信用信息共享交换平台有不良记录的企业、组织和个人，不得作为特许经营受许人；有的诸如《钱江源国家公园特许经营管理办法（试行）》仅原则性规定"由管理机构以公开招标、竞争性谈判等方式选择特许经营者，特殊情况下可采取申请审批、直接授权等方式授予特许经营权"，并未对受许企业的准入条件作出特别规定。

其次，特许经营范围和期限标准不一。一方面，就特许经营范围而言，如前文所述，当前各地采用不同的标准明确特许经营的经营范围。有的是采用概括描述，并通过目录管理的方式就具体的经营项目进行明确；有的是通过"概括+列举"的方式加以确定；而有的如《钱江源国家公园特许经营管理办法（试行）》则通过设置禁止性条款规定"公园门票业务、宗教活动场所、基础设施建设、医疗服务"等不得列入特许经营范围，以维护国家公园的公益性。这种差异化的经营范围标准留给了地方过大的决定空间，概括描述经营范围亦诱致地方出于经济目的而泛化经营项目，不利于对自然生态系统的严格保护。另一方面，各地对特许经营期限的规定亦差异过大。如《钱江源国家公园特许经营管理办法（试行）》设置为"1年、10年、20年"，与《武夷山国家公园特许经营管理暂行办法》规定的"一般为5年，最长不超过10年"相区别，各地不同经营期限的设置，互相之间差异过大且缺乏科学论证，割裂了自然保护地特许经营制度之间的有机联系，不利于系统的自然保护地法律体系的构建。

最后，缺乏对自然保护地特许经营制度的生态环境保护成效评价机制。总体来说各地的规范性文件在不同程度上涉及对特许经营行为的监管，以对特许经营制度规定得相对全面细致的《大熊猫国家公园特许经营管理办法（试行）》为例，其将受许人的经营义务在特许经营合同中加以明确，并主张由国家公园管理机构建立监督和评价机制，对于违反合同约定、违反国家公园管理规定、违反有关法律法规、服务低劣、欺诈游客等行为，责令整改，并建立退出机制，不愿整改或整改不达标的，应按合同约定和有关法规依法解除特许经营权。但并未就特许经营者对生态环境的影响建立考核评价机制，忽视了特许经营行为可能对环境造成的破坏和不利影响，易致特许经营者罔顾生态保护成效片面追求经济效益破坏生态。

（2）缺乏统一的收支管理和监管机制

在自然保护地内实行的特许经营活动缺乏统一的特许经营收支管理和监管机制易破坏制度建设成效。当前各保护地对收入的管理规定相对较为笼统，如祁连山国家公园仅概括规定特许经营费应当由管理机构收取，实行收支两条线，专项用于本园区范围内的保护、建设、管理、科研等。部分地方对于特许经营费的收取主体作出了不同规定，如神农架国家公园规定特许经营收入上缴财政；海南热带雨林国家公园亦要求特许经营使用费应当上缴省级国库，纳入财政预算管理，并就可以免收或者减收特许经营使用费的情况进行了列举，但是对于特许经营费的费用构成、收益分配方案并未明确；武夷山国家公园并未就特许经营收入及监管机制作出专门性规定。这种对于收支管理的不同规定不利于自然保护地特许经营制度的整体建设、不利于协调与平衡在自然保护地之上的保护与利用价值。此外，各地亦普遍缺乏对特许经营收入的监管机制，尚未建立明确的特许经营收入分配方案，缺乏公开透明的特许经营费征收标准、征收方式规定，难以对特许经营收益进行有效的监督管理，极易产生特许经营收益分配不合理的乱象。

三 自然保护地特许经营制度的体系构造

自然保护地特许经营制度的体系化构造，并非从无到有的创造和设想，而是对既有的法律规范进行审视和调试，对当前的制度框架进行变革和创新。《指导意见》为我国自然保护地特许经营制度的创新提供方向目标和价值理念框架，预期统合自然保护地的多元价值、平衡建立自然保护地的公益目的与原住居民权益保障、确立自然保护地惠益分享机制。然而，通过梳理发现，当前统一立法阙如、分散立法、标准各异的制度体系构建还面临制度机理的错位、立法体系性缺乏等问题。立足于制度实然状态的现存问题，以制度构建的应然逻辑框架为主线，为体系化构造自然保护地特许经营制度提供了基础和前提。具体来说，就是应当完善顶层设计，以"一般规定+特别规定"统一的立法模式奠定制度框架基础，形成协调融贯的立法体系，为制度的全国统一适用提供规范指引，进而具体展开自然保护地特许经营制度构造。

（一）自然保护地特许经营制度的统一立法模式和立法体系

由于中央统一立法的缺失，实践中地方先行的立法探索也呈现标准各异的立法状况，极大破坏了整个自然保护地特许经营法律体系的统一性和协调性。宏观政策目标与制度构建现状之间的种种不适配表明，地方先行、形态各异的立法探索并不能满足自然保护地特许经营制度体系构建目标。具有统一性与协调性的自然保护地体系建设与改革目标就决定了自然保护地发展需要总体定位，特别是在保护目标、原则、类型划分等方面必须顶层设计先行。[①] 总的来说，亦即应通过确立"一般规定+特别规定"的统一立法模式，以《自然保护地法》系统规定一般制度，以《国家公园法》《自然保护区条例》展开具体领域立法，以《自然保护地特许经营管理办法》进行专门针对性立法，以地方立法系统规定实施性制度，通过法律的"立改废释"工作，从形式和实质意义上实现自然保护地特许经营制度的体系化。

1. 自然保护地特许经营制度的统一立法模式

自然保护地特许经营制度"一般规定+特别规定"的统一立法模式是系统回应实践问题、实现制度目标的最佳选择。由于《指导意见》提出建设的自然保护地体系并非凭空产生，而是对在我国历经多年沿革、类型复杂的各类实质意义上的自然保护地体系的升级与重构，因此

[①] 参见吕忠梅《关于自然保护地立法的新思考》，《环境保护》2019年第Z1期。

就必须以既有的各类自然保护地法律规范为基础，在现有法律体系上进行立法模式的创新与变革。亦即，应当改变当前地方先行的分散立法打破了自然保护地建设协调性和融贯性的局面，以实现对自然生态系统的整体保护和差异化管控为着眼点，构建具有层次化和梯度化的统一立法模式。

总的来说，就是应当遵循"一般规定+特别规定"的立法模式，既要保障对各类自然保护地的统一管理，又要尊重各类自然保护地建设的差异性和特许经营制度的独特性。（1）所谓"一般规定"，就是在未来预期作为自然保护地基本法的《自然保护地法》中系统规定自然保护地特许经营应当遵循的基本制度和原则理念，就整个自然保护地体系建设的管理体制安排与分类管理制度、分区管控模式、不同类型自然保护地保护和利用强度等进行整体设计，作为规范整个自然保护地体系建设的总体规则，是确保整个自然保护地特许经营制度建设具有体系性和融贯性的顶层设计与核心纽带。（2）所谓"特别规定"主要包括两个层面的内容：一是在《自然保护地特许经营管理办法》中就整个自然保护地体系特许经营制度的程序与内容作出针对性统筹与安排。由于在自然保护地体系范围内的特许经营制度承载了如前文所述的应实现多元价值、平衡公益目的与原住居民权益、构建惠益分享机制等应然制度要求，具有完全不同于一般的特许经营制度的运行逻辑和思路，因此应当以该特别规定的形式就各类自然保护特许经营制度应当普遍遵循的特许经营准入规定、运行机制要求、收支管理和约束机制构建等作出具体规定，以避免制度的粗疏导致地方立法探索标准各异的情形出现。二是在各类自然保护地分散专项立法中就特许经营制度作出特色规定。自然保护地体系改革并非以一部《自然保护地法》综合性立法的出台就可以一蹴而就，对于特许经营制度的探索也远非一部《自然保护地特许经营管理办法》针对性立法就可以实现，而是需要立足于制度改革的整体目标，内嵌于分类管理的体系结构，从内在价值体系的理念统一性和外在规范体系的逻辑协调性这两个层面来具体实现自然保护地法律体系的融贯性。[①] 因此，在展开制度设计时，就应当通过在未来

---

① 参见刘超《自然保护地体系结构化的法治路径与规范要义》，《中国地质大学学报》（社会科学版）2020年第3期。

预期出台的《国家公园法》《自然公园法》中作出特许经营制度的特色化设计，调整《自然保护区条例》（2017年修订）的相关规定以实现制度目标。

2. 自然保护地特许经营制度的立法体系构造

由于衍生于中央政策文件中的自然保护地特许经营制度改革目标在进入法律体系时还会发生"排异反应"，难免受当前的制度框架体系掣肘。要构建逻辑自洽、完整的自然保护地特许经营法律制度，还有赖于对法律法规"立改废释"工作的推进。以"一般规定+特别规定"的立法模式为基础，可以构建完善的自然保护地特许经营制度顶层设计，并为地方立法的具体适用和实施提供指引。

（1）《自然保护地法》系统规定一般制度

应在未来预期作为自然保护地基本法的《自然保护地法》中，系统规定自然保护地特许经营的一般制度。由于我国未来的自然保护地立法体系应该是"基本法+专类保护地法"的总分结构，《自然保护地法》将被定位于自然保护地建设和管理的基本法，[①] 因此须在《自然保护地法》中就自然保护地特许经营的基本制度作出统一规定，就各类自然保护地间的内在逻辑与联系安排、各类自然保护地资源利用强度和经营范围的差异化规定作出统筹，这也是自然保护地综合实现其所预期承载的多元价值的重要方式。

一方面，应对各类自然保护地自然资源利用强度作出差异化规定。如前文所述，由于国家公园、自然保护区、自然公园的生态价值和保护强度依次降低，对资源的利用强度可以依次变高，差异化设置特许经营范围。结合自然保护地分区差别化管控制度，国家公园和自然保护区的核心保护区原则上禁止人为活动，一般控制区内限制人为活动，自然公园原则上按一般控制区管理，限制人为活动。因此，自然公园在经营项目的设置、经营范围的划定上，拥有更广阔的自主权，应更多地发挥自然保护地服务社会的文化功能，承载公众游憩价值，通过探索多样化的特许经营项目和形式，增加公众享受美好自然生态的机会和渠道，丰富

[①] 参见吕忠梅《以国家公园为主体的自然保护地体系立法思考》，《生物多样性》2019年第2期。

大众的精神文化生活。国家公园由于是我国自然生态系统中最重要、自然景观最独特、自然遗产最精华、生物多样性最富集的部分，在维护国家生态安全中居于首要地位。因此，必须高度重视国家公园的生态保护，始终将生态保护价值功能放在第一位。对于在国家公园范围内开展的特许经营活动，要求施加严格的环境保护限制。例如在准入门槛方面，应提高对特许经营受许人的准入限制，要求受许人在环境保护、自然资源利用等方面具有一定资质，并在签署特许经营协议前进行环境评估、签署环境保护协议。[①]

另一方面，为保障公益性，应将自然保护地特许经营的范围限定为经营服务类活动，并设置禁止性条款，划清自然保护地特许经营的界限。总体来说，自然保护地一般控制区范围内的餐饮、住宿、生态旅游、零售、特色交通工具等经营服务项目，以及使用各类自然保护地品牌、标识开展的生产经营活动等，均属于自然保护地特许经营的范围。而诸如门票、教育、科普研究、公共医疗服务等不能体现公益性的项目，则不得被纳入自然保护地特许经营范围。

(2)《国家公园法》《自然保护区条例》的具体领域立法

2022年8月国家林业和草原局公布的《国家公园法（草案）（征求意见稿）》和《自然保护区条例（修订草案）（征求意见稿）》等，被预期定位为自然保护地体系建设的专项立法，应就特许经营制度作出差异化和特色化规定，并为未来预期出台的《自然保护地法》留出衔接空间。一方面，从《国家公园法（草案）（征求意见稿）》的内容来看，其对特许经营制度的规定相对完善，第45、48条就国家公园特许经营的经营范围、经营者选择、合作协议、资金管理等作出较为系统的规定，并在第54条中构建对国家公园的考核评价机制，引入约谈制度，是系统总结地方立法经验的相对完善的立法。但亦体现出制度的精细化设计不足等问题，还需就国家公园突出设计差异化的资源管控和利用方式。如结合分类管理安排，应始终将严格保护放在首位，在不影响生态的前提下，就特许经营的项目范围和条件设置、准入要求、环境保护义务等进行严格限定，

---

① 参见马洪艳、童光法《国家公园特许经营制度存在的问题及对策》，《北京农学院学报》2020年第4期。

将维护国家生态安全作为核心与前提。另一方面,《自然保护区条例（修订草案）（征求意见稿）》紧密围绕国家自然保护地体系建设目标作出了较多内容的修改，矫正了一些与自然保护地体系建设不相符合的制度内容，例如与自然保护地立法体系相衔接，将主管部门修改为"林业草原主管部门"，对于分区管理制度由"三区"划为"二区"等。然而，草案中并未就自然保护区的特许经营制度作出专门安排，易致在自然保护区范围内从事的特许经营活动难以满足制度的特殊需求，应进一步加强对特许经营制度规则的研究和制定。

（3）《自然保护地特许经营管理办法》的专门针对性立法

在《自然保护地法》与《国家公园法》等基本法和重要的专项立法确定后，由于地方立法难以就体制机制作出突破，各异的立法探索亦会破坏法律体系的整体性，因此还应在中央层面制定《自然保护地特许经营管理办法》，对自然保护地特许经营行为的共性问题作出专门规制，以增强整个立法体系的协调性。具体来说，就是应当进一步就自然保护地特许经营的行为界限进行明确，就特许经营的流程进行系统设计，就特许经营的经营范围的确定、特许经营模式的选择、特许经营期限的明确、申请特许经营的流程和准入要求确定、特许经营收入的构成、资金分配机制的构建、资金用途的监管、制度成效的考核评价、惠益机制的构建等内容进行明确。就整个自然保护地体系均普遍适用的具有共性的特许经营规则展开构建，并为地方因地制宜创新特许经营方式留够制度空间，确保自然保护地特许经营探索既能实现生态保护的公共利益，又能满足社会福祉、惠益公众。

（4）地方实施性立法

作为系统协调的自然保护地特许经营法律制度，应当始终在中央层面就自然保护地特许经营制度的共性问题进行明确，提供基本的方向与行事准则，再由各自然保护地地方立法就中央的总体规定进行有效衔接，针对各自的自然保护地类型、自身的资源禀赋和经济发展状况，设计出更具操作性和具体化的制度规范。一方面，地方立法应当注意统一立法层级。避免各地不同的立法主体在不同的立法权限内制定出规范效力不一的地方自然保护地特许经营管理办法，破坏整个自然保护地特许经营法律制度体系的协调性和统一性。另一方面，此时的地方立法，需要避免在共性问题上与中央规定的简单重复，同时应根据中央授权，探索创新特色化的特许经营制度。例如三江源国家公园将社区原住居民纳入特许经营的实施主体，在为原住居民创收的同时，其生活的文化风俗本身也成为特许经营的项目内容之一；武夷山国家公园将茶产业和旅游业、生态保护融为一体，有效兼顾了自然保护地生态效益、经济效益与社会效益，是地方特许经营项目内容创新的有益探索；普达措国家公园构建的反哺机制有效补偿了原住居民受损的经济、发展利益，探索了新的特许经营收入分配方式。这些在中央的制度框架下结合地方发展状况的有益探索，应将其通过法律转换进入制度规范体系，以固定地方的探索成果，保障特许经营的稳定性。

（二）自然保护地特许经营制度构造

在"一般规定+特别规定"的立法模式下系统展开自然保护地特许经营制度的立法体系构造，满足了特许经营制度在形式上协调融贯的要求。同时，还应在内容上，就基本制度作出统一安排，以系统回应实践中存在的制度机理错位、立法缺乏体系性的问题，并将自然保护地特许经营制度预期实现的应然逻辑融汇于制度的顶层设计之中，以保证满足自然保护地中构建的特许经营制度的特色化需求，最终达到自然保护地特许经营制度实质功能上的协调统一。

1. 明确设置特许经营项目的法定条件

中央层面就特许经营项目设置的条件进行明确，可有效避免地方各类自然保护地特许经营项目的泛化。在自然保护地范围内实行的特许经营，与一般政府特许经营最大的区别就在于其贯彻生态保护优先的价值理念，因此项目设置应以不影响自然资源和生态保护成效为限，可参照美国的"必要且适当"原则，[1] 要求符合各类自然保护地建设的总体规划和专项规划。管理机构编制特许经营目录，应当征求各类自然保护地所在地人民政府、相关部门、原住居民、专家学者和社会公众的意见，并就特许经营项目的合理性和可行性进行论证，重大项目应当委托具有相应资质的第三方机构就拟开展项目的环境影响及生态保护要求、资源利用情况等进行评

---

[1] 参见陈朋、张朝枝《国家公园的特许经营：国际比较与借鉴》，《北京林业大学学报》（社会科学版）2019年第1期。

估和论证。由于特许经营项目事关生态保护成效，应当始终将保护优先理念贯穿特许经营项目运行的全过程，并从源头上避免对生态有不利影响的项目实施对造成环境不可逆的损害。只有对自然保护地特许经营项目的设置条件从中央层面作出严格限制，方能避免地方权力寻租、以资源换经济等现象发生。

2. 体系化规定特许经营制度构成

为避免地方在缺乏相关上位法规制或上位法规制粗疏的情况下，对自然保护地特许经营的基本制度作出差异过大的规则要求，破坏自然保护地特许经营制度的体系性，还应从特许经营者的准入限制、特许经营期限、特许经营的监管机制等方面就制度作出精细化设计。

(1) 特许经营准入条件法律规范

应就特许经营者的准入作出严格限制，以市场方式选择最优受许人。第一，为避免地方过于宽松的准入要求致使良莠不齐的企业进入自然保护地内，盲目逐利破坏生态环境、影响公众游憩体验，应通过市场机制选择最优受许人。特许经营受许人的选择，在满足最低资质要求前提下，应以招标、竞争性谈判的方式，综合考量其经营方案是否兼顾生态效益、经济效益和社会效益，其对自然生态系统的保护能力、提供服务的质量与价格、自身信誉与影响力大小等是否能与自然保护地的保护优先和公众游憩目标相契合。鼓励水平高能力强的优质企业参与特许经营。第二，引入第三方评估机制，确保特许经营受许人选择程序的专业性和公平性。第三，为保障特许经营准入的公平性，还应当构建完善的特许经营程序规则，明确公众参与和监督机制。确定项目招标信息官方发布平台、确立负责项目招标的部门、明确评选流程与细则，就评选结果进行公示，并注意对项目信息的及时公开，接受社会公众监督。这种公众监督机制，既包括对项目确定的信息公开，也包括对受许企业情况、特许经营情况的公开以及受许企业后续经营状况的持续监督，促使公众参与到特许经营全过程，避免特许经营行为损害社会公共利益。

(2) 明确特许经营期限

中央层面，就特许经营期限作出类型化规定，避免地方对特许经营期限标准各异的规定破坏制度的统一性与协调性。特许经营期限过长易引发受许企业的垄断经营，背离自然保护地的公益目标。特许经营期限过短不利于巩固特许经营成果、维护受许人经济权益。而我国幅员辽阔，各类自然保护地在资源禀赋、发展状况上都不尽相同，亦难以对其从中央层面作出"一刀切"的统一规范。因此，可通过自然保护地特许经营管理办法规定特许经营的最短期限为 1 年，最长不得超过 10 年，并授权地方可以结合本自然保护地资源保护和利用状况，制定更为细致的特许经营分类管理期限。

（3）构建监管机制

应从中央层面构建明确的监管和约束机制，为确保特许经营发挥预期制度效果提供保障。①加强收支监管，系统规定特许经营项目收费标准，建立自然保护地特许经营费使用与管理办法。一是特许经营项目收费以特许经营企业的经营成本和合理利润、管理机构的管理成本为限，严禁以经济为目的随意提高特许经营项目收费标准。二是建立统一部门预算管理机制，将特许经营收入纳入一般公共预算专项管理，上缴财政，由中央财政部门对各类自然保护地资金进行统一调配。由地方各自然保护地管理局编制单位预算，中央根据各自然保护地的单位预算编制部门预算，并对其进行公开、接受社会监督，确保收支分离。三是建立资金使用评估机制。按年度组织专家对已实施的特许经营项目进行绩效评价，公示评审结果，实现特许经营资金安全在控可控。①②以特许经营合同、环境保护合同确定特许经营者义务，构建违法违约受许人的特许经营退出机制。一是将特许经营者的环境保护义务放在首位。要求受许人在签订特许经营协议前，签署环境保护合同，并对项目进行环境影响评价，在项目进行中，政府应加强对项目环境影响的监测评估。二是从中央层面明确特许经营合同的内容，主要包括特许经营者的特许经营服务质量、特许经营行为的范围和期限、特许经营收费标准、设施设备的更新维护、准入退出的情形等，通过明确权利义务关系，强化经营者对其经营行为的自我监督和管理机构的行政监管。

3. 构建自然保护地惠益分享机制

在自然保护地体系中构建的特许经营制度，除了回应实践问题，还应

---

① 参见马洪艳、童光法《国家公园特许经营制度存在的问题及对策》，《北京农学院学报》2020 年第 4 期。

紧密契合自然保护地特许经营制度的应然逻辑。如前文所述，制度构建的应然逻辑为自然保护地特许经营制度的体系构建奠定了框架和基础，是应当贯穿整个自然保护地特许经营制度的逻辑主线。事实上亦是如此，特许经营制度引入市场主体、就不同类型的自然保护地特许经营制度作出差异化安排、就监管机制的明确构建等，均体现了在自然保护地上承载的多元保护价值实现。此外，还需要通过更为明确的制度设计，保障原住居民权益、构建自然保护地惠益分享机制。

（1）保障原住居民的优先受益权和优先经营权

应以法律机制保障原住居民的优先受益权和优先经营权。由于原住居民因让步于自然保护地的管控目标而牺牲自己在原保护地内所享有的生存、发展权益，加大对原住居民的生态补偿、确定其在特许经营制度中的优先收益权和优先经营权，是实质公平的体现。虽然各类自然保护地差异较大，难以对所有类型的自然保护地中原住居民在特许经营中享有的权益进行统一规定，但可以在中央层面的规范中明确原住居民在特许经营中所享有的权益类型。一是在特许经营准入方面，规定在同等条件下原住居民享有该项目的优先经营权。二是在各类特许经营费方面，有权享受费用的减免。三是原住居民有权就该自然保护地特许经营收入优先受益，鼓励地方探索多样化的社区反哺机制。对于集体所有的自然资源，管理主体应通过创新特许经营项目，转变社区发展方式，鼓励社区以多样化方式参与特许经营，基于原住居民就自然资源的集体所有权，约定对原住居民的优先受益安排和多种形式的生态补偿。

（2）调整资金分配机制保障社会公众共享惠益

加大财政投入、协调统筹特许经营收入，是促使自然保护地建设回归公益性，让公众共享自然保护地保护和发展成果的必要前提。由于门票、基本公共交通、科普教育等是事关社会公众公平共享保护地建设成果的重要内容，因此应当避免由企业经营从而偏离公益性目标。依靠政府的财政投入、购买公共服务，淡化对公益类项目的成本和收益考量，站在社会福利的角度，以低门票或免门票、具有普惠性的科普教育、游憩服务等方式，保障社会公众平等地享有共享自然保护地美好生态的权利。同时，通过统筹各地的自然保护地特许经营收入，可以考虑将中央政府按预算的财政拨款、各自然保护地按比例收取的特许经营收益和门票费集中起来，在全国各自然保护地系统内统一协调安排，以"丰"养"欠"、以"富"养"贫"，① 以充分保障不同地区自然保护地基本公共服务的社会福利保障，确保经济压力较大的自然保护地免于财政困扰，为社会公众提供低价或免费的门票、游憩体验、科普教育，保障每一个地区、不同经济水平的社会公众均有权平等地享受自然保护地发展成果。

---

① 参见邓小艳、邓毅《国家公园门票公益性回归的困境与出路》，《湖北经济学院学报》2021年第2期。

结　　论

自然保护地是生态建设的核心载体，建设自然保护地体系是保护自然生态系统的新模式。从 2012 年至今，我国以国家公园为主体的自然保护地体系建设稳步推进，以国家公园体制改革试点与国家公园的设立为重心与抓手的自然保护地体系建设陆续取得阶段性成效，自然保护地体制改革也渐趋深入。尤其值得重视的是，我国在国家公园体制建设与自然保护地体制改革进程中，也高度重视法制建设与法治保障，甚至是每个阶段性宏观政策体系都包括了法治建设的内容，将法律机制构建与完善界定为国家公园体制建设与自然保护地体制改革的有机组成部分。

本书的逻辑主线与重点内容可以归纳为：（1）厘清"以国家公园为主体的自然保护地体系"中自然保护地等核心概念的内涵与外延，为后文系统展开自然保护地法律规范体系提供法律素材、要素构造和思维工具。（2）辨析"以国家公园为主体的自然保护地体系"之规则需求的法律表达，即在清晰地界定核心概念体系、探究核心概念之间的内在关联的基础上，分析以国家公园为主体的自然保护地体系的保护与管理所提出的规则需求，以及这些规则需求之间的意义脉络如何通过立法的体系框架呈现。（3）阐释自然保护地治理机制体系。综合立法规律、观照《指导意见》等政策目标、参考国际经验，类型化地归纳自然保护地的治理机制，既包括现有的生态环境治理如何解释适用于自然保护地治理，也包括因应《指导意见》提出的机制创新需求展开的机制构建。（4）展开自然保护地管理的制度构造，即分析《自然保护地法》《国家公园法》等自然保护地法律体系应当重点创新的法律制度设计。针对前述逻辑主线，对重点问题层层递进地展开系统分析之后，本书的主体内容及其主要结论概括如下。

1. 厘清并界定"以国家公园为主体的自然保护地体系"的核心概念

本书认为，厘清核心概念的内涵与外延，是系统展开自然保护地法治建设、制定和修改自然保护地相关立法、将自然保护地政策转换为法律的逻辑起点。虽然"自然保护地"近两年才作为专业术语进入我国政策体系，并需要针对性地展开专门立法，但是，我国从 20 世纪 50 年代开始，即进行了未以"自然保护地"命名，却享有自然保护地之实的自然保护地建设实践与单行立法。这就使得立法概念界定要充分认识到我国现实中已经存在的"自然保护地"的"名"与"实"的疏离的现状。本书的基本观点是，界定"自然保护地"的法律概念，应当以政策体系中规定的"自然保护地"之"名"为依据，兼顾吸纳我国数十年来建设的多种类型的自然保护地之"实"；"自然保护地"当前在包容性概念与排他性概念两种语境中使用，作为法律概念的"自然保护地"应当界定为排他性专用名词；在"自然保护地"的概念结构中，应当注重从自然保护地的价值锚定、国际经验与中国特色的平衡、中心与边缘范围的划定等方面进行要素考量与内涵界定。

具体而言，"以国家公园为主体的自然保护地体系"的核心概念体系的界定应当考量的因素包括：（1）在承载的价值目标上，自然保护地的立法概念界定及具体制度展开要体现自然保护地价值目标多元性，自然保护地承载的生态价值与功能的方式包括直接与间接等多样化方式。（2）"自然保护地"建设的国际经验与中国特色的平衡，主要体现为以下内容：第一，在范围的界定上，在依据我国《指导意见》定义的基础上，还可以参考借鉴 IUCN 定义自然保护地为"一个明确界定的地理空间"及其定义解释"包括陆地、内陆水域、海洋和沿海地区，或两个或多个地区的组合"关于自然保护地范围的界定；第二，在建立方式上，我国的自然保护地体系建设同时遵循创设新型自然保护地（如国家公园）与重构既有自然保护地分别采取"由各级政府依法划定"与"确认"两种方式；第三，在保护对象上，《自然保护地法》中关于建立"自然保护地"保护对象的表述，应当综合国际经验的逻辑与中国特色表述，规定为"重要的自然生态系统、自然遗迹、自然景观等地理空间及其所承载的生态功能和文化价值"。（3）"自然保护地"法律概念中心与边缘的划定方面，《自然保护地法》"自然保护地"概念的中心与边缘之实现路径包括：第一，提取"自然保护地"这一"对象事实"的最典型特征、最核心价值，明确法律概念的中心地带，具体可以通过列举自然保护地的国家公园、自然保护区、自然公园这些类型予以明确；第二，法律概念的边缘地带难以通过完全列举以明确，可以通过概括"自然保护地"法律概念的对象事实（特定陆域或海域）的"家族特征"与价值彰显（生态功能和文化价值）等方式予以体现；第三，"自然保护地"这一法律概念是一个专用概念，在立法技术上需要通过自然保护地"家族特征"与共性价值概括和彰显的方式，限定概念的对象事实的模糊地带，这同时需要在立法概念中明确各类自然保护地的价值位阶与内在关联，即我国《指导意见》明确规定了几类自然保护地在整体自然保护地体系中的功能定位与价值位阶：自然保护地按生态价值和保护强度高低依次划分为国家公园、自然保护区、自然公园，"逐步形成以国家公园为主体、自然保护区为基础、各类自然公园为补充的自然保护地分类系统"。

总结而言，我国《自然保护地法》《国家公园法》《自然保护区条例》等自然保护地法律体系中的核心概念的内涵可以分别进行如下界定：《自然保护地法》对"自然保护地"的定义可通过立法界定为："本法所称自然保护地，是指由各级政府依法划定或确认，对重要的自然生态系统、自然遗迹、自然景观及其所承载的自然资源、生态功能和文化价值实施长期保护、管理或可持续利用的陆域或海域，包括国家公园、自然保护区、各类自然公园等。"《国家公园法》中国家公园的立法定义要体现出其在中国自然保护地体系结构中的特定内涵："本法所称国家公园，是经国家批准设立并主导管理，对最重要的、最具国家代表性和公益性的自然生态系统进行原真性、完整性和系统性保护的特定区域，属于一种最重要的自然保护地类型，实行最严格的保护。"在修改的《自然保护区条例》中可以将"自然保护区"的概念可界定为："自然保护区是保护具有重要代表性的自然生态系统、珍稀濒危野生动植物种的天然集中分布区、有特殊意义的自然遗迹的陆地、陆地水体、海域或者海岛，其中，为保护最重要、最具国家代表性和公益性的自然生态系统划定为国家公园的特定区域除外。"在自然公园立法中，可以界定"自然公园"概念："自然公园是指保护重要的自然生态系统、自然遗迹和自然景观的文化价值、观赏价值以及自然系统价值、自然遗产价值、生物多样性价值，由政府依据相关法律法规批准设立的、不属于国家公园与自然保护区的特定区域。"

2. 辨析"以国家公园为主体的自然保护地体系"之规则需求的法律表达

本书认为，对于自然保护地体系法治建设而言，基于法律概念是对客观事物本质属性的映射，自然保护地法治建设的逻辑起点为"以国家公园为主体的自然保护地体系"中的核心概念。然而，自然保护地法治建设中核心法律概念的体系性意义在于它们是自然保护地法律规范体系的构造要素和"建筑材料"，因此，应以第一章界定的核心法律概念为基础与工具，进一步辨析建设、保护与管理"以国家公园为主体的自然保护地体系"所提出的规则需求，以及这些规则需求如何在自然保护地规范体系中予以法律表达。

本书的基本观点为，我国《指导意见》系统部署的建设"以国家公园为主体的自然保护地体系"对应的法律保障措施，实质上是确立了一个自然保护地法律规范的关系范畴和体系框架。申言之，自然保护地法治建设应当以制定《自然保护地法》《国家公园法》、修改《自然保护区条例》等既有立法为逻辑主线，这些自然保护地单行法的逻辑关系是对"以国家公园为主体的自然保护地体系"的现实关系与内在逻辑的法律表达。这就要求，应从实质而非形式的视角，通过法律规范设计，体现自然保护地体系中国家公园的"主体"地位、自然保护区的"基础"地位、自然公园的"补充"地位。具体而言，自然保护地法治建设的法律体系"立改废释"工作，应当在三个层次实现前述体系化追求：（1）自然保护地法律体系立法理论层面，自然保护地法制改革的系统工程，必须以厘清自然保护地体系结构的法律定位为前提和基点，法律融贯理论下的法治进路需要通过明确法律概念内涵、确定基本原则及其价值位序、细化自然保护地分类标准实现外在规范的协调性，以贯彻自然保护地法律体系的内在价值统一性。（2）自然保护地法律体系立法操作层面，应当通过制定专门的《自然保护地法》，保障"以国家公园为主体的自然保护地体系"的体制改革，其立法重点包括：将《自然保护地法》定位为自然保护地领域的基本法和政策法，确立自然保护地类型划分的法定标准，界定各类自然保护地的地位与关系；通过制定《国家公园法》、体系化展开具体制度设计彰显国家公园在自然保护地体系中的"主体"地位。（3）自然保护地立法重点创新层面。《指导意见》确立自然保护地在维护国家生态安全中居于首要地位，维护国家生态安全应作为自然保护地立法的价值目标。国家生态安全目标诉求下自然保护地立法，应从主体、时间、空间这三个维度展开法律制度设计。

3. 阐释自然保护地治理机制体系

《自然保护地法》《国家公园法》等以规范各类自然保护地的保护、管理、建设及相关活动为立法目的，自然保护地法律体系以系统构建自然保护地治理机制作为重要内容。基于自然保护地既是一种通过在国土空间上划定特定区域进行治理的一种行之有效的管理模式，同时也应适用既有的自然资源生态环境治理规则，因此，自然保护地法律体系规定的治理机制，既包括对现有的生态环境治理机制的解释适用，又包括因应《指导意见》等政策文件部署的自然保护地机制改革任务进行的法律机制创新。

本书对于创新自然保护地治理机制的基本观点与建议包括以下两个层面：（1）环境私人治理机制的具体规定与解释适用。《指导意见》提出，自然保护地建设、保护与管理的基本原则之一为"坚持政府主导，多方参与"，从法律机制上看，"政府主导"原则应当通过生态环境监管体制贯彻落实，这就要求自然保护地治理过程中，首先要重视针对具体领域的治理对象具体解释用既有的生态环境监管体制，自然保护地立法应当在具体制度设计中将生态环境监管机制予以具体化，并借助自然保护地立法契机，矫正生态环境监管机制的弊端。"多方参与"原则契合我国当前正在积极推进的环境多元共治机制。我国当前大力推进的现代环境治理体系建设，在我国长期坚持"政府主导"的生态环境监管体制作为生态环境治理主要机制的法制背景下，非政府主体机制化地参与环境治理是环境多元共治机制建设的亮点与重点，环境私人治理机制建设是环境治理机制创新的突破口，这要求在自然保护地立法中，将当前构建现代化环境治理体系过程中创设的自然保护地私人治理机制，具体规定于自然保护地法律体系中，并予以解释适用。（2）专门的自然保护地治理新机制的系统展开。《指导意见》在"建立统一规范高效的管理体制"中提出"探索公益治理、社区治理、共同治理等保护方式"，这些新型的保护方式需要通过专门的法律机制设计承载和实现。本书第四章的主体内容是分别从法理内涵及机制构造的角度，剖析公益治理、社区治理、共同治理这三类"保护方式"提出的规则需求，进而提出机制构建的具体建议。

4. 自然保护地管理制度之具体构造

建立"以国家公园为主体的自然保护地体系"是我国在生态文明体制改革全面纵深推进的背景下，进行的自然生态系统保护模式的体系创新与体制改革。作为其保障措施，自然保护地立法应当重视展开契合与因应自然保护地体制改革思路与目标的制度设计。本书对于自然保护地管理制度的分析，侧重于重点阐释与展开具有针对性与创新性的特色制度研究。

在具体的创新性制度研究层面，本书的基本观点包括：（1）基于各种类型的自然保护地的分类标准是依据自然生态系统的自然规律，自然保护地的范围划定与现行的行政区划标准遵循不同的逻辑，这使得创设自然保护地的跨行政区域治理机制成为现实规则需求，自然保护地立法中应当创设自然保护地省际协作保护制度，该制度构造包括在自然保护地立法中引入自然生态空间概念、在自然保护地立法中采取"概括规定+专项机制"立法模式、厘清自然保护地省际协作保护机制的立法重点等方面具体展开。（2）分区管控制度应当作为自然保护地法律体系中的一项基本制度，尤以国家公园的分区管控制度最有典型性。国家公园立法中规定的分区管控制度，应当选择行为控制模式，基于自然资源对于人类产生的多元价值和国家公园兼具的多重功能，我国《国家公园法》中规定的分区管控制度应当采取二阶分区管控制度立法模式：第一位阶层次是进行管控分区，以国家公园允许人类行为强度的类型作为标准划分为核心保护区与一般控制区；第二位阶层次是进行功能分区，在管控分区的基础上，以国家公园不同区域分别承载的生态系统保护、科研、教育和游憩等多种功能及其分别对应的允许人类行为方式为标准划分为严格保护区、生态保育区、科教游憩区、传统利用区，进而在此基础上对应规定实质性的行为管控制度。（3）自然保护地特许经营制度应当承载多元价值、平衡原住居民权益保护与公益性目标、构建惠益分享机制，自然保护地特许经营制度的优化构造应当从以下几个方面展开：确立"一般规定+特别规定"的统一立法模式矫正地方先行的立法探索带来的制度协调性问题，以《自然保护地法》系统规定一般制度，《国家公园法》《自然保护区条例》展开具体领域立法，《自然保护地特许经营管理办法》进行专门针对性立法，地方立法进一步规定实施性制度，进而从形式和实质意义上具体展开自然保护地特许经营制度的体系化构造。

参考文献

一 中文著作

［澳］沃里克·弗罗斯特、［新西兰］C. 迈克尔·霍尔编：《旅游与国家公园——发展、历史与演进的国际视野》，王连勇等译，商务印书馆2014年版。

［德］伯恩·魏德士：《法理学》，丁晓春、吴越译，法律出版社2013年版。

［德］韩博天：《红天鹅：中国独特的治理和制度创新》，石磊译，中信出版集团2018年版。

［德］卡尔·拉伦茨：《法学方法论》（全本·第六版），黄家镇译，商务印书馆2020年版。

［德］卡尔·恩吉施：《法律思维导论》，郑永流译，法律出版社2004年版。

［德］尼克拉斯·卢曼：《风险社会学》，孙一洲译，广西人民出版社2020年版。

［法］孟德斯鸠：《论法的精神》（上卷），许明龙译，商务印书馆2012年版。

［美］E. 博登海默：《法理学：法律哲学与法律方法》，邓正来译，中国政法大学出版社2017年版。

［美］汉娜·阿伦特：《马克思与西方政治思想传统》，孙传钊译，江苏人民出版社2007年版。

［美］埃莉诺·奥斯特罗姆：《公共事物的治理之道——集体行动制度的演进》，余逊达、陈旭东译，上海三联书店2000年版。

［美］埃莉诺·奥斯特罗姆、帕克斯、惠特克：《公共服务的制度建

构》，宋全喜、任睿译，上海三联书店 2000 年版。

［美］巴巴拉·劳瑞：《保护地立法指南》，王曦、卢锟、唐瑭译，法律出版社 2016 年版。

［美］丹尼尔·H. 科尔：《污染与财产权——环境保护的所有权制度比较研究》，严厚福、王社坤译，北京大学出版社 2009 年版。

［美］理查德·波斯纳：《并非自杀契约：国家紧急状态时期的宪法》，苏力译，北京大学出版社 2010 年版。

［美］杰里·马肖：《贪婪、混沌和治理——利用公共选择改良公法》，宋功德译，毕红海校，商务印书馆 2009 年版。

［美］科马克·卡利南：《地球正义宣言——荒野法》，郭武译，商务印书馆 2017 年版。

［美］里查德·B. 斯图尔特：《美国行政法的重构》，沈岿译，商务印书馆 2011 年版。

［美］理查德·拉撒路斯：《环境法的形成》，庄汉译，中国社会科学出版社 2017 年版。

［美］罗伯特·V. 珀西瓦尔：《美国环境法——联邦最高法院法官教程》，赵绘宇译，法律出版社 2014 年版。

［美］梯利：《西方哲学史》（增补修订版），［美］伍德增补，葛力译，商务印书馆 1995 年版。

［美］朱迪·弗里曼：《合作治理与新行政法》，毕洪海、陈标冲译，商务印书馆 2010 年版。

［日］盐野宏：《行政法总论》，杨建顺译，北京大学出版社 2008 年版。

［瑞典］托马斯·思德纳：《环境与自然资源管理的政策工具》，张蔚文、黄祖辉译，上海人民出版社 2005 年版。

［瑞士］费尔迪南·德·索绪尔：《普通语言学教程》，高名凯译，岑麒祥、叶蜚声校注，商务印书馆 1980 年版。

［英］艾琳·麦克哈格、［新西兰］巴里·巴顿、［澳］阿德里安·布拉德布鲁克、［澳］李·戈登主编：《能源与自然资源中的财产和法律》，胡德胜、魏铁军等译，胡德胜校，北京大学出版社 2014 年版。

［英］费耶阿本德等编著：《IUCN 自然保护地治理——从理解到行

动》，朱春全、李叶、赵云涛等译，中国林业出版社2016年版。

［英］霍布斯：《利维坦》，黎思复、黎廷弼译，杨昌裕校，商务印书馆2017年版。

［英］科林·斯科特：《规制、治理与法律：前沿问题研究》，安永康译，宋华琳校，清华大学出版社2018年版。

［英］达德里主编：《IUCN自然保护地管理分类应用指南》，朱春全、欧阳志云等译，中国林业出版社2016年版。

［英］伊丽莎白·费雪：《风险规制与行政宪政主义》，沈岿译，法律出版社2012年版。

［英］朱迪·丽丝：《自然资源：分配、经济学与政策》，蔡运龙等译，商务印书馆2002年版。

《法国环境法典》（第一至三卷），莫菲、刘彤、葛苏聘译，安诗意、周迪校，法律出版社2018年版。

陈光：《法治社会与社区治理多元规范》，中国社会科学出版社2021年版。

邓毅、毛焱等：《中国国家公园财政事权划分和资金机制研究》，中国环境出版集团2018年版。

杜辉：《环境公共治理与环境法的更新》，中国社会科学出版社2018年版。

杜群等：《中国国家公园立法研究》，中国环境出版集团2018年版。

甘阳：《文明·国家·大学》（增订本），生活·读书·新知三联书店2018年版。

高黑、吴佳雨、唐乐乐等：《自然保护地体系空间重构——政策背景、技术方法与规划实践》，化学工业出版社2020年版。

郭辉军、施本植、华朝朗：《自然保护地生态补偿机制研究——以云南省自然保护区为例》，科学出版社2021年版。

国家林业局森林公园管理办公室、中南林业科技大学旅游学院编著：《国家公园体制比较研究》，中国林业出版社2015年版。

国家林业局野生动植物保护司编著：《自然保护区社区共管指南》，中国林业出版社2002年版。

黄茂荣：《法学方法与现代民法》，中国政法大学出版社2001年版。

李晟之：《社区保护地建设与外来干预》，北京大学出版社2014年版。

李俊生、朱彦鹏、罗遵兰、罗建武、辛利娟、李博炎编著：《国家公园体制研究与实践》，中国环境出版集团2018年版。

李文钊：《中央与地方政府权力配置的制度分析》，人民日报出版社2017年版。

李挚萍：《环境法的新发展——管制与民主之互动》，人民法院出版社2006年版。

刘超：《页岩气开发法律问题研究》，法律出版社2019年版。

刘金龙、赵佳程、徐拓远、金萌萌等：《中国国家公园治理体系研究》，中国环境出版集团2018年版。

吕忠梅：《环境法新视野》（第三版），中国政法大学出版社2019年版。

吕忠梅：《环境法学》，法律出版社2008年版。

吕忠梅主编：《环境法学概要》，法律出版社2016年版。

吕忠梅等：《自然保护地立法研究》，法律出版社2022年版。

孟勤国：《物权二元结构论——中国物权制度的理论重构》（第三版），人民法院出版社2009年版。

闵庆文等：《自然保护地功能协同提升和国家公园综合管理的理论、技术与实践》，科学出版社2022年版。

穆治霖：《环境立法利益论》，武汉大学出版社2017年版。

欧阳志云、徐卫华、杜傲、雷光春、朱春全、陈尚等：《中国国家公园总体空间布局研究》，中国环境出版集团2018年版。

齐晔等：《中国环境监管体制研究》，上海三联书店2008年版。

强世功：《中国香港：政治与文化的视野》，生活·读书·新知三联书店2010年版。

秦天宝：《遗传资源获取与惠益分享的法律问题研究》，武汉大学出版社2006年版。

冉冉：《中国地方环境政治：政策与执行之间的距离》，中央编译出版社2015年版。

苏杨、何思源、王宇飞、魏钰等：《中国国家公园体制建设研究》，社会科学文献出版社 2018 年版。

孙国华主编、冯玉军副主编：《中国特色社会主义法律体系前沿问题研究》，中国民主法制出版社 2005 年版。

田红星等：《自然保护区社区共管法律机制研究》，重庆大学出版社 2021 年版。

汪劲：《环境法律的理念与价值追求——环境立法目的论》，法律出版社 2000 年版。

王绍光、鄢一龙：《大智兴邦：中国如何制定五年规划》，中国人民大学出版社 2015 年版。

王磐岩、张同升、李俊生、蔚东英、刘红纯、李博炎、朱彦鹏：《中国国家公园生态系统和自然文化遗产保护措施研究》，中国环境出版集团 2018 年版。

王勇：《基于协商行政的自愿性环境协议研究》，中国社会科学出版社 2018 年版。

王泽鉴：《法律思维与民法实例——请求权基础理论体系》，中国政法大学出版社 2001 年版。

温亚利、侯一蕾、马奔等编著：《中国国家公园建设与社会经济协调发展研究》，中国环境出版集团 2019 年版。

吴佳雨：《中国自然保护地融资机制》，科学出版社 2022 年版。

吴晓林：《理解中国社区治理：国家、社会与家庭的关联》，中国社会科学出版社 2020 年版。

徐卫华、欧阳志云主编：《中国国家公园与自然保护地体系》，河南科学技术出版社 2021 年版。

杨锐等：《国家公园与自然保护地研究》，中国建筑工业出版社 2016 年版。

杨锐、马之野、庄优波、赵智聪、钟乐等：《中国国家公园规划编制指南研究》，中国环境出版集团 2018 年版。

杨锐：《中国国家公园和保护区体系理论与实践研究》，中国建筑工业出版社 2022 年版。

杨瑞龙、周业安：《企业的利益相关者理论及其应用》，经济科学出版社 2000 年版。

余振国、余勤飞、李闽、刘向敏、姚霖等：《中国国家公园自然资源管理体制研究》，中国环境出版集团2018年版。

张海霞：《中国国家公园特许经营机制研究》，中国环境出版集团2018年版。

张艳国、聂平平主编：《社区治理》，武汉大学出版社2020年版。

张永理编著：《社区治理》，北京大学出版社2014年版。

中共中央文献研究室编：《习近平关于社会主义生态文明建设论述摘编》，中央文献出版社2017年版。

二 中文论文

习近平：《坚持和完善中国特色社会主义制度推进国家治理体系和治理能力现代化》，《求是》2020年第1期。

习近平：《推动我国生态文明建设迈上新台阶》，《求是》2019年第3期。

[英] 鲍勃·杰索普：《治理的兴起及其失败的风险：以经济发展为例》，漆燕译，《国际社会科学杂志》（中文版）2019年第3期。

[英] 格里·斯托克：《作为理论的治理：五个论点》，华夏风译，《国际社会科学杂志》（中文版）2019年第3期。

安东：《论法律的安全价值》，《法学评论》2012年第3期。

蔡华杰：《国家公园的"无人模式"：被想象和建构的景观——基于政治生态学的视角》，《南京工业大学学报》（社会科学版）2018年第5期。

蔡守秋：《论修改〈环境保护法〉的几个问题》，《政法论丛》2013年第4期。

曹明德：《对建立生态补偿法律机制的再思考》，《中国地质大学学报》（社会科学版）2010年第5期。

曹巍、黄麟、肖桐、吴丹：《人类活动对中国国家级自然保护区生态系统的影响》，《生态学报》2019年第4期。

曾娜：《从协调到协同：区域环境治理联合防治协调机制的实践路径》，《西部法学评论》2020年第2期。

陈海嵩：《中国环境法治的体制性障碍及治理路径——基于中央环保

督察的分析》,《法律科学》2019年第4期。

陈亮:《环境公益诉讼激励机制的法律构造——以传统民事诉讼与环境公益诉讼的当事人结构差异为视角》,《现代法学》2016年第4期。

陈朋、张朝枝:《国家公园的特许经营:国际比较与借鉴》,《北京林业大学学报》(社会科学版)2019年第1期。

陈泉生、宋婧:《论环境法的国家干预原则》,《当代法学》2006年第5期。

成金华、尤喆:《"山水林田湖草是生命共同体"原则的科学内涵与实践路径》,《中国人口·资源与环境》2019年第2期。

邓海峰:《环境法与自然资源法关系新探》,《清华法学》2018年第5期。

邓毅、毛焱、蒋昕、夏宝国:《中国国家公园体制试点:一个总体框架》,《风景园林》2015年第11期。

董保华:《社会法研究中"法律部门"与"法律理念"的关系——兼与冯彦君先生商榷》,《法学》2014年第2期。

董新新、彭玮:《基于我国自然保护地实践的社区共管机制研究》,《宜宾学院学报》2021年第9期。

董正爱、胡泽弘:《自然保护地体系中"以国家公园为主体"的规范内涵与立法进路——兼论自然保护地体系构造问题》,《南京工业大学学报》(社会科学版)2020年第3期。

钭晓东、杜寅:《中国特色生态法治体系建设论纲》,《法制与社会发展》2017年第6期。

钭晓东:《论环境监管体制桎梏的破除及其改良路径——〈环境保护法〉修改中的环境监管体制命题探讨》,《甘肃政法学院学报》2010年第2期。

杜辉:《环境私主体治理的运行逻辑及其法律规制》,《中国地质大学学报》(社会科学版)2017年第1期。

杜辉:《论环境私主体治理的法治进路与制度建构》,《华东政法大学学报》2016年第2期。

杜群:《环境法体系化中的我国保护地体系》,《中国社会科学》2022年第2期。

段帷帷：《论自然保护地管理的困境与应对机制》，《生态经济》2016年第12期。

方新军：《内在体系外显与民法典体系融贯性的实现——对〈民法总则〉基本原则规定的评论》，《中外法学》2017年第3期。

冯令泽南：《自然保护地役权制度构建——以国家公园对集体土地权利限制的需求为视角》，《河北法学》2022年第8期。

付梦娣、田俊量、朱彦鹏、田瑜、赵志平、李俊生：《三江源国家公园功能分区与目标管理》，《生物多样性》2017年第1期。

高吉喜、徐梦佳、邹长新：《中国自然保护地70年发展历程与成效》，《中国环境管理》2019年第4期。

高秦伟：《私人主体的信息公开义务——美国法上的观察》，《中外法学》2010年第1期。

高一飞：《时间的"形而下"之维：论现代法律中的时间要素》，《交大法学》2021年第3期。

耿松涛、张鸿霞、严荣：《我国国家公园特许经营分析与运营模式选择》，《林业资源管理》2021年第5期。

巩固：《2015年中国环境民事公益诉讼的实证分析》，《法学》2016年第9期。

巩固：《环境民事公益诉讼性质定位省思》，《法学研究》2019年第3期。

巩固：《绿色发展与环境立法新思维——兼评〈土壤污染防治法〉》，《法学论坛》2018年第6期。

巩固：《守法激励视角中的〈环境保护法〉修订与适用》，《华东政法大学学报》2014年第3期。

巩固：《政府激励视角下的〈环境保护法〉修改》，《法学》2013年第1期。

苟丽丽、包智明：《政府动员型环境政策及其地方实践——关于内蒙古S旗生态移民的社会学分析》，《中国社会科学》2007年第5期。

郭武、刘聪聪：《在环境政策与环境法律之间——反思中国环境保护的制度工具》，《兰州大学学报》（社会科学版）2016年第2期。

何思源、苏杨、闵庆文：《中国国家公园的边界、分区和土地利用管理——来自自然保护区和风景名胜区的启示》，《生态学报》2019 年第 4 期。

侯佳儒、尚毓嵩：《大数据时代的环境行政管理体制改革与重塑》，《法学论坛》2020 年第 1 期。

胡潇：《语言符号能指、所指关系建构机理的认识论分析》，《哲学动态》2010 年第 11 期。

胡玉鸿：《以人为本的法理解构》，《政法论丛》2019 年第 1 期。

黄宝荣、马永欢、黄凯、苏利阳、张丛林、程多威、王毅：《推动以国家公园为主体的自然保护地体系改革的思考》，《中国科学院院刊》2018 年第 12 期。

黄宝荣、王毅、苏利阳、张丛林、程多威、孙晶、何思源：《我国国家公园体制试点的进展、问题与对策建议》，《中国科学院院刊》2018 年第 1 期。

黄丽玲、朱强、陈田：《国外自然保护地分区模式比较及启示》，《旅游学刊》2007 年第 3 期。

黄文艺：《中国政法体制的规范性原理》，《法学研究》2020 年第 4 期。

黄锡生、徐本鑫：《中国自然保护地法律保护的立法模式分析》，《中国园林》2010 年第 11 期。

江国华、肖妮娜：《"生态文明"入宪与环境法治新发展》，《南京工业大学学报》（社会科学版）2019 年第 2 期。

姜超、马社刚、王琦淞、孔石、马逍、宗诚：《中国 5 种主要保护地类型的空间分布格局》，《野生动物学报》2016 年第 1 期。

解焱：《我国自然保护区与 IUCN 自然保护地分类管理体系的比较与借鉴》，《世界环境》2016 年第 S1 期。

解钰茜、曾维华、马冰然：《基于社会网络分析的全球自然保护地治理模式研究》，《生态学报》2019 年第 4 期。

柯坚：《环境行政管制困局的立法破解——以新修订的〈环境保护法〉为中心的解读》，《西南民族大学学报》（人文社会科学版）2015 年第 5 期。

雷磊：《法律概念是重要的吗》，《法学研究》2017 年第 4 期。

雷磊：《融贯性与法律体系的建构——兼论当代中国法律体系的融贯化》，《法学家》2012年第2期。

李昌庚：《中国经济法学的困境与出路——兼对社会法等部门法划分的反思》，《北方法学》2014年第5期。

李朝阳：《我国自然保护地土地权属管理中存在的问题及对策》，《国土与自然资源研究》2021年第1期。

李鹏、张端、赵敏、戴向前：《自然保护地非完全中央集权政府治理模式研究——以美国荒野风景河流体系为例》，《北京林业大学学报》（社会科学版）2019年第1期。

李平原：《浅析奥斯特罗姆多中心治理理论的适用性及其局限性——基于政府、市场与社会多元共治的视角》，《学习论坛》2014年第5期。

李一丁：《整体系统观视域下自然保护地原住居民权利表达》，《东岳论丛》2020年第10期。

梁甜甜：《多元环境治理体系中政府和企业的主体定位及其功能——以利益均衡为视角》，《当代法学》2018年第5期。

刘超：《"自然保护地"法律概念之析义与梳正》，《暨南学报》（哲学社会科学版）2020年第10期。

刘超：《〈长江法〉制定中涉水事权央地划分的法理与制度》，《政法论丛》2018年第6期。

刘超：《管制、互动与环境污染第三方治理》，《中国人口·资源与环境》2015年第2期。

刘超：《国家公园分区管控制度析论》，《南京工业大学学报》（社会科学版）2020年第3期。

刘超：《国家公园体制建设中环境私人治理机制的构建》，《中州学刊》2021年第4期。

刘超：《环境法典污染控制编空间法律制度的构建》，《法学论坛》2022年第2期。

刘超：《环境私人治理的核心要素与机制再造》，《湖南师范大学社会科学学报》2021年第2期。

刘超：《气候资源国家所有权的社会功能与权利结构》，《政法论丛》2014年第3期。

刘超：《生态空间管制的环境法律表达》，《法学杂志》2014 年第 5 期。

刘超：《习近平法治思想的生态文明法治理论之法理创新》，《法学论坛》2021 年第 2 期。

刘超：《页岩气特许权的制度困境与完善进路》，《法律科学》2015 年第 3 期。

刘超：《以国家公园为主体的自然保护地体系的法律表达》，《吉首大学学报》（社会科学版）2019 年第 5 期。

刘超：《自然保护地公益治理机制研析》，《中国人口·资源与环境》2021 年 1 期。

刘超：《自然保护地空间治理的理论逻辑与规则构造》，《思想战线》2022 年第 4 期。

刘超：《自然保护地体系结构化的法治路径与规范要义》，《中国地质大学学报》（社会科学版）2020 年第 3 期。

刘超：《自然资源产权制度改革的地方实践与制度创新》，《改革》2018 年第 11 期。

刘风景：《立法目的条款之法理基础及表述技术》，《法商研究》2013 年第 3 期。

刘佳奇：《自然保护地管理体制的立法构建》，《甘肃政法大学学报》2021 年第 3 期。

刘金龙、徐拓远、则得：《自然保护区"封闭式"保护合理性研究——西双版纳亚洲象肇事事件反思》，《林业经济问题》2020 年第 1 期。

刘水林：《规制视域下的反垄断协商执法研究》，《政法论丛》2017 年第 4 期。

刘翔宇、谢屹、杨桂红：《美国国家公园特许经营制度分析与启示》，《世界林业研究》2018 年第 5 期。

刘志坚：《环境监管行政责任实现不能及其成因分析》，《政法论丛》2013 年第 5 期。

吕一河、卫伟：《区域生态学时代来临——第十八届中国生态学大会区域生态专题研讨会述评》，《生态学报》2020 年第 3 期。

吕忠梅、田时雨：《在习近平法治思想指引下建设生态文明法治体系》，《法学论坛》2021 年第 2 期。

吕忠梅、吴一冉：《中国环境法治七十年：从历史走向未来》，《中国法律评论》2019 年第 5 期。

吕忠梅：《〈环境保护法〉的前世今生》，《政法论丛》2014 年第 5 期。

吕忠梅：《〈长江保护法〉适用的基础性问题》，《环境保护》2021 年第 Z1 期。

吕忠梅：《关于自然保护地立法的新思考》，《环境保护》2019 年第 Z1 期。

吕忠梅：《环境法典编纂：实践需求与理论供给》，《甘肃社会科学》2020 年 1 期。

吕忠梅：《环境法典编纂视阈中的人与自然》，《中外法学》2022 年第 3 期。

吕忠梅：《环境权入宪的理路与设想》，《法学杂志》2018 年第 1 期。

吕忠梅：《环境司法理性不能止于"天价"赔偿：泰州环境公益诉讼案评析》，《中国法学》2016 年第 3 期。

吕忠梅：《监管环境监管者：立法缺失及制度构建》，《法商研究》2009 年第 5 期。

吕忠梅：《论环境法的沟通与协调机制——以现代环境治理体系为视角》，《法学论坛》2020 年第 1 期。

吕忠梅：《习近平法治思想的生态文明法治理论》，《中国法学》2021 年第 1 期。

吕忠梅：《习近平生态环境法治理论的实践内涵》，《中国政法大学学报》2021 年第 6 期。

吕忠梅：《以国家公园为主体的自然保护地体系立法思考》，《生物多样性》2019 年第 2 期。

吕忠梅：《自然保护地立法基本构想及其展开》，《甘肃政法大学学报》2021 年第 3 期。

马怀德、孔祥稳：《中国行政法治四十年：成就、经验与展望》，《法学》2018 年第 9 期。

马童慧、吕偲、雷光春：《中国自然保护地空间重叠分析与保护地体系优化整合对策》，《生物多样性》2019 年第 7 期。

马英娟、李德旺：《我国政府职能转变的实践历程与未来方向》，《浙江学刊》2019 年第 3 期。

马英娟：《独立、合作与可问责——探寻中国食品安全监管体制改革之路》，《河北大学学报》（哲学社会科学版）2015 年第 1 期。

马允：《论国家公园"保护优先"理念的规范属性——兼论环境原则的法律化》，《中国地质大学学报》（社会科学版）2019 年第 1 期。

穆艳杰、于宜含：《"人与自然是生命共同体"理念的当代建构》，《吉林大学社会科学学报》2019 年第 3 期。

齐晔：《环境保护从监管到治理的转变》，《环境保护》2014 年第 13 期。

钱大军、卢学英：《论法律体系理论在我国立法中的应用》，《吉林大学社会科学学报》2010 年第 4 期。

秦鹏、何建祥：《检察环境行政公益诉讼受案范围的实证分析》，《浙江工商大学学报》2018 年第 4 期。

秦天宝、刘彤彤：《国家公园立法中"一园一法"模式之迷思与化解》，《中国地质大学学报》（社会科学版）2019 年第 6 期。

秦天宝、刘彤彤：《自然保护地立法的体系化：问题识别、逻辑建构和实现路径》，《法学论坛》2020 年第 2 期。

秦天宝：《法治视野下环境多元共治的功能定位》，《环境与可持续发展》2019 年第 1 期。

秦天宝：《环境公益与经济私益相协调：保护地居民权利保障的基本原则》，《世界环境》2008 年第 6 期。

秦天宝：《论国家公园国有土地占主体地位的实现路径——以地役权为核心的考察》，《现代法学》2019 年第 3 期。

秦天宝：《论我国国家公园立法的几个维度》，《环境保护》2018 年第 1 期。

邱胜荣、赵晓迪、何友均、闫钰倩、段艺璇：《我国国家公园管理资金保障机制问题探讨》，《世界林业研究》2020 年第 3 期。

沈寿文：《"分工型"立法体制与地方实验性立法的困境——以〈云南省国家公园管理条例〉为例》，《法学杂志》2017 年第 1 期。

冉冉:《如何理解环境治理的"地方分权"悖论:一个推诿政治的理论视角》,《经济社会体制比较》2019年第4期。

饶胜、张强、牟雪洁:《划定生态红线创新生态系统管理》,《环境经济》2012年第6期。

任如意、王连柱:《符号学视域下的语言问题——以自然语言中的模糊性为考察中心》,《河南师范大学学报》(哲学社会科学版)2018年第6期。

沈国舫:《依据中国国情建设有中国特色的以国家公园为主体的自然保护地体系》,《林业建设》2018年第5期。

沈兴兴、曾贤刚:《世界自然保护地治理模式发展趋势及启示》,《世界林业研究》2015年第5期。

沈跃东:《环境保护检举权及其司法保障》,《法学评论》2015年第3期。

苏力:《大国及其疆域的政制构成》,《法学家》2016年第1期。

苏扬:《大部制后三说国家公园和既有自然保护地体系的关系——解读〈建立国家公园体制总体方案〉之五》(下),《中国发展观察》2018年第10期。

孙鸿雁、余莉、蔡芳、罗伟雄、唐芳林:《论国家公园的"管控—功能"二级分区》,《林业建设》2019年第3期。

唐芳林、王梦君、黎国强:《国家公园功能分区探讨》,《林业建设》2017年第6期。

唐芳林、王梦君、孙鸿雁:《自然保护地管理体制的改革路径》,《林业建设》2019年第2期。

唐小平、栾晓峰:《构建以国家公园为主体的自然保护地体系》,《林业资源管理》2017年第6期。

汪劲、吴凯杰:《〈国家公园法〉的功能定位及其立法意义——以中国自然保护地法律体系的构建为背景》,《湖南师范大学社会科学学报》2020年第3期。

汪再祥:《自然保护地法体系的展开:迈向生态网络》,《暨南学报》(哲学社会科学版)2020年第10期。

王灿发:《论生态文明建设法律保障体系的构建》,《中国法学》2014

年 3 期。

王灿发：《论我国环境管理体制立法存在的问题及其完善途径》，《政法论坛》2003 年第 4 期。

王春婷：《社会共治：一个突破多元主体治理合法性窘境的新模式》，《中国行政管理》2017 年第 6 期。

王国飞：《环境行政公益诉讼诉前检察建议：功能反思与制度拓新——基于自然保护区生态环境修复典型案例的分析》，《南京工业大学学报》（社会科学版）2020 年第 3 期。

王利明：《彰显时代性：中国民法典的鲜明特色》，《东方法学》2020 年第 4 期。

王梦君、唐芳林、张天星：《国家公园功能分区区划指标体系初探》，《林业建设》2017 年第 6 期。

王名、蔡志鸿、王春婷：《社会共治：多元主体共同治理的实践探索与制度创新》，《中国行政管理》2014 年第 12 期。

王名、李健：《社会共治制度初探》，《行政论坛》2014 年第 5 期。

王社坤：《第三方治理背景下污染治理义务分配模式的变革》，《吉林大学社会科学学报》2020 年第 2 期。

王社坤、焦琰：《国家公园全民公益性理念的立法实现》，《东南大学学报》（哲学社会科学版）2021 年第 4 期。

王身余：《从"影响"、"参与"到"共同治理"——利益相关者理论发展的历史跨越及其启示》，《湘潭大学学报》（哲学社会科学版）2008 年第 6 期。

王诗宗：《治理理论与公共行政学范式进步》，《中国社会科学》2010 年第 4 期。

王树义、蔡文灿：《论我国环境治理的权力结构》，《法制与社会发展》2016 年第 3 期。

王锡锌：《规则、合意与治理——行政过程中 ADR 适用的可能性与妥当性研究》，《法商研究》2003 年第 5 期。

王曦、邓旸：《从"统一监督管理"到"综合协调"——〈中华人民共和国环境保护法〉第 7 条评析》，《吉林大学社会科学学报》2011 年第 6 期。

王曦：《新〈环境保护法〉的制度创新：规范和制约有关环境的政府行为》，《环境保护》2014年第10期。

王献溥：《自然保护区简介（七）——自然保护区建立的原则和方法》，《植物杂志》1988年第5期。

魏娜：《我国城市社区治理模式：发展演变与制度创新》，《中国人民大学学报》2003年第1期。

毋国平：《法律概念的形成思维》，《北方法学》2017年第5期。

吴丙新：《法律概念的生成》，《河南省政法管理干部学院学报》2006年第1期。

吴凯杰：《环境法体系中的自然保护地立法》，《法学研究》2020年第3期。

吴凯杰：《国家公园法应作为自然保护地法体系中的"标杆法"》，《中南大学学报》（社会科学版）2022年第5期。

吴庆荣：《法律上国家安全概念探析》，《中国法学》2006年第4期。

吴真、梁甜甜：《企业环境信息披露的多元治理机制》，《吉林大学社会科学学报》2019年第1期。

夏锦文：《共建共治共享的社会治理格局：理论构建与实践探索》，《江苏社会科学》2018年第3期。

肖爱：《生态守法论——以环境法治的时代转型为指向》，《湖南师范大学社会科学学报》2020年第2期。

谢高地：《国家生态安全的维护机制建设研究》，《环境保护》2018年第Z1期。

谢海波：《环境治理中地方政府环保履职的完善与制度保障》，《环境保护》2020年第Z2期。

熊赖虎：《时间观与法律》，《中外法学》2011年第4期。

徐祥民：《环境质量目标主义：关于环境法直接规制目标的思考》，《中国法学》2015年第6期。

鄢德奎：《中国环境法的形成及其体系化建构》，《重庆大学学报》（社会科学版）2020年第6期。

杨瑞龙、周业安：《论利益相关者合作逻辑下的企业共同治理机制》，《中国工业经济》1998年第1期。

杨铜铜：《论立法起草者的角色定位与塑造》，《河北法学》2020 年第 6 期。

于贵瑞、杨萌、陈智、张雷明：《大尺度区域生态环境治理及国家生态安全格局构建的技术途径和战略布局》，《应用生态学报》2021 年第 4 期。

于贵瑞、杨萌、付超、王秋凤、陈智：《大尺度陆地生态系统管理的理论基础及其应用研究的思考》，《应用生态学报》2021 年第 3 期。

于文轩：《美国环境健康损害赔偿的法律实践与借鉴》，《吉首大学学报》（社会科学版）2018 年第 1 期。

于文轩：《生态环境协同治理的理论溯源与制度回应——以自然保护地法制为例》，《中国地质大学学报》（社会科学版）2020 年第 2 期。

余建平、申云逸、宋小友、陈小南、李晟、申小莉：《钱江源国家公园体制试点区功能分区对黑麂保护的有效性评估》，《生物多样性》2019 年第 1 期。

俞可平：《治理和善治引论》，《马克思主义与现实》1999 年第 5 期。

郁建兴、高翔：《地方发展型政府的行为逻辑及制度基础》，《中国社会科学》2012 年第 5 期。

袁超：《论正义的空间性与空间的正义性》，《伦理学研究》2019 年第 6 期。

张凤春：《自然保护小区助力生物多样性保护》，《中华环境》2017 年第 10 期。

张朝枝：《基于世界自然遗产地的生态旅游：社区的角色与地位》，《旅游学刊》2021 年第 9 期。

张锋：《我国协商型环境规制构造研究》，《政治与法律》2019 年第 11 期。

张佳：《论空间正义的生态之维》，《北京大学学报》（哲学社会科学版）2020 年第 1 期。

张建田：《再论军事法应当作为中国特色社会主义法律体系的部门法》，《法学杂志》2011 年第 8 期。

张来明、李建伟：《党的十八大以来我国社会治理的理论、制度与实践创新》，《改革》2017 年第 7 期。

张萍、丁倩倩：《环保组织在我国环境事件中的介入模式及角色定位——近10年来的典型案例分析》，《思想战线》2014年第4期。

张平华、侯圣贺：《国家公园特许经营权的性质》，《山东社会科学》2021年第2期。

张文显：《法治与国家治理现代化》，《中国法学》2014年第4期。

张文显：《新时代中国社会治理的理论、制度和实践创新》，《法商研究》2020年第2期。

张希武：《建立以国家公园为主体的自然保护地体系》，《林业建设》2018年第5期。

张翔：《环境宪法的新发展及其规范阐释》，《法学家》2018年第3期。

张引、杨锐：《中国自然保护区社区共管现状分析和改革建议》，《中国园林》2020年第8期。

张引、庄优波、杨锐：《世界自然保护地社区共管典型模式研究》，《风景园林》2020年第3期。

张振威、杨锐：《中国国家公园与自然保护地立法若干问题探讨》，《中国园林》2016年第2期。

张震：《生态文明入宪及其体系性宪法功能》，《当代法学》2018年第6期。

张忠民、冀鹏飞：《论生态环境监管体制改革的事权配置逻辑》，《南京工业大学学报》（社会科学版）2020年第6期。

赵惊涛、张辰：《排污许可制度下的企业环境责任》，《吉林大学社会科学学报》2017年第5期。

赵西君：《中国国家公园管理体制建设》，《社会科学家》2019第7期。

赵智聪、彭琳、杨锐：《国家公园体制建设背景下中国自然保护地体系的重构》，《中国园林》2016年第7期。

赵智聪、王沛、许婵：《美国国家公园系统特许经营管理及其启示》，《环境保护》2020年第8期。

郑石明：《改革开放40年来中国生态环境监管体制改革回顾与展望》，《社会科学研究》2018年第6期。

周珂、史一舒：《环境污染第三方治理法律责任的制度建构》，《河南财经政法大学学报》2015年第6期。

朱炳成：《形式理性关照下我国环境法典的结构设计》，《甘肃社会科学》2020年第1期。

朱德米、周林意：《当代中国环境治理制度框架之转型：危机与应对》，《复旦学报》（社会科学版）2017年第3期。

朱洪革、赵梦涵、朱震锋：《国内外国家公园特许经营实践及启示——以东北虎豹国家公园为例》，《世界林业研究》2022年第1期。

三 报纸类

习近平：《在十九届中央国家安全委员会第一次会议上强调 全面贯彻落实总体国家安全观开创新时代国家安全工作新局面》，《人民日报》2018年4月18日。

习近平：《决胜全面建成小康社会夺取新时代中国特色社会主义伟大胜利》，《人民日报》2017年10月28日。

习近平：《坚持总体国家安全观走中国特色国家安全道路》，《人民日报》2014年4月16日。

习近平：《顺应时代前进潮流促进世界和平发展》，《中国青年报》2013年3月24日。

李慧：《十个国家公园体制试点》，《光明日报》2017年9月28日。

李林：《党领导人民建设法治中国的思想指引——深入学习贯彻习近平同志关于全面依法治国的重要论述》，《人民日报》2016年7月13日。

刘超：《完善环境空间治理规则》，《人民日报》2020年7月27日。

吕忠梅：《促进流域高质量发展 有力推动共抓大保护——〈长江保护法〉实施一周年回顾与展望》，《中国环境报》2022年3月1日。

张文方：《我国自然保护地社区共管的模式选择与制度保障》，《山西科技报》2022年6月6日。

四 英文文献

An Cliquet, Chris Backes, Jim Harris, Peter Howsam, "Adaptation to Climate Change: Legal Challenges for Protected Areas", *Utrecht Law Review*,

Vol. 5, No. 1, 2009.

Benedict Anderson, *Imagined Communities: Reflections on the Origins and Spread of Nationalism* (2nd edn.), London: Verso, 1991.

Grazia Borrini-Feyerabend, Michel Pimbert, M. Taghi Farvar, Ashish Kothari, Yves Renard, *Sharing Power: A Global Guide to Collaborative Management of Natural Resources*, London: Earthscan, 2007.

Claudia Pahl-Wostl, "A Conceptual Framework for Analysing Adaptive Capacity and Multi-level Learning Processes in Resource Governance Regimes", *Global Environmental Change*, Vol. 19, No. 3, 2009.

Fancy S. G., Gross J. E., Carter S. L., "Monitoring the condition of natural resources in US national parks", *Environmental Monitoring & Assessment*, Vol. 151, No. 1-4, 2009.

Gianfranco Tamburelli, "Global Protected Area Programmes—An Overview", *Environmental Policy and Law*, Vol. 42, No. 2, 2012.

Gordon Steinhoff, "Restoring Nature in Protected Areas", *Arizona Journal of Environmental Law and Policy*, Vol. 5, No. 1, 2014.

Gordon Steinhoff, "Naturalness and Biodiversity: Why Natural Conditions Should Be Maintained within Protected Areas", *William & Mary Environmental Law and Policy Review*, Vol. 37, No. 1, 2012.

Gordon Steinhoff, "The Wilderness Act, Prohibited Uses, and Exceptions: How Much Manipulation of Wilderness Is Too Much?", *Natural Resources Journal*, Vol. 51, No. 2, 2011.

J. Gosse, L. Hermanutz, B. McLaren, P. Deering, T. Knight, "Degradation of Boreal Forests by Nonnative Herbivores in Newfoundland's National Parks: Recommendations for Ecosystem Restoration", *Natural Areas Journal*, Vol. 31, No. 4, 2011.

J. Marc Foggin, "Managing Shared Natuural Heritages: Towards More Participatory Models of Protected Area Management in Western China", *Journal of International Wildlife Law and Policy*, Vol. 17, No. 3, 2014.

Jeffrey A. Langholz, Wolf Krug, "New Forms of Biodiversity Governance: Non-State Actors and the Private Protected Area Action Plan", *Journal of International Wildlife Law and Policy, Vol. 7, No. 1-2, 2004.

John W, Laundre, Lucina Hernandez, Kelly B. Altendorf, "Wolves, Elk, and Bison: Reestablishing the 'landscape of fear' in Yellowstone National Park, USA", Canadian Journal of Zoology, Vol. 79, No. 8, 2001.

Kevin S. Hanna, Douglas A. Clark, D. Scott Slocombe, Transforming Parks and Protected Areas: Policy and Governance in a Changing World, London, New York: Routledge, 2007.

Martin Nie, Christopher Barns, "The Fiftieth Anniversary of the Wilderness Act: the Next Chapter in Wilderness Designation, Politics, and Management", Arizona Journal Environmental Law & Policy, Vol. 5, 2014.

Mihaela Cristina Paul, "The Regime of Protected Natural Areas in the Framework of Environmental Law", Journal of Law and Administrative Sciences, Vol. 15, 2021.

Nick van Doormaal, A. M. Lemieux, Stijn Ruiter, "Understanding Site Selection of Illegal Border Crossings into a Fenced Protected Area: A Rational Choice Approach", Crime Science, Vol. 7, 2018.

Nigel Dudley ed., Guidelines for Applying Protected Area Management Categories, Gland, Switzerland: IUCN Publication Services, 2008.

Peter A. Appel, "Wilderness and the Courts", Stanford Environmental Law Journal, Vol. 29, No. 1, 2010.

Robert L. Beschta, "Cottonwoods, Elk, and Wolves in the Lamar Valley of Yellowstone National Park", Ecological Applications, Vol. 13, No. 5, 2003.

World Commission on Environment and Development, Our Common Future, London: Oxford University Press, 1987.

后　记

本书是在本人主持的 2019 年国家社科基金项目"以国家公园为主体的自然保护地体系立法研究"（项目编号：19BFX196）结题成果的基础上修改而成的。

本人主持的 2013 年国家社科基金项目于 2017 年结项后，我开始考虑申报下一年度国家社科基金项目的选题。我主持的 2013 年国家社科基金项目"页岩气开发法律问题"是关于新能源开发法律问题研究的选题。在该项目研究过程中，我阅读了大量的能源法研究的中外文文献以及能源经济学、能源科学等跨学科研究文献，也较为系统地梳理、研读和掌握了我国能源政策的变迁演进历程。历经四年多的专题研究和专著写作，已算熟谙能源法的规范体系、把握能源法的理论体系、了解能源法治问题的命题论域与研究规律。在我国近几年来大力推进能源安全新战略、推动新能源革命的背景下，首先是出于研究契合国家战略需求的追求，也是因为个人研究存在路径依赖，我又一次将研究视野投入新能源开发法律问题研究领域。

进入 21 世纪以来，页岩气、可燃冰等新能源进入人类关注视野，21 世纪初爆发的"页岩气革命"开启了页岩气、可燃冰等新能源从科学研究转向大规模商业开发利用的序章。我国陆续批准页岩气、天然气水合物（可燃冰）为我国第 172 个和第 173 个独立矿种，对开发新能源以推动能源革命、保障能源安全寄予厚望。在 2013 年成功申报页岩气开发法律问题研究之后，我拟系统投入可燃冰开发法律问题研究，以"海底可燃冰开发环境风险法律规制研究"为题，申报了 2017 年司法部法治建设与法学理论研究部级科研项目并获批立项。我进一步以"可燃冰开发法律问题研究"为选题，申报了 2018 年国家社科基金项目。遗憾的是，该课题没有获批立项。以司法部资助课题为依托，我关于可燃冰开发法律问题的研究已经开始启动,在准备申报 2019 年国家社科基金项目时,我曾经在选择继续申报新能源开发法律问题还是环境行政公益诉讼这两个选题之间犹豫与权衡。对于前者,我已有较好的研究基础,但其在环境法学界偏于"小众",且相关选题已获得司法部课题资助。对于后者,我曾有机会于 2017 年参与最高人民法院环境资源审判庭委托的检察公益诉讼司法解释的专家建议稿起草论证工作,前往数个省市参加高级人民法院组织的检察公益诉讼制度试点调研与座谈,收集了关于该制度研究丰富的第一手资料,以此为基础发表的《环境行政公益诉讼诉前程序省思》(《法学》2018 年第 1 期)等论文引起较多的关注,但在研究该问题两年多并发表数篇论文之后,自忖对于该问题,本人在法理和制度研究层面已难有延伸和拓展的触动。综合考量之下,需要另行选择一个更为合适的选题。

我所在的福建省是国务院确定的全国第一个生态文明先行示范区,进而获批全国首批生态文明试验区。福建省森林覆盖率高达 66.8%,连续 40 多年保持全国第一,生态文明指数居全国第一。福建省西北部的武夷山是世界文化与自然双重遗产,武夷山国家公园体制试点于 2016 年正式启动实施,武夷山国家公园于 2021 年成为首批正式设立的五个国家公园之一。因此,自 2013 年《中共中央关于全面深化改革若干重大问题的决定》明确将"建立国家公园体制"作为一项重点改革任务、2015 年提出开展"国家公园体制试点"、2017 年党的十九大报告明确提出"建立以国家公园为主体的自然保护地体系"以后,我便对这一新型领域的问题倾注了较多关注。只不过,这一阶段的关注更多是基于对生态文明建设领域政策体系的了解,以及因为福建省高度重视推进生态省战略的工作环境的影响,尚未从生态文明法治建设的法理与机制的角度深入研究。

2019 年 1 月,我在《人民日报》发表了《用法律制度保障国家公园建设》的理论文章。虽然这篇文章字数仅一千多字,但为了写作和修改好这篇文章,我系统阅读了关于国家公园建设、自然保护地建设的大量文献。经此过程,我认识到,以国家公园为主体的自然保护地建设及其体制改革,既是源于国际通行经验,更是基于中国生态文明建设的特色需求;既是以从无到有地创设"国家公园"为特色,又是对我国已经自下而上地建设数十年的形式多样但"有实无名"的自然保护地的梳理与重构；既需要对现有的分散制定、名目繁多的自然保护地单行立法进行体系化整理，又需要将当前的自然保护地体系建设的顶层设计进行立法表达。因此，以国家公园为主体的自然保护地体系建设的法治保障问题，是一个有鲜明时代特色、丰富理论意蕴和巨大制度空间的法治命题。基于此，我于2019年以"以国家公园为主体的自然保护地体系立法研究"为题申报了国家社科基金项目并获批立项。

不嫌啰唆地写下我选择自然保护地立法问题研究的经过，是为了在专著即将出版之际，对自己三年多来开展的专题研究进行阶段性的回顾。以学术研究为志业，此心坚定，但在跋涉途中，也经常面临很多犹疑与选择，记录下当初的学术触动和心路历程，是为了适时地总结，总结是为了更好地前行。

在主持和开展2013年国家社科基金项目研究时，虽然在硕士研究生、博士研究生学习阶段全程参与过导师吕忠梅教授主持的国家社科基金重大项目等多项课题的申报和研究工作，但对于这项博士毕业入职后不久主持的国家社科基金项目，经验尚存在不足。并且，作为研究对象的"页岩气开发法律问题"是一个全新领域，我对该领域的研究范式与话语体系都较为陌生，无论是研究资料还是法律规范都较为匮乏。虽然我指导的多位研究生协助我搜集和翻译了21世纪初美国"页岩气革命"后域外开始出现的规范页岩气开发利用的立法和制度研究资料，但总体上看，研究思路的推进与研究内容的展开较为艰辛，该课题的结项专著《页岩气开发法律问题研究》（已由法律出版社于2019年出版），是在此状态下探索完成的。

对比于主持上一项国家社科基金项目时的经验不足，在主持开展本课题研究时我积累了丰富的课题研究经验。首先，在课题申报时和开展研究之初，已系统规划了研究计划，在研究过程中我较为坚定地执行了该研究计划。其次，在研究过程中能充分调动各种资源服务于研究思路的展开和研究计划的推进。最后，在课题申报之后即将立项之时，中共中央办公厅、国务院办公厅于2019年6月印发了《关于建立以国家公园为主体的自然保护地体系的指导意见》，这为课题研究将顶层设计转换为立法表达提供了权威依据和逻辑主线。因此，本书的写作沿着以国家公园为主体的自然保护地体系立法的概念体系解析、立法需求归纳、逻辑机理辨析、创新机制梳理、治理制度构造等逻辑层次与章节结构展开，较为顺利地完成了结项专著写作。

在课题研究过程中，也存在一些挑战：首先，本课题是关于以国家公园为主体的自然保护地体系立法研究，我国从 2015 年开始启动国家公园体制试点工作，在全国陆续建立 10 处国家公园体制试点，此外还有从 20 世纪 50 年代开始分散设立、多头管理的多种形式的自然保护地。课题研究拟对典型的国家公园体制试点和自然保护地开展实证研究，但由于众所周知的原因，课题于 2019 年 7 月正式立项至 2022 年 9 月提交结项专著期间，基本与不便于自由出行的时间叠合，这使得课题实证研究的调研计划难以系统展开，只能通过资料检索、通信咨询等方式替代实地考察。其次，本课题从立项到展开研究的过程，也是我国大力推进生态文明建设和自然保护地体系建设的关键时期，近几年来我国密集地颁布实施多项自然保护地政策、紧锣密鼓地推动以正式设立国家公园为主体的自然保护地体系建设，启动《国家公园法》立法进程、《自然保护地区条例》的修订程序和《自然保护地法》的立法研究，这既为本课题的研究提供了鲜活的、丰富的资料，也对本课题的研究提出了新的挑战，要求在研究过程中锐敏、及时地关注该领域的最新进展，甚至是在结题专著写作过程中，频繁地结合最新的政策动向和实践进展进行调整。

经此过程，我顺利地完成课题研究计划并结项。感谢课题申报评审中各位专家的肯定，给予我以承担国家社科基金项目为契机，系统开展"以国家公园为主体的自然保护地体系立法研究"的机会。感谢课题结项评审时各位专家的肯定，使得本课题顺利结项。评审专家们提出的修改完善建议，以不同方式被吸纳和体现于本书的修改稿中。

感谢我的导师吕忠梅教授。从研究生入学阶段至今已近 20 年，老师在我人生不同阶段对我都关怀备至，历历在目，点滴于心。对于本课题研究和本书写作而言，老师也给了很多的关心帮助。2019 年老师领衔的课题组接受国家林业和草原局的委托和腾讯公益基金、全球环境基金（GEF）中国国家公园体制机制创新项目（C-PAR1）的资助，开展"自然保护地体系立法研究""国家公园立法路线图和框架研究"，老师提供多次机会让我参与生态环境部对外合作与交流中心主办的"国家公园立法研讨会"等与本课题研究直接相关的研讨会,每次参会均有丰富收获。老师推荐我参加 2019 年 10 月在深圳市召开的第一届中国自然保护国际论坛(2019)并在分论坛"自然保护法律法规及制度体系"做主题报告,现场聆听了苏杨研究员、杨锐教授等相关学科方向的专家分享的研究思路与成果,在本课题开展研究之初便拓展研究视野。老师还推荐我于 2019 年 10 月前往国家林业和草原局管理干部学院举办的县(市)林业和草原局长(自然保护地专题)培训班授课,在此次培训班上,我与多地的林业和草原局负责人建立了联系。在随后的几年,因不便出行导致难以前往各地调研时,此次经历为我通过咨询方式了解信息提供了极大便利。

感谢北京大学法学院汪劲教授。汪老师不遗余力地提携后学,一直以来得到汪老师的关心帮助。最近几年,因为协助汪老师组织环境法典编纂研究和中国法学会环境资源法学会教学研究专业委员会的系列活动,有更多机会得到汪老师的指点。汪老师领衔的课题组承担国家林业和草原局委托的"国家公园立法专题研究"项目,对国家公园立法有精深研究。近几年,我有幸受到汪老师邀请参与其国家公园立法研究中的论证、评审和博士生预答辩等活动,受益良多。汪老师还在我的请求下,在《暨南学报》(哲学社会科学版)2020 年第 10 期主持"自然保护地立法体系研究专题",对本课题研究的开展给予大力支持。

感谢学界师友们。随着越来越深入地嵌入学术共同体,我的点滴进步都离不开前辈师长们的关心,与同辈学友们的交流令人愉悦,青年学者们朝气蓬勃的学术激情给人以激励与启发,学术共同体中跨越时空的情谊,成为每一次学术会议双向奔赴的期待。

感谢我的团队成员们。近几年来,我更加重视根据研究领域和研究主题进行研究团队建设。对于本项研究而言,华侨大学法学院王康敏博士就自然保护地的空间治理问题与我进行了深入讨论并提供了富有启发性的建议。我指导的硕士研究生吕稣(现为华东政法大学博士生)和邓琼(现为西华师范大学法学院教师)在具体研究中提供了诸多协助。

本书的部分内容已在多个期刊上发表,感谢编辑老师的悉心指导。感谢本书责任编辑梁剑琴博士为本书出版的倾心付出!

感谢我的家人。我深知,"成果"的产出,是以牺牲陪伴家人的时间为代价的。家人的爱与包容,是我学术人生的动力之源。

刘超

2023 年 4 月 3 日